Wissenschaftliche Monographien zum Alten und Neuen Testament

Begründet von
Günther Bornkamm und Gerhard von Rad

In Verbindung mit
Erich Gräßer und Bernd Janowski
herausgegeben von
Ferdinand Hahn und Odil Hannes Steck

67. Band
Wolfgang Weiß
»Zeichen und Wunder«

Neukirchener Verlag

Wolfgang Weiß

»Zeichen und Wunder«

Eine Studie zu der Sprachtradition
und ihrer Verwendung
im Neuen Testament

1995

Neukirchener Verlag

© 1995 Neukirchener Verlag des Erziehungsvereins GmbH
Neukirchen-Vluyn
Alle Rechte vorbehalten
Umschlaggestaltung: Kurt Wolff, Düsseldorf
Satz und Druckvorlage: Wolfgang Weiß
Gesamtherstellung: Breklumer Druckerei Manfred Siegel KG
Printed in Germany – ISBN 3-7887-1471-9

Die Deutsche Bibliothek – CIP-Einheitsaufnahme

Weiß, Wolfgang:
»Zeichen und Wunder«: eine Studie zu der Sprachtradition und
ihrer Verwendung im Neuen Testament / Wolfgang Weiss. –
Neukirchen-Vluyn: Neukirchener Verl., 1995
  (Wissenschaftliche Monographien zum Alten und Neuen Testament; Bd. 67)
  ISBN 3-7887-1471-9
NE: GT

Vorwort

Die vorliegende Studie ist eine insgesamt leicht überarbeitete Fassung der im Sommersemester 1991 von dem Fachbereich Evangelische Theologie der Johannes Gutenberg-Universität Mainz angenommenen Habilitationsschrift.
Die Veröffentlichung hat sich etwas verzögert, nicht zuletzt wegen der einerseits erfreulich schnellen Lehrverpflichtung an der Carl von Ossietzky-Universität Oldenburg, die mir aber andererseits wenig Zeit ließ, wünschenswerte und notwendige Korrekturen an der Arbeit anzubringen.
Dankbar habe ich Anregungen der beiden Gutachten von Prof. Dr. Egon Brandenburger und Prof. Dr. Dr. Otto Böcher aufgenommen. Beiden Neutestamentlern des Mainzer Fachbereiches gilt mein Dank nicht nur für die Mühe der kritischen Begutachtung, sondern für ihre immer verständnis- und vertrauensvolle Begleitung durch so manche Fährnisse meiner Assistentenzeit. Nicht zuletzt übte Egon Brandenburger den nötigen sachten, aber bestimmten Druck auf seinen Assistenten aus, der den Abschluß der Arbeit beschleunigte. In die Mainzer Zeit reicht ebenfalls die Freundschaft mit Herrn Prof. Dr. Michael Wolter (Bonn) zurück, der mir seinerzeit in Bayreuth ermöglichte, mit Hilfe des *Thesaurus Linguae Graecae* die hellenistischen Belege zu überprüfen und um einen früheren (als bislang bekannt) Beleg zu vermehren.
Den Herausgebern der Reihe »Wissenschaftliche Monographien zum Alten und Neuen Testament« danke ich für die Aufnahme der Studie in die Reihe, Herrn Prof. Dr. Ferdinand Hahn darüber hinaus für wichtige Hinweise zur Veröffentlichung. Mein Dank gilt außerdem Herrn Dr. Volker Hampel für seine Hinweise zur äußeren Form und Gestaltung der Druckvorlage. An der Arbeit für das Register hat sich in dankenswerter Weise meine studentische Hilfskraft Frau Imke Loock beteiligt.

Mainz/Oldenburg, im März 1995　　　　　　　　　　Wolfgang Weiß

Inhalt

Vorwort V

1 Einführung in Gegenstand und Fragestellung der Untersuchung 1

2 Verwendung, Bedeutung und Bestimmung des Doppelbegriffes »Zeichen und Wunder« im vorchristlichen Sprachgebrauch 5
2.1 Die Wendung אותות ומופתים im Alten Testament 6
2.1.1 אותות ומופתים und prophetisches Wortgeschehen 6
2.1.2 אותות ומופתים in Ägypten 9
2.2 Die Wendung σημεῖα καὶ τέρατα in der LXX und in den jüngeren Teilen des Alten Testaments 14
2.3 Der Doppelbegriff σημεῖα καὶ τέρατα in der hellenistischen Literatur 18
2.4 Die Wendung σημεῖα καὶ τέρατα im hellenistischen Judentum (außerhalb der LXX) 22
2.4.1 Philo 22
2.4.2 Josephus Flavius 24
2.4.3 Weitere jüdische Schriften aus hellenistischer Zeit 33

3 Die Verwendung der Sprachtradition im Neuen Testament 41
3.1 Das positive Verständnis von »Zeichen und Wundern« ... 41
3.1.1 »Zeichen und Wunder« bei Paulus 41
Die σημεῖα καὶ τέρατα als Zeichen des apostolischen Wirkens (Röm 15,18f; 2Kor 12,12) 42
3.1.1.2 Kraftwirkung und Evangelium (δύναμις und εὐαγγέλιον) ... 56
3.1.1.3 Krafttaten in der Gemeinde (zu 1Kor 12-14) 66
3.1.2 »Zeichen und Wunder« in der Apostelgeschichte 73
3.1.2.1 Τέρατα und σημεῖα in Apg 2,19.22.43 74
3.1.2.2 Wunder und Zeichen im Zusammenhang der Legitimationsfrage 85
3.1.2.3 Zeichen und Wunder im Spannungsfeld von Mission und nichtchristlicher Propaganda 94
3.1.2.4 Wundertaten und Zum-Glauben-Kommen 111

Zusammenfassung 115
1. Zur Frage der Reihenfolge: τέρατα καὶ σημεῖα - σημεῖα καὶ τέρατα 115
2. Bedeutung und Funktion der beiden Wendungen 116
3. Wunder und Verkündigung 119
3.1.3 Die Bezeugung der Heilsverkündigung durch »Zeichen und Wunder« (Hebr 2,4) 120
3.1.4 Die kritische Sicht: »Zeichen und Wunder« und Glaube in Joh 4,48 127

3.2   Das negative Verständnis der Wendung »Zeichen und Wunder« 132
3.2.1 Die »Zeichen und Wunder« der Pseudochristoi und Pseudopropheten (Mk 13,22 par Mt 24,24) 133
3.2.2 Die lügenhaften »Zeichen und Wunder« (2Thess 2,9) 139

4   Die Sprachtradition »Zeichen und Wunder«: Bedeutung und Funktion 143

Literarurverzeichnis 151

Stellenregister (Auswahl) 177

1 Einführung in Gegenstand und Fragestellung der Untersuchung

Die Wendung »Zeichen und Wunder« begegnet sechzehnmal[1] im Neuen Testament. Damit gehört sie sicher nicht zu den häufig in diesem Schrifttum gebrauchten Wendungen. Von Gewicht ist freilich die Beobachtung, daß dieser Doppelbegriff in verschiedenen Schriften und auf verschiedenen Traditionsschichten begegnet, von der frühen Erwähnung in den Paulusbriefen (2Kor 12,12; Röm 15,19) bis zur späten im Hebräerbrief (2,4) und im Johannesevangelium (4,48). Einerseits wird er verbreitet gebraucht in der Apostelgeschichte, andererseits selten in den genannten anderen Schriften.

Geht man diese Belege durch, so fällt auf, daß die Inanspruchnahme der Wendung »Zeichen und Wunder« durchaus nicht einfachhin positiv geschieht. In 2Kor 12,12 bedenkt Paulus das mit der Wendung verbundene Phänomen vielleicht (anders in Röm 15,18f) kritisch, ähnliches gilt für Joh 4,48. Demgegenüber stehen Lukas und auch der Verfasser des Hebräerbriefes den »Zeichen und Wundern« durchaus positiv gegenüber. Jedenfalls scheinen aufs ganze gesehen auch dort, wo die Wendung positiv aufgenommen wird, kritische Zwischentöne nicht zu fehlen. Daneben erscheint in Mk 13,22 (par Mt 24,24) und in 2Thess 2,9 ein deutlich kritisches Urteil über »Zeichen und Wunder«. Überschaut man das Gesamtvorkommen, so ist deutlich, daß die neutestamentlichen Autoren nicht ein einheitliches Verständnis von »Zeichen und Wundern« besitzen. Wie das positive Verständnis der Wendung »Zeichen und Wunder« mit dem kritischen Urteil über die »Zeichen und Wunder« zusammenhängen, ist als Problem bislang kaum bedacht oder gelöst worden[2].

Es fällt außerdem auf, daß an keiner Stelle unmittelbar ausgeführt wird, was unter »Zeichen und Wundern« zu verstehen sei, oder wie »Zeichen und Wunder« näher zum Ausdruck kommen. Die Verknüpfung des Doppelbegriffes mit dem Begriff δυνάμεις (»Krafttaten«) oder δύναμις an einzelnen Stellen stellt zwar eine Interpretationshilfe dar. Aber offenbar wird mit »Zeichen und Wundern« in den Augen der Traditionsträger

---

1 Darin ist die mittelbare Verbindung in Apg 2,19 mitgezählt.
2 Vgl. die Behandlung der Texte bei *Rengstorf*, ThWNT VII, 239,10-18; 289,20-27; *Hofius*, ThBNT III, 1451; *Balz*, EWNT III, 839; *Betz*, EWNT III, 571. 574; und ferner *Nielsen*, Heilung, 190 Anm. 374; *O'Reilly*, Word, 161. Bedacht wird das Problem eigentlich nur für die Deutung von Mk 13,22 bzw. 2Thess 2,9. Siehe einerseits *Brandenburger*, Markus 13, 159, Anm. 312 und andererseits *Giblin*, Threat, 104ff.

und Autoren eine für sich tragfähige und vom Phänomen her festumrissene Vorstellung verbunden. Daher liegt die Annahme nahe, mit der Verwendung des Doppelbegriffes »Zeichen und Wunder« werde eine *'Sprachtradition'* in Anspruch genommen. Eine Tradition ist anzunehmen wegen des vorgegebenen, als bekannt vorausgesetzten Verstehensrahmens. Von einer Sprachtradition kann man sprechen wegen der verwandten Terminologie.

Diese Annahme wird von den (wenigen) Spezialuntersuchungen, im wesentlichen sind dies Wörterbuchartikel[3], anerkannt und durch gesonderte Behandlung der Wendung oder "Formel"[4] »Zeichen und Wunder« zum Ausdruck gebracht. Demgegenüber wird in übergreifenden und allgemeinverständlichen Arbeiten dieser Unterschied zwischen der mit der Wendung »Zeichen und Wunder« ausgedrückten komplexen Vorstellung und dem Wunderverständnis oder der Wunderdarstellung innerhalb der Jesustradition z.T. übergangen[5]. Dies mag mit dem einem Sprichwort nahekommenden Charakter der Wendung in unserer Zeit zusammenhängen[6].

Aufgrund des geschlossenen Sprachgebrauchs[7] kann weitgehend ausgeschlossen werden, daß σημεῖα καὶ τέρατα lediglich eine Zusammenfassung verschiedener Wundertaten darstelle und die Wendung als solche unbetont und weitgehend synonym gebraucht werde[8], zumal im Neuen Testament der Begriff τέρας nur pluralisch und ausschließlich in Verbindung mit σημεῖα begegnet. Das eigentliche Verständnis tritt auf jeden Fall zugunsten des uneigentlichen, möglicherweise übertragenen Gebrauchs zurück. Daraus folgt die bislang offene Frage, worin dieser Gebrauch und das mit ihm verbundene Verständnis von »Zeichen und Wundern« bestimmt werden kann.

Ferner kann der Umstand nicht unerwähnt bleiben, daß die Evangelien den Doppelbegriff nicht auf die Wunder Jesu anwenden - von dem offensichtlich anders gelagerten Fall Joh 4,48 einmal abgesehen. Obwohl Lukas in Apg 2,22 den irdischen Jesus als einen »unter euch durch Krafttaten, Zeichen und Wundern von Gott beglaubigten Mann«

---

3 Siehe die Artikel von *Rengstorf*, ThWNT VII, 199-268; *Betz*, EWNT III, 569-575; *Balz*, EWNT III, 838ff; *Hofius*, ThBNT III, 1447-1451; *Moule*, Vocabulary, 235f; vgl. noch *Böcher*, Zeichen und Wunder, 16f.
4 So z.B. *Käsemann*, RGG³ VI, 1835; *O'Reilly*, Word, 161; *Pesch*, Naherwartungen 116, Anm. 271.
5 Siehe z.B. die Arbeiten von *Charlier*, Signes et prodiges; *Bindemann*, Zeichen und Wunder (ebd., 72f zu den "Heilungen in der frühen Kirche").
6 Ein derartiger Zusammenhang fällt besonders auf im Blick auf den unter dem Titel "Signs and Wonders" von *Exum* herausgegebenen Sammelband. Insgesamt werden in dialogischer Gegenüberstellung allgemein literaturwissenschaftliche und motivkritische Analysen vorgelegt, in denen wesentlich vom Zeichencharakter von (in diesem Fall alttestamentlichen) Texten ausgegangen wird. Vgl. auch den Titel des Danielkommentars von *Anderson*, der sich von Dan 4,2f herführt (siehe ebd., 156).
7 Die Umkehrung der Reihenfolge an einigen Stellen innerhalb der Apostelgeschichte beeinflußt das Gesamtbild ebensowenig wie die gelegentliche Verbindung mit δυνάμεις.
8 Gegen *Formesyn*, EThL 38, 856-894 (passim).

bezeichnet, erhellt doch die weitere Verwendung des Doppelbegriffes in der Apostelgeschichte, daß die mittelbare Anwendung auf Jesus eher die Ausnahme als die Regel darstellt. Die Wendung »Zeichen und Wunder« scheint also eine Funktion eher im Wirken der nachösterlichen Funktionsträger zu besitzen, als daß sie auf eine frühchristliche Wundertäteranschauung als solche zurückgeht. Daraus folgt ferner die Vermutung, daß der Doppelbegriff »Zeichen und Wunder« weder mit dem Begriff »Krafttaten« noch mit anderen im weitesten Sinne Wunder bezeichnenden Begriffen, Handlungen oder Phänomenen einfachhin synonym ist oder mit diesen gleichgesetzt werden kann. Sollte zwischen beidem tatsächlich ein Unterschied bestehen, so sind die Frage nach Verwendungsbereich, die formgeschichtliche Frage nach Funktion und Sitz im Leben der Wendung und möglicherweise der damit verbundenen Vorstellung zu stellen.

Sowohl die Annahme, das Vorkommen des Doppelbegriffes »Zeichen und Wunder« im Neuen Testament beruhe auf einer fixierten Vorstellung, als auch die Vermutung, mit der Wendung werde ein bestimmtes Funktionsverhältnis zum Ausdruck gebracht, werfen die Frage auf nach dem vorchristlichen bzw. vorneutestamentlichen Sprachgebrauch des Doppelbegriffes. Es liegt nahe, daß sich von daher Rückschlüsse auf das im Neuen Testament belegte Verständnis ergeben.

Für diese Rückfrage ist das Vorkommen von אותות ומופתים im Alten Testament, von den Übersetzern in der LXX mit σημεῖα καὶ τέρατα wiedergegeben, von besonderer Bedeutung[9]. Im wesentlichen kann in diesem Zusammenhang auf zwei Lösungsvorschläge hingewiesen werden. Zum einen hat Stolz[10] von den ältesten Belegen im Alten Testament ausgehend auf die sich im Reden von »Zeichen und Wundern« ausdrückende Legitimationsfunktion innerhalb des alttestamentlichen Prophetenverständnisses aufmerksam gemacht. Zudem trete der Begriff in eine Doppelfunktion ein, da »Zeichen und Wunder« sowohl als Garanten des (prophetischen) Gesandtseins als auch der Botschaft selbst verstanden werden. In einem, wenn auch knappen, Ausblick auf den neutestamentlichen Sprachgebrauch sieht Stolz dieses zuletzt genannte Traditionsverständnis bei den neutestamentlichen Autoren aufgenommen.

Zum anderen, im Vergleich zu dem Entwurf von Stolz stärker systematisierend ordnet Rengstorf[11] die »Zeichen und Wunder«-Vorkommen im Alten Testament der deuteronomistischen Sprachtypik zu. Die Wendung erinnere "fast immer"[12] an das Exodus- und Schilfmeer-

---

9 Das spärliche Vorkommen bei hellenistischen Autoren wird als mehr oder weniger entlegene Sprachparallele vermerkt (vgl. *Rengstorf*, ThWNT VII, 205,25- 206,16, bes. 205,31f.48; 206,1f.9f.10-16). Mit dieser Sichtweise wird freilich das Problem übergangen, daß die neutestamentlichen Hörer an demselben Sprach- und zum Teil Vorstellungsbereich teilhaben wie die Hörer eines Plutarch oder anderer zeitgenössischer Autoren.
10 ZThK 69, 125-144.
11 ThWNT VII, bes. 214,24-215,26.
12 Ebd., 214,27.

ereignis. Dieses deuteronomistische Sprachmuster halte sich bis in den neutestamentlichen Sprachgebrauch durch, wo es im wesentlichen als typologisches Interpretament in verschiedener Weise verwendet werde[13].

Trotz der Divergenz dieser Lösungen fehlt bislang eine eingehende Untersuchung der Wendung und ihres Gebrauches im Neuen Testament. Im allgemeinen wird auf die alttestamentlichen Vorkommen und auf gelegentliche außerbiblische Belege verwiesen[14]. Vom Titel her naheliegende Untersuchungen[15] beleuchten stärker das Wunderverständnis der jeweiligen neutestamentlichen Autoren als die Frage nach Herkunft, Motiv und Aussageverständnis der Wendung »Zeichen und Wunder« im Neuen Testament[16].

Gegenstand dieser Untersuchung ist die Sprachtradition »Zeichen und Wunder«. Im Vordergrund stehen den einführenden Bemerkungen zufolge also nicht das neutestamentliche Verständnis von Zeichen und Wundern als solchen. Dennoch können zur Einordnung der Wendung »Zeichen und Wunder« entsprechende Beobachtungen zum Wunderverständnis nicht unbeachtet bleiben. Vor der Analyse der einschlägigen neutestamentlichen Stellen wird der Gebrauch der Wendung, der dem frühchristlich-neutestamentlichen Reden von »Zeichen und Wundern« vorausliegt, durchgehend untersucht.

---

[13] Siehe zu den jeweiligen Stellen *Rengstorf*, ThWNT VII, 238,36-241,21; 242,30-243,17; 258,12-259,27; 259,28-260,14 und 260,31-36 zu den Vorkommen bei den Apostolischen Vätern.
[14] Siehe als Beispiel im positiven Sinne *Braun*, Hebr, 50.
[15] Siehe etwa *Eckert*, TThZ 88, 19-33.
[16] Von einem anderen Untersuchungsgegenstand her sucht die Studie zu den Voraussetzungen ur- und frühchristlichen Glaubensverständnisses von *Brandenburger* (ZThK 85, 165-198) das mit Zeichen und Wundern verbundene Motiv zu erhellen. Aus Jdt 14 entwickelt *Brandenburger* einen gesonderten "Verwendungstyp von Glaube" (181), nämlich die Bekehrung, das Zum-Glauben-Kommen, welches "aus wunderbarem Geschehen" folge (185).

2 Verwendung, Bedeutung und Bestimmung des Doppelbegriffes »Zeichen und Wunder« im vorchristlichen Sprachgebrauch

Das Reden von »Zeichen und Wunder«[1] im Neuen Testament und im frühen Christentum geschieht nicht voraussetzungslos. Zumindest die griechische Wendung σημεῖα καὶ τέρατα besitzt eine alttestamentlich-jüdische Prägung. Denn in der LXX erscheint diese Wendung in der Regel als Übersetzung des hebräischen אותות ומופתים[2]. Die Änderungen dieses offenbar typischen Äquivalentes gegenüber dem Masoretischen Text in Ex 7,9; 11,9f; Dtn 11,3; 28,46; Jes 20,3 und die Eigenformulierung der LXX zumindest in Εσθ 10,6; Sir 36,5 und in der Aufnahme von Dan 3,32f lassen vermuten, daß die LXX-Übersetzer ihrerseits ein eigenes oder wenigstens ein teilweise vom Masoretischen Text unabhängiges Verständnis der Wendung σημεῖα καὶ τέρατα besitzen.

Im Alten Testament selbst wird die Wendung אותות ומופתים meist auf das Exodusgeschehen bezogen und in diesem Zusammenhang mit anderen Wendungen verbunden. Sie findet aber daneben (z.B. Jes 8,18; 20,3 und Dtn 13,2f; 28,46) in bezug auf einen anderen Bereich, auf den des Prophetismus, Verwendung und hat in diesem Zusammenhang eine andere Bedeutung. Die Rede von אותות ומופתים erscheint also im Alten Testament nicht einheitlich.

Aus dem vereinzelten Vorkommen in der hellenistisch-jüdischen Literatur wird ersichtlich, daß sich das Reden von »Zeichen und Wundern« fortsetzt.

Neben den Beobachtungen der alttestamentlich-jüdischen Voraussetzungen stellt sich die Frage nach möglichen hellenistischen Voraussetzungen, die den Sprachgebrauch und das spätere Verständnis der Wendung in neutestamentlicher Zeit beeinflußt haben können.

Im Hinblick auf die Fragestellung, unter welchen Voraussetzungen im frühen Christentum und im Neuen Testament das Reden von »Zeichen und Wundern« möglich war, werden im folgenden der Sprachgebrauch der Wendung und das Verständnis des Phänomens, das mit dieser Wendung jeweils bezeichnet wird, zu erheben gesucht. Die Fragestellung richtet sich darauf, Sprachvoraussetzungen für das neutestamentliche Reden von »Zeichen und Wundern« und die betreffende Aussagefunktion zu erhellen. Insofern geht diese Untersuchung einerseits über eine rein

---

1 Dem geläufigen deutschen Sprachgebrauch entsprechend gebrauche ich die Wendung »Zeichen und Wunder« unabhängig von der Frage, welche spezifische Wortbedeutung sie in den jeweiligen Texten besitzt.
2 Siehe *Rengstorf*, ThWNT VII, 219,31ff.

philologische Bestandsaufnahme hinaus. Andererseits will die Studie nicht umfassend die Entwicklung etwa einer Sprachtradition im Alten Testament aufzeigen, wie es eine speziell auf den alttestamentlichen Sprachgebrauch gerichtete Begriffsuntersuchung zu leisten vermag[3].
Im einzelnen gehen wir so vor, daß als erstes (2.1) das Vorkommen im Alten Testament betrachtet und eingeordnet wird. Daran anschließend wenden wir uns dem Sprachgebrauch von σημεῖα καὶ τέρατα in der LXX (2.2) zu. Beobachtungen zum Verständnis von σημεῖα καὶ τέρατα in hellenistischen Texten (2.3) und in der hellenistisch-jüdischen Literatur (2.4), im einzelnen bei Philo (2.4.1) und Josephus (2.4.2) und in anderen hellenistisch-jüdischen Schriften (2.4.3), schließen die Untersuchung der Sprachvoraussetzungen ab.

2.1 Die Wendung אותות ומופתים im Alten Testament

Die Wendung אותות ומופתים begegnet, wie einleitend festgestellt, im Alten Testament[4] vor allem in zwei Sachbereichen, zum einen im Zusammenhang des prophetischen Auftretens, zum anderen bezogen auf das Ägypten- bzw. Exodusgeschehen. Die Untersuchung richtet sich auf den Inhalt beziehungsweise auf den Gegenstand des mit אותות ומופתים bezeichneten Phänomens und auf die Funktion der אותות ומופתים.

2.1.1 אותות ומופתים und prophetisches Wortgeschehen

Den ältesten Beleg im Alten Testament für die Verknüpfung von אות und מופת bietet *Jes 8,18*[5]: Der Prophet und seine Kinder sind אותות ומופתים in Israel. Von der Aussage her liegt es an dieser Stelle nahe, die Funktion der אותות ומופתים von der Namensgebung der Söhne (vgl. Jes 7,3; 8,1-4) und vom Namen des Propheten her zu bestimmen[6]. Die Bedeutung der beiden Begriffe scheint dementsprechend synonym zu sein. Die Namen sind Symbolnamen, aus denen der Inhalt der Wort-

---

3 Vgl. etwa zu dem Begriff אות die Untersuchung von *Keller*, OTH.
4 Die Begriffe אות und מופת sind Gegenstand zahlreicher Untersuchungen, z.T. werden diese in neutestamentlichen Studien zum σημεῖον-Begriff aufgenommen (siehe z.B. *Bittner*, Zeichen, 22-28). Daher kann ich mich in dieser Arbeit weitgehend auf das Vorkommen der Begriffsverknüpfung beschränken. Zum Gebrauch der Begriffe im Alten Testament siehe *Stolz*, ZThK 69, 125-144; *ders.*, THAT I, 91-95; *Keller*, OTH; *Helfmeyer*, ThWAT I, 183-205; *Rengstorf*, ThWNT VII, 207-217; *ders.*, ThWNT VIII, 117-119; *Hofbeck*, Semeion, 1-35; *O'Reilly*, Word, 172ff. Zum Phänomen des Wunders im Alten Testament siehe *Quell*, Phänomen, 253-300; *Wilms*, Wunder; *Ross*, Notes, 45-60.
5 Zugleich ist dies der älteste Beleg für das Vorkommen von מופת, siehe dazu *Wagner*, ThWAT IV, 751.755; *Wildberger*, Jes, 348; zur weiteren Entwicklung siehe *Keller*, OTH, 60f; Daß das Vorkommen in Jes 20,3 auf gleicher Stufe anzusetzen sei, scheint mir trotz der Gattung (Fremdbericht) diskutabel, zur Unterscheidung siehe *Kreuzer*, Frühgeschichte, 175, Anm. 102.
6 Vgl. *Wildberger*, Jes, 347f.

verkündigung des Propheten erkennbar und deutlich wird. Damit wird
der Symbolbezug der Namensgebungen 7,1-3; 8,1-4 aufgenommen. Dieser
wurde allerdings nicht gesondert durch den Zeichenbegriff gekennzeichnet (siehe hingegen 7,14 nach 7,11), obwohl der Sache nach eine symbolische Handlung vorliegt, wie die angeschlossenen Deutungen zeigen.
Näherhin wird man vermuten können, daß neben dem resultativen Aspekt in Jes 8,18 [der Prophet und seine Familie sind אותות ומופתים in
Israel] die Namen (analog der deutlichen Formulierung in Ez 24,24.27)
erst an dieser Stelle selbständiges, bedeutungsvolles Gewicht erhalten
[paraphrasierend: sie sind zu אותות ומופתים in Israel geworden]. Diese
Deutung ergibt sich aus dem näheren Kontext[7]. Denn zufolge V. 16 ist
die prophetische Botschaft geltend versiegelt. Nach dieser Zeichenhandlung schweigt der Prophet. Seine Existenz und die seiner Söhne sind
aber vermittels ihrer Namen bleibender Ausdruck der Wortverkündigung.
Die Namen stehen somit für den Inhalt der prophetischen Botschaft.
Von diesem Inhalt her könnte sich über die Zeichen-Bedeutung hinaus
für אותות ומופתים die Übersetzung "Zeichen und Mahnung"[8]/Mahnmal
anbieten. Von der inhaltlichen Ausrichtung abgesehen liegt der Sinn des
Doppelbegriffes darin, daß die Wirklichkeit Jahwes durch die Namens-
kennzeichnung manifest wird.
Entgegen der geläufigen Übersetzung »Zeichen und Wunder« ist jedenfalls deutlich, daß in Jes 8,18 weder Wunder-Phänomene noch speziell
wundersame Ereignisse bezeichnet werden. Dem gemeinten Sachverhalt
am nächsten kommt wohl die Übersetzung des Doppelbegriffes mit "Zeichen und Vorbedeutungen"[9].
In diese Richtung weist ebenfalls das Vorkommen in *Jes 20,3*. Zwar
wird die Zeichenhandlung des Propheten [das unbekleidete und barfüßige
Umhergehen Jesajas] auf das bevorstehende Geschick der Ägypter und
Kuschiten gedeutet. Aber die Zeichenhandlung selbst rückt zunächst an
die Stelle der prophetischen Wortverkündigung. Die Handlung wird
אות ומופת genannt. Die Deutung gibt der Handlung freilich Eindeutig-
keit[10].
Die Funktion der אותות ומופתים hat in beiden Jes-Stellen einen Bezug
auf die angesprochenen Adressaten, denen Zeichen und Vorbedeutung
gelten. Ort der Verwendung ist offensichtlich die Paränese[11]. Dies wird
besonders aus Jes 8,18 ersichtlich im ambivalenten Verständnis zwischen
Gerichts- und Heilserwartung, welches sich in den Namen, die אותות
ומופתים genannt werden, ausdrückt.

---

7 Siehe dazu *Wildberger,* Jes, 347ff; *Wagner,* ThWAT IV, 755.
8 *Wildberger,* Jes, 348.
9 So *Helfmeyer,* ThWAT I, 202.
10 Die Mehrdeutigkeit einer symbolischen Handlung bedarf natürlich der
Deutung (vgl. *Keller,* OTH, 98). Dies kann aber nicht darüber hinwegtäuschen,
daß die Handlungen ein selbständiges Gewicht neben der Wortverkündigung
besitzen (vgl. zur Diskussion *Helfmeyer,* ThWAT I, 202f; *Rengstorf,* ThWNT
VII, 215,35-216,2, vgl. *Fohrer,* ZAW 64, 103, Anm. 1).
11 Vgl. *Helfmeyer,* ebd., 203.

Auch wenn sich in der Sache die Anwendungen der miteinander verknüpften Begriffe אות und מופת in Jes 8,18 und 20,3 voneinander unterscheiden - im ersten Fall ist es die Existenz des Propheten und seiner Söhne, im zweiten Fall eine symbolische Handlung -, so ist doch deutlich, daß die Anwendungen in dieselbe Richtung gehen: Aus dem Namen und der Handlung wird die Wirksamkeit Jahwes deutlich, das zu erwartende Geschehen, Gericht und Heil, als solches ersichtlich.

Was nun die Verknüpfung selbst betrifft, so kommt offensichtlich dem Begriff מופת das eigentliche Gewicht[12] zu[13]. Entsprechend werden in Ez 12,6.11; 24,24.27 analoge Sachverhalte[14] als מופת bezeichnet. In dem מופת genannten Geschehen ist die Wirklichkeit Jahwes präsent durch Befehl und Vollzug der symbolischen Handlung. Damit wird späteres, nachgehendes Geschehen sichtbar und in der Zeichenhandlung vermittelt. Diese Bedeutung nimmt אותות ומופתים Dtn 28,46 in anderem Zusammenhang ein. Die Fluchsprüche machen späteres, bleibendes Fluchgeschehen ersichtlich. Aber an dieser Stelle ist es die Präsenz der Wirklichkeit Gottes, die das Fluchgeschehen, welches gesetz- und damit gottwidrigem Verhalten folgt, symbolisiert und als solches wirksam werden läßt.

Neben der mit אותות ומופתים verbundenen Anschauung, nach welcher sich die Wirksamkeit Gottes proleptisch in symbolischen Handlungen und in der Existenz des Propheten als Beauftragten Gottes manifestiere, findet sich die andere Anschauung, daß אותות ומופתים als Legitimationszeichen dienen. Hierzu kann zwar nur auf den einen Beleg *Dtn 13,1-6* verwiesen werden, aber mindestens die Funktion der Mosezeichen vor dem Volk und dem Pharao[15] erhellt, daß der Motivkomplex des prophetischen Legitimationszeichens (מופת) breiter angelegt ist.

Dtn 13[16] nennt drei Fallbeispiele, nach denen die Aufforderung zum Abfall von der Jahweverehrung (V. 3.7.14) mit äußerster Strenge zu ahnden sei. Das in unserem Zusammenhang allein interessierende erste Beispiel geht davon aus, daß sich ein Prophet oder Traumdeuter durch Voraussage und Eintreffen einer אות oder eines מופת ausweise und in dieser Weise legitimiert zum Abfall auffordere. Mit dem Zeichenausweis sind in der Sache offenbar Zeichen- und Wunderphänomene gemeint. Die Legitimations- und Beglaubigungsfunktion dieser Zeichen und Wunder ist offensichtlich. Aber im Blick auf die Begrifflichkeit ist bezeichnend, daß der אות bzw. dem מופת nachträglich ein positiver Sinn (V. 4) ge-

---

12 Zum blassen, formalen Charakter von אות siehe *Rengstorf*, ThWNT VII, 211.217.
13 Dies gilt unbeschadet der Beobachtung, daß in dem Jes 20,3 analogen Sachverhalt Ez 4,1-5,4 in Ez 4,3 אות als Einzelbegriff begegnet (wohl ein sekundärer Einschub, siehe *Zimmerli, Ez*, 101f.113).
14 Vgl. zur Nähe zwischen Jes 20 und Ez 12,1-16 *Zimmerli, Ez*, 260.
15 Vgl. insbesondere Ex 4,30f; 7,9; 11,9f. Zu dieser Form prophetischer Legitimation siehe *Stolz*, ZThK 69, 135f(-139).
16 Vgl. zum Ganzen *von Rad, Dtn*, 68ff.

geben wird: Sie sollen als Prüfung des Volkes durch Jahwe dienen.[17] Sie sind zufolge dieser Deutung also אות und מופת Jahwes. Dem ist [bedingt durch die schwierige Lage, wahre und falsche Prophetie zu unterscheiden?] übergeordnet, daß die Wortverkündigung Auskunft über das wahre Prophetentum gibt.[18] Der Zeichen und Wunder-Ausweis ist allein nicht (mehr) aussagekräftig, sondern bedarf der Ergänzung durch das Wortgeschehen.

2.1.2 אותות ומופתים in Ägypten

Im Rückblick auf das Exodusgeschehen begegnet die Wendung אותות ומופתים in verschiedenen Zusammenhängen[19]:
1. In Verbindung mit der Herausführungsaussage werden אותות ומופתים Dtn 4,34; 7,19; 26,8; Jer 32,20f genannt. An diesen Stellen wird die Wendung durchweg mit der anderen Wendung »mit starker Hand und ausgestrecktem Arm« verbunden. Da schon allein diese Wendung die Herausführungstat Gottes häufig kennzeichnet, wird man אותות ומופתים nicht zu einer spezifischen Kennzeichnung der Herausführungstat rechnen können.

Daß Gott Israel aus Ägypten herausgeführt (יצא hi.) oder hinaufgeführt habe (עלה hi.)[21], ist eine weit verbreitete[22], in allen Quellenschichten des Pentateuch und im deuteronomischen Traditionskreis begegnende Aussage[23]. Die Fülle der Belege legt nahe, in der Herausführungsaussage eine "geprägte Vorstellung"[24], möglicherweise (wenn auch umstritten[25]) sogar eine feste Formel[26] zu bestimmen. Ursprung, Sitz im Leben (wenn es sich um eine Formel handeln sollte) und Traditionsort der Vorstellung können in dem hier interessierenden Zusammenhang offenbleiben. Denn die Wendung »Zeichen und Wunder« wird erst in exilischen und nachexilischen Texten verwendet. Für diese Texte kann die Ausprägung der Herausführungsaussage als gesichert gelten[27]. Im Blick auf die theologische Perspektive der Aussagen ist bedeutsam, daß »Herausfüh-

---

17 Vgl. das von der Reflexion der Vorstellung her ähnliche Verfahren in 2Thess 2,11. 11Q 54,8-18 übernimmt Dtn 13,2-6.
18 Vgl. Dtn 18,22; Jer 28,8f; Ez 33,33.
19 Vgl. zum Folgenden *Childs*, Deuteronomic Formulae, 30-39; *Stolz*, THAT I, 94; *Weinfeld*, Deuteronomy, 329f; *Knapp*, Deuteronomium, 4, 103; *Hofbeck*, Semeion, 11-14; *Wagner*, ThWAT IV, 751-755; *Kreuzer*, Frühgeschichte, 175-178.
20 Vgl. *Humbert*, ThZ 18, 357-361. 433-436; *Wijngaards*, VT 15, 92; *Preuß*, ThWAT III, (795-822) 809-821.
21 Vgl. *Wijngaards*, VT 15, 99.
22 Siehe die Belege bei *Noth*, Überlieferungsgeschichte, 50ff.
23 Vgl. *Herrmann*, TRE 10, 733.
24 Siehe *Groß*, ZAW 86, 451; vgl. auch *Preuß*, ThWAT III, 819.
25 Siehe die Analysen bei *Groß*, ZAW 86, 427-453; vgl. *Preuß*, ThWAT III, 818ff.
26 Vgl. *Lubsczyk*, Auszug; *Wijngaards*, VT 15, 91-102; *Richter*, Beobachtungen, 175-212; *Zenger*, Funktion, 334-342. Eine Zusammenfassung der Diskussion bieten *Groß*, ZAW 86, 425ff; *Kreuzer*, Frühgeschichte, bes. 135ff.
27 Siehe *Preuß*, ThWAT III, 818f.

ren« (יצא hi.) einerseits und »Hinaufführen« (עלה hi.) andererseits nicht unbedingt austauschbare Begriffe darstellen[28], sondern unterschiedliche Standpunkte widerspiegeln[29]. Auf der geprägten Formulierung fußen verschiedene Erweiterungen[30] der Herausführungsaussage.

Die Kennzeichnung »mit starker Hand« drückt das machtvolle Handeln Gottes aus. Sie steht damit in der Reihe der Vorstellungen, welche die Macht Gottes in anthropomorpher Rede mit der Hand Gottes gleichsetzen[31], und betont diese zusätzlich in der Verbindung mit חזק. Es ist umstritten, ob diese Kennzeichnung des Herausführungsgeschehens ihren konkreten Haftpunkt in dem Handeln Jahwes am Schilfmeer habe[32] oder ob die Kennzeichnung das machtvolle Handeln Jahwes als solches mit dem Exodusgeschehen als dem historischen Grunddatum verbinde, also breiter angelegt sei[33].

Ein Durchgang durch die Belege, an denen die Wendung »mit starker Hand« allein (Dtn 3,24; 6,21; 7,8; 9,26; vgl. 34,12) oder nicht mit den genannten Kennzeichnungen (»mit ausgestrecktem Arm«, »Zeichen und Wunder«) verbunden begegnet, führt zur zweiten Annahme. Denn der Gehalt der Aussagen läßt sich zunächst nicht auf die "Kriegstat Jahwes"[34] einengen. Wo dies doch möglich scheint (Ex 6,1; vgl. 6,6 einerseits und Ex 13,3.9.14.16 andererseits), ist vom Schilfmeergeschehen ebensowenig die Rede, wie umgekehrt in den frühesten Traditionen des Exodusgeschehens die Herausführungsformel genannt wird[35]. Die dtr[36] Redaktion in Ex 13,3.9.14.16 nimmt jedenfalls die Herausführungstat Jahwes als grundlegendes Handeln Jahwes in den Blick.

Außerdem könnte Ex 3,19(f) für die erste Annahme sprechen, da Ex 3,18-22 einen jüngeren, dem Folgenden vorausgreifenden[37] Text darstellt, in dem terminologisch יד חזקה und das Ausstrecken der Hand Gottes (ושלחתי את־ידי), kriegerisches Eingreifen gegen Ägypten und Wunderzeichen (נפלאת) einander folgen. Aber wie man die textkritisch schwierige Stelle 3,19 auch entscheidet, wird der Ausdruck »mit starker Hand« an dieser Stelle nicht auf die geprägte Vorstellung von der Herausführungstat zurückgehen, sondern ähnlich 6,1[38] als gewaltvoller Zwang zu verstehen sein.

---

28 So aber *Noth*, Überlieferungsgeschichte, 54, Anm. 169.
29 Vgl. *Wijngaards*, VT 15, 91-101; *Lubsczyk*, Auszug; *Zenger*, Funktion, 341f; *Herrmann*, TRE 10, 733. Zur theologischen Absicht der Verwendung von יצא hi. siehe *Preuß*, ThWAT III, 814-820.
30 Zur gegenteiligen Ansicht, das sog. "kleine geschichtliche Credo" Dtn 26,5-9 stehe mit seiner komplexen Ausdrucksweise am Anfang der Geschichtsreflexion (siehe *von Rad*, Problem, 3ff; *Noth*, ebd.) vgl. die Kritik von *Rost*, Credo, 11-25; *Richter*, Beobachtungen, 175-212; *Wallis*, ThLZ 101, 801-816; *Kreuzer*, Frühgeschichte.
31 Siehe den Überblick über die alttestamentlichen Belege bei *Ackroyd*, ThWAT III, 447-450; *van der Woude*, THAT I, 672f, und vgl. *Luck*, Hand 24ff. 33f.
32 Siehe *Galling*, Erwählungstraditionen 7; vgl. *von Rad*, Theologie I, 190; *Wijngaards*, VT 15, 94.
33 So *Childs*, Deuteronomic Formulae, 38; *van der Woude*, THAT I, 672.
34 *Von Rad*, ebd.
35 Siehe *Zenger*, Funktion, 333ff.
36 Vgl. zur Einordnung *Noth*, Ex, 72. 79; *Seitz*, Studien, 98f; anders *Lohfink*, Hauptgebot, 122ff.
37 Vgl. *Noth*, Ex, 28; *Schmidt*, Ex, 142ff. Der Abschnitt hat vielfältige Bezüge zum Folgenden: Ex 3,18 auf 5,3; 3,21 auf 11,3; 3,22 auf 11,2; und möglicherweise 3,19 auf 6,1.
38 Trotz des unklaren Bezuges ist in 6,1 die Hand Gottes gemeint, nicht die Hand des Pharaos (siehe *Kohata*, Jahwist, 29; *Schmidt*, Ex, 244 gegen *Noth*, Ex, 41), wofür wiederum 3,19 sprechen könnte.

Aus der Funktion der durch die Wendung »mit starker Hand« erweiterten Herausführungsaussagen wird ein spezifisches Bedeutungsfeld der Wendung ersichtlich: Es werden kultische Forderungen (Ex 13,3.9.14.16) oder die Forderung, die Gesetze und Satzungen zu halten (Dtn 6,21; 7,8.9-11), begründet. Die Wendung verstärkt also die Begründungsfunktion der (nicht erweiterten) Herausführungsaussagen, in der diese hinsichtlich der Gebote im Dtn (5,15 [siehe unten]; 23,5; 24,9; 25,17; vgl. 4,45), im Heiligkeitsgesetz (Lev 19,36; 22,33; 23,43; 25,38.42.55; 26,13.45) und in P (Ex 29,24; Num 15,41; 16,32; Lev 11,45) sowie das Passah betreffend (Dtn 16,1.3.6; vgl. Ex 23,15 [dtr]; Ex 12,17 [P]) Verwendung finden[39]. Neben dem Vorkommen in paränetischen Abschnitten hat die Wendung Begründungsfunktion in Abschnitten, in denen die Bitte vor Gott gebracht wird, seinen Zorn vom Volk abzuwenden und das Volk, das sich gebots- und damit gottwidrig verhalten hat, nicht zu verlassen (vgl. Ex 32,11; Dtn 9,26; Neh 1,10; Dan 9,15; siehe auch Dtn 7,9).

Wo אותות ומופתים mit der Herausführungsaussage verbunden wird, geschieht die Nennung formelhaft und innerhalb der komplexen Aufzählung unbetont und eher beiläufig.

2. Dem konkreten Gegenstand, der mit der Wendung אותות ומופתים bezeichnet wird, kommt man durch die Belege näher, in denen davon die Rede ist, daß Gott אותות ומופתים in Ägypten, am Pharao getan habe: Ex 7,3; Dtn 6,22; 29,2; Neh 9,10; Ps 78,43; 135,9; vgl. Ps 105,27; ferner Ps 105,5; Dtn 11,3. Daß die אותות ומופתים an Ägypten und am Pharao geschehen, läßt zunächst die Deutung offen, ob allein die Plagen oder neben diesen auch das Schilfmeergeschehen gemeint sind[40]. Eindeutig auf die Plagen beziehen sich allerdings fast alle verbleibenden Aussagen[41]. Darauf weist sowohl der Kontext (siehe Ex 7; Ps 135,8f), die Kennzeichnung (siehe Dtn 6,22; 29,2) als auch das Fehlen (Ps 105,27) oder die gesonderte Behandlung des Schilfmeergeschehens (Neh 9,11; vgl. Dtn 11,4)[42]. Mit der Erwähnung innerhalb der Geschichtspsalmen zeigt sich ferner die Tendenz, das Wirken Gottes allgemein unter die אותות ומופתים zu fassen[43].

---

39 Vgl. zum gesamten Fragekreis *Rücker*, Begründungen, 40-44. 52f. 105ff.
40 So folgt in Ps 78 dem Verweis auf die אותות ומופתים (V. 43) zwar eine ausführliche Wiedergabe des Plagenzyklus (V. 44-51), aber ebenfalls V. 53 ein kurzer Rekurs auf das Schilfmeergeschehen.
41 Vgl. *Noth*, Ex, 52; *Kreuzer*, Frühgeschichte, 176.
42 *Childs*, Deuteronomic Formulae, 32f macht demgegenüber geltend, nirgendwo im Deuteronomium gebe es eine spezifische Identifikation der Zeichen und Wunder mit den Plagen. Vielmehr zeige Dtn 29,2 und Ps 135,9b, daß die Wendung eine direkte Brücke zur "wildernesstradition" darstelle. Aber durch Dtn 29,3 werden Zeichen und Wunder (V. 2) und Wüstentradition (V. 4) deutlich gegeneinander abgesetzt (siehe zudem das Vorkommen von מסה dazu unten S. 12). In Ps 135,9b vermag ich einen unmittelbaren Zusammenhang nicht zu erkennen. Im Gegenteil dient der Verweis auf die Plagen bzw. auf die Zeichen und Wunder als Beispiel für die Überwindung vieler Völker, wobei überdies "das Stichwort 'schlagen' des Plagenzyklus aufgenommen wird" (*Kreuzer*, Frühgeschichte, 243, vgl. ebd., gegen *Kraus*, Ps II, 1074f).
43 Vgl. Ps 135,10f und als Nachklang siehe das aramäische אתין ותמהין in Dan 3,32f und 6,28 (zu diesen siehe unten S. 16).

2 »Zeichen und Wunder« im vorchristlichen Sprachgebrauch

Im wesentlichen wird die Wendung אותות ומופתים im Alten Testament also auf die Plagen angewandt und spezifisch mit diesem Geschehen verbunden. Der Gegenstand der אותות ומופתים ist somit enger zu fassen, als dies bei Rengstorf[44] geschieht. Nicht das Herausführungs- und Erlösungsgeschehen als solches und im allgemeinen wird in der Wendung erfaßt, sondern das erzählerisch im Plagenzyklus gefaßte Geschehen in Ägypten, am Pharao und seinem Volk. Dem steht nicht entgegen, daß dort, wo credoartig in komplexer Ausdrucksweise das Exodusgeschehen zusammengefaßt wird, auch diese Wendung aufgenommen wurde oder zugewachsen ist. Denn natürlich gehört dieses Geschehen zum Grunddatum des deuteronomistischen Geschichtsrückblickes. Aber das Gewicht trägt an diesen Stellen (Dtn 4,34; 7,19; 11,3; 26,8; 29,2; Jer 32,20f; vgl. Dtn 34,11f) die mit der Wendung »mit starker Hand und ausgestrecktem Arm« verbundene Herausführungsaussage. Dem entspricht es, daß Erlösungs- und Befreiungsaussagen, die sich auf das Exodusgeschehen beziehen, gerade nicht mit אותות ומופתים verbunden werden, sondern mit der Rede von Gottes starker Hand (siehe Ps 77,16; Neh 1,10) und ausgestrecktem Arm (Ex 6,6).

Als Funktionsbereich dieser Gruppe von אותות ומופתים-Aussagen lassen sich Vergewisserung und Vergegenwärtigung vergangenen Geschehens, in welchem die Wirksamkeit und Macht Jahwes manifest wurde, bestimmen. Darauf weisen die spezifischen Termini des Erkennens und Gedenkens. Wie der Pharao (in der priesterschriftlichen Rückschau) nach Ex 7 (V. 3ff) erkennen soll, daß Jahwe seine Hand an Ägypten legen und große Gerichtstaten vollziehen, also zugunsten Israels[45] wirksam wird, so soll auch Israel die zu seinen Gunsten wirksame Macht des einzigen und alleinigen Gottes aus diesen Geschehnissen, deren Augenzeuge (siehe Dtn 29,3; vgl. 7,19) es war, als gegenwärtig erkennen[46]. Die Texte sind im wesentlichen paränetisch orientiert. Daraus wird die Erwähnung der מסת (Prüfungen), welche 29,2 neben אותות ומופתים und auch 4,34 und 7,19 erfolgt[47], verständlich: Die Prüfungen, die zunächst Ägypten galten, werden aktualisiert als mahnendes und warnendes Beispiel für Israel.

3. Schließlich sei noch auf den Schluß des Deuteronomiums (34,11f) hingewiesen. Das unvergleichliche, weil auf direkter Unterredung fußende (vgl. Ex 33,11; Num 12,6-8), Prophetsein des Mose wird nachträglich (dtr) gekennzeichnet: "mit all den Zeichen und Wundern, zu denen Jahwe ihn entsandt hatte, um sie im Lande Ägypten ... zu tun und mit all der starken Macht [היד] und mit all den furchtbaren Großtaten, die Mose vor den Augen von ganz Israel getan hatte"[48]. Diese Kennzeichnung nimmt alle Elemente des deuteronomistischen Geschichtsrückblickes auf. Freilich dienen die Zeichen und Wunder [usw.] nicht der Beglaubigung des

---

44 ThWNT VII, 214,25-30.
45 Siehe nur Dtn 4,34.
46 Siehe Dtn 4,35; 29,6; vgl. Neh 9,10; Ps 105,5; 1Chr 16,12; Ps 135,5-9.
47 Im übrigen in dieser Bedeutung nur an den genannten Stellen.
48 Übersetzung nach *von Rad*, Dtn, 150.

Propheten Mose. Vielmehr sind sie Ausdruck seines besonderen, durch das unmittelbare Gottesverhältnis ausgezeichneten Prophetseins. Bezeichnenderweise werden die אותות ומופתים mit der Sendung verbunden. Sie zeichnen die Sendung des Mose in einzigartiger Weise aus. Ähnliches klingt Ps 105,27 an[49], freilich stärker an den Vermittlungsgedanken gebunden. Wie klar an dieser Stelle an אותות ומופתים Jahwes gedacht wird, zeigen nicht nur die Possessiva, sondern auch Ps 105,5 und die analoge Aussage Ps 78,43.

Zusammenfassung
Die Wendung אותות ומופתים gilt primär als Ausdruck des Ägyptengeschehens, insbesondere der Plagen. In dieser Anwendung handelt es sich um eine deuteronomisch-deuteronomistische Sprachtradition. Die Bedeutung des einzigen sicheren vordeuteronomischen und vorexilischen Beleges Jes 8,18 ist wohl von den Einzelbegriffen אות und מופת herzuführen. Er steht deutlich, wenn auch exponiert, in einer Reihe mit der Tradition prophetischer Symbolhandlungen. Der Pluralgebrauch in Jes 8,18 ist vielleicht eher grammatisch als durch traditionellen Sprachgebrauch bestimmt. Die Begriffsverknüpfung im Bereich des Prophetismus weist ferner aus, daß der Begriff מופת innerhalb der Verknüpfung das entscheidende, theologisch bedeutsame Gewicht trägt[50].
Im Unterschied zur neutestamentlichen Inanspruchnahme des Doppelbegriffes σημεῖα καὶ τέρατα in der Verbindung mit Krafttaten spielen Wunderphänomene, im Sinne von Heilungen oder dergleichen, im Gebrauch der alttestamentlichen Wendung keine Rolle. Allerdings wird mit der Wendung in der Regel die machtvolle Wirklichkeit und Wirksamkeit Gottes aktualisierend zum Ausdruck gebracht. Das Subjekt der אותות ומופתים ist Gott[51]. Dabei wird weniger das Element des stupendum[52] als das Element des tremendum betont. Dieser alttestamentliche Sprachgebrauch bewegt sich im Bereich von Paränese und Katechese. אותות ומופתים bedürfen nicht nur in der Verwendung innerhalb des prophetischen Sprachgebrauches, sondern auch in der deuteronomisch-deuteronomistischen Verwendung des verantwortungsvollen Bedenkens, wobei dieses Moment wiederum am ehesten auf die funktionale Ausrichtung des Begriffes מופת zurückzuführen ist[53]. Wirksamkeit Jahwes zugunsten Israels und zum Gericht über andere Völker muß auch als warnendes Beispiel für Israel begriffen werden. Ebenso stehen die Symbolnamen Jesajas und seiner Familie für Gericht und Heil. Dieser ambivalente Charakter des alttestamentlichen Sprachgebrauches ist für die neutestamentliche Verwendung des Doppelbegriffes σημεῖα καὶ τέρατα wenigstens

---

49 Vgl. *Schmidt*, Beobachtungen, 95.
50 Vgl. *Rengstorf*, ThWNT VIII, 119,16-36.
51 Selbst in der Verknüpfung mit der Mose- (und Aaron-)Gestalt bleibt auffallend der göttliche Ursprung der אותות ומופתים erhalten, siehe Dtn 34,11 und Ps 105,27.
52 Siehe aber den in diesem Zusammenhang Einzelfall Dtn 13,2f.
53 Vgl. auch *Rengstorf*, ThWNT VIII, 118,19-24.

nicht tragend, in der kritischen Verwendung Mk 13,22par; 2Thess 2,9-12, wiederum im paränetischen Kontext, aber offensichtlich. Bedenkt man das Aussagegefälle innerhalb der alttestamentlichen Wendung zu מופת hin, gewinnt ein formaler Unterschied zum neutestamentlichen Wortbestand an Bedeutung: Während מופת in nur der Hälfte des Vorkommens im Alten Testament mit אות verknüpft begegnet, erscheint der Parallelbegriff im Neuen Testament nur in der Verbindung mit σημεῖα und nur im Plural.

Ferner ist beachtlich, daß die Legitimationsfunktion eines מופת, welche in der Priesterschrift in bezug auf die Ägyptenereignisse eine Rolle spielt (siehe Ex 7,9; 11,9.10; vgl. noch 4,21), im weiteren Gebrauch und in der Verknüpfung mit אותות fehlt. Die Bedeutung von מופת verselbständigt sich zum Sinnzeichen (siehe Ps 71,7 [für die Gottverlassenheit]) und zum Vorzeichen (Joel 3,3; Sach 3,8; vgl. auch 2 Chr 32,24) hin. Die Funktion der »Zeichen und Wunder« als allgemeine Beglaubigung des Wortgeschehens, die innerhalb der Verwendung des Doppelbegriffes σημεῖα καὶ τέρατα im Neuen Testament prägend ist, spielt im Alten Testament eine weniger bedeutende Rolle[54]. Vielmehr besitzen die מופתים und אותות meist einen direkten Bezug auf das prophetische Wortgeschehen. Sie sind Zeichen, aus denen das angekündigte Geschehen erkennbar ist. Sie dienen meist der direkten Bekräftigung des Inhalts der prophetischen Botschaft. Eine Verschiebung zur umfassenden Beglaubigung der prophetischen Sendung deutet sich in Dtn 34,11f an, hier noch auf den einzigartigen Propheten Mose bezogen, und wird zum Teil an der Sichtweise der LXX-Übersetzungen evident.

2.2 Die Wendung σημεῖα καὶ τέρατα in der LXX und in den jüngeren Teilen des Alten Testaments

Die LXX-Übersetzer führen den alttestamentlichen Sprachgebrauch nicht nur fort, sondern vereinheitlichen ihn auch zum Teil.[55] Die LXX gibt die hebräische Wendung אותות ומופתים immer mit σημεῖα καὶ τέρατα wieder[56]. Ebenso entsprechen die Begriffe אות und מופת in der Regel σημεῖον und τέρας[57].

54 Neben Dtn 13,2f ist auf die Funktion der Mose-Zeichen (siehe oben S. 8f) zu verweisen. Jes 7,10ff steht diese Funktion (einer אות) im Hintergrund.
55 Vgl. Rengstorf, ThWNT VII, 219,30-220,14; ders., ThWNT VIII, 117,37-121, 11; McCasland, JBL 76, 150f; Formesyn, EThL 38, 874-877.
56 Siehe Ex 7,3; Dtn 4,34; 6,22; 7,19; 26,8; 29,2; 34,11; Jes 8,18; Ιερ 39,20f; Ψ 77,43; 104,27; 134,9; 2Εσρ 19,10 (B L).
57 Vgl. aber 2Chr 32,24, wo מופת mit σημεῖον wiedergegeben wird. Gegen die Annahme, an dieser Stelle liege (zufolge Rengstorf, ThWNT VII, 219,4-8) interpretierende Übersetzungsarbeit der LXX vor, spricht die Übersetzung von מופת mit τέρας in 2Chr 32,31. Die Abweichung dürfte eher auf Einfluß der Parallelberichte 2Kön 20,1-11 (V. 8f) und Jes 38,1-8.21-22 (V. 7.22), jeweils אות/σημεῖον, zurückgehen. — Zu den weiteren hebräischen Äquivalenten von LXX τέρας siehe Rengstorf, ThWNT VIII, 120,21-30.

Außerdem erscheint die Wendung Δα 4,2 Θ; 6,28 Θ als Übersetzung des aramäischen Äquivalentes von אָתִין וְתִמְהִין, nämlich אָתִין וְתִמְהִין in Dan 3,32(f.); 6,28. Darüber hinaus wird die Singularformulierung des hebräischen Textes in den Plural geändert in Dtn 28,46 und Jes 20,3, aber nicht in Dtn 13,2.3. Dtn 11,3 begegnet die Wendung zur Bezeichnung der Zeichen und Taten [אֹתֹת וּמֹפְתִים] Gottes in Ägypten. Analog zu Ex 7,3 wird in Ex 11,9f מֹפְתִים mit τὰ σημεῖα καὶ τὰ τέρατα wiedergegeben. In Ex 7,9 wird der Beglaubigungsausweis (= מוֹפֵת), den der Pharao fordern wird, mit σημεῖον ἢ τέρας übersetzt. In den weiteren Schriften der LXX erscheint die Wendung σημεῖα καὶ τέρατα in Bar 2,11 (vgl. Ιερ 39,20f) und Sap 10,16 [in umgekehrter Reihenfolge] eindeutig als Reminiszenz der Ägyptenereignisse. Allerdings tendiert Sap 10,16 zu allgemeinen und im einzelnen unscharfen Formulierungen[58]. Auf die Exodusereignisse im allgemeinen spielt auch Σιρ 33,6(36,5) an, indem Gott gebeten wird, seine Zeichen zu erneuern und seine Wunder zu wiederholen [ἐγκαίνισον σημεῖα καὶ ἀλλοίωσον θαυμάσια][59], seine Hand und seinen rechten Arm zu verherrlichen. Aber nur mit Schwierigkeiten dürfte es gelingen, in die weiteren Vorkommen Sap 8,8; Εσθ 10,6; Δα 4,37.37a "die Zeichen der Mose-Zeit" hineinzulesen[60]. Denn an diesen Stellen wird gerade die Einmaligkeit und das Unvergleichliche der »Zeichen und Wunder« betont. Im Blick auf Εσθ 10,6; Δα 4,37.37a kann nur von einem Anklang an die alttestamentliche Sprachtradition gesprochen werden[61]. Diesen Aussagen geht es jeweils [wie im übrigen auch Sap 10,16 und Σιρ 33,6(36,5)] darum, die einzigartige Allmacht Gottes in der Geschichte zum Ausdruck zu bringen[62]. Einem ähnlichen Sachbereich wird Sap 8,8 entstammen. Daß die Weisheit Zeichen und Wunder im voraus weiß [σημεῖα καὶ τέρατα προγινώσκει], legt eher eine Deutung auf die Vorzeichen und Prodigien oder auch die Kenntnis des zukünftigen Geschehenszusammenhangs bei Gott nahe[63] als die Vermutung, mit Sap 8,8 werde ausgedrückt, "daß das

---

58 Hierzu zählt neben der Nennung von βασιλεῖς φοβεροί die Umkehrung der Reihenfolge, siehe noch unten Anm. 62.
59 Vgl. dagegen Σιρ 48,14 von den τέρατα und θαυμάσια τὰ ἔργα des Elisa.
60 Gegen *Rengstorf*, ThWNT VII, 219f (220,1-5, vgl. noch Z. 6-14); ebenso ThWNT VIII, 120,34ff. Allerdings nennt *Rengstorf* den Zusatz zu Est 10,3 lediglich (ThWNT VIII, ebd., Anm. 40), und Δα 4,34(37) LXX findet, soweit ich sehe (vgl. das Reg., ThWNT X/1, z.St.), keine Berücksichtigung.
61 Vgl. *Hofbeck*, Semeion 36 ("epitheton ornans").
62 Vielleicht liegt in dieser Aussageabsicht auch ein Grund für die sich von der eigentlichen Tradition entfernenden Bemerkungen in Sap 10,16.
63 Vgl. einerseits Philo, Aet 2: "Wären wir nun geübt in den Lehren der Einsicht, Besonnenheit und jeder Tüchtigkeit und hätten wir uns gereinigt von den Makeln der Affekte und Laster, so hätte Gott es vielleicht nicht verschmäht, völlig gereinigten, strahlend lauteren Seelen die Kenntnis der himmlischen Dinge durch Träume, Orakel, Zeichen oder Wunder zu vermitteln" (Übers. von *Bormann*, Philo Deutsch VII, 78). Vgl. ferner die Verweise bei *Georgi*, JSHRZ III/4, 431, Anm. z.St. e) auf Philo, OpMund 58f und SpecLeg III, 100 (wohl statt IV, 100). Vgl. andererseits in frühjüdisch-apokalyptischen Texten zum einen 4Esr 14,8, zum anderen grHen 8,3; Jub 11,8 unter Verwendung lediglich des Begriffes Zeichen. Zur Zuweisung dieser Stelle an den Zusammenhang der Mantik siehe noch *Müller*, Mantische Weisheit, 274.

in Ägypten Geschehene wohl bis jetzt einzigartig ist, aber nicht einzigartig bleiben muß"[64].
Die beiden Belege aus dem Danielbuch (*3,32; 6,28* und nicht anders die analogen LXX-Aussagen Δα *4,37.37a*) bedürfen eigener Erörterung. Denn an diesen zeigt sich eine Verschiebung des Funktionsbereiches, in dem »Zeichen und Wunder« zur Sprache kommen. Die Wirksamkeit Jahwes wird in diesen Erwähnungen und ebenfalls Εσθ 10,6 als Rettungsgeschehen zum Ausdruck gebracht, zugunsten des Volkes in ZusEst[65] oder zugunsten der drei jahwetreuen Märtyrer im Kontext von Dan 3,32 und zugunsten Daniels im Zusammenhang von 6,28. Den beiden Daniel-Belegen ist weiter eigen, daß sie auf ein wunderbares Geschehen hin folgen. Den beiden ist aber ebenfalls eigen, daß sie gerade nicht dieses konkrete Rettungsgeschehen mit dem »Zeichen und Wunder«-Tun Jahwes gleichsetzen.[66] Vielmehr ist das konkrete Rettungsgeschehen *Anlaß zur Erkenntnis*, daß der Gott, der »Zeichen und Wunder« tut, rettend eingegriffen hat. Dies wird besonders deutlich an 3,32, wo das Rundschreiben Nebukadnezars gerade das eigene Schicksal von Verlust und Rückgewinnung der Herrschaft auf die »Zeichen und Wunder« bezieht.[67] Auch in 6,28 gilt die Rettung Daniels bestenfalls als Paradigma der »Zeichen und Wunder«, (nota bene:) die Jahwe im Himmel und auf Erden wirkt. In der Sache beziehen sich die »Zeichen und Wunder« Gottes auf das allmächtige Walten in Schöpfung und Geschichte, völlig auf der Linie sowohl analoger Aussagen des Alten Testaments als auch vergleichbarer hymnischer Stücke des (aram.) Danielbuches (vgl. 2,20-23; 4,31). Das entscheidend Neue an den Danielbelegen ist aber, daß diese Aussagen nicht von jüdischer, sondern gerade von heidnischer Seite ausgesprochen und zudem proklamiert werden. Der Funktionsbereich der entsprechenden Anerkenntnisse ist also die Diasporasituation und der Funktionszusammenhang der Konversion.
Diese Beobachtungen an Dan 3,32f. und 6,28 und Δα 4,37.37a LXX stellen keine Einzelfälle dar, sondern haben repräsentatives Gewicht. Denn offensichtlich bilden 3,32 und 6,28 eine redaktionelle Klammer um den jüngeren Teil des Danielbuches[68]. Die Beobachtungen bekommen weitere Relevanz von dem analogen Verfahren innnerhalb der LXX-Fassung (Δα 4,37.37a) her. Denn sollte es sich bei der LXX-Fassung des Danielbuches insgesamt um eine Konversionserzählung des Diasporajudentums handeln, die überlieferungsgeschichtlich früher als MT anzusetzen ist[69],

---

64 So mit Verweis auf Sir 36,5 *Rengstorf*, ThWNT VII, 220,3f.
65 Siehe im einzelnen *Bardtke*, JSHRZ I/1, 55, Anm. b zu 10,6.
66 Auch in Εσθ 10,6 bleibt der konkrete Bezug in der Schwebe.
67 Noch deutlicher treten Rettungsgeschehen oder Wunder und »Zeichen und Wunder«-Aussage in der (sekundären) Bearbeitung von 3,31f in V. 33 auseinander.
68 Vgl. zur Textkomposition von 3,31-6,29 *Haag*, Errettung.
69 Vgl. *Albertz*, Gott des Daniel.

ließe sich ein breiter Motivstrom eines Zusammenhangs zwischen σημεῖα καὶ τέρατα und Bekehrung vermuten.

Das deuteronomistische Theologumenon über die »Zeichen und Wunder in Ägypten« prägt auch den Gebrauch der Wendung 'σημεῖα καὶ τέρατα' in ihrer formalen Gestalt innerhalb der LXX (vgl. Dtn 11,3; Ex 11,9f). Allerdings wird man nicht einfach annehmen können, "die auf deuteronomistischem Vorbild beruhende Formel σημεῖα καὶ τέρατα [scheint] für die Wunder Gottes in der Mose-Zeit reserviert gewesen zu sein"[70]. Dagegen spricht zum einen die Änderung in Dtn 28,46 und Jes 20,3, durch welche die Formel σημεῖα καὶ τέρατα gewonnen wird, ohne daß die Ägyptenereignisse in den Blick kommen, sondern der ursprüngliche alttestamentliche Zusammenhang erhalten bleibt. Zum zweiten spricht gegen jene Annahme, daß sich in späterer Zeit die Tendenz durchsetzt, die Präsenz der machtvollen Wirklichkeit Gottes in gegenwärtigem Geschehen, fordernd oder konstatierend, mit dem Doppelbegriff zu bezeichnen.

Im Blick auf die neutestamentliche Verwendung sind die Weiterentwicklungen in den späten alttestamentlichen Belege und durch die LXX-Interpretation beachtenswert: Was Dtn 34,11f als Einzelbeleg aussagt, läßt die LXX breiter erkennen. Mose (und Aaron) dient ein σημεῖον oder τέρας als Ausweis (Ex 7,9 LXX). Die Funktionsträger Jahwes führen selbst σημεῖα καὶ τέρατα aus (LXX: Ex 11,10; Jes 20,3). Davon abgehoben sind Krafttaten, etwa eines Elisa (Σιρ 48,12.14). Zugleich verstärkt sich das Verständnis, »Zeichen und Wunder« mit Rettungsgeschehen zu verbinden. Der Gott, der »Zeichen und Wunder« wirkt, ist derjenige, der auch für Rettung sorgt (Εσθ 10,6; Dan 3,32; 6,28 und Δα 4,37.37a).

In den jüngeren Belegen bekommt ein weiterer für das neutestamentliche Verständnis beachtlicher Aspekt besonderes Gewicht. Die »Zeichen und Wunder«-Aussagen erfolgen von seiten eines vormals jahwefeindlichen Herrschers. Jahwe wird als lebendiger und ewiger Gott anerkannt und dekretal proklamiert. Den Umschwung -wegen der zum Teil im nächsten Kontext vorhandenen Konversionsterminologie handelt es sich wohl um einen Bekehrungszusammenhang im eigentlichen Sinne- bringt ein als wundersam empfundenes Geschehen. Dieses Geschehen selbst gilt aber gerade nicht als »Zeichen und Wunder«, sondern wird als ein durch die Funktionsträger Jahwes vermitteltes Geschehen verstanden. Es wird zum Anlaß, Jahwe als den Gott zu erkennen und anzuerkennen, der »Zeichen und Wunder« tut und getan hat. Wenigstens an dieser letzten Beobachtung wird klar, daß sich inzwischen ein »Zeichen und Wunder«-Verständnis entwickelt hat, das zwar die deuteronomistische Wendung weiter gebraucht, sie aber anderen Funktionsbereichen zuordnet.

---

[70] So aber *Rengstorf*, ThWNT VII, 219,38f.

2.3 Die Wendung σημεῖα καὶ τέρατα in der hellenistischen Literatur

Die Wendung σημεῖα καὶ τέρατα begegnet in der von der Forschung bislang indizierten hellenistischen Literatur[71] recht selten[72]. Auch wenn die Bezeichnungen σημεῖον, τέρας, φάσμα usw. nicht streng gegeneinander abzugrenzen sind[73], so lassen sich in der Verknüpfung von σημεῖον und τέρας doch charakteristische Tendenzen erkennen. Denn die Verbindung stellt nicht nur eine Addition synonymer Begriffe dar, sondern zweier verschiedener Sichtweisen, wobei σημεῖον der kritischen Perspektive eines Skeptikers oder Sophisten nahesteht. Die Wendung bezeichnet in der Regel Prodigien und Vorzeichen, aus denen gegenwärtiges Geschick symbolhaft erkennbar wird.

Als Doppelbegriff haben σημεῖα καὶ τέρατα ihren Sitz in der Mantik. Darauf weist der früheste Beleg (Theophr., Caus. plant. 5, 4, 4) überdeutlich[75], später setzt dies zumindest der Kontext und der Denkzusammenhang der Belege voraus.

Theophrast behandelt Caus. plant. 5, 4, 4 das »Schwitzen« verschiedener Baumarten. Die öligen Ausscheidungen »hält man bekanntlich auch für σημεῖα καὶ τέρατα«.[76] Diese Eigenschaft läßt die Hölzer besonders zur Anfertigung von Götterbildern geeignet sein (Hist. plant. 5, 3, 7; 5, 9, 8); es scheint so, als »schwitzten die Götter«.

71 Vgl. *Rengstorf*, ThWNT VII, 200,30-201,42. 205,25-206,16; *Formesyn*, EThL 38, 862-869. Beide etwa gleichzeitig erarbeiteten Studien fußen im wesentlichen auf den Angaben s.v. σημεῖον bei *Bauer (- Aland)*, 1496 [2.a.]; *Liddell - Scott*, 1593; s.v. τέρας ebd., 1776; vgl. noch ThesSteph VIII, 175 (s.v. σῆμα). 187 (s.v. σημεῖον). 222f (s.v. τέρας); *O'Reilly*, Word, 170f. Obwohl somit nur ein Teil der Literatur erschlossen ist, ergibt sich ein recht klares Bild. Meine eigene Untersuchund konnte sich über die genannten Hilfsmittel hinaus (dank der Unterstützung von *M. Wolter*) auf den Thesaurus Linguae Graecae stützen. Dadurch ergab sich der weitere, und soweit ich sehe, früheste bislang vermerkte Beleg der Verbindung in Theophr., Caus. plant. 5, 4, 4. Aussagen über das früheste Vorkommen und über das Verschwinden der Wendung bleiben freilich (mit *Formesyn*, EThL 38, 864f, Anm. 40) relativ (siehe die nächste Anm.). — Vgl. noch *Whittaker*, StudEv V, 155-158; der Artikel konzentriert sich auf die den Wundererzählungen der Apostelgeschichte parallelen Stoffe, zum Doppelbegriff wird nur Polybius, Hist 3, 112 genannt (ebd., 155f). Die Arbeit von *Stein*, ΤΕΡΑΣ, geht auf die Verbindung zwischen σημεῖον und τέρας nicht näher ein (siehe ebd., nur 60f). Siehe außerdem *Remus*, JBL 101, 537-542 und ferner *Spicq*, Notes II, 796-801 (zu σημεῖον; der Doppelbegriff wird nur am Rande behandelt, ebd., 799f); *Youtie*, ZPE 6.2, 105-116 (zum Gebrauch des Begriffes σημεῖον in der Bedeutung "Beweis[grund]" in den Papyri).
72 Ich zähle acht sichere Belege. Theophr., Caus. plant. 5, 4, 4 scheint allerdings eine schon geläufige Ausdrucksweise wiederzugeben.
73 Siehe *Steinhauser*, Prodigienglaube, 3f.
74 Eine Schwäche der Studie von *Steinhauser* liegt gerade darin, die Begriffe fast ausschließlich von den Phänomenen her zu bestimmen.
75 Siehe den Anfang von Caus. plant. 5, 4, 4; vgl. Hist. plant. 5, 9, 8.
76 Die Textpassage lautet im Zusammenhang: ὁμοίως δὲ καὶ ὅσα ἰδίει τῶν ξύλων· καὶ γὰρ ταῦτα, νοτίου καὶ ὑγροῦ τοῦ ἀέρος ὄντος, τουτὶ πάσχει, καὶ οὐ πάντα, ἀλλ' ἐν οἷς ἐστι λίπος (οἷον κέδρου κυπαρίττου ἐλάας), ἃ δὴ καὶ σημεῖα καὶ τέρατα νομίζουσιν.

Polybius (Hist 3, 112, 8f) beschreibt die Angst vor der drohenden Niederlage und den damit verbundenen Konsequenzen, die die Römer auf die Nachricht hin erfaßt, daß die karthagische Armee anrückt: Neben der Tatsache, daß alle Orakelsprüche (λόγια), die jemals zu dieser Situation angeführt wurden, in aller Munde waren, »war jedes Heiligtum und auch jedes Haus voll von Zeichen und Wundern«[77]. Daher werden Gebete, Opfer(riten), Prozessionen usw. in der Stadt abgehalten - offenbar um die Gottheiten umzustimmen. Denn, wie Polybius kritisch ironisch kommentiert, in Gefahrenzeiten sind die Römer außerordentlich darum bemüht, sich sowohl Gottheiten als auch Menschen geneigt zu machen, und in solchen Zeiten gibt es nichts, was sie bei diesem Unternehmen unziemlich und unter ihrer Würde erachten.

Da im Kontext der σημεῖα καὶ τέρατα-Erwähnung auf (öffentliche) Orakelsprüche abgehoben wird, ist es naheliegend, auch die σημεῖα καὶ τέρατα diesem Bereich zuzuweisen. Deutlicher als diese sind die Prodigien und Vorzeichen für jeden einsichtige Warnungen auf ein bevorstehendes Unheil bringendes Ereignis hin. Vergleichbar dem Orakelwesen scheint man auch für die Prodigien und Vorzeichen annehmen zu können, daß diese Kundgebungen der Gottheiten darstellen, auch wenn dies an dieser Stelle nicht ausdrücklich gesagt wird[78].

Der Volksglaube sucht sich die Funktion der Vorzeichen und Prodigien zunutze zu machen, mit ihrer Hilfe Anteil am Wissen über zukünftige Ereignisse zu erlangen und diese abzuwenden. In diesen Raum des Volksglaubens führt der Beleg bei *Plut, Alex 75, 1*[79] tiefer ein: "Nachdem Alexander nun einmal den göttlichen Dingen gegenüber schwach, schreckhaft und ängstlich geworden war, war keine ungewohnte und seltsame Erscheinung so geringfügig, daß er sie nicht als Anzeichen und Vorbedeutung [σημεῖα καὶ τέρατα] nahm, sondern das Königschloß war voll von Leuten, die opferten, Reinigungszeremonien vollzogen, weissagten und Alexander mit albernen Ängsten erfüllten. So ist es eben: etwas Schlimmes ist Ungläubigkeit und Mißachtung der Götter; schlimm ist aber auch der Aberglaube, der wie Wasser immer in das tiefer Liegende hinabzieht[80]"

---

77 112,8: σημείων δὲ καὶ τεράτων πᾶν μὲν ἱερόν, πᾶσα δ' ἦν οἰκία πλήρης.
78 Siehe aber Aelian, v.h. 12, 57, dazu unten S. 20, zum göttlichen Ursprung und der Funktion von Prodigien und Vorzeichen; siehe noch Plut, De Dione 24, 4 (I, 968B): τῷ Διονυσίῳ πολλὰ τερατώδη παρὰ τοῦ δαιμονίου γενέσθαι σημεῖα. Siehe außerdem Plut, De Sulla 7,2 (und die 7,4ff folgenden Ausführungen hinsichtlich der Sendung und dem Erscheinen von Wunderzeichen, I, 455D-456C). Vgl. ferner ohne τέρας *DittSyll*⁴, 709, 24f: προεσάμανε μὲν τὰν μέλλουσαν γίνεσθαι πρᾶξιν [διὰ τ]ῶν ἐν τῶι ἱερῶι γενομένων σαμείων.
79 Plut I, 706B. Übersetzung nach *Ziegler*, Plutarch. Große Griechen und Römer V, 97. Zur Stelle siehe *Stein*, ΤΕΡΑΣ, 50.
80 Zur Behandlung dieses Problems bei Plutarch siehe seine frühe σύγκρισις ἀθεότητος καὶ δεισιδαιμονίας De superstitione, II, 164E-171E (vgl. dazu *Braun*, Aufs. I, 120-135), an deren Einschätzung der ἀθεότης die Kommentierung der Vorgänge am Alexanderhof denken läßt, und zur Einordnung der theologischen Schriften Plutarchs und zu diesen selbst *Ziegler*, PRE 21, 825-851.

Weitere Belege bieten eine Bestimmung der Phänomene, welche in der Regel mit σημεῖα καὶ τέρατα bezeichnet werden. Bei *Appian*, Bell. civ. 2, 36; 4,4 werden kosmische und natürliche "Absonderlichkeiten"[81] (τέρατα ... πολλὰ καὶ σημεῖα οὐράνια bzw. τέρατα καὶ σημεῖα ... πολλὰ καὶ φοβερά) genannt. In diese Richtung weist ebenfalls *Aelian*, v.h. 12, 57: »Als Alexander sein Heer gegen die Thebaner führte, sandten ihnen(!) die Götter σημεῖα καὶ τέρατα, [durch die] sie die zukünftigen Ereignisse im voraus anzeigten«. Die Fehlinformation, Alexander sei in Illyrium umgekommen, führt zu einer Fehlinterpretation der Prodigien und Vorzeichen: Sie stießen viele Lästerungen gegen ihn aus. Im einzelnen werden dann als Vorzeichen genannt das laute Tosen des Sees bei Onchestos und die Verwandlung des Flußwassers in Blut. Dies führt zu der weiteren Interpretation, daß die Thebaner glaubten, die Gottheit (τὸ δαιμόνιον) drohe den Makedoniern. Die Tempelgeschehnisse [die im Demetertempel webende Spinne und das von selbst in Brand geratende Standbild der Athene], welche schon Paus 9,6,6[82] in etwas anderer Weise[83] genannt werden, und die summarische Formel »und vieles andere« (καὶ ἄλλα πολλά) runden das Bild ab[84].

So kann es nicht verwundern, daß angesichts bestimmter Absonderlichkeiten der Natur (zufolge *Plut II, 149C*) die Frage zu entscheiden ist, πότερον ἄλλως γέγονεν ἤ τι σημεῖόν ἐστι καὶ τέρας. In diesem besonderen Fall handelt es sich um ein von einer Stute geborenes Pferd-Mensch-Kind. Die der Prüfung folgenden Deutungen gehen in zwei Richtungen: Die eine, die des Volksglaubens, sieht darin tatsächlich ein Böses verheißendes Vorzeichen (σημεῖον 149D), das auf Aufruhr und Zwietracht weise. Dem kann nach den betreffenden Regeln der Kunst mit Reinigungsritus und Anrufung der apotropäischen Gottheiten begegnet werden. Der Ironiker dagegen zieht den ganzen Vorfall (übrigens auch die Deutung, siehe 149D) ins Lächerliche mit dem Rat, bei den Pferden keine jungen Hirten anzustellen oder ihnen Frauen zu geben[85].

---

81 *Rengstorf*, ThWNT VII, 205, 41; ebd., Z. 40-46; *Formesyn*, EThL 38, 868; *Remus*, JBL 101, 541 zu den Einzelphänomenen.
82 Siehe den Verweis in der Ausgabe von *Dilts*, 148, zu Z. 24-27. – Zur Beziehung zwischen Aelian und Pausanias siehe *Wellmann*, PRE 1/1, 486,30ff.
83 An dieser Stelle werden die Ereignisse als σημεῖον bezeichnet, im übrigen begegnet ebenfalls der Begriff προσημαίνειν. – Zur Deutung von Absonderlichkeiten bei Tieren (εἰ δέ τι ποικιλώτερον περὶ τοὺς μύας βλέποι τις ...) verweist Artemidor, Onirocr III, 28 auf die Schrift περὶ τῶν τεράτων καὶ σημείων eines Autors namens Melampos.
84 Im Rahmen der Untersuchung erübrigt es sich, auf die Stilform des Prodigienkataloges einzugehen. Die Literatur hierzu wird bei *Berger*, ANRW II, 2, 23.2, 1432 im wesentlichen zusammengefaßt, die Arbeit von *Steinhauser*, Prodigienglaube, (bes. 23ff) ist besonders beachtenswert. Zu den Texten siehe auch *Stein*, ΤΕΡΑΣ, 32.
85 *Rengstorf*, ThWNT VII, 206,5ff nennt allein diese letzte Kommentierung. Zur Stelle vgl. noch *Aune*, SCHNT 4, 90f; *Stein*, ΤΕΡΑΣ, 60.

Auch im hellenistischen Schrifttum begegnet σημεῖον καὶ τέρας/σημεῖα καὶ τέρατα als Doppelbegriff und diesem kommen ein spezifischer Bedeutungsinhalt und eine spezifische Funktion zu. Es läßt sich nachweisen, daß sich die beiden Begriffe σῆμα/σημεῖον und τέρας seit Homer[86] "charakteristisch unterscheiden"[87]: σημεῖον hat umgreifenden Sinn, während τέρας als einem sachlich verwandten Begriff neben der Rückführung auf den göttlichen Ursprung und neben dem Sinn des bösen Vorzeichens (und der Notwendigkeit der Deutung) die Bedeutung des παρὰ φύσιν zukommt[88]. Der Begriff τέρας bestimmt von daher in der Verbindung mit σημεῖον den Charakter des σημεῖον näher[89].

Die Unterschiede zum alt- wie neutestamentlichen Sprachgebrauch liegen auf der Hand: Die σημεῖα καὶ τέρατα sind wundersame Erscheinungen, die als Vorzeichen oder Prodigien verstanden auf (meist böses) Geschehen hinweisen, das durch entsprechende religiöse Handlungen auf seiten der Menschen abzuwenden gesucht wird. Die Prodigien und Vorzeichen sind keine unmittelbare Wort- oder Willensoffenbarung der Gottheit, sondern direkte Anzeichen zukünftig bevorstehender Ereignisse. In ihnen drückt sich nicht, wie im Alten Testament und wohl auch im Neuen Testament, göttliche Wirksamkeit oder Wirklichkeit direkt aus. "Pour eux [sc. les grecs], le message des dieux est toujours dans le signe lui-même"[90]. Da ein direkter Zusammenhang zwischen Wort und Zeichen fehlt, bedürfen die Prodigien und Vorzeichen der Deutung durch μάντεις[91]. Der Begriff σημεῖα καὶ τέρατα dient nicht der Kennzeichnung oder Beglaubigung göttlicher Menschen bzw. Boten oder deren Botschaft[92].

86 Siehe die Belege bei *Stockinger*, Vorzeichen, 153.
87 *Rengstorf*, ThWNT VII, 205,26, vgl. ThWNT VII, 200,30-201,42 nach Vorgang von *Stockinger*, ebd., 153f; dagegen *Formesyn*, EThL 38, 863, Anm. 37 (und passim); *Remus*, JBL 101, 537-542 (passim).
88 Siehe dazu *Stein*, ΤΕΡΑΣ, passim; *Rengstorf*, ThWNT VIII, 115,6-11 (samt ebd., Anm. 10).
89 Ein religiöser Gebrauch des Begriffes σημεῖον ist sicher nicht völlig in Frage zu stellen (zu *Rengstorf*, ThWNT VII, 205,14ff), jedoch auch nicht so hoch zu werten, daß innerhalb der Verbindung die beiden Begriffe einander gegenseitig charakterisierten, so aber *Whittaker*, StudEv V, 158.
90 *Formesyn*, EThL 38, 865; siehe ebd. auch zu den religionsgeschichtlichen Voraussetzungen.
91 Zur Funktion des μάντις bietet Plut, De Dione 24 (I, 968A) ein aufschlußreiches Beispiel: Eine Mondfinsternis überrascht die Gebildeten um Dio in keiner Weise, da ihnen die natürlichen Zusammenhänge bekannt sind (24, 1). Die Soldaten geraten jedoch in Angst, weil sie dieses Ereignis als ein beängstigendes Vorzeichen ansehen. Dagegen tritt der Seher Miltas mit einer beschwichtigenden positiven Deutung auf (24, 2). Nur im kleinen Kreis deutet der Seher freilich ein anderes Prodigium, nämlich den den Schiffen folgenden Bienenschwarm, als letztlich schlechtes Vorzeichen (24, 3). – Zur breiteren Fragestellung der naturwissenschaftlichen Deutung von Prodigien siehe *Steinhauser*, Prodigienglaube, 10-16, zur Mantik vgl. *Nilsson*, Geschichte I, 152-160 und siehe dass. II, 207-220.
92 Vgl. indes ferner z.B. Philostr., VA 6,10 über das delphische Orakel: Apollon sagt οὐδὲν τερατευσάμενος, was er weiß. Obwohl ihm prodigiengleiche Ereignisse zur Hand wären, offenbart er die Wahrheit οὐδὲν τούτων ἐπικομπάσας.

Der Doppelbegriff gehört vielmehr in den Rahmen Unheil drohender, bedrängender Krisensituation. Innerhalb dieses Denkrahmens besitzt er seine besondere Funktion darin, daß das Achten auf »Zeichen und Wunder« derartige Situationen zu bewältigen hilft. Dies kann in dem Versuch geschehen, durch entsprechendes Verhalten die Gottheiten umzustimmen und somit das bevorstehende Unheil abzuwenden, oder dem Unheil zu entgehen.

2.4 Die Wendung σημεῖα καὶ τέρατα im hellenistischen Judentum (außerhalb der LXX)

2.4.1 Philo[93]

In den beiden philonschen Belegen für die Wendung σημεῖα καὶ τέρατα VitMos I, 95 und SpecLeg II, 218 scheint der alttestamentliche Sprachgebrauch aufgenommen zu werden. Denn diese beiden Vorkommen erscheinen im Zusammenhang der Ägyptenereignisse. *SpecLeg II, 218* bietet einen allgemeinen Bezug auf die Ägyptenereignisse: Die σημεῖα καὶ τέρατα begegnen an dieser Stelle in einer Reihe mit φάσματα und dem anderen, das Gott zu jener Zeit bewirkte[94]. Ob sich aus dieser Stelle Rückschlüsse auf eine gewichtige, allgemeine Traditionsbindung im Gebrauch des Doppelbegriffes ergeben, ist jedoch eher zweifelhaft, bedenkt man einerseits die Bedeutung der alttestamentlichen Tradition von Dtn 26,8, der Philo hier folgt. Andererseits wandelt Philo die alttestamentliche Aussage ab, indem er die alttestamentlichen »Schrecknisse« darauf umdeutet, daß Gott die Feinde in Erschrecken versetzt. Damit trägt er ein Motiv ein, das er, wenn auch passivisch, ebenfalls verwendet um die Wirkung der Mosewunder zu beschreiben.
VitMos I, 95 aber schließt eine derartige Annahme weitgehend aus[95]. Denn die Erwähnung bezieht sich nicht auf die Plagen oder das Schilfmeergeschehen. Vielmehr stehen die σημεῖα καὶ τέρατα in einer aufsteigenden Reihe göttlicher Willenskundgebungen zwischen Orakel(sprüchen) [χρησμοί] auf der einen Seite und auf der anderen Seite der jene in ihrer Offenbarungsfunktion übersteigenden ἐμβριθεστέρα ἐπανάτασις sowie einer Anzahl von Plagen. Zieht man den Kontext heran[96], so liegt es am nächsten, die σημεῖα καὶ τέρατα als zusammenfassende Bezeichnung der Wunder vor dem Volk und dem Pharao[97] sowie des Schauspiels, daß die

---

93 Vgl. zum Folgenden *Rengstorf*, ThWNT VII, (220f) 221,14-21; *ders.*, ThWNT VIII, 121,13-122,21; *Bittner*, Zeichen, 29f; *Delling*, Aufs., 72-129; *Formesyn*, EThL 38, 869f; *Remus*, JBL 101, 543.
94 »τοὺς ... ἐπιτιθεμένους κατέπληξε σημείοις καὶ τέρασι καὶ φάσμασι καὶ τοῖς ἄλλοις ὅσα κατ' ἐκεῖνον τὸν χρόνον ἐθαυματουργεῖτο ...«.
95 Anders *Rengstorf*, ThWNT VII, 221,14-17: Philo benutze die Wendung wie die alttestamentliche Tradition "als zusammenfassende Bezeichnung der ägyptischen 'Zeichen' Gottes" (ebd., Z. 16f).
96 Eine kurze Einführung gibt *Delling*, Aufs., 77f.
97 In VitMos I, 90 werden sie jeweils als τέρατα bezeichnet.

Schlangen-Stäbe der ägyptischen Weisen und Magier vom Schlangenstab des Aaron verschlungen werden[98], zu bestimmen.
Diese σημεῖα καὶ τέρατα dienen dazu, den Willen der Gottheit kundzutun und das Wirken einer allmächtigen, eher göttlichen Kraft (δύναμις θειοτέρα) anzuerkennen, wie I, 94f durchgehend betont wird[99]. Dem Verständnis, daß sich in »Zeichen und Wunder« eine überlegene göttliche Macht äußere, entspricht die Darstellung von der Reaktion der Zuschauer, daß diese in Erstaunen und Erschrecken geraten.
Der Reihung in VitMos I, 95 ähnelt formal die Reihe in Aet 2[100]. An dieser Stelle wird das Problem bedacht, wie Gott die Kenntnis himmlischer Dinge unter anderen Umständen hätte vermitteln können, nämlich durch Träume, Orakel, Zeichen oder Wunder[101]. Beide Erwähnungen stehen im selben Denkhorizont. Allerdings ist Aet 2 von der Sache und dem Argumentationshorizont her stärker hellenistisch geprägt. Wie man über die philonische Herkunft der Reihe in Aet 2 auch denken mag[102], so geht doch aus dem Vergleich der beiden Reihungen hervor, daß die alttestamentliche Sprachtradition bei Philo in VitMos I, 95 mit anderem Sachgehalt gefüllt und hellenistischem Denken angeglichen wird. Der in VitMos I, 95 eigentliche Sprachgebrauch und die demonstrative Funktion treten zurück gegenüber der den Willen Gottes ausdrückenden Mitteilungsfunktion.
Wenn die Wolke, welche zugunsten des Volkes wirksam wird, mit Bezug auf das Schilfmeerwunder einmal, VitMos I, 178, als σημεῖον τερατωδέστατον bezeichnet wird[103], so entspricht dies dem übrigen Sprachgebrauch von τερατωδέστατος bei Philo[104]. In dieser Weise wird das Außergewöhnliche des Geschehens zum Ausdruck gebracht[105].

---

98 Siehe VitMos I, 92f. Dies wird I, 94 zusammenfassend als eine μεγαλουργηθεῖσα ὄψις verstanden; vgl. auch I, 95 die τῶν γινομένων ἐμφανὴς ἐνάργεια.
99 Diese Deutung deckt sich mit dem weiteren Sprachgebrauch in I, 76f, wo die drei Aktionen, zu denen Mose angeleitet wurde, und die seiner Rede Glauben verleihen (I, 74 vgl. I, 90) und zur Abkehr vom Unglauben und zur Bekehrung zum Glauben bewegen sollen, als σημεῖα bezeichnet werden (vgl. ferner I, 210). Dann aber, wo es um die Sache geht, werden sie τέρατα (I, 80) oder θαῦμα (I, 79 θαυματουργέω; I, 82 θαυματουργήματα) genannt. Wie austauschbar diese Wunderbezeichnungen gebraucht werden können, zeigt exemplarisch die Verwendung von τεράστιον, τερατωδέστατον, θαυματουργέω in Abr 118. Der Schau- und Hinweischarakter eines σημεῖον begegnet den Willen Gottes betreffend ausdrücklich ebenfalls I, 188 und 269.
100 Vgl. oben S. 15, Anm. 63 (mit Wiedergabe des Textes).
101 »... ἢ δι' ὀνειράτων ἢ διὰ χρησμῶν ἢ διὰ σημείων ἢ τεράτων ...«. Aus dem Fehlen des διὰ vor dem letzten Begriff wird die enge Verbindung von σημεῖα und τέρατα ersichtlich.
102 Kritisch dazu Rengstorf, ThWNT VII, 221, Anm. 156.
103 Die Bemerkung von Rengstorf, ThWNT VII, 221,18 zum "gelegentlich[en]" Vorkommen und die Deutung sind möglicherweise mißverständlich, korrigiert in: ThWNT VIII, 122, Anm. 51.
104 Siehe Abr 118; VitMos I, 118 (τερατωδέστατη ὄψις). 217 (τερατωδέστατόν τι πάθος); II, 154 (τερατωδέστατόν τι). 268 (τερατωδέστατος χρησμός).
105 Gleiches gilt für den Gebrauch von τεράστιος, siehe dazu nur Rengstorf, ThWNT VIII, 121, 37-41. Zur Terminologie vgl. noch Delling, Aufs., 8 0ff.

Zum Sprachgebrauch der Wendung σημεῖα καὶ τέρατα bei Philo läßt sich also zusammenfassen: Die σημεῖα καὶ τέρατα sind von Gott gewirkt. Durch sie gibt Gott seinen Willen kund. Dieses Verständnis steht der hellenistischen Anschauung näher als dem Sprachgebrauch der alttestamentlichen Vorlage. Selbst wo Philo der alttestamentlichen Tradition folgt, gibt er den Aussagen eine andere Prägung. So stehen die σημεῖα καὶ τέρατα einerseits zwar SpecLeg II, 218 für das Exodusgeschehen, werden aber zur allgemeinen Demonstration göttlicher Macht gegenüber den Feinden umgedeutet, ähnlich dem Verfahren in den jüngeren Teilen des AT. Andererseits nimmt Philo zwar das (alttestamentliche) Legitimationsmotiv der Mosewunder auf[106], ordnet es aber dem Offenbarungsmotiv unter[107]. Die Betonung dieses Motives stellt das Verständnis Philos in eine Linie mit dem der späten LXX-Texte[108], hebt es aber ab von dem der Prodigien und Vorzeichen in der hellenistischen Literatur[109].

Philo versucht freilich »Zeichen und Wunder« in das hellenistische Vorstellungskonzept einzuordnen, indem er »Zeichen und Wunder« mit Orakel, Erscheinungen usw. zusammenbringt und gegenüber diesen abgrenzt. Die theologische oder (allgemein:) religiöse Rückbindung weist dabei den Zeichen und Wundern eine Prodigien und Vorzeichen überragende Stellung zu als Demonstration(serweisen) der göttlichen Macht. Diese Rückbindung und Deutung läßt allerdings eine dem hellenistischen Verständnis von Prodigien und Vorzeichen fremde Färbung erkennen. Die σημεῖα καὶ τέρατα stehen nicht primär für Unheil anzeigende Ereignisse. Ebensowenig werden sie bei Philo dem Zusammenhang bedrängter Lage zugeordnet, obgleich ein derartiges Verständnis VitMos I, 95 anklingt. Die Bindung an die jüdische Tradition[110] und das Bemühen, diese durch Angleichung der Terminologie dem hellenistisch denkenden Leser nahezubringen, bleiben sichtbar. So nimmt Philo die alttestamentliche Terminologie auf und sucht diese dem griechischen Sprachgebrauch anzulehnen. Aus dieser Verbindung entsteht ein σημεῖα καὶ τέρατα-Verständnis eigener Art, das dem des griechischen Danielbuches nahesteht.

2.4.2 Josephus Flavius[111]

Für den Doppelbegriff σημεῖα καὶ τέρατα lassen sich bei Josephus nur zwei Belege anführen: *Bell 1, 28* und *Ant 20, 168*, wo die umgekehrte

---

106 Vgl. besonders VitMos I, 90: Mit der Demonstration der Wunder tritt Mose den Anschuldigungen entgegen.
107 Siehe neben I, 94f die Begründung für die Weigerung des Pharao I, 88 und vgl. noch I, 71. 82.
108 Siehe dazu oben S. 16f.
109 Siehe dazu oben S. 21.
110 Vgl. ferner *Hofbeck*, Semeion, 54ff.
111 Vgl. zum Folgenden *Rengstorf*, ThWNT VII, 222,40-223,35; *ders.*, ThWNT VIII, 122,23-123,14; *Schlatter*, Theologie des Judentums 69; *Betz*, Problem, (23-44) 25-34; ferner *Remus*, JBL 101, 544f; *Bittner*, Zeichen 30-33 und den Exkurs bei *Michel - Bauernfeind*, De bello II,2, 186ff. Siehe noch Anm. 113.

Reihenfolge begegnet. Beide Erwähnungen, so unterschiedliche Phänomene sie auch meinen mögen, bezeichnen Geschehnisse in der Situation kurz vor Ausbruch des Jüdischen Krieges. Den Prodigienkatalog (Bell 6, 288-315), den er vorausgreifend und verallgemeinernd τὰ πρὸ ταύτης (sc. τῆς ὅλης πόλεως ἁλώσεως) σημεῖα καὶ τέρατα (Bell 1, 28) nennt, stellt Josephus dem Auftreten von Zeichenpropheten, die er als Verführer, Betrüger und Pseudopropheten kennzeichnet (Bell 6, 288, vgl. 285ff) gegenüber.[112] Zu deren Typik gehört es zufolge Josephus, σημεῖα τῆς σωτηρίας (Bell 2, 259) oder (so im parallelen Bericht Ant 20, 168) ἐναργῆ τέρατα καὶ σημεῖα κατὰ τὴν τοῦ θεοῦ πρόνοιαν γινόμενα zeigen zu wollen. Bezeichnenderweise findet sich der Doppelbegriff überhaupt nicht im Zusammenhang der Ägyptenereignisse[113].

Diese Vorbemerkungen legen die Annahme nahe, daß Josephus ein σημεῖα καὶ τέρατα-Verständnis vertritt, das dem hellenistischen Verständnis nahe steht. Diese Annahme wird durch die Kennzeichnung sowie den Gegenstand der σημεῖα καὶ τέρατα genannten Vorgänge zunächst bestätigt. Denn zum ersten überschreibt Josephus Bell 6, 288 die Einzelvorgänge, die er in der Inhaltsübersicht Bell 1, 28 unter dem Doppelbegriff zusammenfaßt, als ἐναργέντα καὶ προσημαίνοντα τὴν μέλλουσαν ἐρημίαν τέρατα. Zum zweiten partizipiert Josephus innerhalb der Einzelbeschreibung offenkundig an einem Prodigienkatalog, der bei Tacitus (Hist V, 13, 2) und Dio Cassius (Hist. Rom. 65, 8,1-2) Parallelen besitzt[114]. Eine jüdische Prägung be-

---

112 Zu den sogenannten Zeichenpropheten vgl. besonders *Meyer*, Prophet, 82-88; ders., ThWNT VI, 813,20-828; bes. 823,36-825,37. 826,29-827,45; *Betz*, a.a.O. 30ff; *Hill*, Messianic prophets, 143-154; *Barnett*, NTS 27, 679-697 (ebd., 694, Anm. 4 weitere Literatur); *Horsley*, CBQ 47, 435-463; *Bittner*, Zeichen, 57-84.

113 Siehe demgegenüber *Rengstorf*, ThWNT VII, 223,9-11: Josephus vermeide "so gut wie völlig" diese Wendung, "die klass[ische] Zusammenfassung der göttlichen 'Zeichen' beim Auszug aus Ägypten". — Freilich kann man gegenüber der engen Bestimmung bei *Betz*, Problem, 28f (Zur Kritik an *Rengstorf* siehe ebd., 30, Anm. 35), σημεῖον sei das "Zeichen ..., das beglaubigen [im Original hervorgehoben], den Glauben an die Sendung des Wundertäters erwecken soll" (ebd., 28; zu diesem Motiv siehe schon *Rengstorf*, ThWNT VII, 223,16f und vgl. unten zu Ant 10, 28f), "ausschließlich in den Dienst der Prophetie gestellt" (*Betz*, ebd., 30), näherhin beobachten, daß in anderer Weise der Begriff σημεῖον Ant 2, 327 auch auf die Ägyptenereignisse bezogen wird [Die Hebräer wenden sich mit Vorwürfen gegen Mose (vgl. Ex 14,10) πάντων ἐπιλελησμένοι τῶν ἐκ τοῦ θεοῦ πρὸς τὴν ἐλευθερίαν αὐτοῖς σημείων γεγονότων]. Denn auf die σημεῖα wird ja zurück-, nicht auf den Durchzug, der an dieser Stelle folgt, vorausgeblickt (gegen *Betz*, ebd., 30, Anm. 35).

114 Zu dem Prodigienkatalog und der damit verbundenen quellen- und traditionskritischen Fragestellung siehe *Fischer*, Eschatologie, 161-167, nach Vorgang von *Weinreich*, Studien, 109-117; *McCasland*, JBL 51, 323-335 (mit weiterem Parallelmaterial aus der vorzugsweise hellenistischen Umwelt; zu den beiden Begriffen σημεῖα und τέρατα in diesem Zusammenhang vgl. seine knappe Bemerkung JBL 76, 150); *Corssen*, ZNW 15, 119f und *Michel*, Studien, 240-244; *Schalit*, ANRW II, 2, 269-267 (322-327); *Michel - Bauernfeind*, De bello II,2, 179-192 [Die zu diesen von *Fischer*, Eschatologie, 161, Anm. 16, geäußerten Kritik an der einseitigen Orientierung am alttestamentlich-jüdischen Material trifft analog die Äußerungen bei *Bittner*, Zeichen, 79-84].

kommt der Katalog in besonderer Weise zum einen durch die gesamte Ausrichtung, τὰ τοῦ θεοῦ κηρύγματα (288) zu sein, zum anderen durch die kommentierenden Bemerkungen Bell 6, 291. 295 (vgl. 315)[115].
Im einzelnen werden unter τέρατα für jeden wahrnehmbare und deutbare Prodigien verstanden, welche göttlichen Ursprungs sind. Die Deutungen[116] weisen eine bemerkenswerte Terminologie auf. In der Kommentierung der kosmischen Ereignisse hebt Josephus die Deutungen als günstig oder ungünstig gegeneinander ab unter Verteilung auf die Personengruppe der ἄπειροι bzw. der ἱερογραμματεῖς (Bell 6, 291). In der Kommentierung des offenen Tempeltores unterscheidet er zwischen einem κάλλιστον τέρας, welches die Unkundigen (οἱ ἰδιῶται) in jenem Ereignis erblicken, und einem δηλωτικόν ... ἐρημίας ... τὸ σημεῖον, als welches dies den Gelehrten (οἱ λόγιοι) erscheine (Bell 6, 296).[117]
Dieses Verhältnis zwischen τέρας und σημεῖον läßt sich ebenfalls an anderer Stelle beobachten: Herodes überlebt den Zusammensturz eines Hauses, nachdem er dort mit einigen Gästen gegessen und diese das Haus verlassen hatten (Bell 1, 331). Die überraschende Rettung gilt als δαιμόνιόν τι ... τέρας, das den Herodes in den Ruf bringt, ein besonderer Liebling der Gottheit zu sein (ἀνδρὸς θεοφιλεστάτου δόξαν ἀπηνέγκατο)[118]. Herodes sieht jedoch in dem Geschehnis ein Zeichen (σημεῖον) sowohl der Gefahren während der folgenden Kriegsereignisse als auch der Rettung aus diesen. Dementsprechend endet die Episode mit der Verwundung des Herodes.
Wieweit sich das τέρας bei Josephus von einem Prodigium und dem nach der Deutung offenkundigen Zeichen (σημεῖον) unterscheiden kann, wird ersichtlich aus der Rede des Herodes nach dem Erdbeben (Bell 1, [373-379]377f)[119]. Herodes spricht dem niedergeschlagenen Volk, das das Erdbeben als böses Vorzeichen deutet, Mut zu: Es solle Erdbeben oder andere Naturerscheinungen nicht als Vorzeichen anderer Ereignisse (ἑτέρας συμφορᾶς τέρας) ansehen. Denn jene seien in Bedeutung und

---

115 Zum redaktionellen Anteil des Josephus siehe *Fischer*, Eschatologie, 161. 166, Anm. 24.
116 Vgl. hierzu auch *Dautzenberg*, Prophetie, 101f.
117 Dieser Betonung und Zuweisung des unterschiedlichen Sprachgebrauchs widerspricht es grundsätzlich nicht, daß in 6, 315 rückgreifend und allgemein von σημεῖα mit Bezug auf die Fehldeutung πρὸς ἡδονήν und Mißachtungen die Rede ist. Denn die zufolge Josephus zutreffende Deutung hat dieser 310-314 jeweils vorausgeschickt. Diese Anzeichen waren σημεῖα, weil sie aufgrund dieser Deutung jedem offenkundig sein konnten. Die Fehldeutungen und das daraus resultierende Elend sind auf eigenes Verschulden zurückzuführen (vgl. 310). Zum Problem des χρησμὸς ἀμφίβολος 6, 312f (und seinen Parallelen Tac., Hist. V, 13, 1; Sueton, Vesp. 4, 5) siehe ausführlich *Fischer*, Eschatologie, 158ff.
118 Vgl. in der parallelen, ausführlicheren Darstellung Ant 14, 455: ὥστε πάντας πιστεῦσαι τὸν Ἡρώδην εἶναι θεοφιλῆ (vgl. noch zu Anfang: ἐνταῦθα ἴδοι τις ἂν τοῦ βασιλέως τὴν ἐκ τοῦ θεοῦ εὔνοιαν), aber ohne weitergeführte Vorzeichendeutung.
119 Vgl. zur Rede selbst und ihrer Parallele Ant 15, 127-146, übrigens ohne die Begriffe τέρας und σημεῖον, *Michel*, ANRW II, 21.2, 950f.

Schaden auf sich selbst beschränkt. Derartigen Naturerscheinungen könne jedoch ein leichteres Zeichen (σημεῖον) vorausgehen. Soweit bewegt sich der Argumentationsgang im wesentlichen[120] in dem zuvor beschriebenen Verhältnis zwischen τέρας und σημεῖον. Dem folgt eine Bestimmung von τέρας, die sich nicht von der Deutung, sondern von dem Walten göttlichen Willens und göttlicher Rechtsordnung herführt. Zufolge Bell 1, 378 fährt Herodes fort, den Feinden sei ein τέρας μέγιστον ἁλώσεως weder von selbst (αὐτομάτως, dies bedeutet: auf unerklärliche, wundersame Weise) noch durch eine andere Macht geschehen, nämlich in dem von ihnen verübten Gesandtenmord. Aber die Feinde würden dem alles sehenden Auge und der unbesiegten Rechten Gottes nicht entkommen[121]. Somit wird gleichsam die Kehrseite des τέρας- und σημεῖον-Verständnisses beleuchtet: Die Kenntnis der göttlichen Ordnung vermittelt das Erkennen eines τέρας und führt zur rechten Deutung als eines σημεῖον[122]. Im Blick auf die Erwähnung in Bell 1, 28 ist deutlich, daß Josephus in der Wendung σημεῖα καὶ τέρατα beide Einzelbegriffe unterscheidet und ihnen je besonderen Sinn zuerkennt. Das beobachtete Verhältnis zwischen den beiden Begriffen τέρας und σημεῖον läßt sich in der Sache ebenfalls an der zweiten Verwendung des Doppelbegriffes in Ant 20, 168 bestimmen. Was die unter Antonius Felix auftretenden Zeichenpropheten dem Volk in der Wüste zu zeigen versprechen, sind offenkundige τέρατα, als solche unmißverständlich und für jeden einsichtig, und zugleich σημεῖα, die gemäß der Vorsehung Gottes geschehen, also für den Verständigen deutlich sind. Die Terminologie bleibt somit durchaus im Rahmen des Sprachgebrauchs, der sich auch sonst für die Begriffe τέρας und σημεῖον bei Josephus bestimmen läßt[123]. Der konkrete Inhalt derartiger Versprechungen durch die Zeichenpropheten bleibt im dunkeln[124].

120 Zu der an dieser Stelle vorgebrachten kritischen Distanz gegenüber dem Prodigienwesen siehe *Berger*, ANRW II, 23.2, 1453 (samt ebd., Anm. 93).
121 Vgl. die parallele Aussage in Ant 15, 138: Denn mit wem das Recht ist, mit dem ist Gott (μεθ' ὧν γὰρ τὸ δίκαιόν ἐστι μετ' ἐκείνων ὁ θεός).
122 Hieraus wird wiederum verständlich, daß zur rechten Deutung Schriftkenntnis, Weisheit odgl. gehören (siehe oben S. 26 und von Josephus Bell 3, 352 innerhalb des verwandten Zusammenhanges der Traumdeutung; freilich schützt Schriftkenntnis und Weisheit nicht vor Fehldeutung, siehe Bell 6, 31: πολλοὶ τῶν σοφῶν ἐπλανήθησαν περὶ τὴν κρίσιν anläßlich des zweideutigen Orakels), anders als dies in der Regel für die hellenistische Anschauung in bezug auf μάντεις, τερατοσκόποι usw. gilt. In diesem Zusammenhang sei weiterführend auf das Erklärungsmodell göttlicher πρόνοια bei Josephus verwiesen, das bes. in den Ant. zum Tragen kommt, siehe dazu *Delling*, Aufs., 139ff. Vgl. noch Bell 6, 310: Gott sorgt zwar für die Menschen, indem er dem Geschlecht auf manigfaltige Weise die Rettung im voraus (... προσημαινὼς ... τὰ σωτήρια), die Menschen gehen aber infolge von Unverstand und selbst verschuldetem Elend (ὑπ' ἀνοίας καὶ κακῶν αὐθαιρέτων) zugrunde (Übers. nach *Michel - Bauernfeind*, De bello II,2, 55).
123 Von dem Verhältnis zwischen τέρας und σημεῖον innerhalb des Sprachgebrauchs bei Josephus her versteht sich auch die Vorordnung mit der Umkehrung der Reihenfolge in Ant 20, 168.
124 Allein aus dem Begriff σημεῖα κατὰ δὲ θεοῦ πρόνοιαν kann wohl keine Parallele zu den Mosewundern in Ant 2, 286 gezogen werden (gegen *Rengstorf*,

Die besonderen Umstände und das Verständnis des Josēphus vom Zeichenprophetentum seiner Zeit, das von ihm durchweg kritisch bedacht wird[125], lassen indes Vermutungen zu. So kann die Aufforderung, dem Propheten in die Wüste zu folgen, an das Exodusgeschehen anknüpfen[126]. Im Parallelbericht (Bell 2, 259) ist von Zeichen der Befreiung, die Gott dem Volk dort zeigen werde (ἐκεῖ τοῦ θεοῦ δείξοντος αὐτοῖς σημεῖα τῆς ἐλευθερίας), die Rede. Mit derartigen Versprechungen wird der Erwartung jener Zeit entsprochen, daß Gott rettend eingreife[127]. So zutreffend diese Erwartung ist (vgl. 3, 288. 310ff), kommen nach Meinung des Josephus die Versprechungen der Zeichenpropheten nur der Gutgläubigkeit der Zeitgenossen und deren günstigen Wünschen entgegen, während sich Gottes Handeln in anderer Weise vollzieht (vgl. §§ 310-315). Dies stellt Josephus erzähltechnisch[128] dadurch dar, daß die Unternehmungen der Zeichenpropheten vorzeitig unterbunden werden, etwa durch das Eingreifen römischer Truppen[129] wie im genannten Fall unter Felix. Der Umstand, daß die versprochenen Zeichen, die die Befreiung anzeigen sollen, nicht eintreffen, weist jene Leute als Verführer, Betrüger, Gaukler und Pseudopropheten aus[130].

Wahre Prophetie erweist sich dagegen für Josephus in der Abfolge von Ansage, Eintreffen eines Wunders, das selbst zum Zeichen wird, sowie

---

ThWNT VII, 223,26; *Bittner*, Zeichen, 65, Anm. 21). Schon formal handelt es sich nicht um eine klare Parallele. Denn die Mosewunder werden als κατὰ θεοῦ πρόνοιαν καὶ δύναμιν φαινόμενα bezeichnet. Den Vergleichspunkt bildet vielmehr die Entsprechung zur göttlichen πρόνοια, die bei Josephus zwar in besonderer Weise in den Exodusereignissen zur Wirkung kommt, aber nicht auf diese allein beschränkt ist, was *Delling*, Aufs., 134f, zum einen und ebd., 139ff, zum anderen gezeigt hat. Zudem steht der direkten Parallelisierung das Fehlen des Doppelbegriffes innerhalb der Darstellung der Ägyptenereignisse bei Josephus entgegen (siehe oben S. 25). Daß die Beziehungen zwischen der Zeichenprophetie und dem Versprechen auf Erneuerung des Exodusgeschehens zumindest komplexer sind und differenzierter betrachtet werden müssen, wird aus Bell 6, 285 ersichtlich. Die Zeichen der Rettung (σημεῖα τῆς σωτηρίας), welche der Pseudoprophet auf dem Tempelberg (im Jahre 70) verspricht, weisen offenkundig keinen direkten Bezug auf das Exodusgeschehen auf. Eine andere Frage betrifft den Denkhorizont des ganzen Vorhabens, nämlich möglicherweise die Befreiung des Volkes als den endlichen Exodus, dazu siehe gleich.
125 Vgl. *Betz*, Problem, 30f; *Bittner*, Zeichen, 57-70.
126 So die Mehrzahl der Deutungen, vgl. nur *Bittner*, Zeichen, 65. Aber siehe dazu unten S. 29f.
127 Vgl. die analoge Formulierung Ant 2, 327 (siehe dazu oben Anm. 113), so auch *Bittner*, Zeichen, 66, Anm. 22.
128 Eine Schematisierung ist innerhalb der Darstellung nicht zu verkennen: Auftreten, kritische Bezeichnung, Sammlung der Anhängerschaft, Verheißung von Zeichen und Eingreifen der Staatsmacht.
129 Vgl. Ant 18, 86; 20, 98. 171. 188; Bell 2, 260. 262; 6, 284; 7, 440.
130 Vgl. neben Ant 20, 167 par Bell 2, 259 Bell 6, 285: ψευδοπροφήτης, 7, 438 von Jonathan: πονηρότατος ἄνθρωπος, und ohne den Zeichenbegriff: Ant 20, 97 von Theudas, vom Ägypter Bell 2, 261: ψευδοπροφήτης und ἄνθρωπος γόης καὶ προφήτου πίστιν ἐπιθεὶς ἑαυτῷ.

Eintreffen des durch Wort und Zeichen angekündigten Geschehens[131]. Hierzu sei auf die Verwendung der Begriffe τεράστιον und σημεῖον in Ant 10, 28f verwiesen. In Aufnahme der Erzählung 2Kön 20,1-11 (vgl. Jes 38,1-8.21f) fordert Hiskia, weil er wegen der Schwere seiner Krankheit und wegen der Unwahrscheinlichkeit der prophetischen Verheißung der Ansage seiner Genesung nicht glaubt, Jesaja solle σημεῖόν τι καὶ τεράστιον tun, damit Hiskia ihm glaube als einem, der dies ankündigt und der von Gott kommt. Dem fügt Josephus den Kommentar an, daß über alle Hoffnung Unerwartetes durch solche Handlungen Glaubwürdigkeit erlange. In dem nun Folgenden fragt Jesaja, welches Zeichen (σημεῖον) er wolle, daß es geschehe. Hiskia nennt es. Jesaja bittet Gott, dieses Zeichen (σημεῖον) dem König zu zeigen. Als Hiskia, was er gewünscht hatte, sah, wich auch die Krankheit[132]. In diesem Abschnitt ist zum einen bemerkenswert, daß das Zeichen zur Beglaubigung des Wortgeschehens und zugleich des von Gott Gesandtseins als σημεῖόν τι καὶ τεράστιον bezeichnet wird. Sowohl die Begrifflichkeit als auch der Vorgang (geforderte Legitimation) finden sich so nicht in der alttestamentlichen Erzählung. Nach dem Kommentar, der ja deutlich die Ankündigung überraschender Genesung, nicht die prophetische Legitimation im Blick hat, führt Josephus die Erzählung zwar gestrafft, aber analog der alttestamentlichen Erzählung fort mit dem Begriff σημεῖον[133]. Zum zweiten ist bemerkenswert, daß Jesaja aufgefordert wird, ein Zeichen zu tun[134], was noch im Kommentar anklingt (πράγματα). Das Zeichen selbst aber wird dann schon in der konkreten Forderung als göttlicher Erweis (σημεῖον γενέσθαι; vgl. das σημεῖον ... ἐπιδεῖξαι in der Gebetsbitte an Gott) erkennbar und fällt dementsprechend mit dem anzuzeigenden Ereignis zusammen.

Im Blick auf die Darstellung im Neuen Testament, der zufolge Pseudopropheten (und Pseudochristoi) Zeichen und Wunder wirken werden, lohnt sich die historische Hinterfragung der kritischen Darstellung der Zeichenprophetie bei Josephus. Denn die polemische Kennzeichnung als Verführer, Gaukler usw. zeigt zwar die antizelotische Tendenz der Ge-

---

131 Vgl. besonders zum Problem des Kriteriums, daß wahre Prophetie durch die geschichtlichen Ereignisse Bestätigung erfahre, *Betz*, Problem, 31f. Ob darin zwingend (siehe dagegen *Saito*, Mosevorstellungen, 169-174) ein direkter Bezug auf Dtn 18,15-22 zum Tragen komme, kann freilich dahingestellt bleiben.
132 Ant 10, 28f: διὰ τὴν ὑπερβολὴν τῆς νόσου καὶ τὸ παράδοξον τῶν ἀπηγγελμένων ἀπιστῶν σημεῖόν τι καὶ τεράστιον ἠξίου ποιῆσαι τὸν Ἠσαΐαν, ἵν' αὐτῷ πιστεύσῃ λέγοντι ταῦτα ἥκοντι παρὰ τοῦ θεοῦ· τὰ γὰρ παράλογα καὶ μείζω τῆς ἐλπίδος τοῖς ὁμοίοις πιστοῦται πράγμασιν. ἐρωτήσαντος δ' αὐτὸν τί βούλεται σημεῖον γενέσθαι, τὸν ἥλιον ἠξίωσεν ... τοῦ δὲ προφήτου τὸν θεὸν παρακαλέσαντος ὥστε τὸ σημεῖον τοῦτ' ἐπιδεῖξαι τῷ βασιλεῖ, ἰδὼν ὅπερ ἤθελεν εὐθὺς λυθεὶς τῆς νόσου ἄνεισιν εἰς τὸ ἱερὸν καὶ τῷ θεῷ προσκυνήσας εὐχὰς ἐποιήσατο.
133 Zur Begriffsdifferenz in 2 Chr 32,24 siehe oben S. 14, Anm. 57.
134 Soweit ich sehe, stellt Ant 10, 28 den einzigen Beleg für σημεῖον ... ποιῆσαι innerhalb des Gesamtwerkes dar.

schichtsdarstellung des Josephus[135]. Die Kennzeichnung eines Zeichenpropheten als eines γόης[136] und eines Pseudophropheten hängt aber offensichtlich auch mit dem Selbstanspruch dieser Männer zusammen, sei es daß sie von sich sagen προφήτης εἶναι[137], sei es daß in anderer Weise der prophetische Anspruch zum Ausdruck gebracht wird[138].
Zu dem Erscheinungsbild der Zeichenpropheten gehört es offenbar auch, daß sie ihre Anhängerschaft in der Wüste versammeln. Dieser typische Akt muß aber nicht zwingend an die Exodustradition anknüpfen. Denn es ist doch überaus auffällig, daß der Ägypter seine Leute über den Umweg der Wüste auf den Ölberg führt[139]. Vielmehr scheint mit dieser Typik ein Motiv aufgenommen worden zu sein, das die Wüste als Ort besonderer Gottesnähe und Offenbarung ansieht[140].

135 Diese Tendenz wird besonders deutlich aus der Kommentierung Bell 6, 286f (ähnlich der Zusammenhang Ant 20, 185-188); vgl. ferner Ant 20, 160. 167 oder siehe z.B. die Darstellung der Koalition Bell 2, 264. Wieweit sich aus dieser Stelle historisch zuverlässige Nachrichten entnehmen lassen (so *Hengel,* Zeloten, 238f), läßt sich nicht mit Sicherheit feststellen. Klar wird aber m.E., daß Josephus die verschiedenen Gruppen verbunden sehen will, auch wenn er z.B. Bell 2, 258 die Pseudopropheten als die an sich gefährlichere Gruppe lediglich gegen die Sikarier abgrenzt.
136 Zu dieser Bezeichnung im Zusammenhang falscher Prophetie und ihre somit übertragene Bedeutung siehe Philo, SpecLeg I, 315 in bezug auf den Dtn 13,2ff genannten Fall: γόης ... οὐ προφήτης ἐστὶν ὁ τοιοῦτος (vgl. dazu *Feldman,* Josephus X, 52f, Anm. b).
137 So besonders deutlich von dem Ägypter Bell 2, 261, wo die polemische Bezeichnung und der Selbstanspruch sowie das Verhalten der Anhänger zusammenstehen (ἄνθρωπος γόης καὶ προφήτης πίστιν ἐπιθεὶς ἑαυτῷ); zum Selbstanspruch siehe den Parallelbericht Ant 20, 169. Theudas wird 20, 97 γόης genannt.
138 So nennt Josephus (Bell 6, 285) den Mann einen Pseudopropheten, der verkündete, Gott befehle (κηρύξας ... ὡς ὁ θεός ... κελεύει ...), sich auf dem Tempelberg zu versammeln, um die Zeichen der Rettung zu erwarten. Von den Anonymen unter Antonius Felix heißt es (Bell 2, 259), daß sie "unter dem Vorwand göttlicher Eingebung" (*Michel - Bauernfeind,* De bello I, 233), (ὑπὸ) προσχήματι θειασμοῦ, handelten. Ihre Überredungskünste gingen so weit, daß sie die Menge in dämonische Verzückung versetzen konnten, vgl. den Parallelbericht Ant 20, 167f. Freilich nennt Josephus diese Leute γόητες lediglich Ant 20, 167 neben ἀπατεῶνες ἄνθρωποι (siehe Bell 2, 259 πλάνοι ἄνθρωποι καὶ ἀπατεῶνες).
139 Siehe Bell 2, 261 (vgl. Apg 21,38; siehe dazu *Schreckenberg,* Flavius Josephus und die lukanischen Schriften, 202f); Ant 20, 170 fehlt dieses Motiv. Zum historischen Sachverhalt vgl. *Hengel,* Zeloten, 237, Anm. 2.
140 Vgl. Bell 7, 438: Jonathan führt nach der Katastrophe, im Jahr 73, die Mittellosen in die Wüste und verspricht ihnen, dort σημεῖα καὶ φάσματα δείξειν. *Michel - Bauernfeind,* De bello II,2, 285, Anm. 209 verweisen auf 1 QS 8,13-15. Allerdings ist nicht unmittelbar einsichtig, daß aufgrund dieses Beleges (siehe 8,15 !) und Hos 12,10f; Jes 40,3 das Auftreten des Jonathan "an Moses und die 'Wüstentradition' erinnert" (ebd., siehe demgegenüber die Erwägungen bei *Hengel,* Zeloten, 255-259 und gleich zu Mt 24,26). Etwas künstlich mutet es an, wenn (zufolge *Bittner,* Zeichen, 68) "die Parallele zum mosaischen Exodus" u.a. daraus hergeführt wird, daß Josephus "hier ausdrücklich von einem ἔξοδος, den Jonathan vollzogen habe", spreche. Die Textgrundlage gibt eine derartig weitreichende Deutung wohl kaum her. Denn der entscheidende Begriff wird

Die prophezeite Offenbarung hatte eine eschatologische Ausrichtung. Denn aus der Ausdrucksweise, daß Gott Zeichen der Befreiung, der Rettung zeigen werde, oder aus der direkten Verheißung von Rettung und Ruhe wird die Erwartung ersichtlich, daß Gott endzeitlich in der Geschichte handeln werde[141]. Worin diese Zeichen genau bestanden haben, läßt sich nicht weiter festlegen[142]. Selbst bei den 'Zeichen'-Propheten,

eher beiläufig und nicht übertragen gebraucht: »Noch war den meisten diese Unternehmung (sc. des Jonathan) und der Schwindel verborgen, als die ... Juden in Kyrene seinen Auszug und sein Vorhaben (τὴν ἔξοδον αὐτοῦ καὶ παρασκευήν) dem Statthalter ... meldeten« (Übers. nach *Michel - Bauernfeind*, ebd., 155). Im übrigen sieht *Bittner*, ebd., auch in der Verhinderung des Unternehmens "durch die Verfolgung der Staatsmacht" eine Parallele zum Exodusgeschehen. — Den Rückschluß aus Mt 24,26, wonach sich die Vorstellung rekonstruieren läßt, der Messias/Christus offenbare sich in der Wüste, halte ich ebenfalls eher durch das Offenbarungsmotiv bedingt als durch die Messiasvorstellung als solche. Die Anspielung auf Jes 40,3 in 1 QS 8,12-14; 9,19f steht dieser Herführung nicht entgegen. Das in Mt 24,26b entsprechende Verborgenheitsmotiv [»in den Kammern«, beide Motive werden von Lukas (17,23) gestrichen; zur Q-Tradition siehe *Lührmann*, Redaktion, 71-75; *Hoffmann*, Studien, 37-42] macht das Hineinwachsen der Motive in die Messiasanschauung zudem wahrscheinlich. — Zum Wüstenmotiv siehe *Böcher*, ThBNT 2, 1440-1443.
141 Daß diese Prophetie näherhin der Apokalyptik zuzurechnen sei (so v.a. *Michel*, Studien, bes. 242ff; vgl. *ders*., Spätjüdisches Prophetentum, 62 [im wesentlichen aufgrund der zweifelhaften Herführung des χρησμὸς ἀμφίβολος Bell 6, 312 aus Dan 7,13]; zur Kritik siehe noch oben Anm. 114), läßt sich aus den Angaben bei Josephus nicht eindeutig entnehmen. Denn weder die Darstellung des Propheten auf dem Tempelberg während des Höhepunktes der Katastrophe (Bell 6, 285, dazu schon kritisch *Rengstorf*, ThWNT VII, 230,12f, noch die der Bell 6, 291. 295 günstig gedeuteten Vorzeichen (τέρατα) lassen die dem apokapytischen Propheten und der apokalyptischen Denkbewegung eignende Geschichtsreflexion nach(!) oder in der bedrängenden Situation erkennen. Zufolge der, zugegebenermaßen recht einseitigen, Darstellung einerseits Bell 6, 286f, andererseits 6, 288 scheint es doch eher so, daß die Anhänger dieser 'Propheten' davon abgehalten werden (sollen), den Niedergang und die Katastrophe, die sich ankündigen, als solche und damit als κηρύγματα τοῦ θεοῦ zu erkennen. Will man überhaupt eine Einordnung wagen, so läßt sich diese doch wohl nicht von den formalen Elementen (Geheimnis Gottes/ πρόνοια/Befreiung usw.) herführen, gegen *Horsley*, CBQ 47, 456, vgl. auch ebd., 462.
142 Wie man auch immer über den Denkhorizont dieser Geschehnisse im Sinne der eschatologischen Erwartung eines neuen Exodus oder eines Propheten wie Mose entscheiden mag (ablehnend v.a. *Horsley*, CBQ 47, bes. 435-443. 463), die Texte bei Josephus geben klare Anhaltspunkte weder für die Annahme, daß die Zeichenpropheten direkt an das Mosegeschehen angeknüpft hätten, noch daß sie im Sinne eines Typos als Propheten wie Mose verstanden wurden. Daß die Begriffe σωτηρία, ἐλευθερία, πρόνοια usw. bei Josephus auch und besonders innerhalb der Darstellung der Ägyptenereignisse eine Rolle spielen, muß nicht zwangsläufig auf das Versprechen eines neuen Exodus deuten, sondern kann von deren Inhalt her verstanden werden. Ebenso gezwungen erscheint es, die polemischen Bezeichnungen, die Josephus den Zeichenpropheten gibt, von dem Disput vor dem Pharao in Ant 2, 284-287 herzuführen. Denn der Begriff γοητεία begegnet an dieser Stelle neben anderen verwandten (vgl. die Zusammenstellung der Ausdrücke aus hellenistischen Quellen bei *Bieler*, ΘΕΙΟΣ ANHP I, 83-87) Begriffen (284: τερατουργίαι καὶ μαγείαι; 286: μαγεία καὶ τέχνη und γοητεία καὶ πλάνη τῆς ἀληθοῦς δόξης) und geht über seine

zu denen Josephus nähere Angaben macht, so zu Theudas, der den Jordan zu spalten verspricht, oder zu dem Ägypter, der die Mauern Jerusalems einstürzen lassen will, bleiben Rückführung und Vorbilder der Unternehmungen im dunkeln oder sind wenigstens nicht eindeutig einem Typos zuzuordnen[143]. Allerdings zeigen diese Verheißungen eine bestimmte Eigenheit, die sie, zufolge der Darstellung bei Josephus, von anderen Zeichenpropheten unterscheidet. Sie versprechen nämlich, daß die Zeichen auf ihr eigenes Geheiß hin[144] geschehen würden. Zudem berichtet Josephus nur von diesen, sie hätten sich selbst als Prophet ausgegeben[145]. Beide Züge lassen erkennen, daß die versprochenen Vorhaben als prophetische Legitimationszeichen zu verstehen sind[146]. Demgegenüber wird in der Darstellung der anderen Zeichenpropheten direkt oder indirekt darauf hingewiesen, daß Gott die Zeichen tun bzw. zeigen werde[147]. Daß es sich bei diesen um eine prophetische Legitimation handle oder die Beglaubigung ihres Gesandtseins ausgedrückt werde, ist nicht oder mindestens weniger deutlich, als dies bei Theudas und dem Ägypter zum Ausdruck kommt. Besonders das Auftreten des Propheten auf dem Tempelberg (Bell 6, 285)[148] und das des anonymen Propheten (unter Porcius Festus), der Rettung und Ruhe verheißt (Ant 20, 188), legen nahe, daß die Zeichen den Verkündigungsinhalt betreffen, daß nämlich mit dem Sichtbarwerden dieser Zeichen Gott rettend und erlösend eingreifen werde. Die Zeichen sollen also Gottes eschatologische Befreiungstat antizipieren.

eigentliche, abwertende Bedeutung nicht hinaus (zur Bedeutungsdifferenz siehe *Delling*, ThWNT I, 737f). Unter Anwendung der übertragenen Bedeutung wird die Verbindung allerdings in 2Tim 3,8-13 hergestellt.
143 Zu Theudas: Josua (so *Meyer*, ThWNT VI, 827,12f) oder Mose (so z.B. *Hengel*, Zeloten, 235f). Zu dem Ägypter siehe Meyer, ebd., Z. 17ff [Problem: Jericho - Jerusalem].
144 Siehe Ant 20, 97 (προστάγματι). 170 (ὡς κελεύσαντος αὐτοῦ).
145 Siehe oben Anm. 137.
146 Ob sich aus dem τοῦ δήμου τυραννεῖν Bell 2, 262 herführen läßt, daß sich der Ägypter als Messias-Prätendent verstanden habe, läßt sich nicht klar entscheiden (gegen *Hengel*, Zeloten, 237, *Barnett*, NTS 27, 683. 687, siehe auch *Horsley*, CBQ 47, 458, Anm. 48; *Bittner*, Zeichen, 73, Anm. 43). Gleiches gilt für das Selbstverständnis des Theudas (zu beidem siehe *Hengel*, ebd., 236f). Daher scheint es mir zu konstruktiv, eine Parallele zwischen diesen und den im Neuen Testament erwähnten Pseudopropheten und Pseudomessiassen herzustellen (so aber *Hengel*, ebd., [235] 237), welche, ob nun im Blick auf die Pseudopropheten oder im Blick auf die Christologie, durch die Bezeichnung der Pseudopropheten als "messianische Propheten" (vgl. neben *Hengel*, ebd., etwa *Meyer*, Prophet, 82-87; *ders.*, ThWNT VI, 826,29; *Vielhauer - Strecker*, in: NTApo^5, 510; *Hill*, Messianic prophets, 143-150) nahegelegt wird. Es gehört doch offenkundig (siehe *Meyer*, Prophet, 153, Anm. 222 und schon *Volz*, Eschatologie, 195) für diese Zeit *nicht* zur frühjüdischen Messiasanschauung, daß der Messias Wunder tut. Der späte Beleg (5. Jhd.), den *Meyer*, Prophet, 87f heranzieht, ist für jene Zeit wohl nicht beweiskräftig; außerdem wird an dieser Stelle der Urtypos (Mose) ausdrücklich genannt.
147 Siehe Ant 20, 167; Bell 2, 259; 6, 285; vgl. noch Bell 6, 286; Ant 20, 188; Bell 7, 439.
148 Zum historischen Hintergrund siehe *Hengel*, Zeloten, 248f.

Wie im profan-hellenistischen Schrifttum so ergibt sich auch für den Gebrauch des Doppelbegriffes σημεῖα καὶ τέρατα im Bereich des hellenistischen Judentums eine Einordnung in die Terminologie einer Krisensituation. Bei Josephus erfolgen beide Erwähnungen im Zusammenhang der Ereignisse kurz vor Ausbruch des Jüdischen Krieges, und nur hier. Der Sprachgebrauch der Einzelbegriffe σημεῖον und τέρας weist eine klare Unterscheidung beider Begriffe auf: Ein τέρας ist ein offenkundiges, allgemein einsichtiges Vorzeichen, das als solches für die Deutung offen ist. Zum Erkennen als Semeion des göttlichen Willens bedarf ein τέρας der Deutung durch in Schriftkenntnis und Weisheit Kundige. Der Zeichenbegriff der sog. Zeichenpropheten, von denen Josephus berichtet, ist eschatologisch geprägt. Diese Zeichenpropheten künden das bevorstehende Eingreifen Gottes an. Der Funktionscharakter der von diesen angekündigten Zeichen erinnert an das traditionelle alttestamentliche Verständnis, demzufolge das prophetische Zeichen für die Botschaft selbst steht. Die Legitimationsfunktion des Zeichens tritt bei diesen zurück. Anderen (zufolge der Darstellung des Josephus) sich selbst als Propheten ausgebenden Leuten, wie Theudas oder dem Ägypter, sollen spektakuläre, mittelbar alttestamentlichen Vorbildern entsprechende Vorhaben als Legitimation dienen.

2.4.3. Weitere jüdische Schriften aus hellenistischer Zeit[149]

Nur in zwei Schriften, die von verschiedener Warte aus die Exodusereignisse darstellen, spielt die Verbindung zwischen σημεῖον bzw. τέρας und den Ägyptenereignissen eine Rolle: zum einen in dem Drama des jüdischen Tragikers Ezekiel[150], zum anderen im Mose-Bios des Artapanos[151]. Bei *Ezekiel* spricht der ägyptische Bote von dem »Stab Gottes, mit dem Mose zuvor an Ägypten schlimme Zeichen und Wunder "bewirkt" habe«[152]. Der Bezug auf die ägyptischen Plagen erfolgt eher beiläufig, ohne eigenes Gewicht[153]. Im Sinne der alttestamentlichen Sprachtradition, vermittelt durch die LXX, werden die »Zeichen und Wunder« auf Gott zu-

---

149 Zum Folgenden vgl. *Rengstorf*, ThWNT VII, 230,31-231,10; *Hofbeck*, Semeion, 36-40. Da das Vorkommen der Einzelbegriffe σημεῖον bzw. τέρας bislang für diese Schriften kaum erschlossen werden konnte (siehe *Rengstorf*, ThWNT VIII, 123, Anm. 58), dehne ich an dieser Stelle die Untersuchung teilweise über das Vorkommen der Wendung σημεῖα καὶ τέρατα hinaus aus.
150 Eus., PraepEv. 9, 28,2-4; 29,5-14.16 bietet die Fragmente nach Alexander Polyhistor, περὶ Ἰουδαίων; zum Text vgl. PsVTGr 3, 207-216; TrGF 1, 288-301; zur Übersetzung *Vogt*, JSHRZ IV/3, 113-133.
151 Eus., PraepEv. 9, 18,1; 23,1-4; 27,1-37, ebenfalls Exzerpte nach Alexander Polyhistor; zum Text siehe PsVTGr III, 186-195; zur Übersetzung *Walter*, JSHRZ I/2, 121-136.
152 Eus., PraepEv. 9, 29,14,34: Μωσῆς λαβὼν ῥάβδον θεοῦ τῇ δὴ πρὶν Αἰγύπτῳ κακὰ σημεῖα καὶ τεράατ' ἐξεμήσατο ... — Die Übersetzung von ἐκμήδομαι erfolgt nach *Vogt*, JSHRZ IV/3, 131, anders *Rießler*, Altjüdisches Schrifttum, [344] Z. 225f ("Ägypten ... zugefügt").
153 Zu κακά vgl. Eus., PraepEv. 9, 29,12,1 (dem Plagenkatalog vorangestellt).

rückgeführt. Sie sind demonstrative Erweise in ihrer Zeichenhaftigkeit und außergewöhnliche Phänomene in ihrem Wundercharakter. Entsprechend werden auch die weiteren Phänomene gekennzeichnet: Die Geschehnisse am Schilfmeer sind staunenerregend anzusehende göttliche Wunder(taten)[154]. Aus dem Dornbusch geschieht dem Mose ein Zeichen, näherhin ein Wunder und für Sterbliche eine Unglaublichkeit[155]. Demgegenüber begegnet für das Blutzeichen, an welchem der Würgengel die Häuser der Israeliten erkennen wird, der Begriff σῆμα (Eus., PraepEv. 9, 29,12,28).

In den Fragmenten aus *Artapanos* ist der Sprachgebrauch zwischen σημεῖον und τέρας ebensowenig in der Sache von der alttestamentlichen Darstellung der Ägyptenereignisse beeinflußt. Innerhalb der Verwendung zeigt sich eine Differenz: Werden die Wunder direkt dem Mose zugeschrieben, so heißen sie σημεῖα[156], während in der allgemeinen Beschreibung τέρατα[157] oder, bezogen auf die ägyptischen Priester, τερατουργέω[158] begegnet.

Ein Reflex auf die alttestamentliche Verbindung von σημεῖα καὶ τέρατα und dem Exodusgeschehen erscheint in *Jub 48,4(5)* [Mose war gesandt, um »Zeichen und Wunder« (lat. signa et prodigia) zu tun] und zum Teil in den Fragmenten des Buches über Jannes und Mambres[159].

---

154 Eus., PraepEv. 9, 29,14,28: θείων ... τεραστίων θαυμαστ' ἰδέσθαι.
155 Eus., PraepEv. 9, 29,7,1f: σημεῖον ... ἐκ βάτου τόδε τεράστιόν τε καὶ βροτοῖς ἀπιστία; vgl. parallel dazu § 7,5: τεράστιον μέγιστον οὐ γὰρ πίστιν ἀνθρώποις φέρει. – Vgl. noch zu σημεῖον das Zeichen der Feuersäule § 16,5.
156 Eus., PraepEv. 9, 27,27: εἰπεῖν τε τὸν βασιλέα σημεῖόν τι αὐτῷ ποιῆσαι ... und § 27,31: τὸν δὲ Μώϋσον ταῦτα ὁρῶντα ἄλλα τε σημεῖα ποιῆσαι ... .
157 Eus., PraepEv. 9, 27,29: τὸν δὲ βασιλέα τούτων γενομένων τῶν τεράτων φάναι und § 27,32: τὸ τὴν γῆν εἶναι ῏Ισιν παιομένην δὲ τῇ ῥάβδῳ τὰ τέρατα ἀνεῖναι (siehe hingegen oben [vorige Anm.] § 27,31).
158 Eus., PraepEv. 9, 27,30: ... ἐὰν μὴ καὶ αὐτοὶ τερατουργήσωσί τι.
159 In dem zweiten Fragment des Pap. Vindob G 29456 verso (Text und Besprechung bei *Maravel*, ZPE 25, 199-207, zur Stelle 202. 207) Z. 2 erfolgt die Zuweisung der σημεῖα καὶ τέρατα an Mose. In dem griechischen Fragment der Chester Beatty-Papyri XVI, 26a recto (Text und Besprechung durch *Pietersma*, Bulletin of the Intern. Organ. for Septuagint and Cognate Stud. 7, 10-18) läßt sich lediglich erkennen, daß σημεῖα oder τέρατα von Mose genannt werden. Zufolge des (wohl späteren) lateinischen Fragmentes (siehe den Text hg. v. *James*, JThS 2, 573f und durchgehend verbessert von *Foerster*, ASNS 108, 15-28, wiederabgedruckt bei *Lechner-Schmidt*, Wortindex, 241; Übers. bei *Rießler*, Altjüdisches Schrifttum, 496) Z. 6f taten Mose und Aaron »Zeichen und Wunder« (signa et prodigia). Die These einer aramäischen Grundschrift, die *Koch*, ZNW 57, 79-93 (zum lat. Frgm. ebd., 85f) von Tg Ps.-Jonathan Ex 1,15 ausgehend vertreten hat, läßt sich wohl nicht halten, siehe *Burchard*, ZNW 57, (219-228) 223. 228. Zur Schrift, zu den Fragmenten und der Einordnung siehe *Pietersma/Lutz*, in: *Charlesworth*, OT Pseudepigrapha II, 427-442 (ebd., 437-442 eine Synopse der griechischen Fragmente in engl. Übers.) und vgl. *Schürer* III[4], 402-405; *Denis*, Introduction, 146-149.

In den übrigen griechisch-jüdischen Schriften jener Zeit begegnet die Wendung σημεῖα καὶ τέρατα nicht[160].

Das Bild, das sich in den *lateinischen Pseudepigraphen* aus dem Vorkommen von signa/mirabilia/prodigia ergibt[161], stellt sich nicht anders dar: In LibAnt 9,7[162] ist zwar innerhalb der Verheißung der Geburt des Mose von Zeichen und Wundern/Vorzeichen (signa et prodigia) die Rede, welche Gott durch Mose tun werde. Aber die parallelen Formulierungen, einerseits »Wunder (mirabilia) tun im Haus Jakob« 9,7, andererseits »Zeichen (signa) tun und mein Volk retten« 9,10, weisen aus, daß an jener Stelle nicht ein geprägter Begriff bewußt übernommen, sondern in allgemeiner Weise vom Handeln Gottes gesprochen wird (siehe das weitere Vorkommen von signa et prodigia in 42,5 und lediglich prodigia bezogen auf Mose 53,8). Wenn zufolge 12,2 »Wunder (mirabilia) durch Mose geschehen sind«, so steht die Erwähnung im Rahmen des gesamten Sprachgebrauchs von mirabilia in LibAnt als allein Gottes Handeln zukommende Bezeichnung[163].

Neben der direkten Bedeutung eines Kennzeichens[164] oder dem konkreten Sinn einer (Weg-)Spur[165] (Sib 5, 175. 412)[166] wird der Begriff σημεῖον in der Bedeutung des Erkennungszeichens mit eschatologischem Beiklang gebraucht. So[167] spricht PsSal 15, 6-9 von den Zeichen Gottes an dem Rechtschaffenen und von den Zeichen des Verderbens auf der Stirn der Gesetzlosen in dem Sinn, daß derartige Verhaltensweisen Kennzeichen zeitigen, die entsprechende Ergehensfolgen im Gericht erkennen lassen[168].

Daneben hat der Begriff σῆμα in den jüdischen Sibyllinen spezifische Bedeutung[169]. Er steht für das apokalyptische Zeichen, durch das sich die Endereignisse ankündigen oder aus dem deren Beginn erkennbar

---

160 Zum Gebrauch der Begriffe σημεῖον/τέρας in den alttestamentlichen Apokryphen siehe oben S. 15f für den Doppelbegriff, zu den Einzelbegriffen siehe *Rengstorf*, ThWNT VII, 219,40ff. 230,31ff; ders., ThWNT VIII, 120,34-121,11; *Hofbeck*, Semeion, 36-40. Zu den Belegstellen aus den pseudepigraphen Schriften vgl. die Indices von *Bauer* (angebunden an *Wahl*, Clavis) und *Denis*, Concordance.
161 Vgl. *Lechner-Schmidt*, Wortindex, s.v..
162 Zum Text siehe die Ausgabe von *Kisch*; dt. Übers. durch *Dietzfelbinger*, JSHRZ II/2. Vgl. noch die Ausgabe von *Harrington*.
163 Der Ausdruck beschreibt in spezifischer Weise das Handeln Gottes. Siehe 9,7; 14,4; 20,4; 26,2; 28,2; 30,5.7; 32,12; 35,2; 51,6 und 27,7; 28,1, zu letzteren siehe noch unten Anm. 179.
164 Aristobul bei Eus., PraepEv 13,12,12; ParalJer 5,12; 6,23; Arist 44; 150; 270; TestLev 8,2.
165 Vgl. *Hofbeck*, Semeion, 37, Anm. 8.
166 Eigentlichen Sinn hat σημεῖον in TestAbr (B) 11,9: In der Gerichtsvision des Abraham gibt Gott dem Henoch ein Zeichen, den Eintrag ins Buch des Gerichtes vorzunehmen (vgl. die Lesart κελεύσω).
167 Vgl. außer den folgenden Belegen TestLev 8,11.
168 Zur Stelle siehe auch *Hofbeck*, Semeion, 37(f) und ebd., Anm. 10. Ähnlich läßt sich auch Sib 5, 313 verstehen. Vgl. noch oben S. 8 zu Dtn 28,46.
169 Der Begriff σῆμα begegnet ebenfalls in Teilen christlicher Herkunft Sib 2, 167; 3, 66 (von Beliar).

wird¹⁷⁰. Zufolge Sib 3, 335 wird der "Haarstern"¹⁷¹ für die Menschen ein Zeichen von Schwert, Hunger und Tod sein, also ein Zeichen für die apokalyptischen Drangsale, was der Kontext (3, 303-334) deutlich macht. Diesem Himmelszeichen entsprechen, ihm folgend, 3, 337 "sehr große Zeichen unter den Menschen", worunter Verderben bringende Veränderungen der Natur auf der Erde verstanden werden¹⁷². »Es werden Zeichen nicht von Gutem, sondern von Übel Anfang sein« (3, 410). Im Anschluß an die Paränese des apokalyptischen Propheten (3, 732-766) und an seine Heilsverkündigung (3, 767-795) werden Erkennungszeichen dafür, »wann das Ende aller Dinge auf Erden kommt«, genannt, wobei insbesondere an kosmische Erscheinungen gedacht wird (3, 796. 803).

An diesem spezifischem Gebrauch von σῆμα in den Sibyllinen sind zwei Sachverhalte ferner bemerkenswert: Zum einen begegnet σῆμα im übertragenen Sinn¹⁷³ nur noch einmal, und zwar in Bezug auf das Apollon-Orakel in Patara und an dieser Stelle näher bestimmt als μαντήια σήματα (3, 441)¹⁷⁴. Zum anderen findet sich der Begriff σημεῖον in einer traditionell hellenistischen Bedeutung in 3, 224 im Zusammenhang mantischer Techniken, namentlich als »Zeichen aus dem Niesen«, und 3, 457 wiederum in einem deutlich hellenistisch geprägten Kontext (siehe 3, 458), im Sinn des Unheil verheißenden Vorzeichens eines Erdbebens. In den griechisch-römischen Bereich der Mantik führen weitere Vorkommen des Begriffes σημεῖον. Nach Jub 11,8; grHen 8,3 werden innerhalb der Vermittlung mantischer Fähigkeiten auch die Kenntnis der Zeichen am Himmel bzw. auf der Erde gelehrt.

Die Bedeutung des Begriffes σῆμα als eines apokalyptischen Zeichens in den Sibyllinen ist abhängig von der traditionellen Vorstellung des Zeichens in frühjüdisch apokalyptischen Texten¹⁷⁵. Hierzu gehören in besonderer Weise die »signa« genannten Zeichen im *4. Esrabuch*¹⁷⁶: In 5,1-12 künden absonderliche Erscheinungen am Himmel und auf der Erde als 'Zeichen' (5,1.13; vgl. 4,52) die Endereignisse an. Unter 'Zeichen'

---

170 In Abweichung von der Kausalitätsannahme bei *Berger*, ANRW II, 23.2, 1438, daß die Vorzeichen-Phänomene "dem Tag Jahwes vorausgehen und die *daher* dazu helfen, das Wann zu ermitteln" (Hervorhebung von mir), kann man in den jüdischen Sibyllinen eine deutliche Trennung zwischen Ankündigung und Termin beobachten.
171 Die Zitate aus den Sibyllinen erfolgen nach der Übersetzung von *Blaß*, in: *Kautzsch*, APAT II, 184-217.
172 Vgl. die nicht näher ausgeführten σήματα Beliars (3, 66) in dem späten Stück 3, 63-92.
173 Siehe hingegen Sib 5, 412, dazu oben S. 35.
174 Zur Deutung siehe *Blaß*, APAT II, 193, Anm. t (zur Stelle).
175 Freilich kann 'Zeichen' auch den Sinn eines Vorzeichens, das eine bestimmte Situation anzeigt, annehmen, siehe syrBar 60,2; 64,8f.
176 Vgl. zum Folgenden *Brandenburger*, Verborgenheit, Reg. s.v. "Zeichen" bzw. s.v. "Wunder, wunderbares Geschehen". — Zu dem mit dem Begriff 'Zeichen' verbundenen Motivkomplex bestimmter Erscheinungen der Endzeit siehe *ders.*, Markus 13, 43. Im folgenden steht stärker der Begriff und dessen Funktion im Vordergrund der Betrachtung als die mit dem Begriff verbundenen Phänomene (zu diesen vgl. *Bill.* IV/2, 977-1015).

(6,20; vgl. 6,12) äußerster Bedrängnis (6,21-24; vgl. syrBar 25,1-4) macht sich Gott zum Gericht auf (4Esr 6,18ff). Aus den 'Zeichen' (9,1.6) von Erdbeben und Kriegen wird der Termin erkennbar (vgl. 8,63-9,2), zu dem Gott zum Gericht aufbricht (9,1-6; vgl. ferner 13,30ff). Die Zeichen als solche zuverlässig zu erkennen, bedarf der Einweihung in besondere Kenntnisse von Zeichen, Träumen und deren Deutung (siehe 14,8)[177].

»Wenn diese Zeichen eingetroffen sind, werden diejenigen, die übrigbleiben, die 'Wunder' (mirabilia) Gottes schauen« (7,26f[178]; vgl. 13,32). Diese Wunder sind im wesentlichen die Wunder in der Endzeit für die Übrigbleibenden. Der Sache nach sind in die 'Wunder' auch die 'Zeichen' eingeschlossen, obwohl terminologisch das eine klar von dem anderen getrennt wird. Denn das Unheilsgeschehen, das für die Eingeweihten als ein Zeichen erkannt wird und von Esra im voraus visionär erfahren wird (vgl. noch 6,11f), ist innerhalb des Ablaufs des Endgeschehens fest mit dem Heilsgeschehen verbunden, das als Wunder bestimmt und ebenso im voraus geschaut wird (vgl. noch 13,14.56)[179]. Die Zeichen zählen also zu den Wundern Gottes, aber nicht die Wunder zu den Zeichen. Der Begriff des Wunders ist innerhalb dieses Verhältnisses umfassender als der des Zeichens. Der Charakter des Wunder(geschehen)s definiert sich nicht von dem Außergewöhnlichen und Außerordentlichen, παρὰ φύσιν, her, sondern aus der theologischen Perspektive (siehe 4Esr 13,57) von der von Gott heilvoll herbeigeführten Neuordnung der Welt und dem damit verbundenen Geschehen.

In den Prophetenviten (*VitProph*)[180] gehört es zur geläufigen Kennzeichnung, daß der Prophet Wunder oder auch Zeichen (τέρας oder σημεῖον)

---

177 Anders als die Vermittlung entsprechender Kenntnisse in grHen 8,3 und Jub 11,8 (siehe oben) steht die Belehrung in 4Esr 14,8 in einer offenbarungstheologischen Perspektive. Darauf weist nicht nur die Ausdrucksweise in 14,8, sondern auch die Parallelisierung mit der Belehrung des Mose (14,3-6) mit dem Wechselspiel zwischen den 'mirabilia', in denen Mose unterrichtet wurde (14,5) und den 'signa', die dem Esra gezeigt werden. — Zum Verhältnis Urzeit - Endzeit im Zusammenhang des Begriffes 'Zeichen' oder 'Wunder' vgl. auch 13,44 (die geschichtlichen Zeichen [signa] zur Zeit Josuas, die Gott tat) und 13,50 (den vielen großen Wunderzeichen [portenta], die Gott den Übrigbleibenden zeigen wird); vgl. noch 6,48; LibAnt 28,1.2.
178 Vgl. 4Esr 6,25; 9,7f; 12,34; 13,49f, so *Brandenburger*, Verborgenheit, 126.
179 Weniger spezifisch (vgl. *Dietzfelbinger*, Pseudo-Philo, 139f) handeln LibAnt 27,7; 28,1 von den »Wundern (mirabilia) Gottes in den letzten Tagen«, welche von Kenan geschaut werden.
180 Zum Text wird die von *Schermann* herausgegebene Ausgabe herangezogen (Stellenangaben zufolge *Denis*, Concordance, 868-871), eine Übersetzung der sog. Dorotheusrezension (B) bietet *Rießler*, Altjüdisches Schrifttum, 871-880. Die quellen- und traditionsgeschichtlichen Fragen können für die Untersuchung auf sich beruhen, da die Erwähnungen größtenteils, anderes ist vermerkt, wohl auf die jüdische Vorlage zurückgeführt werden können. Zur Textgeschichte und zu dem Verhältnis der verschiedenen Rezensionen zueinander siehe *Schermann*, Propheten- und Apostellegenden. Vgl. außerdem *Torrey*, Lives, und zur Einordnung siehe *Steck*, Geschick, 247ff.
181 Vgl. zum Folgenden *Marcos*, Sef. 40, 27-39.

gibt oder tut[182]. Die Funktion und der Sachbezug dieser recht stereotypen Bemerkungen ist verschieden. Meist wird mit diesen Erwähnungen die Verkündigung des Propheten zum Ausdruck gebracht. Einmal (VitSach 1) dient die Wendung ausdrücklich der Legitimation (εἰς ἀπόδειξιν) des Propheten. An zwei Stellen (VitJes 1,2; VitElisa 2) wird der Beglaubigungserweis mit σημεῖον (das Wunder von Siloah) oder τέρας im Sinne eines Prodigiums (das anläßlich der Geburt des Elisa brüllende goldene Kalb) formuliert. Ohne das Beglaubigungsmotiv werden außergewöhnlichen Wundertaten unter dem Begriff τερασtία zusammengefaßt (VitEz 12; VitDan 19; VitElisa 5 [A])[183].

In der Sache wird unter einem τέρας, das der Prophet mit seiner Verkündigung gibt, die Ankündigung eines Vorzeichens verstanden, aus dem das zukünftige Geschick des Volkes[184] oder eschatologisches Geschehen[185] (bis hin zu der Erscheinung des Messias [in den Zusätzen[186]]) ersichtlich werden.[187] Für die Gesetzlosen ist die Ankündigung eines τέρας gleichbedeutend mit der Androhung eines Strafzeichens[188].

In den Prophetenviten wird die Verkündigung des Propheten also wesentlich mit dem Begriff τέρας verbunden. Darin ist τέρας als Vorzeichen künftiger Ereignisse verstanden, welche aktuell im Rahmen eschatologischer Erwartung gedeutet werden. Diese Ausdrucksweise ist klar gegenüber verwandten Begriffen wie τερασtία und σημεῖον[189] abgegrenzt.

Das Vorkommen des Doppelbegriffes »Zeichen und Wunder« in den behandelten Schriften ist auf die Ägypten- bzw. Exodusereignisse be-

---

182 Siehe zu τέρας διδόναι VitEz 6; VitDan 21; VitHos 2; VitJon 8 (8b); VitNah 2; VitHab 10; VitSach 1. 4; zu τέρας ποιεῖν VitEz 18, vgl. VitEz 13; zu σημεῖον διδόναι VitJer 7; zu σημεῖα ποιεῖν VitElisa 5; vgl. τερασtία (ποιεῖν) VitDan 19; VitEz 12; vgl. VitElisa 5 (A) [πολλὰ δὲ τεραστία ἐποίησεν ὁ θεὸς διὰ χειρὸς ἐλισσαίου]. Vgl. zur Kennzeichnung hebrSir 48,12ff.
183 Andere Lesarten fassen die Wundertaten des Elisa, die in dieser Glosse (siehe neben den textkritischen Argumenten bei *Schermann*, Propheten- und Apostellegenden, 113f, die an die Wendungen der Apostelgeschichte erinnernde Ausdrucksweise) folgen, unter dem Begriff σημεῖα des Propheten (ἃ ἐποίησεν) zusammen.
184 Siehe VitEz 6 (der Wasserstand des Chobarflusses als Vorbedeutung auf die Rückkehr nach Jerusalem); VitDan 22; vgl. VitEz 13 (das τέρας an den Totengebeinen als Zeichen der Hoffnung für Israel) und VitSach 4 (das Vorzeichen an Kyros für den Sieg neben anderen Ankündigungen).
185 VitDan 21 (B); VitJon 8 (8B); VitHab 10ff (bei B z.T. ausgefallen).
186 Siehe zu den Zusätzen zu VitDan 21ff *Schermann*, Propheten- und Apostellegenden, 99; VitHab 10ff ebd., 65; VitHos 2 ebd., 47f; VitElisa 5 (A) ebd., 114, und insgesamt im Überblick ebd., 116ff.
187 Siehe noch die Verwendung von σημεῖον in VitJer 7 (Zeichen für die Verdrängung des ägyptischen Kultes) und vgl. VitJer 10 (das Zeichen der Parusie).
188 Siehe VitEz 18 und VitNah 2 (gegen Ninive). Vgl. der Sache und Tradition nach ferner VitSach b.Jojada: Nach der Tötung des Propheten geschehen im Tempel viele τέρατα und die Priester verlieren die Fähigkeit, Engelerscheinungen zu haben, Orakel und Offenbarungen können dem Volk nicht mehr gegeben werden.
189 Eine Ausnahme bildet vielleicht VitJer 7.

schränkt. Die Erwähnungen sind an allen Stellen durch den Kontext bedingt. Sie sind nicht von einem solchen traditionsgeschichtlichen Gewicht, das den Schluß zuließe, daß das deuteronomistische *Theologumenon* für das Reden von »Zeichen und Wunder« an diesen Stellen unbedingt tragend sei. Die Einzelbegriffe σημεῖον und τέρας (bzw. deren lateinische Äquivalente) nehmen im Rahmen der eschatologischen und insbesondere apokalyptischen Vorstellungswelt spezifische Bedeutung an. Der Sprachgebrauch ist an einzelnen Stellen mit entsprechenden Vorstellungen der profanen Antike vergleichbar.

3 Die Verwendung der Sprachtradition im Neuen Testament

Im folgenden wird versucht, den Sprachgebrauch, die Bedeutung und Funktion des Doppelbegriffes »Zeichen und Wunder« innerhalb seiner Verwendung im Neuen Testament zu bestimmen. Da allein schon von der Verteilung der Vorkommen her davon ausgegangen werden kann, daß die Verwendung des Doppelbegriffes unterschiedlich erfolgt, werden die Erwähnungen einzeln behandelt. Die unterschiedliche Beurteilung der »Zeichen und Wunder« legt nahe, zwischen der (weitgehend) positiven Inanspruchnahme und dem kritischen Verständnis der Wendung formal zu trennen.
Die traditionsgeschichtliche Breite der Vorkommen läßt darauf schließen, daß den neutestamentlichen Erwähnungen eine gemeinsame Vorstellung, eine im frühen Christentum verbreitete Sprachtradition, zugrunde liegt. Die Analysen versuchen, über das den jeweiligen Autoren und Tradenten eigene Verständnis auch zu der vorausliegenden Sprachtradition vorzudringen.

3.1 Das positive Verständnis von »Zeichen und Wundern«

3.1.1 »Zeichen und Wunder« bei Paulus

Wunder(tätigkeit) und Heilung oder die Fähigkeit dazu werden in den Paulusbriefen nur an wenigen Stellen erwähnt. Der gängigen Auslegung[1] zufolge verwendet Paulus zu ihrer Bezeichnung die Begriffe σημεῖα καὶ τέρατα (Röm 15,19; 2Kor 12,12; siehe ferner 1Kor 1,22) und δυνάμεις (1Kor 12,10.28.29; 2Kor 12,12; Gal 3,5)[2]. Zu diesem Fragekreis sind außerdem Erwähnungen zu bedenken, in denen möglicherweise auf die Wunder- oder Heilungstätigkeit mit dem Ausdruck ἐν δυνάμει angespielt wird (1Thess 1,5; 1Kor 2,4). Trotz des, verglichen mit der Paulusdarstellung der Apostelgeschichte, spärlichen Befundes kann die Analyse dieser

---

1 Vgl. *Nielsen*, Heilung 188-191 und ebd., 189, Anm. 36.
2 Zur allgemeinen Bezeichnung von Kräften, die auf den Menschen einwirken, verwendet in Röm 8,38 (vgl. zur Stelle *Paulsen*, Römer 8, 147-151. 174f; *Delling*, SNTU 4, 93ff). Der Vergleich mit ähnlichen Gruppierungen in 1Kor 15,24; Kol 1,16; Eph 1,21 (vgl. ferner Eph 3,10; 6,12; Kol 2,10.15) spricht dafür, daß in Röm 8,38 (vgl. 8,34) auf denselben frühchristlichen Gedankenzusammenhang [Unterwerfung der (aller) Mächte unter Christus bei seiner Erhöhung] zurückgegriffen wird.

Texte die Beurteilung des Wunderphänomens bei Paulus zu erfassen suchen.

Die Untersuchung geht von der Analyse der paulinischen σημεῖα καὶ τέρατα-Vorkommen (Röm 15,19; 2Kor 12,12) aus, behandelt sodann die Aussagen, die sich im Sachzusammenhang von δύναμις und Verkündigung (1Thess 1,5; 1Kor 2,4; Gal 3,5) finden, und schließt mit der Analyse der Aussagen ab, die von den Zeichen in der Gemeinde handeln (besonders 1Kor 12,9f.28; 14,22).

3.1.1.1 Die σημεῖα καὶ τέρατα als Zeichen des apostolischen Wirkens (Röm 15,18f; 2Kor 12,12)

Die Erwähnung der »Zeichen und Wunder« im Schlußteil des Römerbriefes, *Röm 15,19*, ist eng mit der paulinischen Anschauung über seinen Apostolat verknüpft. Paulus führt den Römern noch einmal, nach Röm 1,1-17, seine Stellung als Heidenmissionar vor Augen. In der Aussageabsicht und der Terminologie ist der Abschnitt 15,14-21 daher von Röm 1,1-17 her geprägt: Seine herausragende Stellung als Heidenmissionar »bis nach Illyrien« erlaubt ihm, den Römern gegenüber einen Brief zu schreiben[3] und so zu schreiben, wie er ihn (vgl. 12,1-15,14[4]) geschrieben hat (ἐπαναμιμνῄσκων V. 15). Die Stellung beschreibt er in zweifacher Weise: Einerseits indem er sein Amt an die χάρις, die ihm von Gott gegeben ist, bindet und seine Aufgabe (εἰς τό εἶναι V. 16) als die des autorisierten Beamten und priesterlichen Dieners bezeichnet. Andererseits verweist er, daran anschließend (οὖν V. 17), auf die Verwirklichung dieser Aufgabe. Damit verbunden benutzt Paulus andere Begriffe, Aussagenzusammenhänge und eine Argumentationsweise, welche sich auch 2Kor 10-13 finden: So fällt diese Verwirklichung seiner Aufgabe als Heidenmissionar als objektiv feststellbarer, vor Gott gültiger[5] Ruhm auf Paulus zurück. Dieser Ruhm versteht sich als Ruhm in Christus, welcher dem Paulus kraft der Gnade in seinem Amt zukommt (V. 17)[6]. Die Vv. 18f sind sowohl Ausführungen der Verwirklichung (vgl. ferner V. 20f) als auch Begründung des Ruhms in Christus[7]. Möglichkeit und Ermöglichung des Ruhmes fließen ineinander, was aus der negativen Konstruktion V. 18a ersichtlich wird. Die Position des Paulus im Römerbrief ist freilich eine andere als die, aus der er in 2Kor 10-13 argumentiert. Die Argumentation führt Paulus daher geradlinig und offensiv. Seine Selbstvorstellung dient zur Begründung der teilweisen Kühnheit des Briefes (τολμηρότερον V. 15). In diesem Sinne führt Paulus in Röm 15,14-21 einen Autoritäts- oder Vollmachtsbeweis, im Unterschied zu der Auseinandersetzung mit den Gegnern in Korinth, keinen Beglaubigungsbeweis. Denn Paulus behandelt nicht die

---

3 Derselbe Zusammenhang liegt in 1,5f vor (ἐν εἰς ὑπακοὴν πίστεως τοῖς ἔθνεσιν ... ἐν οἷς ἐστε καὶ ὑμεῖς κλητοί).
4 Siehe *Zeller*, Juden, 65ff.
5 Siehe *Käsemann*, Röm, 379.
6 Vgl. die Begriffe χάρις und ἀποστολή in Röm 1,5 und nicht anders in Gal 2,8.
7 Vgl. 1,5: δι' οὗ ἐλάβομεν χάριν καὶ ἀποστολὴν εἰς ὑπακοὴν πίστεως ἐν πᾶσιν τοῖς ἔθνεσιν.

Frage des Daß seines Gesandtseins als Apostel, sondern die des Wie. In Form eines Berichtes[8] führt Paulus aus, was Christus durch ihn, d.h. zufolge 1,5 durch χάρις und ἀποστολή, zum Glaubensgehorsam[9] vollbracht hat[10]. Das λόγῳ καὶ ἔργῳ bestimmt κατειργάσατο näher[11]. Der Bezug der beiden folgenden parallelen ἐν δυνάμει-Wendungen ist weniger deutlich. Man kann sie neben λόγῳ καὶ ἔργῳ auf κατειργάσατο beziehen[12] oder als Ausführung des λόγῳ καὶ ἔργῳ verstehen. Dieses Verständnis geht von einem chiastischen Verhältnis zwischen λόγῳ καὶ ἔργῳ und den beiden ἐν δυνάμει-Wendungen aus[13]. Außerdem wird die Deutung vertreten, die zweite ἐν δυνάμει-Wendung (»in der Kraft des Geistes«) fasse λόγῳ καὶ ἔργῳ und die erste ἐν δυνάμει-Wendung (»in der Kraft der Zeichen und Wunder«) resümierend zusammen.[14] Freilich finden sich im Text selbst keine Indizien, daß Paulus eine derartige klare Trennung bezwecke, weder hinsichtlich der rhetorischen Struktur noch im Blick auf die Aussageabsicht. Es scheint weniger eine Differenzierung einzelner Bereiche beabsichtigt als vielmehr die Gesamtschau der Autorität, die sein Gesandtsein als Apostel ausweist.

Dem scheint zunächst der Ausdruck λόγῳ καὶ ἔργῳ zu entsprechen. Versteht man ihn im umfassenden Sinn von Reden und Handeln des Menschen, so wären Verkündigung und Auftreten des Paulus[15] gemeint. Diese Deutung hat den Wortlaut in 2Thess 2,17 und Kol 3,17 für sich. An diesen Stellen bezeichnet der Begriff das Gesamtverhalten des Menschen, sein alltägliches Leben[16]. Ein solcher Sinn ist in Röm 15,18 aber

---

8 Siehe *Käsemann*, Röm, 379; vgl. *Stuhlmacher*, Röm, 210; *Zeller*, Röm, 238. Gegen *Schlier*, Röm, 431f; *Wilckens*, Röm III, 118 (vgl. ebd., Anm. 575) wird man an dieser Stelle von dem übertragenen Gebrauch von λαλεῖν abzusehen haben (vgl. 1Thess 1,8). Denn Gegenstand der Verkündigung ist nicht, daß Christus in dem Werk des Paulus wirkt. Analog ist auch das καταγγέλλεται in Röm 1,8 zwar als ursprünglich der Missionssprache zugehörender, aber als Berichtsterminus, nicht ausschließlich als Verkündigungsbegriff zu verstehen.
9 Die ὑπακοὴ ἐθνῶν meint Glaubensgehorsam. Dies ergibt zum einen die Entsprechung von 15,18 und 1,5 (vgl. nachpaulinisch 16,26) und ein Vergleich mit 2Kor 10,5f (vgl. Röm 16,19) zum anderen.
10 Wie 2Kor 12,12 konstatierend. Denn das Perfekt 15,19 πεπληρωκέναι und der Kontext nach vorn und folgend V. 22f zeigen, daß an die Handlung als abgeschlossenes Ganzes gedacht wird.
11 Siehe *Gatzweiler*, Wunderbegriff, 400f; anders *Schlier*, Röm, 432, der die Wendung auf λαλεῖν (siehe unten Anm. 17) bezieht.
12 So *Wilckens*, Röm III, 119.
13 Siehe *Michel*, Röm, 457; *Rengstorf*, ThWNT VII, 259,9-12. *Jervell*, Der unbekannte Paulus, 41, versteht "Wunder und Wort".
14 Siehe *Käsemann*, Röm, 379, *Nielsen*, Heilung, 197; *Jervell*, SNTU 4, 70f; *Schmithals*, Röm, 529; ähnlich *Schlier*, Röm, 432.
15 Vgl. *Gatzweiler*, Wunderbegriff, 401.
16 *Wolter*, NT 31, 58, spricht von einem "biographische[n] Schema". Vgl. ferner die außerneutestamentlichen Belege bei *Heiligenthal*, Zeichen, 20f (samt ebd., Anm.).

wohl nicht allein im Blick[17]. Denn sowohl die Fortführung in V. 19b (ὥστε κτλ.) als auch V. 18a geben dem λόγῳ καὶ ἔργῳ neben der eigentlichen eine übertragene Bedeutung. Denn was Christus durch Paulus zum Glaubensgehorsam mittels Wort und Werk gewirkt hat, führte zur Vollständigkeit (πεπληρωκέναι)[18] des paulinischen Missionsgebietes. Daher wird die Wendung zumindest den Nebensinn besitzen von Verkündigung und Werk. Es werden also vermutlich die Wirkung des Christus im Wortgeschehen einerseits und andererseits das Zum-Glauben(sgehorsam)-Kommen als das von Christus gewirkte Werk[19] zusammengefaßt. Die Ausführung besteht somit weniger in der allgemeinen Erläuterung von Wort und Werk als vielmehr in der Spezifizierung in Wort- und Missionsgeschehen (vgl. Röm 1,1.5). Weniger das Gesamtbild, das der Apostel durch Wort und Handeln bietet, wird herausgestellt, als vielmehr das Gesamtwerk, das Christus durch das Wirken des Apostels hergeführt hat. Hieraus erwächst der Autoritätserweis, den Paulus der römischen Gemeinde gegenüber anführen kann.

Von der Aussage V. 18 her[20] verweist Paulus mit den beiden ἐν δυνάμει-Wendungen (V. 19a) von sich und seiner Aufgabe auf die in seinem Apostelamt wirksame Kraft. Die beiden Wendungen sind syntaktisch nebengeordnet. Die erste Wendung bezeichnet die Kraft, die sich in »Zeichen und Wundern« äußert, die zweite die Kraft, die vom Geist ausgeht oder die in dem Geist selbst besteht[21]. Für die Deutung beider Wendungen ist beachtenswert, daß weder die eine noch die andere Wendung näher bestimmt werden. Paulus setzt also auf seiten der römischen Gemeinde die entsprechende Kenntnis und Akzeptanz des Begriffes voraus. Für

---

17 Vgl. die folgenden ἐν δυνάμει-Wendungen. Daß Paulus offenbar differenziert und nicht umfassend seinen täglichen Dienst (oder gar mit 2Thess 2,17; Kol 3,17), seinen Alltag mit λόγῳ καὶ ἔργῳ bezeichnet, ist aus 1Thess 1,5 ersichtlich. Dabei ist es gleichgültig, ob die in 1Thess 1,5b genannten Begriffe (vgl. ähnlich 1Kor 4,19 über die Gegner) als ἔργον verstanden werden können. Der in der Literatur geläufige Verweis auf 2Kor 10,11 kommt dem Ausdruck Röm 15,18 nahe, ist aber als Parallelverweis problematisch. Denn die Entsprechung (τῷ λόγῳ - τῷ ἔργῳ) stellt sich in 2Kor 10,11 anders dar. Der Vorwurf ist gerade, daß sich Paulus abwesend, in seinen Briefen durch theologische und rhetorische Stärke auszeichne, während seine Rednergabe gegenüber den Äußerungen in den Briefen bei weitem zurückstehe (2Kor 10,10, vgl. 11,6). Dagegen bringt Paulus vor, daß bei dem nächsten Besuch seinen kraftvollen Worten ein schonungsloses Auftreten folgen werde (vgl. auch 13,3). Es werden sich also briefliches Wort (λόγος) und Auftreten (ἔργον) entsprechen. Die weiteren gängigen Verweise auf Lk 24,19 und Apg 7,22 bezeichnen die Jesus (δυνατὸς ἐν ἔργῳ καὶ λόγῳ vor Gott und dem ganzen Volk) bzw. Mose (δυνατὸς ἐν λόγοις καὶ ἔργοις αὐτοῦ) eignende und sich erweisende Befähigung.
18 Das Perfekt ist hier resultativ verstanden. Zur Sache siehe *Zeller*, Juden, 68, Anm. 127.
19 Vgl. den Begriff 'Werk des Herrn' 1Kor 15,58; 16,10 und 1Kor 9,1 (seid ihr nicht mein Werk im Herrn?); vgl. ferner Phil 1,6; 2,20; 1Kor 3,13ff. – Vgl. auch *Schmithals*, Röm, 529: "Das 'Werk' ist natürlich[!] der Glaube der Hörer, die Pflanzung der Gemeinde".
20 Auf diese Perspektive verweist ebenfalls *Grundmann*, ThWNT II, 312,5f.
21 Gen. epexeget. Siehe *Käsemann*, Röm, 380 ("fast tautologisch").

die zweite Wendung, derzufolge das Wirken als Kraftäußerung des Geistes verstanden wird, wird man solches vermuten können (vgl. Röm 15,16; ferner V. 13). Fraglich ist aber, ob hinsichtlich der ersten Wendung unbedingt zu vermuten ist, daß an Kraftäußerungen ausschließlich in paulinischen Wundertaten zu denken sei[22] und außerdem "daß jedermann sie [sc. die Wunder] kennt, und [Paulus daher] über die Art des Wundergeschehens keine nähere Auskunft gibt"[23]. Näher liegt die Annahme, daß Paulus auf die Wendung »Zeichen und Wunder« zurückgreift, weil sie ein allgemein bekanntes und in der Ausdrucksweise umfassendes Phänomen bezeichnet. Paulus weist damit auf eine Vorstellung, die so eindeutig definiert ist, daß sie im einzelnen nicht ausgeführt werden muß. Der Kontext in Röm 15,18f läßt erstens vermuten, daß unter der Kraftäußerung durch »Zeichen und Wunder« Phänomene verstanden wurden, die engstens mit dem Missionsgeschehen verbunden sind. Zweitens erhellt der Kontext V. 14-20, daß Paulus die eschatologische Perspektive seines Amtsverständnisses betonen will. Demzufolge dürfte die Vorstellung von »Zeichen und Wunder« diese Aussageabsicht in besonderer Weise mitdenken lassen. Drittens deutet die Anfügung der zweiten ἐν δυνάμει-Wendung -wie immer man das Verhältnis der beiden Wendungen untereinander auch verstehen mag- darauf hin, daß mit beiden Wendungen ein umfassendes Bild der Kraftäußerung gegeben werden soll, das die Autorität und die Vollmacht des Paulus ausweist. Aus dieser Beobachtung folgt, daß der Ausdruck »Zeichen und Wunder« entweder das enge Verständnis eschatologisch verstandener Wundertaten überschreitet, falls man die zweite Wendung resümierend zu verstehen hat, oder falls man beide Wendungen streng beiordnet, daß das Wundergeschehen und das pneumatisch gewirkte (entsprechend gefolgert:) Wortgeschehen nebengeordnet werden. Aber die Frage besteht weiterhin, ob Paulus an dieser Stelle eine so differenzierte Trennung verfolgt.

Wahrscheinlicher ist wohl, daß Paulus darlegen will, das eine wie das andere, nämlich sowohl die Kraftäußerung in »Zeichen und Wundern« als auch die Kraftäußerung des Geistes, haben zur Vollständigkeit seines von ihm missionierten Gebietes (V. 19b) beigetragen. Von V. 18 her bedeutet dies, daß der Christus seinen Erfolg gewirkt hat und daß dies in dem Geschehen von »Zeichen und Wundern« und in der Geisterfahrung sichtbar sowie feststellbar wurde und (vom Erfolg V. 19b her) ist. Daß Paulus dies (anders als in 2Kor 12,12) als Kraftäußerung (ἐν δυνάμει) formuliert, gibt beidem zusätzliche Beweiskraft hinsichtlich seiner von Christus her kommenden Vollmacht. Versucht man dem Ganzen einen konkreten Hintergrund zu geben, so darf man vermutlich an mit der Mission und der Missionstätigkeit als solchen verbundene Ereignisse denken, die als Manifestation göttlicher Kraft empfunden wurden und von Paulus im

---

22 So aber *Jervell*, Charismatiker, 189 (siehe ebd., Anm. 19); *ders.*, SNTU 4, 70f; *Nielsen*, Heilung, 196f.
23 So *Gatzweiler*, Wunderbegriff, 401.

Sinne seiner eigenen Sendung durch Christus interpretiert werden. Hier haben Geistverleihung und Geistbegabung ebenso ihren Ort wie »Zeichen und Wunder« als Ausdruck eschatologisch wirksamen und offenbaren göttlichen Handelns.

Die Aussage von Röm 15,18f wird man also folgendermaßen zusammenfassen können: Christus ist durch Paulus wirkmächtig im Geschehen von Mission und Bekehrung. Dies wird sichtbar zum einen im Wortgeschehen und in dem durch Paulus vermittelten Werk. Zum anderen wurde die Kraft des Christus erfahren in außergewöhnlichen Ereignissen, die als »Zeichen und Wunder«, als Vergegenwärtigung von Gott kommender Geschehnisse gedeutet wurden. Zum dritten, die Kraft Christi wird in der Geistverleihung erfahren. Aus dem Ganzen dieser Äußerungen des wirkmächtigen Christus leitet Paulus gegenüber der römischen Gemeinde seine Autorität und Vollmacht her.

Die Aussage *2Kor 12,12*, daß die Zeichen des Apostels unter den Korinthern in aller Geduld gewirkt worden seien, in Zeichen und Wundern und Krafttaten, ist weniger leicht zugänglich als die von Röm 15,19. Denn zum einen ist nicht ganz klar, was unter den Zeichen des Apostels zu verstehen ist und worauf Paulus konkret anspielt. Zum zweiten besitzt der Text entscheidende Bedeutung für die Annahme einer paulinischen Wundertätigkeit. Entsprechend hat er in der Forschung immer wieder die Wunderfrage ausgleichende Interpretation gefunden[24] oder wurde als grundlegender Beleg für die paulinische Wundertätigkeit gewertet[25]. Zum dritten spielt der Kontext und damit die Position, aus der heraus sich Paulus äußert, für jede Auslegung dieses Textes eine bedeutende Rolle[26]. Denn obwohl V. 12 innerhalb der kleinen Argumentationseinheit 12,11-13 isoliert dazustehen scheint[27], läßt sich der Vers weder aus dem Rahmen

---

24 Siehe vor allem *Käsemann*, Legitimität, 475-521.
25 So besonders *Jervell*, Charismatiker, 185-198 und vgl. insgesamt das Referat ebd., 186ff.
26 Dieser Sachverhalt wird in den Analysen von *Nielsen*, sowohl Heilung, 202f, als auch Verwendung, 151ff, zu wenig beachtet (was schon *Wolter*, Paulustradition, 32, Anm. 17 kritisch angemerkt hat).
27 So *Betz*, Tradition, 70.

der Vv. 11-13 lösen[28] noch aus dem breiteren Argumentationszusammenhang[29] des sog.[30] Tränenbriefes.

Der Satz 2Kor 12,12 ist klar strukturiert: Die Aussage τὰ σημεῖα τοῦ ἀποστόλου κατειργάσθη hat zwei nähere Bestimmungen, ἐν ὑμῖν und ἐν πάσῃ ὑπομονῇ, und besitzt eine die σημεῖα τοῦ ἀποστόλου spezifizierende[31] Ausführung (σημείοις τε καὶ τέρασιν καὶ δυνάμεσιν). Paulus blickt auf die Tatsache zurück, daß die Zeichen des Apostels gewirkt worden sind (1), und zwar unter den Korinthern (2). Dies geschah ἐν πάσῃ ὑπομονῇ (3). Nimmt man σημεῖα τοῦ ἀποστόλου als Oberbegriff, so werden die Zeichen ausgeführt in dem Ereignis von σημεῖα καὶ τέρατα καὶ δυνάμεις (4).

(1) Was unter dem Begriff σημεῖα τοῦ ἀποστόλου zu verstehen ist, bleibt zunächst im dunkeln. Es liegt die Annahme nahe, der Begriff stelle ein gegnerisches Schlagwort dar[32]. Für diese Anschauung könnten vor allem zwei Gründe sprechen, zum einen ist σημεῖα τοῦ ἀποστόλου ein Hapaxlegomenon[33], zum anderen nimmt Paulus σημεῖα gegenüber eine kritische Stellung ein (vgl. 1Kor 1,22; 14,22). Aber das erste spricht nicht zwingend für die Aufnahme eines gegnerischen Schlagwortes[34], und das zweite könnte sich damit erklären lassen, daß Paulus durch die Vorwürfe der Gegner zur Verwendung des Begriffs σημεῖα als eines prägnanten Ausdruckes gedrängt wurde[35]. Gegen jene Annahme spricht aber die innere Logik der Aussage. Denn Paulus hat σημεῖα τοῦ ἀποστόλου anerkannt und gebraucht sie in positivem Sinne (κατειργάσθη). Wenn die Gegner diesen Ausdruck als Schlagwort verwandt hätten und Paulus dieses aufnähme, aber unter anderem Vorverständnis, nämlich als Merkmale des Apostola-

---

28 Das anakoluthe μέν verstehe ich kausal oder zumindest als Ausführung des V. 11 und in eindringlicher (emphatischer) gedanklicher Fortführung des εἰ καὶ οὐδέν εἰμι (V. 11fin) mit dem Passiv κατειργάσθη (zu diesem siehe unten). Zu dieser Einschätzung des μέν in V. 12 siehe die Übersetzung bei *Lang*, Kor, 351, und in der Kommentierung ebd., 352 "Beweisgrund" (allerdings für die Ebenbürtigkeit des Paulus; siehe dazu unten); *Bultmann*, 2Kor, 233 (Übersetzung). 234. Die Ergänzung eines fehlenden δέ bei *Bauer - Aland*, 1019 (s.v. μέν 2.a.) "aber ihr habt sie nicht beachtet" geht zu weit und würde aus dem Argumentationsgang herausführen. Der "Verstoß gegen den wohlstilisierten Satzbau" (*Blaß-Debrunner-Rehkopf*, § 447,2c) läßt sich vielleicht aus dem im anderen Fall erfolgenden Zusammentreffen von drei γάρ-Konstruktionen verschiedenen Gebrauchs in V. 11-13 erklären.
29 Die Vv. 11-13 stehen auf jeden Fall in enger Beziehung zur Narrenrede (siehe V. 11a.13fin), ob nun als Ausführung, Zusammenfassung oder Nachbemerkung, siehe dazu unten S. 52f.
30 Zu den Einleitungsfragen siehe *Schenk*, TRE 19, 620-632.
31 Siehe *Windisch*, 2Kor, 397.
32 So *Kümmel* bei *Lietzmann*, Kor, 213; *Käsemann*, Legitimität, 477. 511; *Betz*, Tradition, 70f.
33 Siehe *Kümmel*, ebd..
34 Siehe *Berger*, Die impliziten Gegner, 373.
35 So *Rengstorf*, ThWNT VII, 258, Anm. 388; vgl. auch *Schmithals*, Apostelamt, 200 (V. 12 sei eine dem Paulus von den gnostischen Gegnern abgerungene Konzession, welche mit dem paulinischen Apostelbegriff nichts zu tun habe).

tes, fehlte dem Ganzen auf seiten der Hörer die Akzeptanz[36]. Denn gegen die Bestreitung seines Apostelseins durch die Gegner, welche machtvoll und durch Pneumatikertum legitimiert auftreten, weist Paulus auf eigene σημεῖα τοῦ ἀποστόλου hin, die aber sinnvollerweise nicht mit den σημεῖα τοῦ ἀποστόλου im Sinne der Gegner deckungsgleich verstanden werden können.
Aber auch die Annahme, die die erste modifiziert, daß σημεῖα τοῦ ἀποστόλου ein "fester Terminus"[37] sei, also eine Norm, der sich Paulus unterwerfe, kann innerhalb des Argumentationsganges nicht überzeugen. Denn aus 11,23b-12,10 ist zwar ersichtlich, daß Paulus sich dieser Norm unterwerfen kann. Aber sich einer Norm im Sinne der Gegner zu unterwerfen, lehnt Paulus als Ausweis seines Apostelseins vor der Gemeinde gerade als καύχησις κατὰ σάρκα ab (vgl. 12,5f), und von dieser ist in 12, 11-13 keine Rede mehr (συνίστασθαι). Aus der Sicht des Paulus werden unter σημεῖα τοῦ ἀποστόλου jedenfalls Merkmale verstanden, die den Apostel auszeichnen[38]. Dies weist darauf hin, daß Paulus mit seiner Aussage V. 12 insgesamt[39] eine traditionelle oder vorgegebene Anschauung über die Kennzeichen des Gesandt- oder Apostelseins aufgreift. Dabei ist nicht unbedingt anzunehmen, daß er mit dem Begriff auch auf vorgegebene Terminologie zurückgreift.[40]
Auffallend ist die Passivformulierung κατειργάσθη. Entsprechend Röm 15,18 wäre ein δι' ἐμοῦ zu erwarten[41]. Eine solche Ergänzung legt ebenfalls der nächste Kontext (V. 11b) nahe. Denn ohne eine Verbindung zum Apostolat des Paulus könnte V. 12 nicht als Beweis dafür gelten, daß Paulus in nichts den Gegnern nachstehe, und auch die Fortführung V. 13a geht von einer solchen direkten Verbindung aus[42]. Demgegenüber ließe sich das Fehlen eines δι' ἐμοῦ gleichfalls aus V. 11b (εἰ καὶ οὐδέν εἰμι) erklären: Paulus nimmt seine Person ganz zurück zugunsten der in der Gemeinde vollbrachten Zeichen des Apostels (vgl. 12,5). Dies entspräche außerdem der antithetischen Beurteilung, daß sich die Kraft Gottes (oder christologisch bestimmt: die Kraft Christi) in der Schwachheit des Paulus erweise[43], die der äußere Anschein und seine Worte

---

36 Dieses Problem sucht *Barrett*, 2Kor, 321, dadurch zu lösen, daß er das Schlagwort den Korinthern zuweist.
37 *Windisch*, 2Kor, 396.
38 Siehe *Lang*, Kor, 352.
39 Vgl. *Windisch*, 2Kor, ebd.. Freilich sollten in der Sache Oberbegriff σημεῖα τοῦ ἀποστόλου und Spezifizierung σημείοις, τέρασιν, δυνάμεσιν auseinandergehalten werden. Gegen die Rückführung auf die urchristliche Tradition siehe *Georgi*, Gegner, 231, Anm. 3.
40 So auch (bei anderer Herführung) *Jervell*, Der unbekannte Paulus, 41; ders., SNTU 4, 69, Anm. 35.
41 Siehe *Windisch*, 2Kor, 397.
42 Gegen eine traditionsgeschichtliche Parallelisierung mit der Ablehnung der Zeichenforderung innerhalb der Jesustradition (so *Lang*, Kor, 352, und vgl. *Rengstorf*, ThWNT VII, 258,23f von 1Kor 1,22 her) siehe *Betz*, Tradition, 70.
43 Siehe 12,9.10; 11,30; 13,4; vgl. ferner 4,7; 12,5; 1Kor 2,1-5.

vermitteln. Aus der Folgerung der Gegner, die sie aus diesem Erscheinungsbild ziehen (siehe 11,6a[44]; vgl. 10,10), ergibt sich freilich die Frage, ob Paulus in 12,11fin nicht eher eine gegnerische Anklage aufnimmt[45] oder zumindest ironisch[46] auf die Bestreitung seines Apostolates Bezug nimmt. Aber wie man V. 11fin auch deutet[47], läßt sich eine insgesamt überzeugende Erklärung für das Fehlen von δι' ἐμοῦ in V. 12 weder aus dieser Aussage noch aus dem näheren Kontext herführen. Eher kann man aus dem Vergleich mit Röm 15,19 vermuten, daß das Fehlen eines δι' ἐμοῦ ein beachtenswertes Charakteristikum innerhalb der Aussage 2Kor 12,12 darstellt[48]. Röm 15,18 legt zudem die Deutung auf ein passivum divinum nahe[49]. Jedenfalls spricht die Formulierung in 2Kor 12,12 dafür, "daß Paulus sich nicht als θεῖος ἀνήρ weiß"[50].

(2) Paulus stellt fest, daß die Zeichen des Apostels unter den Korinthern geschehen sind. Er blickt also eindeutig auf Vorgänge oder Ereignisse in Korinth zurück. Er verweist also nicht auf ein den Korinthern bekanntes oder bekannt gewordenes Geschehen, das außerhalb der Gemeinde stattgefunden hat. Ebensowenig läßt das ἐν ὑμῖν die Deutung zu, daß Paulus auf ein etwa in der Narrenrede mitgeteiltes Ereignis zurückgreife[51]. Vielmehr zielt V. 12 auf den Vollzug der Zeichen des Apostels in der korinthischen Gemeinde. Ein konkreter Zeitpunkt für dieses Geschehen wird nicht genannt[52]. Einen Hinweis kann allerdings das folgende ἐν πάσῃ ὑπομονῇ geben.

(3) Die syntaktische Stellung der Wendung ἐν πάσῃ ὑπομονῇ ist merkwürdig, wodurch der Bezug offen bleibt. Man kann die Wendung entweder auf das Folgende (σημείοις καὶ τέρασιν καὶ δυνάμεσιν) beziehen[53] oder auf die vorausgehende Feststellung, also auf die unter den Korinthern gewirkten Apostelzeichen. Das erste ist nicht unmöglich. Jedoch ist die Verbindung zwischen Krafttaten und »in aller Geduld« nicht ganz spannungs-

---

44 Das ἰδιώτης τῷ λόγῳ muß nicht unbedingt paulinisch sein (gegen *Käsemann*, Legitimität, 477; *Bultmann*, 2Kor, 205), siehe *Windisch*, 2Kor, 396.
45 So *Windisch*, ebd..
46 Siehe *Käsemann*, Legitimität, 496, Anm. 107.
47 Siehe dazu unten S. 53.
48 Vermutlich ist für diese Differenz die unterschiedliche Aussageintention verantwortlich, in 2Kor 10-13 steht Paulus in der Verteidigungsposition, in Röm 15 in einer Position, aus der heraus er seine Autorität behauptet. In diese Vermutung fügt sich Gal 2,8 ein. Auch an dieser Stelle trägt nicht die Verteidigung das Gewicht, sondern die Behauptung der gleichwertigen ἀποστολή neben Petrus.
49 Vgl. ähnlich *Nielsen*, Heilung, 202, Anm. 420. Nach *Bertram*, ThWNT III, 636,41, sei ein διὰ θεοῦ zu ergänzen. Zu Gal 2,8 vgl. *Betz*, Gal, 187.
50 *Bultmann*, 2Kor, 234. Zum Problem der θεῖος ἀνήρ-Vorstellung im Zusammenhang der Auseinandersetzungen mit den Gegnern in Korinth siehe *Theißen*, Studien, 222f, Anm. 3
51 Siehe dazu unten S. 54.
52 Zu denken wäre von Röm 15,18f her etwa an die Gemeindegründung oder von 1Thess 1,5 her an den Beginn der paulinischen Wirksamkeit in Korinth.
53 So *Käsemann*, Legitimitä, 511.

frei⁵⁴. Wahrscheinlicher ist das zweite. Darauf weist die ähnliche Wendung ἐν πολλῇ ὑπομονῇ in 2Kor 6,4. Ebenso wie das πᾶς in 12,12 hat das πολύς in 6,4 umfassenden Charakter. Es faßt die in 6,4ff folgenden Peristasen zusammen. Paulus benutzt die Wendung, ähnlich der Verbindung in 12,12, zur Kennzeichnung seines Wirkens als Apostel und der darin erscheinenden Kraft. Überhaupt besteht zwischen dem Gesandtsein als Apostel, so wie Paulus dies versteht, und der ὑπομονή eine spezifische Verbindung⁵⁵. Auch der Argumentationsrahmen zwischen 6,4f und 12,12 ist vergleichbar. Denn das geduldige Ertragen von mit dem Apostolat verbundenen Leiden stellt einen in 6,4f hervorgehobenen Ausweis als eines Dieners Gottes dar. Ferner könnte von 6,4f her der Ausdruck ἐν πάσῃ ὑπομονῇ in 12,12 als Rückgriff auf die Peristasenkataloge 11,23b-33⁵⁶ und 12,10⁵⁷ verstanden werden⁵⁸. Allerdings läßt sich auch eine vom näheren Kontext unabhängige Deutung des ἐν πάσῃ ὑπομονῇ als "unter schwierigen Verhältnissen"⁵⁹ vertreten.

Die Grundaussage von 2Kor 12,12 läßt sich somit zusammenfassen: Die Zeichen des Apostels versteht Paulus als die Kennzeichen seines apostolischen Gesandtseins. Diese sind unter den Korinthern gewirkt worden. Sie wurden von diesen erfahren durch die schwierigen Bedingungen, die seinen Dienst auszeichnen, im Sinne der in Schwachheit wirksamen Kraft Gottes.

(4) Diese Grundaussage führt Paulus mit σημείοις καὶ τέρασιν καὶ δυνάμεσιν aus. Röm 15,18f einerseits und die Verwendung des Begriffes δυνάμεις (vgl. 1Kor 12,10.28f; Gal 3,5) andererseits deuten darauf hin, daß der Dreiklang eine Kompilation zwischen dem Doppelbegriff »Zeichen und Wunder« und »Krafttaten« bildet. Daß die Dreierwendung insgesamt eine traditionelle frühchristliche Begriffsverbindung darstelle⁶⁰, ist eher zweifelhaft und jedenfalls aus Hebr 2,4 und Apg 2,22 nicht zu erweisen. Denn

---

54 Anders *Güttgemanns*, Apostel, 303. Allerdings steht so oder so in Frage, ob die paulinische theologica crucis nicht unangebracht mit der These überzogen wird, die "wahre pneumatische Demonstration [zufolge 12,12b] besteht ... in den apostolischen Leiden" (ebd.).
55 Vgl. 2Kor 1,6 [Teilhabe der Gemeinde an den Leiden des Paulus im Mitertragen ἐν ὑπομονῇ gilt als Auswirken des Trostes, der dem Apostel von Gott zuteil wird in der Teilhabe an den Leiden Christi] wobei - wie 1,8f zeigt - an konkrete Leiden zu denken ist und Paulus diese insgesamt als θλῖψις begreift (zu dieser vgl. Gal 6,17; Phil 3,10; Röm 8,17; 2Kor 4,10.14). Zu dem der christlichen Existenz überhaupt eignenden Ertragen bedrängender Erfahrung siehe Röm 5,3 (siehe dazu und zu den Denkvoraussetzungen der in Vv. 3f folgenden Begriffsreihe θλῖψις - ὑπομονή - δοκιμή - ἐλπίς *Wolter*, Rechtfertigung, 137-149); 1Thess 1,3.6. Zur Literatur siehe *Hauck*, ThWNT IV, 589-593; *Radl*, EWNT III, 967f. 969ff. Zum Thema 'Leiden' bei Paulus siehe *Wolter*, NTS 36, 535-557; ders., TRE 20, 680-684 (Lit.: ebd., 687f).
56 Vgl. das θεοῦ διάκονοι 6,4 mit dem διάκονοι χριστοῦ 11,23.
57 Vgl. 6,5a mit 11,23-25 und 6,5b mit der breiteren Reihe in 11,27 (siehe dazu *Bultmann*, 2Kor, 171f; *Zmijewski*, Stil, 311).
58 Vgl. den Verweis auf 11,23ff bei *Käsemann*, Legitimität, 511.
59 *Lietzmann*, Kor, 158.
60 So *Käsemann*, Legitimität, 510.

einerseits begegnet in Apg 2,22 eine andere Reihenfolge, andererseits werden in Hebr 2,4 die δυνάμεις von den σημεῖα καὶ τέρατα abgesetzt. Demgegenüber wird man aber in dem Doppelbegriff σημεῖα καὶ τέρατα eine traditionelle Vorgabe vermuten dürfen. Denn nicht nur die Verwendung in der Apostelgeschichte und besonders in Joh 4,48[61], sondern auch die im ganzen unverdächtige Inanspruchnahme in Röm 15,18f weisen auf traditionellen Gebrauch hin[62]. Die ἐν δυνάμει-Wendungen Röm 15,19 erhellen darüber hinaus, daß für Paulus eine Verbindung von »Zeichen und Wunder« und Kraftäußerungen in Krafttaten naheliegt. Zugleich geht aus dieser Stelle aber hervor, daß die drei Begriffe zwar "nicht auf verschiedene Arten von außergewöhnlichen Vorgängen"[63] zu beziehen sind, aber doch die »Zeichen und Wunder« einerseits und die »Krafttaten« andererseits verschiedene Arten von Kraftäußerungen darstellen[64].
Innerhalb des Argumentationsrahmens bedeutet dies zunächst (lediglich), daß Paulus durch seinen apostolischen Dienst Gottes Kraft wirksam sieht. Zu dieser Kraftäußerung zählen auch Krafttaten, die in den 1Kor 12 genannten charismatischen Phänomenen sichtbar werden. Allerdings ist damit nicht unbedingt erwiesen, daß Paulus in 2Kor 12,12 auf eigene Krafttaten anspielt. Denn daß Paulus Wunder getan habe, läßt sich aus den einschlägigen Stellen (Röm 15,18f; Gal 3,5; 1Kor 2,4;[65] 5,3ff) nicht eindeutig herführen[66]. Vielmehr wird aus diesen Stellen deutlich, daß Krafttaten als Kraftäußerungen des Geistes für Paulus Bedeutung besitzen[67]. Diesem Verständnis entspricht es auch, daß Paulus das Geschehen der Zeichen des Apostels gerade nicht mit seiner Person verknüpft, sondern mittels der Passivformulierung die göttliche Herkunft anklingen läßt. Die Ausführung V. 12fin insgesamt auf eigene paulinische Wundertaten zu beziehen, widerspricht außerdem wohl der Doppelbegriff »Zeichen und Wunder«.

61 Ein Verweis auf diese Stellen erfolgt bei *Käsemann*, Legitimität, bezeichnenderweise nicht.
62 Die Verwendung Röm 15,18f spricht aber auch gegen die Annahme (*Lührmann*, Offenbarungsverständnis, 95, Anm. 1), die σημεῖα καὶ τέρατα seien "nach Auffassung der Gegner des Paulus im 2 Kor" Kennzeichen des Apostels, und erst recht gegen die Auffassung (*Schmithals*, Apostelamt, 26f. 200), Paulus verbinde "mit dieser Formel ... gar keine konkrete Vorstellung mehr".
63 *Wolff*, 2Kor, 252.
64 Eine Differenzierung nach Bedeutungsfunktionen etwa in dem Sinne, daß "σημ[εῖον] mehr die beweisende Kraft, τέρ[ας] die Wirkung auf den Menschen und δυν[άμεις] die göttliche Ursache anzeigt" (*Windisch*, 2Kor, 397; ähnlich *Gatzweiler*, Wunderbegriff, 398f), ist begriffsgeschichtlich wohl nicht zu erweisen. Denn zum einen widerspricht dieser Differenzierung die Annahme, es handele sich im ersten um eine "geläufige Verbindung" (ebd.), zum anderen weist der Doppelbegriff σημεῖα καὶ τέρατα auch für sich den spezifisch göttlichen Ursprung aus.
65 Zu diesen Stellen siehe jeweils unten S. 56-65.
66 Siehe *Betz*, Tradition, 71; *Schmithals*, Apostelamt, 27.
67 Den Ausgleichsbestrebungen in der Deutung *Käsemann*s, Legitimität, 511, widerspricht doch vor allem die Erwähnung der σημεῖα καὶ τέρατα in Röm 15,19. Zum einen erfolgt diese weder "nur" in nebengeordneter Bedeutung noch "bloß auf gegnerisches Drängen hin" (so *Käsemann*, ebd., für 2Kor 12,12), so auch *Jervell*, Charismatiker, 189.

Denn zufolge der vorausliegenden außerneutestamentlichen Vorkommen hat der Doppelbegriff einen breiteren, das Wunder- oder charismatische Phänomen übergreifenden Rahmen. Grundlegend sind in diesen Vorkommen einerseits das Moment des sich äußernden Handelns Gottes, andererseits das Moment der Mitteilung göttlichen Willens. Daß sich beides in charismatischen Phänomenen äußern kann, steht außer Frage. Die Frage ist aber, ob sich die Inanspruchnahme der Wendung σημεῖα καὶ τέρατα darauf beschränken läßt, oder ob nicht eher an die sich in der Wirksamkeit des Paulus (oder anderer frühchristlicher Funktionsträger) und an den Erfolg im Sinne von Mission einerseits und Bekehrung, zum-Glauben-Kommen andererseits zu denken ist[68]. Der Kontext von Röm 15,18f spricht eher für das zweite[69]. Aus 2Kor 12,12 ist dazu wenig zu entnehmen, vielleicht soviel daß Paulus zwischen solchen als Wundergeschehen begriffenen Ereignissen im weitesten Sinne und Wundertaten, verstanden als Krafttaten, unterscheidet.

Wenn diese Deutung zutrifft, ist dem Verhältnis zwischen Grundaussage V. 12a und Ausführung V. 12b seine Spannung genommen. Denn Paulus verweist dann auf die Kennzeichen des apostolischen Gesandtseins, die von Gott unter schwierigen Bedingungen vollbracht wurden, erstens auf die aufgrund seines Aposteldienstes wirksame Kraft im Bestehen der Gemeinde als solcher[70], zweitens auf die in der Gemeinde selbst wirksame Kraft Gottes, die sich in Krafttaten äußert. Daß diese Deutung nicht außerhalb des paulinischen Argumentationshorizontes liegt, zeigt zumindest 2Kor 3,1ff. Aber auch aus dem Kontext des sog. Tränenbriefes (2Kor 10-13) läßt sich diese Deutung stützen. Hierzu sei zunächst die Stellung des V. 12 innerhalb der Vv. 11-13 geklärt, bevor auf den breiteren Kontext eingegangen wird.

2Kor 12,11ff bildet eine kleine eigenständige Argumentationseinheit. Denn der Gedankengang Vv. 11-13 ist in sich geschlossen, die Einzelglieder bauen aufeinander auf. In V. 11 blickt Paulus auf seine Rede als ἄφρων zurück (γέγονα)[71], bleibt aber mit der ironischen Bemerkung V. 13fin im Stil der Narrenrede. Mit V. 14 beginnt ein neuer Gedankengang, obwohl sich sowohl das Stichwort καταναρκᾶν (V. 14) als auch der Gedanke der Übervorteilung der Gemeinde (V. 17) schon in V. 13 finden. Insofern beginnt zwar mit V. 14 kein neuer Abschnitt[72], aber Rahmen und Thema der Narrenrede hat Paulus verlassen.

In der Sache bilden die Vv. 11-13 eine Übergangsbemerkung. Denn Paulus hebt im Blick auf die Narrenrede hervor, daß er einerseits zu sei-

---

68 Von anderer Warte aus, nämlich gegenüber der Interpolationsthese, schwingt diese Deutung bei *Windisch*, 2Kor, 397, mit: Neben Krankenheilungen, an die "in erster Linie" zu denken sei, zählten zu den "Zeichen": "Bekehrungen mit besonderen Begleitumständen, eindrucksvolles Auftreten gegenüber Ungläubigen, Glossolalie und andere pneumatische Zustände" (außerdem Strafwunder mit Verweis auf 1Kor 5,3ff).
69 Vgl. so auch *Rengstorf*, ThWNT VII, 259,5-12.
70 Vgl. *Bornkamm*, Paulus, 92; *Eckert*, TThZ 88, 25; *Becker*, Paulus, 187. 253.
71 Vgl. *Bultmann*, 2Kor, 232.
72 So *Bultmann*, ebd., 235.

ner Darlegung gezwungen wurde, andererseits daß er gegenüber den in Korinth eingedrungenen, von ihm als »Überapostel« (ὑπερλίαν ἀπόστολοι, vgl. 11,5) bezeichneten Gegnern in nichts nachstehe, auch wenn er »nichts« sei. Mit V. 13 leitet Paulus zu einem anderen Sachbereich über, indem er die vorausgehenden Verse aufnimmt. Zum einen greift er noch einmal auf den Vergleich mit den Gegnern V. 11 zurück, indem er auf den Unterhaltsverzicht (vgl. 1Kor 9,12.18) verweist (αὐτὸς ἐγώ). Zum anderen führt Paulus aus V. 12 her, daß kein Grund vorliege, daß die Gemeinde in Korinth sich gegenüber anderen paulinischen[73] Gemeinden zurückgesetzt fühle. Diese Weiterführung und dieser Vergleich sprechen eher für die oben vertretene Deutung von V. 12 als für die Interpretation lediglich auf paulinische Wundertätigkeit[74].

Gegen die vorgelegte Deutung scheint innerhalb des nächsten Kontextes jedoch das kausale Verhältnis[75] zwischen V. 11b und V. 12 zu sprechen. Denn aus der Behauptung, gegenüber den Überaposteln in nichts nachzustehen, wäre für V. 12 eben gerade dieser Erweis zu erwarten, daß Paulus Gleiches in bezug auf seine Person vorzuweisen habe[76]. Allerdings steht dieser Auslegung V. 11fin teilweise entgegen. Denn die Konzession εἰ καὶ οὐδέν εἰμι läßt sich zwar so verstehen, daß Paulus die pneumatischen und ähnliche Erweise der Gegner als nicht entscheidend, als weder der καύχησις vor Gott noch der δοκιμή dienlich abwerte. Aber die Aussageabsicht ist doch eher mehrschichtig. Zum ersten nicht nur von der rhetorischen Tradition her[77] bringt Paulus zum Ausdruck, daß auch die Gegner »nichts« sind. Zum zweiten, auch wenn Paulus an dieser Stelle wiederum ein Schlagwort oder die Bestreitung seines Apostolates aufnehmen sollte[78], so erhellt doch Gal 6,3 (vgl. ferner 1Kor 13,2), daß Paulus mit dieser der Diatribentradition nahestehenden[79] Wendung umzugehen weiß. In der Fortführung Gal 6,4 begegnen auch in 2Kor 10-13 wichtige Sachbegriffe, nämlich καύχημα und δοκιμή im Blick auf die Selbstprüfung des eigenen ἔργον[80]. Beachtet man diese parallele Argumentation mittels des Nichtigkeitsgedankens, so liegt eine auf das paulinische ἔργον abhebende Deutung für 2Kor 12,12 jedenfalls näher als die Interpretation, Paulus versuche mit dem Verweis auf allein charismatische Phänomene, es den Überaposteln gleichzutun.

---

73 Anders *Windisch*, 2Kor, 397f.
74 Siehe die Kommentierung bei *Wolff*, 2Kor, 253: "Sie haben die apostolische Vollmacht in gleicher Weise erfahren wie die anderen von ihm gegründeten Gemeinden".
75 Siehe oben S. 47, Anm. 28.
76 So *Wolff*, 2Kor, 251.
77 Zur rhetorischen Funktion und deren Hintergrund siehe *Betz*, Tradition, 122-130.
78 Siehe oben S. 47f.
79 Siehe dazu *Betz*, Gal, 511f.
80 Vgl. die δόκιμος-Darlegung in 2Kor 13 und die ähnlichen Argumentationszüge. Von der Frage der Nichtigkeit, ἀδόκιμος zu sein, zur Kraft Christi, die in der Gemeinde wirksam ist (13,3f und 13,5ff).

Einen weiteren gewichtigen Einwand gegen die vorgetragene Deutung von 2Kor 12,12 stellt die Annahme dar, Paulus greife in V. 12 auf 12,1-10 zurück[81]. Dieser Annahme widerspricht aber zum einen der Wortlaut von 12,12. Denn das ἐν ὑμῖν spricht gegen jede Rückführung außerhalb der Gemeinde[82]. Zum zweiten spricht die literarische Funktion der Vv. 11-13 gegen einen direkten Rückbezug. Denn diese Verse stellen von der Funktion her von der Narrenrede zu trennende Nachbemerkungen dar. Diese Funktion ergibt sich aus der Nähe dieser Verse zu den auf die Narrenrede hinführenden und diese einleitenden Passagen[83], und zwar einerseits 2Kor 10,12-18 und andererseits 11,1-15[84] Das γέγονα ἄφρων, ὑμεῖς με ἠναγκάσατε 12,11a entspricht dem den Hörer geschickt[85] vereinnahmenden[86] Eröffnungssatz 11,1 (ἀλλὰ καὶ ἀνέχεσθε μου)[87] und dem die Rolle des Narren, die Paulus im folgenden einnehmen will, kennzeichnenden Vers 10,12. Außerdem lenkt Paulus mit dem Gebrauch von συνιστάνω wieder auf 10,12-18 (vgl. 10,12.18) zurück[88] und somit auf die Frage der apostolischen δοκιμή. 12,11b greift 11,5 wieder auf und bringt die Narrenrede auf eine kurze Formel. 12,13 nimmt Paulus die Frage des Unterhaltsverzichts aus 11,7(-10) noch einmal auf und ironisiert sein uneigennütziges Verhalten, mit der Bitte um Verzeihung für diese ἀδικία und ἁμαρτία (11,7)[89] Für eine ähnlich offenliegende Beziehung von 12,12 zum vorausliegenden Text gibt es keinen signifikanten, durch den Wortlaut eindeutigen Anhalt[90].

81 So vor allem *Betz*, Tradition, 72 (vgl. ders., ZThK 66, [288-]305).
82 Siehe oben S. 49.
83 Vgl. *Wolff*, 2Kor, 251.
84 Mit 10,12 beginnt deutlich ein neuer Abschnitt. Ging es in 10,1-11 um das Auftreten des Apostels und die ihm verliehene Vollmacht zum Aufbau der Gemeinde [was in Kap. 13 wieder aufgegriffen wird: vgl. 10,1f mit 13,2 und vor allem V. 10; 10,10f mit 13,3f; 10,7 mit 13,5; 10,8 mit 13,10 (die Vollmacht, die »der Herr zum Aufbau nicht zur Zerstörung gegeben hat«)], steht 10,12-12,10 das Thema der καύχησις im Mittelpunkt (siehe das Stichwort 10,13.15.16.17; 11,12.16.17.18.30; 12,1.5.9 vgl. 10,8). Dieses wird zunächst in zwei Anläufen erörtert, wobei »Ruhm« im objektiven Sinn zu verstehen ist: 1. Maßstab des Ruhmes ist die Empfehlung durch den κύριος (10,12-18). 2. Ruhm des Paulus ist sein Verzicht auf Unterhalt durch die Gemeinde (11,1-15, vgl. 1Kor 9,15-18). Die eigentliche Narrenrede umfaßt 11,16-12,10, Thema ist der Selbstruhm, den Paulus in der Rolle des ἄφρων (vgl. V. 16f.21b vgl. 11,19; 12,6) vorträgt (nach einer Vorbereitung zur Rolle des Paulus als eines Toren 11,16-21a) wiederum in zwei Anläufen: 1.) 'Vorzüge' des Paulus als διάκονος Christi (11,21b-33); 2.) 'Vorzüge' aufgrund visionärer und auditiver Erscheinungen und Offenbarungen (12,1-10).
85 Vgl. dazu *Zmijewski*, Stil, 77.
86 Vgl. den auf 11,1 Bezug nehmenden V. 19, der zugleich das (von Paulus ernst gemeinte und ernst genommene) καλῶς ἀνέχεσθε V. 4 ironisiert (ἡδέως - φρόνιμοι ὄντες).
87 Vgl. 11,16-21a, wo 11,1fin verschärft und ausgeführt wird.
88 Vgl. *Schenk*, TRE 19, 631f.
89 Zur Entsprechung der beiden Begriffe in diesem Zusammenhang siehe *Bultmann*, 2Kor, 207. 235.
90 Vgl. *Windisch*, 2Kor, 395 ("Nur V. 12 ist neu"); *Betz*, Tradition, 70 ("unvermittelt"). Zur Aufnahme der Peristasenkataloge 11,23-33 und 12,10 (beide innerhalb der Narrenrede) mit dem Ausdruck ἐν πάσῃ ὑπομονῇ siehe oben S. 49f.

Aufgrund dieser Bestimmung der literarischen Funktion von 2Kor 12,11-13 ist die Annahme recht unwahrscheinlich, daß Paulus mit V. 12 noch einmal auf die Narrenrede zurückgreife. Denn wenn Paulus mit 12,1-10 die Anschauung der Gegner, die durch ihr pneumatisch erfülltes, kraftvolles Auftreten die Korinther in Verzückung versetzen, ad absurdum führt, wie sollte er dann objektiv gesehen - die Narrenrede ist verlassen (siehe V. 11a) - gerade diese Kraftwirkungen in V. 12 für sich in Anspruch nehmen? Außerdem nutzt Paulus die Funktion der Nachbemerkung gerade zur positiven Argumentation nach der kritischen Perspektive, die er als ἄφρων vorgebracht hat. Denn Paulus läßt sich in der Narrenrede auf die Argumentation der Gegner und auf die (vorgebliche) Legitimierung ihrer apostolischen Existenz durch Wunder, Kraftwirkungen, pneumatische Erkenntnis usw. ein. Er tut dies (freilich als ἄφρων) um den Korinthern die Nichtigkeit eines Vergleiches aufgrund dieser Kriterien offenzulegen[91]. Er wendet diese Kritik ins Positive mit dem Hinweis auf die in der Existenz der Gemeide vorfindlichen Zeichen des Apostels in den Äußerungen der göttlichen Kraft. Daraus spricht für ihn die ihm zustehende Erkennbarkeit des rechten Apostelsdienstes, nicht als Legitimierung der Person, sondern als Beglaubigung seines Wirkens, als Kennzeichen seines von Gott Gesandtseins. In 2Kor 10,12-18 gibt Paulus eine klare Bestimmung dieser ihm zustehenden Empfehlung (vgl. 12,11a): Das μέτρον τοῦ κανόνος ist die ihm von Gott zugeteilte (10,13b) Leistung, zu den Korinthern gelangt zu sein, die dortige Gemeinde gegründet zu haben (vgl. 10,14) und von den Korinthern als Apostel anerkannt worden zu sein (vgl. 11,4). Nach diesem Maßstab habe sich Paulus in seinem Amt als δοκιμός erwiesen, aufgrund seiner Missionsleistung empfohlen durch den κύριος. Aus dieser Perspektive des μέτρον τοῦ κανόνος kann Paulus mit Recht darauf pochen, daß die Kennzeichen apostolischen Gesandtseins in Korinth gewirkt wurden[92] (wenn auch) im geduldigen Aushalten aller Schwierigkeiten, die Bestandteil der Existenz des Apostels sind.[93]

Der paulinische Gebrauch der Wendung σημεῖα καὶ τέρατα bewegt sich offenbar in einem breiteren, frühchristlichen vorpaulinischen Traditionsrahmen. Die Wendung ist sowohl der römischen Gemeinde als auch der (paulinischen) Gemeinde von Korinth geläufig. Ihren Sitz im Leben hat die Wendung zufolge Röm 15,18f im Missionsgeschehen. Zur Sache selbst läßt sich vorerst soviel vermuten, daß Paulus »Zeichen und Wunder« so

---

91 So auch *Jervell*, Charismatiker, 196f.
92 Siehe *Hafemann*, NTS 36, 87.
93 Wie in 12,11-13 so argumentiert Paulus schon in 11,3f-6 in der Kette Missionsleistung - Bestreitung - Legitimität der Überapostel - Übervorteilung der Gemeinde, wenn auch in in anderer Reihenfolge, die aber aus dem jeweiligen Kontext erklärlich ist. Dies entspricht den Vorhaltungen und Befürchtungen in 11,3f, daß sich die Korinther von Verkündigung, dem Evangelium und dem Geist, von all diesem, was sie von Paulus vermittelt bekommen und angenommen haben, abwenden könnten. Dem folgend (11,5) der Vergleich mit den 'Überaposteln' (vgl. 12,11) und die Bestreitung des Vorwurfs, die Gemeinde übervorteilt zu haben, zum einen hinsichtlich der Erkenntnis (11,6), zum anderen hinsichtlich des Unterhaltsverzichtes (11,7-11).

versteht, daß sie seinen Apostolat als legitim ausweisen, seine Wirksamkeit und damit seine Sendung durch Christus bestätigen. Zufolge 2Kor 12,12 handelt es sich um ein Geschehen innerhalb der Gemeinde (ἐν ὑμῖν), aber -und dies ist für die Argumentation an beiden Stellen ausschlaggebend- um ein Geschehen innerhalb der von Paulus gegründeten Gemeinde(n), also um ein durch seine Wirksamkeit vermitteltes Geschehen.
Will man dem paulinischen Verständnis näherkommen, ist nach analogen Aussagen zu fragen. Von 2Kor 12,12 liegt 1Kor 12-14 nahe (3.1.1.3), Röm 15,18f kann am ehesten durch 1Thess 1,5; 1Kor 2,4 und Gal 3,5 erhellt werden (3.1.1.2).

3.1.1.2 Kraftwirkung und Evangelium (δύναμις und εὐαγγέλιον)

Von den drei genannten Texten (1Thess 1,5; 1Kor 2,4; Gal 3,5) kommt *1Thess 1,5* der Aussage von Röm 15,18f am nächsten. Die Übereinstimmungen im Wortlaut sind offensichtlich[94]. Die Vergleichbarkeit der beiden Aussagen ergibt sich außerdem erstens aus dem ähnlichen Sachrahmen, zweitens aus der Übereinstimmung in der Form zwischen diesen beiden Texten. Drittens scheinen sich auch die Argumentationsabsicht der beiden Texte nahezustehen.
Zum ersten: Im Vergleich mit Röm 15,18 lassen sich das κατεργάζεσθαι εἰς ὑπακοὴν ἐθνῶν und die ἐκλογή aufgrund der Liebe Gottes demselben Sachrahmen zuordnen. Die durch Christus bewirkte Verwirklichung der Aufgabe, Apostel zum Zwecke des Glaubensgehorsams der Heiden zu sein, wird 1Thess 1,4f zufolge hinsichtlich der Gemeinde durch die Erwählung durch Gott bestimmt.[95] Glaubensgehorsam wird bei denen bewirkt, die gemäß der göttlichen Grundordnung Erwählte sind. Denn die Aussage von 1Thess 1,5 ist abhängig von dem Wissen um die ἐκλογή, das Paulus V. 4 konstatiert. Die ἐκλογή der Gemeinde meint an dieser Stelle die Erwählung[96], weniger die Berufung. Denn der Glaubensstand der Gemeinde[97] führt über den der Berufung[98] hinaus. Die Gemeinde hat sich bewährt in Glaube, Liebe und Hoffnung[99], welche in ihrem ἔργον, κόπος und ihrer ὑπομονή (V. 3)[100] in Erscheinung treten. Indirekt wird ἐκλογή durch die Anrede »von Gott geliebte Brüder« bestimmt. Die Liebe Got-

---

94 Hierzu zählen: das Evangelium als durch den Apostel herbeigeführtes Ereignis; dieses in Wort, aber auch Kraft und Geist (vgl. *Nielsen*, Heilung 199f, auch wenn ich im einzelnen [v.a. hinsichtlich des Verständnisses von λόγῳ καὶ ἔργῳ in Röm 15,18f anders entscheide, siehe oben S. 43]).
95 Eine Ausführung dieses Rahmens findet sich in bezug auf Israel in Röm 10,14-21 (v.a. V. 16) und folgend 11,1-6: Das aufgrund der Gnadenwahl zustande gekommene (γέγονεν 11,5) Rest-Israel ist bestimmt durch seinen Glaubensgehorsam (Zum Zusammenhang von 11,1-6 mit Röm 10 vgl. unter anderer Fragestellung *Brandenburger*, ZThK 82, 19). Im Kontext von 1Thess 1,4 siehe V. 6 (δουλεύειν θεῷ, vgl. dazu Röm 14,18, ferner Röm 7,6.25).
96 Vgl. *Schrenk*, ThWNT IV, 184,33ff.
97 Vgl. 1,9f ἐπιστρέφειν - δουλεύειν - ἀναμένειν; 2,1-17; 3,2.5-8.
98 Anders 2,12 die Berufung (καλεῖν) in die βασιλεία und δόξα.
99 Zur Spezifizierung vgl. *Wolter*, Rechtfertigung, 131.
100 Zur Stelle siehe *Weiß*, ZNW 84, 199-205.

tes ist Grund der Erwählung[101], vgl. 2Thess 2,13; Kol 3,12[102]. Dies wird im folgenden (V. 5.6ff.9f) näher ausgeführt[103], zunächst (V. 5) darin, daß das Evangelium im Wirken des Apostels »geschehen« ist, und in dem sich darauf gründenden Stand und dem Fortwirken des Glaubens.
Zum zweiten: Sowohl die Aussagen in Röm 15,18-20 als auch die in 1Thess 1,5 erfolgen in Form eines Berichtes[104]. Gegenstand beider Berichte ist das Geschehen der paulinischen Mission. Für Röm 15,19b-20 ist dies offenkundig. Im Blick auf 1Thess 1,6-2,12 wird dies aus der verwendeten Terminologie[105] und der berichtenden Beschreibung der von Thessalonich aus erfolgten Ausbreitung der Verkündigung[106] deutlich.
Zum dritten: Zielpunkt des Berichtes 1Thess 1,5-10 ist die Darlegung zur apostolischen Wirksamkeit 2,1-12. Zwar ist diese Darlegung noch nicht auf die Vollmacht oder Beglaubigung des paulinischen Apostolates ausgerichtet[107]. Aber aus 1,2-2,12 insgesamt spricht eine apologetische Tendenz. Diese wird ersichtlich einerseits sowohl aus dem Verweis auf Erwählung und Glaubensstand als auch aus dem eindringlichen Bericht 1,5-10, andererseits aus der Betonung von Redlichkeit und Vergewisserung des Amtes[108] sowie des innigen Verhältnisses zwischen Apostel und Gemeinde.
Diese Übereinstimmungen weisen aus, daß den Aussagen Röm 15,18f und 1Thess 1,5 ein Funktionsbereich als typisch zugeordnet werden kann. Von der Verknüpfung zwischen Evangelium und Kraftäußerung(en) ist erstens im Blick auf das Missionsgeschehen die Rede. Zweitens erfolgen diese Aussagen in Form eines Berichtes. Sie sind also nicht Gegenstand der Verkündigung im Sinne der im Missionsgeschehen wirksamen Kraft Gottes oder des Christus. Drittens entsprechen beide Aussagen einer schon früh (1Thess 1,5) ausgebildeten Anschauung bei Paulus über den dem apostolischen Wirken eignenden Ausweis, in dieser Bedeutung Ausweis für das rechte als Apostel Gesandtsein.
Gegenüber Röm 15,18f wird das Evangeliumsgeschehen in 1Thess 1,5 mit anderen Begriffen ausgeführt. Es geschah nicht nur im Wort[109], sondern auch in Kraft und im heiligen Geist und ἐν πληροφορίᾳ πολλῇ. Dies wird

101 Vgl. *von Dobschütz*, 1Thess, 69.
102 Siehe ferner in anderer Diskussionslage die Erwählung (ἐκλογὴ χάριτος) des Restes Israels Röm 11,5. Zur Literatur vgl. noch *Eckert*, EWNT I, (1014-1020)1018f; *ders.*, EWNT II, 592-600; Dibelius, 1Thess, 6.
103 Das ὅτι V. 5 begründet nicht die Erwählung, sondern gibt deren Verwirklichung im Glaubensstand der Gemeinde wieder.
104 Innerhalb des Briefkorpus und der darauf bezogenen Funktion bilden 1,2-2,12 eine umfangreiche Danksagung. Aber in diese Rahmengattung werden Einzelformen integriert.
105 Zu den Begriffen vgl. die Auflistung bei *Brandenburger*, ZThK 85, 186, Anm. 79.
106 Zu ἐν παντὶ τόπῳ (V. 8) vgl. Röm 15,19; 1,8; 16,19; 2Kor 2,14. Zu λαλεῖν V. 8 siehe oben zu Röm 15,18 Anm. 78.
107 Vgl. zu 2,7 *Holtz*, 1Thess, 81f.
108 Siehe 2,4 (δεδοκιμάσμεθα ὑπὸ τοῦ θεοῦ πιστευθῆναι τὸ εὐαγγέλιον); vgl. Gal 2,7.
109 Vgl. aber 1,6.8; 2,13 usw.

ergänzt mit dem Verweis καθὼς οἴδατε οἷοι ἐγενήθημεν ἐν ὑμῖν δι' ὑμᾶς. Mit einem gewissen Recht kann man fragen[110], ob den drei Ausdrücken (δύναμις, πνεῦμα ἅγιον, πληροφορία) überhaupt abgrenzbare Inhalte zuzuordnen sind. Aber bei aller Vorliebe des Paulus für den Dreiklang[111] zeigen allein schon die bisher behandelten Texte, daß die Varianten inhaltliche Bedeutung haben. So wird der Doppelausdruck σημεῖα καὶ τέρατα in 2Kor 12,12 durch δυνάμεις ergänzt, in Röm 15,19 durch πνεῦμα samt der Einfassung in die ἐν δυνάμει-Konstruktionen. In 1Thess 1,5 tritt zu dem Paar δύναμις - πνεῦμα, das auch 1Kor 2,4 begegnet, der Ausdruck πληροφορία.

Besondere Funktion für das Verständnis der drei Begriffe trägt der Nachsatz V. 5fin. Paulus greift ausdrücklich auf die Erfahrung der Thessalonicher während seiner Wirksamkeit zurück. Er tut dies erstens mit Verweis auf ihr Wissen, wie er umgekehrt seine eigene Kenntnis über die Erwählung der Gemeinde in V. 4 formuliert hat. Zweitens stellt er sein Auftreten in Thessalonich völlig in die Perspektive des δι' ὑμᾶς[112]. Der Nachsatz erinnert die Thessalonicher an das Geschehen während der Wirksamkeit des Paulus als solche, ohne daß die drei Wendungen unbedingt einen direkten Bezug auf Paulus haben. In dieser Erinnerungsfunktion entspricht der Nachsatz den Erinnerungen innerhalb des Abschnittes 2,1-12 (siehe V. 1.2.5.11; vgl. V. 9.10), an diesen Stellen mit einem konkreten Bezug, und greift diesen voraus[113]. Zugleich ist der Nachsatz die Voraussetzung für die folgende μίμησις-Darlegung.

Die Deutung des Begriffes δύναμις ist nicht ganz klar. Jedenfalls deutet innerhalb des Abschnittes nichts darauf hin, daß Wunder oder Machttaten[114] gemeint seien[115]. Der Nachsatz spricht sogar eher gegen diese Auffassung. Denn daß 'Machttaten' positiv anzuführendes Kriterium für das Auftreten des Paulus gerade um der Thessalonicher willen sein sollen, ist doch eher zweifelhaft.

Auf pneumatische Erfahrungen in der Gemeinde kann der zweite Ausdruck (ἐν πνεύματι ἁγίῳ) weisen (vgl. 5,19-22). Allerdings ist diese enge Deutung im Blick auf V. 6 (μετὰ χαρᾶς πνεύματος ἁγίου) eher unwahrscheinlich. Denn von V. 6 her liegt die Wirkung des Geistes nicht in der

---

110 Vgl. nur *Holtz*, 1Thess, 47.
111 Vgl. *von Dobschütz*, Thess, 42.
112 Zur Konstruktion siehe *Holtz*, 1Thess, 47f. Zu dieser Perspektive siehe noch unten S. 62.
113 Vgl. ähnlich *von Dobschütz*, Thess, 71f; *Dibelius*, Thess, 4.
114 So mit vielen Auslegungen *Nielsen*, Verwendung, 199 (siehe noch ebd., Anm. 408 zu Nachweis und Literatur); *Grundmann*, Begriff, 99; *Jervell*, SNTU 4, 72. Die Deutung wird zwar ausführlich (siehe *Köster*, Apostel, 288, Anm. 4) besprochen bei *Rigaux*, Thess, (375f)376, aber als Argument wird nur die Parallelität zwischen 1Thess 1,5 und Röm 15,19 (sowie 2Kor 12,12; 2Thess 2,9 vgl. dazu ebd., 674f) angeführt. Hierzu vermerkt *Rigaux* indes, daß in diesem Text ausdrücklich von Wundern die Rede sei. Der übrige Gebrauch des Begriffes δύναμις weise dagegen kaum auf die Bedeutung von Wundern hin (siehe dagegen das Verfahren bei *Gatzweiler*, Wunderbegriff, 404f, Anm. 52, "weniger eindeutige Stellen mit Hilfe eindeutiger zu interpretieren").
115 Siehe *Köster*, Apostel, 288.

pneumatischen oder charismatischen Erfahrung, sondern in der vom heiligen Geist ausgehenden Stärkung, mit der unter vielfältiger Trübsal, das Wort aufgenommen wurde, also die Thessalonicher zum Glauben gekommen sind.
Die dritte Wendung ἐν πληροφορίᾳ πολλῇ ist ebenfalls nicht ganz klar[116]. Zum einen ist sie terminologisch wegen der grundsätzlich möglichen Doppelbedeutung von πληροφορία als "Fülle" oder "Gewißheit"[117], zum anderen von der Sache her schwierig. Vom Vorverständnis der beiden voranstehenden Wendungen her (ἐν δυνάμει und ἐν πνεύματι ἁγίῳ), daß sie Ausdruck wundersamer und charismatischer Erscheinungen seien, neigen viele Ausleger dazu, auch die dritte Wendung in dieser Weise zu verstehen: "in großer Fülle göttlichen Wirkens"[118]. Diese Deutung scheint durch Kol 2,2[119] gestützt zu werden.[120] Aber auch an dieser Stelle schwingt die Bedeutung "Gewißheit" mit[121]. Der genannten Deutung steht außerhalb jenes Vorverständnisses besonders die syntaktische Konstruktion in 1Thess 1,5 entgegen. Denn ἐν πληροφορίᾳ πολλῇ ist den beiden ersten Ausdrücken nebengeordnet.
Aber auch die Deutung "Gewißheit" scheint für 1Thess 1,5 problematisch.[122] Denn neben der Äußerung von Kraft und Geist ergibt sie zunächst wenig Sinn. Für diese Deutung läßt sich jedoch anführen, daß das Moment der Fülle bereits in πολλῇ enthalten ist. Die Deutung legt sich indes durch den Sprachgebrauch nahe, zum einen durch den Gebrauch des Verbs bei Paulus (vgl. Röm 4,21; 14,5[123]) und die Bedeutung des Substantivs Hebr 6,11[124] und Hebr 10,22. Der Zusammenhang in Hebr 10,22[125]

116 Vgl. zur Diskussion *Holtz*, 1Thess, 47, Anm. 96.
117 Vgl. *Delling*, ThWNT VI, 309; *Hübner*, EWNT III, 254; *Bauer - Aland*, 1348 s.v.; *Köster*, Apostel, 288, Anm. 6.
118 So *Delling*, ThWNT VI, 309; *Hübner*, EWNT III, 255; *von Dobbeler*, Glaube, 38. Vgl. etwa in der Sache 1Kor 14,12; 2Kor 8,7; 9,8; ferner Eph 1,8; Kol 2,2; 4,12.
119 Vgl. noch Röm 15,29 v.l. statt πλήρωμα.
120 Im profanen griechischen Sprachgebrauch läßt sich (bei spärlichem Vorkommen, siehe *Delling*, ThWNT VI, 309) nur die Bedeutung "Gewißheit" nachweisen; vgl. noch *Moulton - Milligan* (519f s.v.), 520, zu PapGieß. 87, 25.
121 Vgl. *Schweizer*, Kol, 94; zurückhaltender *Gnilka*, Kol, 110.
122 Beachtenswert ist, daß allein 1Thess 1,5 nicht zu den Texten zählt, für die *Bauer* (- *Aland*, 1348 s.v.) in aller Zurückhaltung ("mindestens" Kol 2,2; Hebr 6,11; 10,22; 1Klem 42,3) die "Bed[eutung] d[er] Fülle für möglich" hält (so für alle neutestamentlichen Texte *Lietzmann*, Röm, 56). Allerdings dürfte auch in 1Klem 42,3 nach dem vorausgehenden 'mit Gewißheit erfüllt Sein' (Passiv des Verbs, πληροφορηθέντες διὰ τῆς ἀναστάσεως ...), und nach der Festigung durch das Wort auch die Festigkeit durch den heiligen Geist (πληροφορία πνεύματος ἁγίου) gemeint sein, in der die Apostel hinausgehen zur Evangeliumsverkündigung von der kommenden Herrschaft Gottes.
123 Siehe dazu Hübner, EWNT III, 255f.
124 Vgl. zur Stelle *Braun*, Hebr, 181; *Delling*, ThWNT VI, 309,21f; anders *Michel*, Hebr, 250. Vgl. noch Philo, Abr 268: der Glaube zu Gott als das einzige wahrhaftige und zuverlässige (βέβαιον) Gut, ... πλήρωμα χρηστῶν ἐλπίδων ... (vgl. dazu *Gräßer*, Glaube, 115; *Braun*, ebd.).
125 Vgl. *Braun*, Hebr, 311f; *Michel*, Hebr, 346.

mit παρρησία[126] lenkt den Blick wieder zurück auf 1Thess 1,5. Auch in diesem Kontext (2,2) wird die "Gewißheit", in der das Evangelium geschah, mit παρρησιάζομαι (λαλῆσαι πρὸς ὑμᾶς τὸ εὐαγγέλιον τοῦ θεοῦ ἐν πολλῷ ἀγῶνι) aufgenommen[127].
Von 2,2 her bekommen ἐν πληροφορίᾳ πολλῇ und der Nachsatz 1,5fin ihren besonderen Sinn. Denn demzufolge bezieht sich Paulus in 1,5 darauf, daß sein Auftreten in Thessalonich durch schwierige Bedingungen belastet war (vgl. V. 6). Dennoch hat sich das Evangelium in Thessalonich während seines Auftretens vielfältig (πολλῇ) in aller Zuversicht und Festigkeit und mittels Kraft und heiligem Geist durchgesetzt[128].
Daraus folgt für das Verständnis von 1Thess 1,5b, daß ἐν δυνάμει, ἐν πνεύματι ἁγίῳ und ἐν πληροφορίᾳ πολλῇ nicht auf Machterweise oder Machttaten des Paulus zielen, sondern auf die in der Bedrängnis erfahrenen Kraftwirkungen des Evangeliums[129]. Natürlich sind diese nicht von der Wirksamkeit des Paulus zu trennen (vgl. den Nachsatz V. 5fin), so wenig das Evangelium von dieser zu trennen ist. Aber in dieser Weise wirkmächtig unter den Glaubenden ist das Evangelium (vgl. 1Thess 2,13[130]).
Schließlich läßt sich diese Deutung der Wendungen an V. 6 wahrscheinlichmachen. Die Interpretation des V. 5 durch V. 6 legt sich nicht nur vom μιμητής-Gedanken nahe[131], sondern ist auch von der Struktur des Abschnittes her berechtigt[132]. Denn zum Vorausgehenden steht 1Thess 1,6 in doppelter Beziehung. Zum einen nimmt V. 6 mit δεξάμενος τὸν λόγον V. 5 auf: Das von den Thessalonichern angenommene Wort ist das in Kraft, im heiligen Geist und in vielfältiger Gewißheit wirksame Evangelium (vgl. 2,13). Zum anderen ist V. 6ff syntaktisch von V. 4 (εἰδότες ... τὴν ἐκλογὴν ὑμῶν) abhängig. Aus der Verschränkung der Gedanken geht hervor, daß das Ereignis des Evangeliums in Thessalonich und die Nach-

---

126 Zur Entsprechung innerhalb des Hebräerbriefes siehe *Delling*, ThWNT VI, 309,25f.
127 Vgl. *Köster*, Apostel, 288. Zweifellos meint παρρησία in Hebr 10,19 theologisch etwas anderes als in 1Thess 2,2 (vgl. 4,4). Aber in der Sache kommen sich beide Ausdrücke nahe, vgl. *Michel*, Hebr, 250, Anm. 2.
128 Von 1Thess 3,3ff her (dazu siehe unten Anm. 133) kommt der Erinnerung an den Gründungsaufenthalt 1Thess 1,5 zusätzlich aktuelle Bedeutung zu, vgl. noch 2,13f.
129 Vgl. *Köster*, Apostel, 288f, der allerdings die Deutung von ἐν δυνάμει offenläßt (vgl. ebd., Anm. 5).
130 Vgl. auch in 2,13 das Nebeneinander von 'durch Paulus vollzogenem Wortgeschehen' (als Wort Gottes ist es Evangelium) und der der Annahme des Wortes folgenden Kraftwirkung unter den zum Glauben Gekommenen. Zur Stelle vgl. *Holtz*, 1Thess, 97ff. Zum grammatischen Bezug des Relativsatzes siehe *Paulsen*, EWNT I, 1107.
131 Vgl. das Verfahren bei *Köster*, Apostel, 288f, und ferner *Betz*, Nachfolge 143f.
132 *Nielsen*, Verwendung, 154, spricht zwar davon, daß sich die Kraft "in dieser Gemeinde als eine gegenwärtige Wirklichkeit gezeigt" habe, blendet aber die Analyse des Kontextes, der auf solche gegenwärtige Wirklichkeit zumindestens anspielt, völlig aus.

ahmung durch die Gemeinde als zwei gleichwertige Realisierungen der göttlichen Erwählung verstanden werden.
Für den historischen Bezug der Aussage V. 6ff läßt sich in etwa Folgendes entnehmen: Nicht lange Zeit nach dem Weggang des Paulus geriet die Gemeinde in eine vielfältig bedrängende Situation. Diese Gefahr hatte Paulus zufolge 3,4 schon als solche vorausgesehen und der Gemeinde angekündigt[133]. Der Bedrängnis hat die Gemeinde nicht nur standgehalten, sondern sie hat von Thessalonich aus eine Missionstätigkeit (V. 7f) entfaltet, für deren Verkündigung diese Bewährung vermutlich eine besondere Rolle spielte.[134] Daß diese Bedrängnis mit dem Gründungsaufenthalt in zeitlicher Nähe steht, zeigt der eindeutig der Missionsterminologie zugehörende Ausdruck δέχεσθαι τὸν λόγον (vgl. noch 2,13).
Im Kontext von V. 5 erscheint V. 6 als Ausführung. In der vielfältigen Bedrängnis hat sich das Wort, das in der Verkündigung durch Paulus vermittelt worden ist, als wirkmächtig erwiesen. Daher (durch die wirkmächtige Kraft) hat die Gemeinde »mit der Freude des heiligen Geistes« dieser Bedrängnis standgehalten. Aufgrund des Aushaltens der Gefahr wurde der Glaubensstand der Gemeinde und damit die Gemeinde selbst zum Typos für andere Gemeinden.
Diesen in der Gefahr bewährten Glaubensstand bindet Paulus mittels des Nachahmungsgedankens an seine apostolische Existenz (vgl. ferner 3,3.4). Die Vorstellung der μίμησις als Leidensgemeinschaft 1Thess 1,6 (und 2,14)[135] liegt auf der Linie des Gedankens 1Kor 4,16: Die Thessalonicher sind Nachahmer des Paulus (von daher auch[136] des Christus)[137], indem sie am Evangelium als dem in Kraft, heiligem Geist und (für den Glaubensstand) vielfältiger Gewißheit wirkmächtigen Ereignis in vielerlei Bedrängnis teilhaben im Sinne inniger Gemeinschaft mit dem Apostel (siehe einerseits 1Thess 2,7f, andererseits 1Kor 4,15).
Das in 1Thess 1,5f vorliegende Gedankengefüge kommt nicht nur Röm 15,18f, sondern auch 2Kor 12,12 nahe. Denn 2Kor 12,12 zufolge sind die Kennzeichen des Apostolates in der Gemeinde ἐν πάσῃ ὑπομονῇ, in schwieriger Lage[138], das bedeutet im Aushalten der Bedrängnis, gewirkt

---

133 Vgl. das auf die Gemeinde und den Apostel zielende »Wir« in 3,3f, siehe dazu *Friedrich*, 1Thess, 233; vgl. *Laub*, Verkündigung, 81 (und ebd., Anm. 140f); anders *Holtz*, 1Thess, 128. Daß "geschichtlich nur die Erfahrung des Apostels zur Verhandlung steht" (*Holtz*, ebd.), ist aus dem Argumentationszusammenhang nicht zu erweisen (vgl. dazu auch *Wolter*, NTS 36, 535, Anm. 1 und ebd., 551, Anm. 58).
134 Vgl. *Betz*, Nachfolge, 143.
135 Zur Vorstellung vgl. *Betz*, Nachfolge, 143f; *Laub*, Verkündigung, 80-84; *Schulz*, Nachfolgen 314ff. Zur Parallelität zwischen 1,6 und 2,14 siehe *Betz*, ebd., 144; Wolter, NTS 36, 551, Anm. 63, und unten Anm. 137.
136 Vgl. zur Konstruktion *Holtz*, 1Thess, 48.
137 Nicht anders ist 2,14 zu interpretieren: Die Gemeinde von Thessalonich gilt als Nachahmerin der Gemeinden in Judäa aufgrund ihrer Leidenserfahrung durch die Wirksamkeit des Wortes, das sie, vermittelt durch Paulus, als Wort Gottes angenommen haben.
138 Vgl. 2Kor 6,4; 1,4-8; Röm 5,3; 12,12; 8,35 und vgl. oben zu 2Kor 12,12 S. 49f.

worden. Was in 1Thess 1,5f der μίμησις-Vorstellung als Vergleichspunkt[139] dient, und zwar μιμηταί des Paulus und des Christus mittels des Teilhabegedankens (vgl. 2Kor 1,7) zu sein, kommt in 2Kor 12,12 aus der kritischen Situation heraus in gedrängter Sprache zum Ausdruck.
Über die vorgetragene Deutung von ἐν δυνάμει, ἐν πνεύματι ἁγίῳ und ἐν πληροφορίᾳ πολλῇ καθὼς κτλ. hinaus kann man erwägen, ob diese Wendungen im folgenden nähere Ausführung erfahren. Die Entsprechung zwischen ἐν πνεύματι ἁγίῳ und μετὰ χαρᾶς πνεύματος ἁγίου ist offensichtlich. Außerdem können die Nachahmung als Kraftwirkung des Evangeliums (und somit des Christus) sowie das Bestehen in vielerlei Bedrängnis und die von Thessalonich ausgehende Verkündigung als Auswirkung des Geistes und der vielfältigen Gewißheit verstanden werden. Folgt man dieser Vermutung, kommt dem Nachsatz V. 5fin Überleitungscharakter und damit doppelter Sinn zu. Das δι' ὑμᾶς bezieht sich demnach nicht nur auf das Auftreten und die Evangeliumsverkündigung des Paulus, sondern daneben auf die stärkende Wirkung des von Paulus vermittelten Evangeliums für den Glaubensstand der Gemeinde.

Ob derartige Bezüge im einzelnen von Paulus beabsichtigt sind, läßt sich freilich nicht mit Sicherheit sagen. Deutlich ist aber, daß der Ausdruck ἐν δυνάμει (und die ihm folgenden Wendungen) nicht im Sinne von Kraftoder Wundertaten zu verstehen ist. Vielmehr ist davon die Rede, daß das von Paulus an die Gemeinde in Thessalonich vermittelte Evangelium Kraftwirkungen gezeigt hat, welche von der Gemeinde subjektiv erfahren und außerhalb der Gemeinde objektiv an ihrem Glaubensstand sichtbar wurden. Aus dem Ganzen spricht eine apologetische Tendenz, mit welcher Paulus zwar noch nicht sein eigenes Apostolat zu behaupten hat. Aber er sieht, daß mit der innigen Gemeinschaft zwischen Gemeinde und Apostel die eschatologische Berufung und Erwählung der Gemeinde auf dem Spiel stehen.

Auch *1Kor 2,4*[140] stellt die erfahrbare und sichtbare Kraftwirkung des durch Paulus vermittelten[141] Evangeliums heraus. In der Situation des 1. Korintherbriefes wird dies zum Kriterium der Bestätigung des rechten Gesandtseins als Apostel. Die Evangeliumsverkündigung[142] bestand nicht

---

139 So *Laub*, Verkündigung, 80.
140 Zur Stelle vgl. neben dem Kommentaren *Schottroff*, Glaubende, 183ff; *Wilckens*, Zu 1Kor 2,1-16, (501-537) 502-506; *Weder*, Kreuz, 162-165; *von Dobbeler*, Glaube, 32-38.
141 Wie in 1Thess 1,5 greift Paulus auch in 1Kor 2,1-5 auf den Beginn seiner Tätigkeit zurück. Auf diese für das paulinische Verständnis offenbar wichtige Verbindung weisen auch *Fascher*, 1Kor I, 116; *Conzelmann*, 1Kor, 75 hin.
142 Die beiden Begriffe ὁ λόγος μου καὶ τὸ κήρυγμά μου haben eine eine das εὐαγγέλιον ἡμῶν (siehe 1Thess 1,5) umfassende Bedeutung. Von daher erscheint eine Unterscheidung beider Begriffe, etwa im Sinne von Rede und Botschaft oder gar von seelsorgerlichem Zuspruch und Verkündigung (siehe *Bauer - Aland*, 968 s.v. λόγος 1αβ), nicht zwingend (freilich nicht weil sich die paulinische Evangeliumsverkündigung in Wort *und* Tat vollziehe, gegen *Nielsen*, Verwendung, 200f). Näher liegt die Vermutung, Paulus beabsichtige eine Unterscheidung im Blick auf die Situation in Korinth. Im nächsten Zu-

nur in überredenden Weisheitsworten[143], sondern in Erweisung des Geistes und der[144] Kraft[145]. Die Verbindung von πνεῦμα und δύναμις erinnert an 1,24, demzufolge Christus Kraft Gottes und Weisheit Gottes ist[146]. Worauf diese Erweisung zielt, stellt der ἵνα-Satz klar: Der Glaube gründet sich nicht auf menschliche Weisheit, sondern auf die Kraft Gottes[147]. Diese Fortführung läßt die gängige Interpretation[148] von 1Kor 2,4 in Richtung auf paulinische charismatische Wirksamkeit bzw. Wundertätigkeit zweifelhaft erscheinen[149]. Denn sollte Paulus an dieser Stelle seine Machttaten meinen[150], entspräche dies der gerade zu bestreitenden Auffassung wenigstens eines Teiles der Gemeinde, der solches von ihm erwartet. Aber auch die Deutung, daß die in der Gemeinde wirksamen Geistgaben als demonstrativer Erweis des Geistes und der Kraft zu bestimmen seien, ist nicht schlüssig. Denn Paulus bestreitet ja gerade (vgl.

sammenhang wären 1,17; 2,1f und 2,13 sowie besonders das Nebeneinander von 1,18 und 1,21 zu bedenken. Somit wären zu unterscheiden, λόγος μου als Rede vom Kreuzesgeschehen (siehe 1,24; 2,2 εἰ μὴ) und κήρυγμά μου als die an die Gemeinde ergehende Botschaft des Heilsereignisses. Der Sache nach besteht allerdings kein Unterschied. Denn im Kerygma ist Christus als λόγος τοῦ σταυροῦ, und zwar nur so (siehe 2,2; Gal 3,1) gegenwärtig (vgl. hierzu ebenfalls das Ineinander von σοφία τοῦ θεοῦ und μωρία τοῦ κηρύγματος, 1,21, das sich aus 1,25 μωρὸν τοῦ θεοῦ ergibt).
143 Trotz der zahlreichen Textvarianten (siehe *Lietzmann*, Kor, 11, im Überblick *Conzelmann*, 1Kor, 76f) ist der Sinn des Ausdruckes klar.
144 Zu verstehen als gen. subj. im Sinne des "Selbstweises" (siehe *Wilckens*, Zu 1Kor 2,1-16, 505f, vgl. *Weder*, Kreuz, 164), dagegen *von Dobbeler*, Glaube, 34 (zu dessen Voraussetzung siehe die nächste Anmerkung).
145 Eine in diesem Zusammenhang interessante (siehe *Fascher*, 1Kor I, 116) Parallele zu dem Gegensatz in 1Kor 2,4 (überredende Weisheitsworte - Aufweisung des Geistes und der Kraft) bietet in bezug auf die prophetische Funktion des Mose im Rahmen göttlicher Willenskundgebung Philo, VitMos I, 95 (χρησμοί - ἀποδείξεις διὰ σημείων καὶ τεράτων): Mose zeigt die ihm im voraus gelehrten Wunder (ἃ προὐδιδάχθη τέρατα) vor dem Volk [und den ägyptischen Autoritäten] (ἡ τῶν τεράτων ἐπίδειξις) in der Meinung, es würde sich bei ihrem Anblick von dem es beherrschenden Unglauben zum Glauben seiner (sc. des Mose) Worte (λεγούμενα) bekehren (90f). Dieses Motiv wird gegenüber den Ägyptern VitMos I, 95 gesteigert: Durch die Plagen sollen die Unvernünftigen, die das Wort nicht belehrt hat, zur Vernunft gebracht werden (οἱ ἄφρονες νουθετοῦνται, οὓς λόγος οὐκ ἐπαίδευσε). Obwohl *von Dobbeler*, Glaube, 32-38, 1Kor 2,4 vor dem Hintergrund der jüdisch-hellenistischen Mosetradition versteht, fehlt dieser Beleg. Die von *von Dobbeler*, ebd., 33f, zitierte Josephusstelle (Ant 2, 286) enthält zum einen nicht das für seine Darlegung wichtige (siehe ebd., bei Anm. 86 und ebd., 36) Begriffspaar σημεῖα καὶ τέρατα, zum anderen ist der Problemhorizont ein anderer, nämlich der von Legitimation des göttlichen Boten und Magie (vgl. Ant 2, 284f). Außerdem deckt dieser Beleg gerade die Position der Gegner in Korinth, die Legitimationszeichen verlangen, nicht die paulinische Position.
146 Zu 1Kor 1,22(-24) siehe unten S. 69f.
147 Siehe wiederum den Zusammenhang von 1Thess 1,5, die Ausrichtung der Danksagung auf den Glaubensstand der Gemeinde.
148 Siehe *Nielsen*, Verwendung, 200f; *Jervell*, Charismatiker, 189f; *von Dobbeler*, Glaube, 34.
149 Siehe vor allem *Grundmann*, ThWNT II, 312,37.
150 So *Nielsen*, Verwendung, 200.

1,17) das pneumatisch erfahrene Sein in der Weisheit. Was in seiner Verkündigung allein (siehe 2,2) zur Entfaltung kommen soll, ist der als rettendes Gotteshandeln verstandene λόγος τοῦ σταυροῦ[151]. Diese Entfaltung durch die Kraft Gottes konstituiert den Glauben der christlichen Gemeinde[152]. Als Exemplifizierung von 1Kor 1,18-25 läßt sich somit im Blick auf Paulus (2,1-5) festhalten: Paulus hat in Korinth auf jedwede Überzeugungsrede verzichtet (siehe schon 1Thess 2,5). Der Gegenstand der Verkündigung war vielmehr allein Christus, der Gekreuzigte, als den Glaubenden zukommendes Heilsereignis. Das Auftreten des Paulus geschah in Schwachheit (analog der paulinischen theologischen Erkenntnis 2Kor 12,9), wodurch sich der im Kerygma gegenwärtige Christus (als Gekreuzigter, vgl. 2Kor 13,3f) als wirkmächtig (siehe V. 5) und daher göttliche Pneuma und Dynamis sich selbst erweisen[153].

Im Vergleich zwischen 1Thess 1,5 und 1Kor 2,4 können wir also nicht nur im weiten Sinne Anklänge im Wortlaut, sondern Übereinstimmung in Argumentation und Gedankengang[154] feststellen[155].

Diese Übereinstimmungen betreffen nicht die demonstrative und nachweisbare Erweisung von Wunder- oder Machttaten, sondern die Vergegenwärtigung des Gekreuzigten als Pneuma und Dynamis Gottes. Daß sich Pneuma (und Dynamis) auch in Wundern als eine Geistwirkung äu-

---

151 Wenn *Nielsen*, Verwendung, 201, gegen die Deutung auf das Verkündigungsgeschehen anführt, Paulus verwende "gerade nicht den Ausdruck 'das Wort vom Kreuz'" so verkennt er die Argumentationsstruktur in 1Kor 2,1-5 (siehe dazu *Bünker*, Briefformular, 38f).
152 "Der Hinweis auf den Erweis »des Geistes und der Kraft« zielt wahrscheinlich nicht auf pneumatische Aufbrüche, sondern eher schon auf Durchbrüche zum Glauben." (*Strobel*, 1Kor, 59).
153 Von daher ließe sich der Doppelausdruck ἐν φόβῳ καὶ ἐν τρόμῳ (vgl. Gen 9,2; Ex 15,16; Dtn 2,25; Ps 2,11; Jes 19,16), falls man diesen überhaupt von ἀσθένεια trennen kann (vgl. 2Kor 7,5), als Reaktion auf das Widerfahrnis göttlicher Macht deuten (so *Wilckens*, Zu 1Kor 2,1-16, 505; vgl. auch *von Dobbeler*, Glaube, 35f). Allerdings wird aus 2Kor 7,15 und Phil 2,12f (vgl. Eph 6,5) ersichtlich, daß der Ausdruck bei Paulus eine unterschiedliche Schattierung besitzt, die insgesamt vom Topos visionärer Erscheinungen (so zu 2,3f *Schottroff*, Glaubende, 184, mit Belegen ebd., Anm. 2; ergänzend siehe *Wilckens*, ebd., Anm. 8) zu trennen ist. Denn in diesem Zusammenhang gehen »Furcht und Zittern« der Vision voraus, in 1Kor 2,3 begleiten sie die paulinische Wirksamkeit (vgl. die Gleichzeitigkeit der Aussagen 1Kor 2,3f).
154 Freilich gehe ich nicht so weit, diese Übereinstimmung auf die Gemeindesituation zu übertragen, in der Weise, daß die in den Gemeinden jeweils vorauszusetzende Konfliktsituation vergleichbar sei. Denn in 1Thess (vgl. Kap. 2) provoziert die Auseinandersetzung mit einem hellenistisch geprägten Wanderpropagandismus die paulinischen Äußerungen, in 1Kor sind es vom ägyptischen Judentum abhängige Kreise, möglicherweise die Apollos-Gruppe, vgl. dazu *Sellin*, ANRW II, 25.4, 3014f (und ebd., Anm. 381).
155 Vgl. *Lang*, Kor, 37.

ßern kann, betrifft einen anderen Fragebereich[156]. Den Unterschied erhellt der Gedankenfortschritt in *Gal 3,1-5*.
Denn in Gal 3,2 umschreibt das τὸ πνεῦμα λαμβάνειν[157] den Geistempfang, der in 1Thess 1,5 und 1Kor 2,4 (vgl. auch zu Röm 15,19) herausgestellt wird[158], aufgrund des durch Paulus vermittelten Kerygmas[159], in dem Christus als der Gekreuzigte[160] gegenwärtig ist. Nachdem Paulus in Gal 3,4 indirekt (πάσχω[161]) auf die Geisterfahrung der Galater angespielt hat, wendet er dies in V. 5 direkt auf die göttliche Wirksamkeit in Geistesgabe und in Wundertaten (oder wenigstens in der Befähigung dazu[162]) an.[163] Wie diese konkret anschaulich wurde, ob in Form von Exorzismen[164], in ekstatischen Erscheinungen[165] oder charismatischen Gaben[166], läßt sich nicht mehr sagen[167]. Deutlich ist aber, daß Paulus gegenüber

---

156 Dieser Unterschied entspricht der Differenz innerhalb der Diskussionslage zwischen 1Kor 1-4 und 1Kor 12-14. Einerseits disqualifiziert Paulus die in Korinth vertretene σοφία λόγου als menschliche Weisheit und die Korinther als σαρκινοί (vgl. 3,1ff). Andererseits hebt er im Proömium des Briefes (1,4-7) den Korinth pneumatisch-charismatischen Glaubensstand hervor. Darauf kann er in 1Kor 12-14 zurückgreifen, aber eben dann als Pneumatiker gegenüber Pneumatikern.
157 Zum Ausdruck siehe Röm 8,15; 1Kor 2,12; 2Kor 11,4; Gal 3,14 und vgl. Apg 2,38; 8,15.17.19; 10,47; 19,2. Zur Literatur siehe *Betz*, Gal, 243, Anm. 41.
158 Der Ausdruck πνεῦμα λαμβάνειν hat als Bezeichnung des zum-Glauben-Kommens gleichsam "technische Funktion" (*Paulsen*, Römer 8, 87).
159 Zur Gleichsetzung vgl. Gal 1,7.16.23.
160 Vgl. Gal 3,1; 1Kor 1,23; 2,2. Siehe *Brandenburger*, Σταυρός 38. Vgl. *Lührmann*, Gal, 48.
161 Zum Begriff siehe *Betz*, Gal, 246.
162 Diese Deutung ist auf jeden Fall möglich, anders *Betz*, Gal, 248, Anm. 75. Denn die für die erste Deutung (konkretes Ereignis von Wundern) herangezogenen Belege der Verbindung zwischen δυνάμεις und ἐνεργεῖν Mk 6,4 par Mt 14,2 (δυνάμεις ist Subjekt); Eph 2,2 (Pneumawirkungen im Sinne der Macht des Bösen); 1Kor 12,10.28f (siehe dazu unten S. 67ff) sind nicht eindeutig. In dieser Verbindung schwingt der auch für Gal 3,5 gewichtige Aspekt (vgl. ἐξ ἀκοῆς πίστεως) der göttlichen Wirksamkeit in Wunderkräften (vgl. als Gegenphänomen die Wirksamkeit widergöttlicher Kräfte in 2Thess 2,7.9.11).
163 Anders *Schweizer*, ThWNT VI, 425f. Er deutet "πνεῦμα sicher zunächst als Wunderkraft" (ebd., 426, 1) im Blick auf V. 2 wie auf V. 5.
164 So *Schlier*, Gal, 126.
165 Siehe *Schmithals*, Paulus und die Gnostiker, 32ff.
166 Siehe *Mußner*, Gal, 211.
167 Die Akklamation (vgl. *Betz*, Gal, 368, und ebd., Anm. 85 weitere Literatur, *Grundmann*, ThWNT III, 903,31-45; *Käsemann*, Röm, 219f) Gal 4,6 sollte nicht überinterpretiert werden im Sinne ekstatischer (dagegen schon *Grundmann*, ebd.) oder "charismatische[r] Folgeerscheinungen" (*Jervell*, Charismatiker, 189). Dagegen spricht schon allein das εἰς τὰς καρδίας ἡμῶν, dessen alle Christen umgreifende Perspektive nicht herabgestuft werden kann als nur durch die traditionelle Wendung bedingt (so aber *Betz*, Gal, 368). Wie Röm 8,15f hat Paulus auch in Gal 4,6 den Gebetsruf der frühchristlichen Gemeinde im Blick. Er bezeichnet damit das durch den Geist ermöglichte Gebet als solches (vgl. *Mußner*, Gal, 276; *Berger*, TRE 12, 50,27ff). Im Beweisgang nach Gal 3,26 liegt das Gewicht auf der den Geistempfang (vgl. 3,2; Röm 8,15)

der im Blick auf sein Amt allgemeinen und in bezug auf den Anfang seiner Wirksamkeit in der Gemeinde typischen[168] Formulierung V. 2 in V. 5 auf konkrete, den Galatern bekannte (und noch erfahrene)[169] Erscheinungen zurückgreift. Diese bindet er als ἐξ ἀκοῆς πίστεως[170] an das durch ihn vermittelte Kerygma.

3.1.1.3 Krafttaten in der Gemeinde (zu 1Kor 12-14)

Dieser Analyse zufolge spricht Paulus im Zusammenhang seiner Wirksamkeit und des damit herbeigeführten zum Glauben Kommens der Heiden von Pneumaempfang und der Wirksamkeit des Pneumas in ihnen. Das Pneuma wirkt sich unter ihnen konkret aus im Geschehen von Heilungen und Wundertaten, in charismatischen und ekstatischen Erscheinungen. Diese Manifestation des Pneumas im (heiden-[171])christlichen Gemeinschaftsleben als Gnadengaben macht Paulus in 1Kor 12-14 (vgl. Röm 12,6ff) zum Thema einer Abhandlung[172]. Im folgenden beschränke ich mich im wesentlichen auf die das Wunderphänomen direkt betreffenden Bemerkungen 1Kor 12,9f.28ff.

In 1Kor 12,4ff ordnet Paulus die unterschiedliche Zuteilung[173] der Charismen (in Aufnahme und Ersetzung[174] von πνευματικά V. 1; vgl. 14,1) dem Geist zu. Die unterschiedliche Zuteilung der Dienste bezieht er demgegenüber auf den Kyrios und die unterschiedliche Zuteilung von Kraftwirkungen auf den alles wirkenden Gott.[175] Diese wesensmäßige Zuordnung[176] faßt Paulus im folgenden unter dem Aspekt der dem Gemeide-

---

begründenden (ὅτι) Sohnschaft aller, die artikuliert wird im gerade durch den Geist (»seines Sohnes«, vgl. vielleicht Mk 14,36) selbst gegenwärtig (vgl. das Präsenspartizip κράζον) eingegebenen Gebetsruf.

168 Vgl. die Analysen zu Röm 15,19; 1Thess 1,5 und 1Kor 2,4.
169 Siehe *Rohde*, Gal, 135.
170 Zur Breite dieses Begriffes siehe *Williams*, NTS 35, 82-93; *Rohde*, Gal, 131f.
171 Vgl. 1Kor 12,2.
172 Vgl. zum Folgenden aus der zahlreichen Literatur *Bultmann*, Theologie, 161-165; *Conzelmann*, ThWNT IX, 393-387; *Brockhaus*, Charisma; *Hahn*, ZThK 76, 419-449; ders., TRE 14, 35; *Schütz*, TRE 7, 688-693 (Lit.); *Schulz*, Charismenlehre, 443-460; *Nielsen*, Heilung, 204-207; *Luz*, EvTh 49, 76-94; *Gatzweiler*, Wunderbegriff, 387-396; *Berger*, EWNT III, 1102-1105.
173 Zum Begriff διαίρεσις in 1Kor 12,4ff siehe *Schlier*, ThWNT I, 184: "Verteilung und Verteiltes liegen hier [sc. 1Kor 12,4ff] ... ineinander" (ebd., Z. 28f). Zu Hebr 2,4 siehe unten S. 125.
174 Vgl. *Käsemann*, EVB I, 111.
175 Vgl. zum Aufbau *Conzelmann*, 1Kor, 252f; *Hahn*, ZThK 76, 423, Anm. 13; *Lang*, Kor, 168; *Wolff*, 1Kor II, 102f.
176 Die Frage, ob die Zuordnung beliebig (so *Lietzmann*, 1Kor, 61 [siehe aber *Kümmel*, ebd., 187]) oder sachlich bedingt (so *J. Weiß*, 1Kor, 297; *Conzelmann*, 1Kor, 252f; *Strobel*, 1Kor, 187) ist, wird man zum letzten hin entscheiden können. Denn die Verbindung von Charismata und Pneuma ergibt sich aus der Aufnahme des Begriffes πνευματικά, vgl. V. 7 (siehe *Lührmann*, Offenbarungsverständnis, 27f), zur Verbindung der διακονίαι mit κύριος vgl. 3,5, zu der von ἐνεργέω mit θεός siehe die Allmachtsaussage (τὰ πάντα) V. 6fin und vgl. Gal 2,8; 3,5; Phil 2,13 (ferner Eph 1,11.20); von der Wirksamkeit des Wortes

aufbau förderlichen Äußerungen des Geistes (V. 7 vgl. V. 11[177]) zusammen. In der in V. 8ff folgenden unsystematischen Aufzählung verschiedener Gaben (δίδοται V. 7.8) werden drei, sachverwandte Gaben unterschieden: πίστις (im Sinne des bergeversetzenden Glaubens 13,2[178]), χαρίσματα ἰαμάτων, ἐνεργήματα δυνάμεων. Daß Paulus an dieser Stelle wenigstens für die letzten beiden[179] eine Differenzierung anbringt, geht zum einen aus den unterschiedlichen Begriffen in V. 8f (χαρίσματα - ἐνεργήματα)[180] hervor, die die übergeordneten Unterscheidungen aus V. 4.6 aufnehmen. Zum anderen erhellen dies die Aufzählungen V. 28 (in veränderter Reihenfolge ἔπειτα δυνάμεις, ἔπειτα χαρίσματα ἰαμάτων) und V. 29f. Auch wenn V. 9f Bezeichnungen [oder wohl eher Phänomene aus der korinthischen Anfrage (vgl. V. 1 περὶ τῶν πνευματικῶν)] aufgegriffen werden[181] oder solche, die von den Pneumatikern in Korinth verwendet wurden, so ist aus V. 28ff ersichtlich, daß Paulus diese Unterscheidung bestätigt[182]. Zudem haben die vorangehenden Analysen ergeben, daß Paulus zwischen δυνάμεις und anderen Phänomenen zu unterscheiden weiß[183]. Ebenfalls aus diesen Stellen wird das Ineinander von πνεῦμα und wirksamer δύναμις deutlich.

An 1Kor 12,9f.28 ist nun die Terminologie besonders aufschlußreich in bezug auf die Wunderphänomene als solche. Denn Heilungen und Krafttaten scheinen zunächst die gleiche Sache zu bezeichnen, falls man unter Heilungen und Krafttaten (δυνάμεις) in erster Linie Exorzismen zu verstehen hätte[184]. Dann würde Paulus in der Tat zwei Aspekte der einen Sache hervorheben, nämlich den der "Wohltat" gegenüber der "Kraftleistung", oder beide Begriffe einander korrigierend nebeneinander stellen, nämlich das "ruhigere, individuell pflegliche Moment" der Heilung neben den "dramatischen Vorgängen" der δυνάμεις[185]. Hat diese Deutung auch für sich, daß Krankheiten in erster Linie Dämonen zugeschrieben

---

Gottes 1Thess 2,13. Die Wirksamkeit des Geistes V. 11 versteht sich von V. 6fin her als Wirksamkeit innerhalb der Gemeinde.
177 Vgl. 12,12-27; Röm 12,4-6 und dann vor allem 1Kor 14.
178 Zum Problem siehe von *Dobbeler*, Glaube, 63f; *Strobel*, 1Kor, 188.
179 Das Stichwort πίστις könnte durch die korinthische Situation veranlaßt sein.
180 So schon *J. Weiß*, 1Kor, 301.
181 Dafür spricht, daß im Vergleich mit der Charismenliste Röm 12,6ff (vgl. die Synopse bei *J. Weiß*, 1Kor, 299) in 1Kor 12 diese »Wunder«-Gaben neben der zweifellos (vgl. 1Kor 14) in Korinth raumgreifenden Glossolalie hervorgehoben werden.
182 Natürlich geschieht dies in der Relativierung von V. 31 (vgl. 1Kor 13) und unter dem Vorbehalt, daß die V. 28ff genannten individuellen Gaben untereinander gleichwertig sind und daß diese im Blick auf den Aufbau der Gemeinde förderlich zusammenwirken.
183 Vgl. 2Kor 12,12 (δυνάμεις neben σημεῖα καὶ τέρατα, siehe oben S. 50f); Gal 3,5 (das göttliche Wirken von Krafttaten neben der Darreichung des Geistes) vgl. 1Kor 2,4; 1Thess 1,5.
184 So *Brockhaus*, Charisma, 191f.
185 Zitate bei *J. Weiß*, 1Kor, 301.

werden[186], und damit unter Heilungen ebenfalls Exorzismen zu verstehen sind, so spricht gegen diese Deutung vor allem die paulinische Unterscheidung[187], die ja nicht nur nebenbei, sondern betont erfolgt. In dem terminologischen Rahmen ist δυνάμεις der weitergehende Ausdruck[188]. Mit ihm werden Phänomene umschrieben, durch welche die göttliche Dynamis wirksam wird, wirksam natürlich auch gegen gottfeindliche Mächte, konkret im Exorzismus. Aber in dem Ausdruck sind ebenso ekstatische und visionäre Phänomene[189] eingeschlossen, nicht anders die Glossolalie, die freilich in Korinth ein eigenes, wegen der ihr zuerkannten Hochschätzung problematisches Phänomen darstellt. Der Ausdruck δυνάμεις läßt sich also offenbar nicht auf Exorzismen beschränken.

Mit dieser Feststellung schließt sich der Kreis der Untersuchung im Blick auf die Texte in den Paulusbriefen. Von den Charismenlisten in 1Kor 12,9f.28ff her wird deutlich, wieso und in welcher Weise Paulus in 2Kor 12,12 darauf beharren kann, daß die Kennzeichen des Apostolates in Korinth (und wie Röm 15,18ff zeigen, auch anderswo, ja überall) gewirkt worden sind. Außerdem wird die diese Kennzeichen ausführende plerophore Ausdrucksweise (σημεῖα καὶ τέρατα καὶ δυνάμεις) verständlich als die umfassende Bezeichnung der durch Kraft und Geist Gottes gewirkten charismatischen Gaben innerhalb der Gemeinde, die der Evangeliumsverkündigung gefolgt sind und dem Gemeindeaufbau effektiv gedient haben (siehe das Nebeneinander Röm 15,19f). Insofern dienen sie nicht als Legitimationszeichen Propagandazwecken[190]. Sie befriedigen also gerade nicht die Suche nach Beweisen, nach Empfehlungen (vgl. 2Kor

---

186 Daß diese religionsgeschichtliche Anschauung nicht generell für das Denken des Paulus angenommen werden kann, zeigt 1Kor 11,30: Kranke, Schwache (und Todesfälle) verstanden als göttliche Strafe, als Folge des Schuldigwerdens durch unwürdige Teilnahme am Herrenmahl (vgl. 11,28-34). Zur Stelle vgl. *Brandenburger*, TRE 12, 478,15-20. Eine vergleichbare, erzieherische Maßnahme Gottes, in 1Kor 11,31f in Anwendung auf die Gemeinde, stellt 2Kor 12,7-10 im Blick auf die Krankheit des Paulus dar. Der σκόλοψ τῇ σαρκί, d.h. metonym als Krankheit verstanden (gemeint ist nicht die Bestreitung des paulinischen Apostolates durch die Gegner, gegen *McCant*, NTS 34, 550-572, ähnlich vertreten schon von *Bieder*, ThZ 17, 332; zur Kritik siehe *Güttgemanns*, Apostel, 164), wird letztlich (vgl. V. 8f) von Paulus erkannt als ein von Gott (vgl. das Passiv ἐδόθη) gesandter Engel des Satans (»daß er mich schlage«) mit dem Ziel, den Apostel vor Überheblichkeit (V. 7 bis!) zu bewahren (vgl. *Windisch*, 2Kor, 382. 385). Zur Stelle vgl. *Zmijewski*, Stil, 363-374.
187 Vgl. *Friedrich*, EWNT I, 865.
188 Daß der Ausdruck δυνάμεις im Rahmen der Charismen weiter gefaßt werden kann, erhellt auch 1Kor 5,3ff: Das Fluchhandeln ist im Namen des Kyrios Jesus sich vollziehendes Gerichtsgeschehen, durch welches die in der Gemeindeversammlung gegenwärtige δύναμις zur Wirkung kommt.
189 Zur Breite der Vorstellung von der Wirksamkeit göttlicher Dynamis vor allem auch im Rahmen von Zauberei und Magie vgl. PGM 12, 302-307 und siehe weitere Belege bei *Grundmann*, ThWNT II, 290f.
190 Die ersten Christen in Thessalonich werden kaum von Legitimationszeichen gesprochen haben.

3,1)[191], nach »Zeichen« (vgl. 1Kor 1,22) für den göttlichen Ursprung der paulinischen Wirksamkeit (vgl. 2Kor 13,3).

An dieser Stelle sind kurze Bemerkungen zu dem paulinischen σημεῖα-Begriff angebracht. Das Verständnis scheint auf den ersten Blick zu divergieren. In 2Kor 12,12 liegt mit σημεῖα τοῦ ἀποστόλου zunächst ein positives Verständnis vor, in dem Sinne, daß den Apostolat Merkmale auszeichnen. Kennzeichnungsfunktion hat σημεῖον ebenfalls in 1Kor 14,22, freilich im Rahmen der (unter dem Gesichtspunkt der οἰκοδομή, siehe 14,3.13; vgl. 14,26)[192] Abwertung der Glossolalie in 1Kor 14[193]. In Fortsetzung und Folgerung (οὖν) aus dem verbreiteten Schriftzitat (Jes 28,11f)[194] von 14,21 ist die Glossolalie Kennzeichen gottgegebener Rede. Dieses ist aber ambivalent, zum einen da es das Moment der Unverständlichkeit[195] als solches in sich trägt[196]. Denn die Außenstehenden können es (aufgrund göttlicher Setzung) nicht verstehen (V. 21fin). Zum anderen gibt es in seiner Wirkung nach außen hin, auf die ἰδιῶται und ἄπιστοι, Anlaß zu Fehldeutungen des Phänomens (V. 23). Demgegenüber besitzt der Begriff σημεῖα in 1Kor 1,22 diesen ambivalenten Charakter nicht. Vielmehr bezeichnet er an dieser Stelle den eindeutigen Beweis[197] im Sinne der Wahrheitssuche der Welt. Das Zeichen-Fordern durch die Juden und das Begehren von Weisheit durch die Griechen ist weder ein psychologisches Verhalten[198] noch ein anthropozentrisches[199]. Vielmehr sind diese der von der Welt, die als Juden und Griechen klassifiziert wird, anerkannte und angewendete Erkenntnisweg auf Gott hin im Rahmen der Weisheit, die aber von Gott aufgrund ihres sich selbst Versagens gegenüber der Erkenntnis Gottes[200] verworfen und zur Weisheit des Kosmos als dem Gericht verfallen disqualifiziert worden ist.

Daher ist das Kerygma von Christus, dem Gekreuzigten[201], denen die Zeichen fordern, Skandalon und denen, die Weisheit begehren, Torheit[202]. Dies bedeutet: Da die Weisheit der Welt welche im Aussein auf Zeichen und Weisheit nur sich selbst verpflichtet ist, unfähig ist, den λόγος τοῦ σταυροῦ überhaupt als Heilstat Gottes zu erkennen - sie könnte ihn aus seines Inhalts als des rettenden Geschehens nur entleeren (1,17) -, ist ihr das Kerygma zutiefst widersprechende Torheit[203].

191 Zu den Empfehlungsschreiben vgl. *Georgi*, Gegner, 241-250, bes. 244.
192 Vgl. dazu *Vielhauer*, Oikodome, 85-88.
193 Vgl. dazu (in Anlehnung an *Conzelmann*, 1Kor, 284-291) *Koch*, Schrift, 268f.
194 Siehe zu den Änderungen *Koch*, Schrift, 111f. 122f, vgl. ebd., 151.
195 Siehe *Conzelmann*, 1Kor, 294.
196 Dies gilt grundsätzlich auch für die Binnenwirkung (τοῖς πιστεύουσιν) der Glossolalie, vgl. 14,2.5.9.11.
197 Zur Stelle vgl. neben den Kommentaren besonders *Müller*, Anstoß, 94-97; *Weder*, Kreuz, 151-156.
198 Gegen *Conzelmann*, 1Kor, 66, mit *Weder*, Kreuz, 151, Anm. 109.
199 Gegen *Weder*, Kreuz, 151ff.
200 Siehe Röm 1,18(ff); vgl. *Conzelmann*, 1Kor, 64f.
201 Zur Satzkonstruktion siehe *Müller*, BZ 10, 246ff (vgl. *Conzelmann*, 1Kor, 67) und siehe oben S. 65, Anm. 160.
202 Zu den Entsprechungen siehe *Conzelmann*, 1Kor, ebd..
203 Paulus greift demzufolge nicht die Unfähigkeit zur Erkenntnis an oder gar die Tatsache, daß die Juden das »Wort vom Kreuz« als Skandalon erkennen (so aber von *Dobbeler*, Glaube, 33, Anm. 81). Vielmehr richtet sich die Kritik gegen den Umgang mit Zeichen, deren Kennzeichnungsfunktion nicht grundsätzlich negativ verstanden wird.

Paulus nimmt mit dem Ausdruck σημεῖα αἰτεῖν zweifellos ein Charakteristikum frühjüdischer Erkenntnisvorstellung auf[204]. Entsprechendes dürfte für das die Erkenntnissuche des Griechentum kennzeichnende σοφίαν ζητεῖν gelten. Aus dem breiten Anwendungsgebiet des jüdischen Zeichenverständnisses werden Einflüsse auf die spezielle Forderung nach einem Zeichen, die Mk 8,11-13par und Lk 11,29-33par (vgl. noch Joh 2,18) bieten, und auf den johanneischen Zeichenbegriff bestehen. Die Verengung des Zeichenverständnisses in 1Kor 1,22 auf die besondere Frage des Messiaszeichens[205] oder des prophetischen Zeichens[206], oder sogar die Annahme, Paulus habe in Kontinuität zur Jesustradition die Zeichen-Forderung abgelehnt[207], ist aber für 1Kor 1,22 durch die allgemeine Ausdrucksweise und den Argumentationsrahmen des Ganzen (σοφία τοῦ θεοῦ – σοφία τοῦ κόσμου gerichtet auf die Erkenntnis Gottes) ausgeschlossen.

Ein gewichtiges Gegenargument gegen die Bestreitung eigenen Wunderwirkens des Paulus könnte 1Kor 14,18 darstellen. Denn da Paulus seine eigene Befähigung zur Glossolalie hervorhebt, könnte sich von daher auf andere charismatische Fähigkeit schließen lassen, die Paulus zweifellos[209] auch besaß. Aber die Aussagefähigkeit von 1Kor 14,18 wird überschätzt, wollte man unter Beiziehung der Charismenliste 12,28ff dem Paulus diese Fähigkeiten insgesamt zuweisen[210]. Bedenkt man ferner, daß auch die, in der Exegese meist als Ekstasie oder Geistbegabung des Paulus verstandenen ἀποκάλυψις-Belege 1Kor 14,6; Gal 1,12; 2,2 wohl auf charismatische Phänomene in der Gemeinde anspielen (vgl. Apg 13,1-3), dann gewinnt die in dieser Untersuchung erarbeitete Annahme weitere Transparenz.

Ergebnis: »Zeichen und Wunder« und das Evangeliumsgeschehen
Die Analysen der beiden »Zeichen und Wunder«-Erwähnungen in 2Kor 12,12 und Röm 15,18f haben ergeben, daß Paulus zwischen dem Doppelbegriff und dem Ausdruck »Krafttaten« trennt. Der Unterschied läßt sich wohl am ehesten so ausdrücken, daß »Zeichen und Wunder« ein außergewöhnliches, wunderbares Geschehen bezeichnet, während »Krafttaten« charismatische, pneumatische und ekstatische Phänomene zusammenfaßt. Paulus versteht beides als Äußerung letztlich von Gott kommender Kraft. Diese Kraft wird von der Evangeliumsverkündigung ausgehend in der Gemeinde wirkmächtig als Kraft des verkündigten Christus. Im Blick auf das Apostolat stellen »Zeichen und Wunder« und »Krafttaten« einen gültigen Ausweis dar für das rechte Gesandtsein als Apostel.

204 Siehe die Belege bei *Müller*, BZ 10, 262f; *ders.*, Anstoß, 95.
205 So *Stählin*, Skandalon, 206; *Wilckens*, Weisheit, 34f, Anm. 1.
206 Vgl. *Bittner*, Zeichen, 51f.
207 So *Rengstorf*, ThWNT VII, 258,21-24.
208 Vgl. *Müller*, BZ 10, 264; *ders.*, Anstoß, 96.
209 Vgl. 2Kor 12,1, aber auch die folgende Einordnung V. 6f; 1Kor 14,6. Gal 1,12 interpretiert Paulus sein Damaskuserlebnis kontextbedingt als ἀποκάλυψις. Kontextbindung liegt auch in dem anders gelagerten Fall Gal 2,2 vor, wobei an dieser Stelle auch die Beauftragung durch die antiochenische Gemeinde hineingelesen werden könnte (analog Apg 15,2).
210 Gegen *Windisch*, Paulus und Christus, 177f.

Weder in 2Kor 12,12 noch in Röm 15,19 führt Paulus näher aus, was mit der Wendung »Zeichen und Wunder« gemeint sei. Aus der Erwähnung in Röm 15,19 läßt sich allerdings schließen, daß Paulus auf eine auch der römischen Gemeinde bekannte Vorstellung zurückgreift. Der ausführliche Vergleich zwischen diesem Text und 1Thess 1,5 hat ergeben, daß Paulus in beiden Texten dieselbe Frage in gleicher Weise mit unterschiedlicher Terminologie anspricht. Obgleich die Wendung »Zeichen und Wunder« in 1Thess 1,5 nicht begegnet, wird von diesem Text und seinem Kontext her sichtbar, was Paulus konkret unter dem wunderbaren Geschehen, das er als »Zeichen und Wunder« bezeichnet, versteht.

So können von 1Thess 1,5ff her die Annahmen gesichert werden, die sich für 2Kor 12,12 und Röm 15,19 nur mittelbar, aus dem Kontext ergeben: Die Wendung »Zeichen und Wunder« gehört in den Rahmen der Missionsterminologie. Mit ihr werden Ereignisse bezeichnet, die mit der Evangeliumsverkündigung, dem Zum-Glauben-Kommen und im weiteren der Gründung von Gemeinden verbunden sind. Sie drücken das eschatologisch verstandene oder zu deutende göttliche Handeln aus, das in dem Geschehen der Mission (und des erreichten Glaubensstandes) als gegenwärtig begriffen wird. Grundlage der paulinischen Argumentation ist zum einen die für Paulus typische Sichtweise, daß der ihn sendende Christus seine Kraft in Schwachheit und Bedrängnis entfaltet. Zum anderen ist die Gemeinde in diese Kraftentfaltung sichtbar einbezogen aufgrund der gemeinschaftlichen Erfahrung dieser Kraft von Apostel und Gemeinde. Denn durch die wirksamen Kraftäußerungen innerhalb der Gemeinde ist diese nicht nur originär durch das Verkündigungsgeschehen und die Glaubensannahme mit dem Apostel verbunden, sondern vermittelt durch ihn auch mit Christus.

Die Annahme, die Wendung »Zeichen und Wunder« bezeichne nach dem Verständnis des Paulus Wunder- oder Machttaten, ist demgegenüber abzulehnen. Weder für das vorpaulinische Verständnis[211] noch für das des Paulus[212] läßt sich diese Deutung nachweisen. Denn der dem Neuen Testament vorausliegende Sprachgebrauch gibt wenig Anlaß zur Frage: "Was aber heißen σημεῖα und τέρατα, wenn nicht Wundertaten?"[213]. Denn sowohl im Alten Testament als auch in hellenistischen Texten bezeichnet der Doppelbegriff *im wesentlichen* das Handeln der Gottheit, und in diesem Sinne außergewöhnliches Geschehen, gerade nicht Wundertaten des einzelnen von Gott legitimierten, etwa prophetischen, Funktionsträgers. Außerdem läßt sich die Verknüpfung von σημεῖα καὶ τέρατα und δυνάμεις in 2Kor 12,12 nicht einfachhin auf Paulus beziehen, wenn demgegenüber der Begriff »Krafttaten« in der bestehenden Gemeinde stattfindende Phänomene bezeichnet, deren Typik als solche nicht ausschließlich unmittelbar mit dem Missionsgeschehen verbunden wird.

---

211 So *Schmithals*, Apostelamt, 27.
212 Siehe v.a. *Jervell*, Charismatiker, 189f; ders., SNTU 4, 69-74; ders., Der unbekannte Paulus, 40f; *Nielsen*, Heilung, 188-210.
213 So *Jervell*, Charismatiker, 189, Anm. 19.

Ebenfalls problematisch ist die Annahme[214], daß mit Hilfe der Wendung »Zeichen und Wunder« die paulinische Wirksamkeit entsprechend "der Paulus-Mose-Typologie in II Kor 3"[215] verstanden werde. Denn abgesehen von der Frage der direkten Zuweisung von Wundertaten an Paulus geschieht zum einen die Zuordnung des σημεῖα καὶ τέρατα-Begriffes an eine Mosetypologie eher spekulativ[216], wiederum unabhängig von der Frage, ob eine derartige Typologie in 2Kor 3 tatsächlich entwickelt wird[217]. Weniger problematisch ist die Auffassung, daß das Geschehen von »Zeichen und Wundern« ein die Verkündigung begleitendes Offenbarungsgeschehen darstelle, in dem sich die Kraft des Christus bzw. Gottes äußere[218]. Allerdings liegt das Geschehen von »Zeichen und Wundern« bezeichnet und nicht nicht "im Akt der Verkündigung"[219] selbst, sondern in den durch die missionarische Verkündigung und den Apostel selbst vermittelten Begleiterscheinungen apostolischer Sendung - jedenfalls auf der Ebene des paulinischen Verständnisses. Das entscheidende paulinische Argument in Röm 15,18ff ist ja gerade nicht die Behauptung der Beglaubigung, sondern die an seinem Erfolg sichtbare und nachweisbare (siehe noch 1Thess 1,5ff) Kraft Christi.[220] Wenn schließlich die Wendung »Zeichen und Wunder« "den zentralen Schlüssel zu seinem [sc. des Paulus] Verständnis von Verkündigung"[221] bilden soll, so wird die Bedeutung der Wendung wohl überschätzt, zumal wenn zugleich angenommen wird, es handle sich um Wundertaten des Paulus, von denen, wie auch immer, in den Paulusbriefen selten die Rede ist.

---

214 Siehe *von Dobbeler*, Glaube, 30-41.
215 Ebd., 31.
216 Daß die "Formel" σημεῖα καὶ τέρατα in der Mosetradition verhaftet sei (ebd.), sagt noch nichts aus über deren Inanspruchnahme innerhalb einer Typologie.
217 Siehe dazu *Koch*, Schrift, 219f und vgl. zu Thema und Aufbau von 2Kor 3 ebd., 331-341.
218 So letzlich wohl auch von *von Dobbeler*, Glaube, 31, verstanden. Siehe aber die Ausweitung des Begriffes "Offenbarungeschehen", ebd.: Zunächst bezieht sich dieses Geschehen lediglich auf die Verkündigung (von Röm 10,16f her), dann auf den "Akt der Verkündigung" (wegen der Begleitung von »Zeichen und Wundern«, siehe noch ebd., 40) und schließlich (im Zuge der typologischen Deutung) auf die "apostolische Tätigkeit".
219 Vgl. noch *von Dobbeler*, Glaube, 40f.
220 Von der Analyse her bestätigt *von Dobbeler*, Glaube, 30-39, indes das Ergebnis der hier vorgelegten Untersuchung, indem er den typischen Verwendungsort der Wendung »Zeichen und Wunder« im direkten Missionsgeschehen von Verkündigung und zum-Glauben-Kommen bestimmt.
221 Ebd., 32.

3.1.2 »Zeichen und Wunder« in der Apostelgeschichte

Die meisten der für diese Untersuchung in Frage stehenden Texte bietet die Apostelgeschichte (Apg. 2,19.22.43; 4,30; 5,12; 6,8; 7,36; 14,3; 15,12). Selbst wenn man annehmen wollte, daß die Mehrzahl der »Zeichen und Wunder«-Erwähnungen traditioneller Herkunft seien[1], so ist doch das Gewicht innerhalb der Apostelgeschichte nicht zu übersehen. Daher dürften die Erwähnungen mit großer Wahrscheinlich wenigstens teilweise auf die lukanische Redaktionstätigkeit zurückgehen. Denn zum einen scheint schon das erste mittelbare Aufeinandertreffen der beiden Begriffe in 2,19 auf ein bewußtes gestaltendes Interesse zurückzugehen, und das weitere Vorkommen läßt ein theologisches Interesse an der Formulierung erkennen[2]. Zum anderen findet sich nur in dieser neutestamentlichen Schrift auch die umgekehrte Reihenfolge der Wendung als »Wunder und Zeichen«. Beide Formulierungen scheinen sich nur schwer miteinander vereinbaren zu lassen, vermutlich geben sie verschiedene Sichtweisen wieder.[3] Ob diese indes auf der "typologischen Betrachtungsweise" aufgrund des Mose-Jesus-Typos einerseits, andererseits auf "apostolischem Bewußtsein und apostolischer Erfahrung" beruhen[4], kann erst später entschieden werden. Fraglich ist ebenfalls die Funktion der Wendung und ihr Verhältnis zu den Wundertaten[5] auf der einen Seite

---

1 So *Rengstorf*, ThWNT VII, 239,1-5.
2 Siehe z.B. *Pesch*, Apg I, 144.
3 Zur umgekehrten Reihenfolge in Sap 10,16 siehe oben S. 15, bei Josephus, Ant 20, 168 siehe oben S. 27.
4 Zitate bei *Rengstorf*, ThWNT VII, 241,7-10.
5 Die Beschäftigung mit den Wundererzählungen innerhalb der Apostelgeschichte und mit dem in ihr zu erhebenden Wunderverständnis führt im Vergleich mit Untersuchungen zu den Wundererzählungen der synoptischen Tradition, dem Wunderverständnis der Synoptiker oder des Johannesevangeliums eher ein Schattendasein (siehe das weiterhin gültige Urteil von *Gräßer*, ThR 42, 15f). Obgleich die Untersuchung von *Neirynck* (Miracle Stories), die als Einführung verstanden werden will (siehe den Untertitel), sowie die Analysen und Exkurse in den neueren Kommentaren das Textmaterial aufbereiten, wird in der monographischen Behandlung des Themas ein Desiderat der Forschung sichtbar (zur Literatur siehe *Neirynck*, ebd., 835, Anm. 2; 880; *Pesch*, Apg I, 141; siehe noch *Hemer*, Book 428-443; *Nielsen*, Heilung 166-188; *Praeder*, SBL. SP 119, 107-129. Die Arbeit von *Thomas Wilfried Crafer*, The Healing Miracles in the Book of Acts, London 1939, war mir nicht zugänglich). Freilich ist nicht zu übersehen, daß diese Forschungssituation zum Teil auch darauf zurückzuführen ist, daß die Frage nach der Petrus-Paulus-Darstellung (siehe *Neirynck*, ebd., 838-848; vgl. im Überblick *Roloff*, EvTh 39, 510-531) die eigentliche Beschäftigung mit den Wundererzählungen überlagert hat. Die historische Perspektive wird dagegen stärker von *Jervell* (Charismatiker, 185-198; *ders.*, SNTU 4, 54-75; *ders.*, Der unbekannte Paulus, 29-49) betont, indem er die Paulusdarstellung des Lukas in der Apostelgeschichte mit dem Bild der schwachen und zugleich charismatischen Existenz, das Paulus in seinen Briefen biete, zu parallelisieren sucht und sogar meint, "daß Paulus selbst in den kurzen

und ihre Stellung innerhalb des Verhältnisses von Wortgeschehen und Wundergeschehen[6] auf der anderen Seite.
Aus diesen Fragestellungen ergeben sich verschiedene Untersuchungsbereiche, welche die folgenden Analysen der einzelnen Erwähnungen innerhalb der Apostelgeschichte leiten: Zunächst wende ich mich den drei Vorkommen in Apg 2 zu. Denn von der ersten Erwähnung in 2,19 ausgehend wird offenbar eine Einordnung im Blick auf die weitere Zuweisung von »Wunder und Zeichen« an die Apostel vorgenommen. Von daher ergibt sich der zweite Fragebereich, ob und welche Bedeutung die Wendung innerhalb des Rahmens apostolischer Legitimation hat. Daran schließen sich die Fragen an nach der Funktion von (Zeichen und) Wundern in ihrem eigentlichen Sinne.

3.1.2.1 Τέρατα und σημεῖα in Apg 2,19.22.43

Das erste Vorkommen der Begriffe τέρατα und σημεῖα innerhalb der Apostelgeschichte in *2,19* hat für die folgende Verwendung des Doppelbegriffes wesentliche Bedeutung. Diese ergibt sich einerseits als solche durch die Stellung, andererseits durch die ausdrückliche Kennzeichnung als Gottesrede der in 2,17-21 folgenden Verwendung von Joel 3,1-5a und damit verbunden durch die ausdrückliche Rückführung der »Wunder« und »Zeichen« auf Gott (διδόναι V. 19), welche an anderer Stelle innerhalb der Apostelgeschichte indirekt[7] herbeigeführt werden kann. Das erste Vorkommen ist für das weitere richtungsweisend. Denn zum einen wird in 2,22 noch einmal innerhalb der Petrusrede der Doppelbegriff angewendet, und zwar auf die Beglaubigung Jesu, und zum anderen wird mit 2,43 nach der Petrusrede 2,19 (und 2,22) aufgegriffen in Anwendung auf das Wirken der Apostel. Beachtet man zudem, daß 2,1-47 eine konzeptionelle Einheit innerhalb der Apostelgeschichte bildet[8], so wird die grundlegende Bedeutung der drei Vorkommen evident. Daß mit *2,19.22.43* ein Motiv, das mit dem Doppelbegriff τέρατα καὶ σημεῖα verbunden ist, aufgebaut wird, ist daraus erkennbar, daß das Phänomen in der für die Ausdrucksweise des Neuen Testaments und z. T. auch für die der Apostelgeschichte (siehe 4,30; 5,12; 14,3; 15,12) untypischen Fassung τέρατα καὶ σημεῖα[9] bezeichnet wird. Diese Merkwürdigkeit hat (neben anderem[10]) zu der Annahme ge-

---

Hinweisen in seinen Briefen dem Wunder oder seinen Wundern mehr Bedeutung zumißt als L[u]k[as] es in seinem Paulusbild tut" (SNTU 4, 60; zur Kritik an dieser Konzeption siehe *Plümacher*, ThR 49, 154).
6 Vgl. zu diesem Problem die Untersuchung von *O'Reilly*, Word, bes. 191-200.
7 Vgl. das in der Exegese oft als passivum divinum verstandene γίνεσθαι 2,43; 4,30; 5,12; vgl. 4,16.22 anders: 6,8 und 7,36. Einen direkten Bezug auf von Gott gewirkte Zeichen und Wunder hat 15,12, vgl. 14,3.
8 Vgl. nur *Schneider*, Apg I, 68.
9 Vgl. noch Sap 10,16 als einzige Ausnahme innerhalb der LXX und (zufolge Rengstorf, ThWNT VII, 241, Anm. 296) das Vorkommen in den apokryphen ActJoh 82 und in einer breiteren Auflistung ActJoh 106 (δυνάμεις - τέρατα - ἰάσεις - σημεῖα - χαρίσματα).
10 *Rengstorf*, ThWNT VII, 239,1ff.

führt, die Umkehrung der Reihenfolge (in 2,22.43; 6,8; 7,36 und angelegt in 2,19) sei dem Lukas wenigstens teilweise durch älteres Quellenmaterial vorgegeben[11] und die Wendung als solche gehöre "nicht zur spezifisch l[u]k[anischen] Sprache"[12]. Diese Annahme ist allerdings nicht in allen Punkten stimmig. Sollte Lukas im einzelnen auf traditionelles Material zurückgreifen, so bliebe die relative Häufung des Vorkommens ungeklärt, da die Mehrzahl der Belege in Sammelberichten und summarischen Bemerkungen auftreten, welche zumindest im Verdacht stehen, redaktionell (lukanisch) bearbeitet zu sein[13]. Sollte Lukas die Wendung nur vereinzelt vorgefunden haben, so ist nicht überzeugend klar, wieso gerade Lukas durch die Veränderung des Zitates aus Joel 3,3 in Apg 2,19 den entscheidenden Bezugspunkt der anderen Äußerungen gesetzt haben soll[14].

Ein zusätzliches Problem zwischen den drei τέρατα-σημεῖα-Vorkommen (in Apg 2) besteht darin, daß sich die Verwendung nicht nur auf verschiedene "daran beteiligte Subjekte"[15] bezieht, sondern zudem (jedenfalls auf den ersten Blick) mindestens zwischen 2,19 und 2,22.43 auch auf verschiedene Sachverhalte oder Phänomene. Der erste Unterschied läßt sich vielleicht mit Hilfe einer typologischen Deutung lösen[16]. Der zweite Unterschied bedarf genauer Untersuchung, es sei denn, man wollte sich auf eine rein formale Bestimmung zurückziehen, welche aber folglich auch auf der Seite des Lukas vorauszusetzen wäre. Daß Lukas durch die Zufügung von σημεῖα zu Joel 3,3 "die Formel τέρατα καὶ σημεῖα gewonnen" und "im folgenden zweimal benutzt"[17] habe, läßt sich jedenfalls allein von der (auf 2,22 fußenden) typologischen Deutung her nicht überzeugend nachweisen.

Daß die Zufügungen zu Joel 3,3 einerseits von ἄνω und κάτω, andererseits von σημεῖα auf Lukas zurückgehen, ist weitgehend unumstritten[18]. Die Zufügung von σημεῖα erinnert an die ebenfalls durch diesen Begriff herbeigeführte Verkürzung des Markus(13,24)-Textes in Lk 21,25 und an

---

11 So besonders *Rengstorf*, ebd.; vgl. ThWNT VII, 241,11-16.
12 *Rengstorf*, ThWNT VII, 239,4f.
13 Vgl. nur den Überblick über die ältere Forschung bei *Haenchen*, Apg, 194-197; *Zimmermann*, BZ 5, 71-82; *Brehm*, JSWT 33, 29-40.
14 So aber *Rengstorf*, a.a.O. 240,26-31.
15 *Rengstorf*, ThWNT VII, 240,23.
16 So v.a. *Rengstorf*, ThWNT VII, 238-241 passim.
17 *Rengstorf*, ThWNT VII, 240,29.
18 Vgl. *Lake - Cadbury*, IV, 23; *Schneider*, Apg I, 269; *Pesch*, Apg I, 120; *Schille*, Apg, 108; *Lüdemann*, Christentum, 51; *Rengstorf*, ThWNT VII, 240, 26ff; *Bock*, Proclamation 162f. Meist wird die lukanische Herkunft der Zufügungen nicht eigens begründet. *Holtz*, Untersuchungen, 12f nimmt an, der dem Lukas vorliegende LXX-Text habe schon Voraussetzungen (κάτω) geboten, siehe dazu kritisch *Rese*, Motive, 213. Eine breite Begründung für die lukanische Herkunft legt *O'Reilly*, Word, 163-166, vor. Er stützt sich im wesentlichen auf Strukturelemente innerhalb der Petrusrede (vgl. im einzelnen ebd., 63-72) und beobachtet eine zu V. 21 symmetrische Parallelität u.a. zwischen 2,19 und 2,22, welche nur auf der Endstufe des Textes herbeigeführt sein könne.

die über Mk 13,8 hinausgehende Zufügung der als Zeichen angesehenen Endereignisse (Lk 21,11). Diese Interpretamente sowohl im Evangelium als auch in Apg 2,19 mit Hilfe des Begriffes σημεῖα machen das lukanische Interesse an den Vorzeichen der Endzeit deutlich. Diese formale Entsprechung innerhalb der Redaktionstätigkeit des Lukas zeigt jedoch inhaltliche Divergenzen. Denn die in Lk 21,11.25 genannten Vorzeichen werden »vom Himmel her« (so ausdrücklich V. 11: ἀπ' οὐρανοῦ) eintreten, während die »Zeichen« in Apg 2,19 (durch die Zufügung von κάτω betont) auf der Erde sichtbar werden. Allerdings zeigt sich in Lk 21,25f die Tendenz, die prodigienhaften Zeichen am Himmel und an den Gestirnen auf ihre irdische Wirkung hin zu bedenken und so in gewissem Grade auf diese Wirkungen hin zu reduzieren. Diese Wirkungen, welche über den ganzen Erdkreis (οἰκουμένη) kommen und vor denen die Völker in Angst und die Menschen in Furcht versetzt werden, führt Lukas von den Störungen der Ordnung der himmlischen Mächte her (Lk 21,26fin par Mk 13,25fin).

Mit dieser Einordnung der Zufügung von σημεῖα zu dem Zitat von Joel 3,3 in Apg 2,19 ist allerdings noch nicht die weitere Zufügung von ἄνω und κάτω begründet[19], auch wenn sich diese formal gut in die Redaktionstätigkeit des Lukas einfügt[20]. Denn es läßt sich zwar von dem Vorausgehenden her vertreten, daß Lukas aus seinem Interesse an den auf der Erde erscheinenden Vorzeichen κάτω zufügt und von daher zum Zwecke des parallelismus membrorum ebenfalls ἄνω einschiebt, wofür die universalistische Perspektive der Endschau spricht, - aber der durch diese Zufügungen veränderte Sinn stellt ein beachtenswertes[21] Interpretament innerhalb des Kontextes dar. Denn wenn die »Wunder im Himmel oben« im folgenden V. 19b.20a ausgeführt werden[22], erlaubt sich die Frage[23], ob und welche Explikation die »Zeichen auf der Erde unten« besitzen[24]. Denn auf die von Lukas in Lk 21,25f ausgeführte Wirkungen

---

19 Diese Zufügungen übergeht *Bittner*, Zeichen 43, Anm. 8, wenn er meint, Lukas füge den Zeichenbegriff "als Interpretament im Sinne des Tg [Joel 3,3] ein".
20 Vgl. *Morgenthaler*, Geschichtsschreibung I, 32f.
21 Es bedarf nicht der Zufügung von ἄνω und κάτω, um zu verdeutlichen, "daß die Zeichen überall und unübersehbar geschehen" (so aber *Schneider*, Apg I, 269, Anm. 47). Denn der durch die Zufügung von σημεῖα erreichte Parallelismus (zwischen »Wunder im Himmel« und »Zeichen auf der Erde«) wäre zu diesem Zwecke ausreichend.
22 Zwischen V. 18 und V. 19 beabsichtigt Lukas eine Gedankenwende. Diese wird ersichtlich aus der (lukanischen) Anfügung von καὶ προφητεύσουσιν an Joel 3,2, die mit dem καὶ προφητεύσουσιν V. 17 (= Joel 3,1) eine Klammer bildet (so schon *Morgenthaler*, Geschichtsschreibung I, 88). V. 17 deutet dementsprechend die Geistausgießung mit Hilfe der prophetischen Weissagung; siehe noch unten Anm. 28f. Zur Diskussion um Weissagung und Erfüllung im Zusammenhang von Apg 2,17-21 vgl. *Rese*, Motive, 38.
23 Zur Diskussion der verschiedenen Deutungen vgl. *Bock*, Proclamation, 167.
24 Die »Wunder am Himmel oben« könnte man auch auf V. 20a beziehen und die »Zeichen auf der Erde unten« mit V. 19b (»Blut und Feuer und Rauchschwaden«) verbinden, so *Schneider*, Apg I, 270 mit ebd., Anm. 51. Aber die Aufzählung V. 19b ist so eng mit den Erscheinungen V. 20a ver-

wird in Apg 2,19ff wenigstens nicht eindeutig angespielt[25]. Die Suche nach einem direkten Bezugspunkt innerhalb des nächsten Kontextes V. 19-21[26] hat ein negatives Ergebnis[27], falls es richtig ist, daß die Vorzeichen in V. 19f den »Wundern am Himmel oben« zugeordnet werden[28]. Allerdings läßt sich vermuten, daß Lukas die »Zeichen auf der Erde unten« mit der Anrufung des Namens des Kyrios Jesus (V. 21b) in Verbin-

knüpft, daß man das eine nur als Entfaltung des anderen verstehen kann, dies v.a. im Vergleich mit Lk 21,25f gegenüber Mk 13,24. Zudem verlaufen von der Vorstellung her die Wirkungen von oben nach unten (vgl. etwa äthHen 80,2-3.4-6) und nicht umgekehrt (gegen *Schneider*, ebd.).
25 Eine Auslegung, die Apg 2,19f stimmig mit Lk 21,25 parallelisiert (vgl. z.B. *Pesch*, Apg I, 120), nimmt den zweifachen Unterschied zwischen den beiden Stellen zu wenig wahr, und zwar erstens, daß Lukas in Apg 2,19 die Vorzeichen am Himmel als τέρατα bezeichnet (siehe hingegen 4Esr 7,26f und weitere, z.T. spätere Belege bei *Berger*, Prodigien, 1437, Anm. 29f) und, zweitens, daß er τέρατα und σημεῖα (wenigstens) an dieser Stelle nicht synonym verwendet. Siehe außerdem die Unterscheidung bei Joannes Lydus, mit welcher die hebräische Auffassung charakterisiert werden soll, zwischen den Zeichen, die in meteoren Erscheinungen Gestalt annehmen, und den Wundern die auf der Erde wie widernatürliche Dinge erscheinen (vgl. dazu *Steinhauser*, Prodigienglaube, 2).
26 Vgl. oben Anm. 22 zu den beiden Gedankengängen in V. 17-21.
27 Dennoch wird man sich nicht mit der Annahme begnügen können, es sei "an die in ungewisser Zukunft liegenden Vorzeichen des Endgerichts zu denken" (so aber *Kränkl*, Knecht, 192).
28 Diese Deutung liegt vom Kontext her am nächsten, vgl. *Berger*, Prodigien, 1438. Dagegen scheint mir nicht überzeugend zu sein, sowohl »die Wunder am Himmel oben« als auch »die Zeichen auf der Erde unten« auf die Geistausgießung zu beziehen (so *Roloff*, Apg, 53; *Nielsen*, Heilung, 170, Anm. 280; *Berger*, ebd.). Denn schon allein die Verwendung von Mk 13,24 zeigt, daß Lukas die Zeichen des Endgeschehens als solche einzuordnen weiß. Außerdem: Wieso sollte Lukas einerseits gerade "das Kommen des Geistes vom Himmel her (V. 33)" (*Roloff*, ebd.), als τέρατα (Plural!) bezeichnen, andererseits aber "das durch den Geist gewirkte Wunder[!] der Zungenrede" (ebd.) als σημεῖα(!) verstanden haben? Zudem bezieht sich V. 33 eindeutig (vgl. das Verb ἐκχέω [nur 2,17.18.33 in der Apostelgeschichte], Geistempfang vom Vater und das unbestimmte τοῦτο) auf V. 16-18 zurück. Einen weiteren Vorschlag, die crux interpretum zu lösen, macht *Rese*, Motive, 54, indem er die redaktionellen Änderungen in Lk 23,45 [Kreuzigungsszene] gegenüber der Markus-Vorlage durch Joel 3,3f beeinflußt sieht: "Bei L[u]k[as] könnte die Finsternis als Sonnenfinsternis das[!] 'Wunder am Himmel oben', das Zerreißen des Vorhangs das[!] 'Zeichen auf der Erde unten' sein" (ebd.; vgl. noch *Büchele*, Tod Jesu, 52; erwogen auch von *Schneider*, Lk II, 486). Daraus führt er im weiteren die These her, "nach Meinung des L[u]k[as habe] die 'Endzeit' mit dem Kreuzestod Jesu angefangen". Gegen diese weitergehende These spricht schon allein die Abfolge im Joel-Zitat (Geistausgießung samt Wirkung in prophetischer Begabung – Wunder und Zeichen), so auch *Schneider*, Apg I, 269, Anm. 49. Auch ohne Zuhilfenahme von Joel 3,3f läßt sich die ergänzte Erklärung der Finsternis aus Mk 15,33 (par Lk 23,44) als Teil der lukanischen Gesamtbearbeitung der Passionsdarstellung zu "einem überschaubaren und begreiflichen Zusammenhang" (siehe schon *Dibelius*, Formgeschichte, 201 und die entsprechenden Beispiele, ebd.) auffassen.

dung bringen will[29]. Dies würde bedeuten, daß im weiteren von Gott gewirkten Geschehen die »Zeichen auf der Erde unten« gegeben werden.[30] Wer diese Zeichen erkennt, ist zu Umkehr/Bekehrung aufgefordert, welche zur Rettung aus dem mit dem Tag des Herrn verbundenen Gericht führen (vgl. im Blick auf die Heidenmission 17,30f). Somit würde mit dem Begriff »Zeichen auf der Erde unten« das Ganze des Missionsgeschehens vom Wirken der Apostel, über das Zum-Glauben-Kommen bis zum Wachstum der Gemeinde, das ja immerhin deutlich betont wird, umfaßt. Trotz des hypothetischen Charakters dieser Vermutung scheint mir deutlich zu sein, daß Lukas die Zufügung ebenso wie die weitere Verwendung aus Joel 3,3f nicht gleichsam en passant vornimmt, etwa allein wegen des pointierten Zielpunktes Joel 3,5a (= Apg 2,21) und auf diesen hin[31].

Die »Zeichen auf der Erde unten« haben die andere Deutung gefunden, die σημεῖα bezögen sich auf die Wunder Jesu im Evangelium, da ja in V. 22 die Wendung τέρατα καὶ σημεῖα in deutlichem Bezug auf V. 19 aufgegriffen werde. In diesem Zusammenhang wird auf die zweite Erwähnung der »Wunder« und »Zeichen« in V. 22 die Annahme gestützt, V. 19 sei von der kerygmatischen Aussage V. 22(f) her zu verstehen, bereits in V. 19 werde auf die Wunder Jesu angespielt[32], oder, umgekehrt, Lukas leite schon in V. 19 "auf den christologisch-kerygmatischen Teil (V. 22-24)" über[33]. Beiden Annahmen stehen zumindest die eminente Bedeutung von V. 21 und im Redeaufbau der Neueinsatz in V. 22a entgegen. Erlaubt sich also keine Gleichsetzung der τέρατα und σημεῖα aus V. 19 mit denen in V. 22, so ist ferner bedenkenswert, daß sich die σημεῖα, verstanden als Vorzeichen (2,19), phänomenologisch von dem im folgenden V. 22.43 als »Wunder und Zeichen« bezeichneten Phänomen unter-

---

29 Diese Vermutung stützt sich im nächsten Kontext auf eine doppelte Deutung der Abfolge im Joel-Zitat von Geistausgießung und prophetischer Gabe. Die erste Deutung versteht V. 17f als Erklärung des Pfingstereignisses (zufolge V. 15f), die zweite geht über die erste hinaus, indem sie die Bedeutung des gegenwärtigen Geschehens hinsichtlich der zukünftigen Rettung darlegt. Ähnlich auch *Wiefel*, Lk, 353, Anm. 1 (zu Lk 21,25-28).
30 Dieser These kommt die Annahme bei *O'Reilly*, Word, 166, nahe, die Zeichen und Wunder der Endzeit seien die Wunder der Apostel, die die Wortverkündigung begleite. Der prophetische Pfingstgeist betreffe nicht nur die Macht, das Wort Gottes zu predigen, sondern ebenso die Macht, Zeichen und Wunder zu tun wie Jesus und Mose (in Anlehnung an Apg 7,36). Ähnlich auch *Berger*, Prodigien, 1438: "Die Geistbegabung ist das Zeichen auf Erden: der weitere Verlauf der Mission zeigt, wie die Apostel τέρατα καὶ σημεῖα wirken" (vgl. auch *ders.*, TRE 12, 194). Gegen die direkte Anknüpfung an den Geistbesitz spricht die Zweiteilung des Abschnittes, siehe die vorige Anmerkung. Zum Problem von Geistbesitz - Wundertaten siehe unten S. 92f.
31 Anders *Roloff*, Apg, 53: Durch die Weiterführung auf Joel 3,5a hin seien "auch V. 19 und 20 (= Joel 3,3f.) mit aufgenommen" worden, "ohne daß ihnen im Zusammenhang stärkeres Gewicht zukäme", ähnlich *Schneider*, Apg I, 269.
32 Vgl. *Wilckens*, Missionsreden, 33. 124; *Bauernfeind*, Apg, 46; *Weiser*, Apg I, 92.
33 So *Lüdemann*, Christentum, 51.

scheiden.³⁴ Denn der Begriff δυνάμεις, der neben dem Doppelbegriff τέρατα καὶ σημεῖα begegnet, spielt auf das Wunderwirken Jesu an. Dies geschieht in typisch lukanischer Weise, so daß für V. 22b vorlukanische Tradition³⁵ ausgeschlossen werden kann³⁶: Der Begriff δυνάμεις erscheint im Evangelium zwar nur zweimal, Lk 10,13 (Q) und 19,37 (Red.), aber 19,37(f) in ähnlicher Funktion wie Apg 2,22, nämlich daß die Krafttaten (δυνάμεις) den irdischen Jesus als (Messias-)König (vgl. im Kontext Apg 2,36) ausweisen³⁷. In Lk 19,37f und Apg 2,22 wird also der gleiche Zusammenhang ersichtlich: die Beglaubigung bzw. der Erweis des Königseins (bereits) des irdischen Jesus von Gott her durch die geschehenen δυνάμεις (vgl. im weiteren Apg 10,38).³⁸ Im Blick auf die lukanische Konzeption folgt daraus, daß zufolge Lukas die Beglaubigung aus den von Gott durch Jesus gewirkten Krafttaten sichtbar und erkennbar ist. Denn die Krafttaten erweisen die Wirksamkeit göttlicher Kraft in Jesus. Hinsichtlich der Rückfrage nach traditionellen Bestandteilen in V. 22b könnte dementsprechend eher der Doppelbegriff τέρατα καὶ σημεῖα traditionell sein als der in der lukanischen (christologischen) Konzeption eingebettete δυνάμεις-Begriff.³⁹ Denn innerhalb dieser Konzeption ist das Nebeneinander von δυνάμεις und τέρατα καὶ σημεῖα das (von vorne her gelesen) Überraschende.

Zugunsten der traditionellen Herkunft ließe sich auf die Verwendung im Rahmen der Mosetypologie *Apg 7,36* verweisen. Allerdings ist das Subjekt an dieser Stelle Mose (ποιήσας τέρατα καὶ σημεῖα). Ein weiterer Unterschied ist

---

34 Daß zwischen den Zeichen auf der Erde unten (V. 19) und den im folgenden genannten Zeichen ein phänomenologischer Unterschied besteht, läßt sich nicht von der Hand weisen. Denn zum einen haben die τέρατα V. 19a einen sinnvollen Bezug auf V. 19b.20 (siehe oben). Zum anderen bewegt sich die Trennung von (Vor-)Zeichen und Wundern im Rahmen einer Schilderung der Endereignisse in traditionellen Bahnen (vgl. nur 4Esr 7,26f, wenn auch bei anderer Sachzuordnung, siehe oben S. 37). Eine weitere Frage ist freilich, ob sich aus den folgenden »Wunder und Zeichen«/»Zeichen und Wunder«-Nennungen nicht eine Rückwirkung auf das Verständnis der σημεῖα in 2,19 ergibt, so daß von dorther Wundergeschehen durch Jesus, die Apostel usw. zu den Vorzeichen V. 19 gezählt werden müssen.
35 V. 22a ist lukanisch, vgl. zur Anrede *Schneider*, Apg I, 266, Anm. 24, 270 und zu ἀκούσατε κτλ. ebd., 271.
36 Gegen die von *Dibelius*, Reden, 142 ausgehende Annahme, V. 22f sei eine alte traditionelle Kerygmaformel, hat *Wilckens*, Missionsreden, 121-126 den lukanischen Charakter der Formulierungen nachgewiesen (vgl. dagegen wiederum *Pesch*, Apg I, 116f. 127). Die Beobachtungen zu 2,22b gelten freilich auch unabhängig von diesem Nachweis.
37 Der Lobpreis der Jünger erfolgt zu Gott περὶ πασῶν ὧν εἶδον δυνάμεων und wird V. 38 inhaltlich gefüllt mit der lukanischen Zufügung des Königstitels samt des Friedensrufes. Vgl. zum zugrundeliegenden Denkhorizont *Brandenburger*, Frieden, 33f und ebd., Anm. 73.
38 Deutlicher als in Apg 2,22 findet sich die lukanische Konzeption in Apg 10,38 formuliert: Der mit dem heiligen Geist und Kraft gesalbte Jesus tut Wunder und vollbringt Heilungen (vgl. Lk 4,18f), wodurch sichtbar wird, daß Gott durch Jesus wirksam ist.
39 Gegen *Pesch*, Apg I, 121.

gravierender. Die Legitimität des Mose als des gesandten Herrschers und Richters gründet zufolge 7,35 auf der Vision am Dornbusch, nicht auf dem Herausführungsgeschehen oder dem Vollbringen von Wundern und Zeichen. Diese sind Auswirkungen jener Beglaubigung durch Gott (vgl. 7,25). Demgegenüber stellen die »Wunder und Zeichen« zufolge 2,22 als von Gott gewirktes Geschehen die Beglaubigung Jesu dar, und zwar Beglaubigung in dem Sinne, daß in den Krafttaten, Wundern und Zeichen Gottes Kraft epiphan wird (vgl. 10,38fin). Die Epiphanie göttlicher Kraft in »Wundern und Zeichen« ist ein mögliches Vergleichsmoment zwischen Apg 2,22 und 7,36, das aber nicht auf diese beiden Stellen beschränkt ist. Vielmehr deutet die zu 7,36 parallele Aussage über Stephanus 6,8 (ἐποίει τέρατα καὶ σημεῖα μεγάλα ἐν τῷ λαῷ) auf den engeren, von Lukas beabsichtigten Zusammenhang hin, nämlich den des Legitimationsausweises des Propheten durch »Wunder und Zeichen«.[40] Da zudem an diesen beiden Stellen zum letzten Mal die Reihenfolge τέρατα καὶ σημεῖα begegnet, liegt die Vermutung nahe, daß Lukas zwischen den beiden Stützen 2,22 und 7,36 ein Legitimationsmotiv aufbaut und jeweils auf den Prophetentypos (siehe 7,36; 3,22) anwendet. Er greift hierzu natürlich auf die Sprachtradition »Zeichen und Wunder« zurück, ganz unabhängig von der Frage, ob die Erwähnung in 7,36 lukanischer oder vorlukanischer Herkunft ist. Aber trotz der im übrigen, v.a. in der Stephanusrede verbreiteten Mose/Jesus-Parallelisierung[41] wird man Apg 2,22 weder traditionsgeschichtlich noch motivkritisch ausschließlich von 7,36 her interpretieren können. Vielmehr kann man mit einer eigenständigen, überlieferungsunabhängigen Verwendung und Interpretation des aus der Sprachtradition entwickelten Doppelbegriffes »Wunder und Zeichen« durch Lukas rechnen.

Daß in *Apg 2,22* im Dreischritt δυνάμεις - τέρατα - σημεῖα ältere Begrifflichkeit (vgl. 2Kor 12,12) anklingt, muß nicht auf einer alten Traditionsgrundlage beruhen, von der Umkehrung des geläufigen Doppelbegriffes ganz abgesehen. Denn nach den bisherigen Beobachtungen scheint an dieser Stelle eher eine von Lukas beabsichtigte Verbindung zwischen δυνάμεις und τέρατα καὶ σημεῖα hergestellt worden zu sein, als daß bewußt auf eine Beglaubigungsform des Apostel(amte)s zurückgegriffen worden wäre. Diese Verbindung erscheint als Bindeglied zwischen einerseits 2,19, andererseits dem folgenden »Wunder und Zeichen«-Geschehen durch die Apostel 2,43. Die Anknüpfung an 2,19 gelingt mit Hilfe des Gedankens der göttlichen Wirksamkeit.

Was diese Anknüpfung bedeutet, ergibt sich vom Ende der Komposition 2,14-41 her. Hierzu lassen sich zwei Kompositionsblöcke unterscheiden: auf der einen Seite 2,14(b)-21 die Erklärung des Ausgießungsgeschehens mit dem Höhepunkt V. 21, auf der anderen Seite die breite Argumentationskette, die vom Leben und Wirken Jesu, des Nazoräers, ausgehend auf dessen Einsetzung als Herrn und Christus auf Grund der Auferstehung (V. 31f) und Erhöhung (V. 33) führt, mit dem Höhepunkt in V. 36. Beide Teile, die miteinander wiederum verzahnt sind[42], münden V. 37-41

---

40 Vgl. *O'Reilly*, Word, 177.
41 Vgl. Apg 7,22 mit Lk 24,19; Apg 7,25 mit 4,12; Apg 7,27.35 mit 3,15; 5,31; Apg 7,35 mit Lk 1,68; 2,38; 24,21; Apg 7,25.27.35.39 mit 3,13 u.ö. Vgl. dazu *Sabbe*, Son of Man Saying, 248 und schon *Goppelt*, Typos, 145f.
42 Vgl. neben der Anknüpfung von V. 22 an V. 19 über den Begriff »Wunder und Zeichen« V. 33 mit Rückbezug auf V. 16-18 (siehe dazu oben, Anm. 28).

in die Aufforderung zu Umkehr (μετάνοια) und (diese besiegelnde) Taufe (V. 38f) mit Rückverweis auf Teile der Petrusrede[43]. Die Umkehrforderung folgt dementsprechend nicht nur aus dem zweiten Teil, also aus der Christusverkündigung, sondern bezieht den ersten Teil mit ein. Lukas macht einerseits dies durch Bezugnahme auf Wissen und Wahrnehmung seiner Hörer jeweils in V. 22.33 deutlich. Andererseits bedeutet diese Bezugnahme auf Wissen und Augenzeugenschaft (vgl. noch V. 40) den Zeichencharakter gegenwärtigen Geschehens im Sinne von V. 19b (Zeichen auf der Erde unten) zu erkennen und, daraus folgernd, umzukehren (siehe V. 38.40.41)[44].

Von diesen Folgerungen hinsichtlich der Anknüpfung von V. 22 an V. 19 her liegt der Sinn der Verbindung zwischen diesen beiden τέρατα καὶ σημεῖα-Nennngen zu der in 2,43 nahe: Das Erkennen der Taten der Apostel als Zeichen, daß in diesen wie in den Taten Jesu (V. 22) die Kraft Gottes epiphan wird, fordern zur Umkehr. Infolge dieser Forderung und ihres Befolgens (vgl. V. 40f), d.h. des Zum-Glauben-Kommens (V. 44a), der Anrufung des Namens des Herrn (V. 21), der Annahme des Wortes (V. 41), werden der Urgemeinde durch Gott (κύριος) weitere σῳζόμενοι (vgl. V. 47) zugefügt (vgl. V. 41.47).[45]

Diese Annahme läßt sich von 2,42-47 her noch weiter begründen. Die Bemerkung, daß jedermann (πάσῃ ψυχῇ) von Furcht (φόβος) erfaßt wurde (V. 43a), steht auf den ersten Blick unmotiviert im Sammelbericht. Denn nach der summarischen Bemerkung über Apostellehre, Gemeinschaft, Brotbrechen und Gebete kommt diese Notiz zum einen von ihrem Inhalt her überraschend[46], zum anderen von der Szenerie her. Denn von der allgemeinen Beschreibung des Gemeindelebens lenkt Lukas den Blick wieder (nach V. 37) auf den Kreis der Jerusalemer[47]. Aber auch hinsicht-

---

43 Vgl. V. 38 die Taufe ἐπὶ τῷ ὀνόματι mit V. 21 (ἐπικαλέσαι) dazu Schneider, Apg I, 277, Anm. 133; V. 39 die Anspielung auf Joel 3,5b in Fortführung von 2,21 (=Joel 3,5a) und wiederum mit Bezug auf V. 21 σωθῆτε V. 40.
44 Vgl. wiederum die Anklänge an V. 21 in V. 38-40, siehe die vorige Anm..
45 Auf einer zweiten Ebene schließt sich wieder der Kreis zu V. 19.21 hin, indem die »Wunder und Zeichen« der Apostel den »Zeichen auf der Erde unten« zugeordnet werden (siehe oben S. 76ff).
46 Ein vergleichbares Nebeneinander findet sich bei Lukas nur Apg 9,31 (Aufbau der Gemeinde und Wandel in der Furcht des Herrn [φόβος τοῦ κυρίου!] stehen parallel), an dieser Stelle wird aber unter Gottesfurcht nicht eine Epiphaniereaktion verstanden, sondern der Lebenswandel in der Furcht des Herrn, vgl. dazu 2Kor 7,11.15 und von Paulus 2Kor 5,11. Diese (auch für 2,43) grundsätzlich mögliche Deutung (siehe V. 42) scheidet aber vom Verb her aus. (Die Furcht geschieht an jedermann, zu γίνεσθαι mit Dativ siehe Bauer - Aland, 1722 s.v. φόβος 2aα.)
47 Die Deutung von πάσῃ ψυχῇ ist umstritten: Daß nur (entsprechend dem LXX-Gebrauch) die "nichtchristliche Umgebung" (Haenchen, Apg, 192, vgl. Bauernfeind, Apg, 58) gemeint sei, ist nicht unbedingt intendiert (vgl. zur Kritik Schneider, Apg I, 287 Anm. 23), auch wenn man mit Nestle[25] in V. 44 πιστεύσαντες liest (unklar bei Haenchen, Apg, zwischen Übersetzung, 191, und Auslegung, 193). Entlegen scheint mir die Erwägung zu sein, mit πάσῃ ψυχῇ werde ψυχαί aus V. 41 aufgenommen (schließlich auch abgelehnt bei Pesch, Apg I, 131).

lich der Argumentation ist der Übergang von V. 42 zu V. 43 nicht glatt. Denn mit ἐγίνετο setzt Lukas syntaktisch neu ein[48]. Dem entspricht das zweite ἐγίνετο am Ende des Satzes, wodurch Lukas eine Klammerung beider Satzteile in V. 43 erreicht. Dieses Nebeneinander entspricht der lukanischen Vorliebe[49] für diese Begrifflichkeit, mit der er Epiphaniereaktionen gern bezeichnet[50]. Bemerkenswert ist freilich, daß die Aussage über die Epiphaniefurcht der über geschehende »Zeichen und Wunder« vorangeht, nicht, was üblicherweise der Fall ist, dieser folgt[51]. Wegen dieser Umkehrung kann man vermuten, daß sich V. 43a nicht allein auf V. 43b beziehen soll, sondern weiter greift. Zur Klärung läßt sich Apg 5,11 heranziehen[52], wo eine ähnliche Bemerkung über die Reaktion auf das Strafwundergeschehen 5,1-10 (vgl. 5,5b) verbreitert wird auf "die ganze Kirche" (ἐφ' ὅλην τὴν ἐκκλησίαν) und auf »alle, die das hörten«[53]. Diese Verbreiterung steht auf einer Linie mit ähnlichen Schilderungen Lk 1,65; Apg 19,17, wo Epiphaniefurcht nicht allein als Reaktion auf wundersames Geschehen geschildert wird, sondern das Handeln Gottes als solches erzählerisch bestätigt. Von daher wird man in 2,43a die Bestätigung und Reaktion auf das sich im (V. 42 geschilderten) Gemeindeleben manifestierenden Handeln Gottes sehen können. Zu diesem Handeln Gottes gehören auch die »Wunder und Zeichen« durch die Apostel. Lukas greift damit dem Folgenden (3,1-11) voraus. Allerdings hält er die Verbindung mit V. 42 durch die Klammerung mit V. 43a über das Motiv der Epiphaniefurcht.

Diese Annahme wird durch die Analyse der Struktur des Sammelberichtes *2,42-47* bestätigt. Nach rückwärts grenzt die Wachstumsnotiz V. 41fin (vgl. analog V. 47fin) V. 42 deutlich ab. Man wird also V. 42 kaum zu

---

48 Zu dem Neueinsatz vgl. *Schneider*, Apg I, 287.
49 Vgl. *Balz*, EWNT III, 1036.
50 Siehe Apg 5,5.11; 19,17; Lk 5,26; 7,16; 8,37; vgl. 1,12.65; 2,9 und die Furcht vor den Endereignissen Lk 21,26.
51 Jedoch ist diese wenig beachtete (siehe etwa *Schille*, Apg, 121: "nebengeordnetes Motiv") Umkehrung leicht zu übergehen, falls man den immerhin möglichen Strukturzwang innerhalb der Vv. 42-47 (Klammerung der Vv. 42f mit Hilfe von τῶν ἀποστόλων und der Vv. 44-47 mit Hilfe von ἐπὶ τὸ αὐτό, siehe *Pesch*, Apg I, 130) als für die Kompositon insgesamt so bestimmend auffaßt, daß die ungewöhnliche Aufeinanderfolge von daher erklärlich würde. Allerdings liegt hinsichtlich der Struktur die Annahme näher, daß durch V. 43 der V. 42 von Vv. 44-47 getrennt werden soll (siehe *Zimmermann - Kliesch*, Methodenlehre, 259). Man versucht die Umkehrung auch dadurch zu erklären, daß man innerhalb des Satzes eine kausale Bestimmung herstellt, siehe dazu die Kritik bei *Nielsen*, Heilung, 181, Anm. 335.
52 In 5,11f geht die Notiz über die Epiphaniefurcht zwar der »Zeichen und Wunder«-Nennung (der äußeren Abfolge nach) ebenfalls voraus, aber mit dem bedeutsamen Unterschied, daß jene sich als Abschluß (und Reaktion) des Geschehens 5,(1-6.)7-10 versteht in Analogie zur Bemerkung 5,5b (dazu siehe gleich).
53 Dies stellt allein schon eine Steigerung gegenüber V. 5b dar, wo nur von der Reaktion der Anwesenden (ἐπὶ πάντας τοὺς ἀκούοντας) die Rede ist, vgl. dazu *Schneider*, Apg I, 375, Anm. 50.

V. 41 ziehen können⁵⁴. Als "Übergangsvers"⁵⁵ kann man V. 42 insofern bezeichnen, als er grammatisch an V. 41 anschließt und mit dem Begriff διδαχὴ τῶν ἀποστόλων auf die Petrusrede zurückgreift⁵⁶. Die allgemeine Zustandsbeschreibung (siehe die coniugatio periphrastica) führt Lukas V. 43-47 aus⁵⁷. So entsprechen innerhalb der vier Dativ-Konstruktionen dem zweiten Glied (κοινωνία) die Vv. 44f, dem dritten (κλάσις τοῦ ἄρτου) V. 46b, dem vierten (αἱ προσευχαί) das einmütige Zusammensein im Tempel V. 46⁵⁸, wobei das ἦσαν προσκαρτεροῦντες seine Entsprechung im προσκαρτεροῦντες V. 46 besitzt. Ferner entspricht dem Motiv der Epiphaniefurcht V. 43a die doppelte Bemerkung V. 47a, und zwar auf seiten der Gemeinde αἰνοῦντες τὸν θεόν⁵⁹ und vom »ganzen Volk« her (siehe πάσῃ ψυχῇ V. 43a) die den Christen zukommende Gunst (χάρις). Keine direkte Entsprechung innerhalb des Abschnitts besitzen das erste Glied (διδαχὴ τῶν ἀποστόλων), was aber aus der vorausgehenden Petrusrede erklärlich ist⁶², und die allgemeine Bemerkung über »Wunder und Zeichen«.

---

54 Gegen *Bauernfeind*, Apg, 54.
55 So *Haenchen*, Apg, 192.
56 Vgl. die Verwendung des Begriffs διδαχή in 5,28 samt Kontext; 13,12 [διδαχὴ τοῦ κυρίου, vgl. Lk 4,32 (par Mk 1,22)]; 17,19.
57 Die im folgenden notierten Entsprechungen sind Beobachtungen auf der synchronen Ebene des Textes, die aber nicht im Sinne einer diachronen Analyse ausgewertet werden können. Dementsprechend berührt sich das Folgende mit der Analyse von *Zimmermann*, BZ 5, 75ff [und mit der erneuten formgeschichtlichen Untersuchung von *Brehm*, JSWT 33, 29-40], ohne daß vergleichbare traditionsgeschichtliche Schlüsse (Ausgestaltung älteren Materials, siehe *Zimmermann*, ebd., 79-82) gezogen werden. Denn Stil, Sprache und Funktion der Summarien zeigen lukanische Eigentümlichkeiten, vgl. dazu und zur Diskussion um die Entstehung der Summarien *Schneider*, Apg I, 105f, vgl. noch *Praeder*, SBL.SP 1981, 269-292.
58 Siehe 1,14 und vgl. 3,1.
59 Vgl. das Nebeneinander von Lob Gottes und Epiphaniegeschehen Lk 19,37; Apg 3,8f; vgl. Lk 24,53v.l.; 2,13.20. Die Belege sprechen jedenfalls gegen eine Entsprechung zwischen »Gebete« und »Lob Gottes« (gegen *Zimmermann*, ebd.).
60 Die Wendung χάριν ἔχειν πρός + Akkusativ ist im Neuen Testament und der verwandten Literatur [vgl. s.v. χάρις *Liddell - Scott*, 1978f (II.2, III); *Bauer - Aland*, 1750 (2a.b)] singulär. Gegen die communis opinio der Auslegung vertritt *Andersen*, NTS 34, 604-610, erneut (vgl. *Cheetham*, ET 74, 214f; *Gamba*, Sal. 43, 45-70) die Auffassung (vgl. die Übersetzung der Vulgata), das Volk sei Empfänger der Gunst (erwogen auch von *Pesch*, Apg I, 132, Anm. 32). Hierzu verweist *Andersen* besonders auf die Vorkommen der Konstruktion χάρις πρός + Akkusativ bei Josephus (Vita 252. 339; Ant 6, 86; 12, 124; 14, 146. 148) und Philo (Conf 116; Abr 118; LegGai 296). Aber trotz der grammatischen Probleme (zu πρός + Akkusativ siehe *Bauer - Aland*, 1422 s.v. 4) wird man an der geläufigen Deutung festhalten müssen, da die Aussagen in analogem Kontext (neben 2,47 Apg 4,21, 5,13f; 5,26) deutlich zeigen, was Lukas aussagen will.
61 "Die Gunst ist das Pendant zum Furchtmotiv" (*Conzelmann*, Apg, 37).
62 Siehe oben S. 82. — Daß dem Begriff »Lehre der Apostel« die Wendung »einmütig im Tempel verharren« entspreche, halte ich für nicht überzeugend, gegen *Zimmermann*, BZ 5, 75. Denn der Tempel ist zwar "die Lehrstätte der Apostel (vgl. Apg 3,11; 4,2; 5,21.25.42)" (ebd.), aber der

Diese aber wird im folgenden (3,1-11) durch ein Beispiel konkret gefüllt[63]. Keinen direkten Rückbezug (abgesehen von V. 41 fin) hat die Wachstumsnotiz V. 47fin. Zieht man jedoch die Erwägungen zur Beziehung, die zwischen V. 22 und 2,37-41 besteht[64], heran, so könnte Lukas auch innerhalb dieses Abschnitts (V. 42-47) eine Verbindung zwischen »Wunder und Zeichen«-Bemerkung und Wachstumsnotiz beabsichtigen. Für diese Annahme spricht möglicherweise die Zweiteilung des Abschnitts mit dem Scharnier im Begriff der πιστεύοντες V. 44: In den Vv. 42f, die strenggenommen von V. (37-)41 her auf die Neubekehrten abzielen, erscheint das Wunder und Zeichen-Motiv, im Abschnitt V. 44-47 folgt mit der Wachstumsnotiz parallel das Umkehrmotiv.

Diese Beobachtungen ergeben zwar eine enge Verbindung zwischen dem Wunder und Zeichen-Motiv und dem Umkehrmotiv, aber nicht die direkte Folgerung, daß es allein aufgrund des Wunderwirkens der Apostel zum Wachstum der Gemeinde komme[65]. Vielmehr stellt Lukas das »Wunder und Zeichen«-Geschehen durch die Apostel als Teil der in der Gemeinde wirksamen Kraft Gottes dar. Diese Anordnung enthält das kritische Moment, welches im folgenden in direkter Aufeinanderfolge ausgebreitet wird (vgl. noch 3,16), einerseits das Wunderwirken der Apostel mit seiner besonderen Außenwirkung darzustellen, andererseits dieses aber einzuordnen in die kraftvolle Gegenwart Gottes innerhalb der Gemeinde. Dadurch verliert das Wunderwirken seine absolute Bedeutung und wird zum Bekehrung hervorrufenden Zeichen auf der Erde unten (vgl. 2,19.21).

Im Blick auf die beiden τέρατα καὶ σημεῖα-Nennungen (V. 19.22) ergibt sich eine gleichartige Funktionsbestimmung, die zum σημεῖα-Begriff hin ausschlägt. Der Doppelbegriff bezeichnet Geschehen, das von Gott verursacht und in dem daher göttliche Epiphanie zeichenhaft erkennbar wird, welches Anlaß zur Umkehr wird. In V. 19ff liegt dieser Zusammenhang, bedingt durch die Struktur des Joel-Textes, die kompositionsleitend ist, weniger klar offen, als dies im Rekurs auf das irdische Wirken Jesu mit

Begriff διδαχή greift doch im Zusammenhang von V. 42 über die Bezeichnung der Lehrtätigkeit hinaus und meint im Zusammenhang den Inhalt (vgl. *Conzelmann*, Apg, 37). Daß in V. 46 (und 5,12f) von Einmütigkeit die Rede ist, führt nicht unbedingt zum Begriff der κοινωνία V. 42 (anders *Zimmermann*, ebd.). Denn der Begriff bezeichnet die Einheitlichkeit der Gruppe (siehe 1,14; 4,24; 8,6; 15,25; vgl. 12,20), was in der Kennzeichnung gegnerischen Verhaltens (7,57; 18,12; 19,29) deutlich wird. Auch 4,32 spricht nicht gegen diese Deutung. Denn an dieser Stelle stehen Einmütigkeit und Gütergemeinschaft parallel. Im Blick auf die lukanische Gegenwart ist das erste die vordringliche Forderung, wie die mehrfache Erwähnung zeigt, das zweite die besondere, wenn auch nicht nur auf das Ideal gerichtete (anders *Conzelmann*, Mitte, 218), was aus dem Evangelium hervorgeht.

63 Eine ähnliche Beziehung zwischen der Heilungserzählung und dem Zeichen und Wunder-Motiv ergibt sich aus 4,30, wo diesem in Rückgriff auf 3,1-11 das Heilungsmotiv (vgl. 4,22) vorangestellt wird, dazu siehe unten S. 90. 91, Anm. 105.
64 Siehe oben S. 80f.
65 Zu dem Summarium 5,12-16, das gegen diese Annahme sprechen könnte, siehe unten S. 95f. Zum Problem vgl. noch unten S. 111-115.

Hilfe der Hinweis- und Erinnerungsformeln (ἐν μέσῳ ὑμῶν καθὼς αὐτοὶ οἴδατε V. 22 und τοῦτο ὃ ὑμεῖς βλέπετε καὶ ἀκούετε V. 33) der Fall ist. Den Zusammenhang zwischen Wundergeschehen, durch welches göttliche Kraft offenbar wird, und Umkehr verdichtet Lukas mit 2,43 in der Anwendung auf »Wunder und Zeichen«, die durch die Apostel geschehen. *Zusammenfassend* kann man also davon ausgehen, daß zum einen die drei Vorkommen von τέρατα – σημεῖα zusammen zu sehen sind und überhaupt in einer Beziehung zueinander stehen[66]. Es läßt sich feststellen, daß Lukas zum anderen in Apg 2 sowohl das Wunderwirken Jesu (V. 22) als auch das der Apostel (V. 43) an die prophetische Ansage V. 19 (Wunder im Himmel oben – Zeichen auf der Erde unten) anbindet. Außerdem läßt sich nicht bezweifeln, daß Lukas das τέρατα καὶ σημεῖα-Motiv in den Zusammenhang von Umkehr und Zum-Glauben-Kommen stellt. Näherhin ist beachtenswert, daß Lukas nicht nur die Krafttaten Jesu auf ihren Ursprung in der Kraft Gottes zurückführt, wie aus dem Evangelium bekannt ist[67], sondern auch die der Apostel in diese Linie einordnet, wenn er sie auch nicht mit jenen gleichstellt[68]. Die Gleichsetzung der Wunder der Apostel mit den Wundern Jesu vermeidet Lukas, indem er mit 2,43 das τέρατα καὶ σημεῖα-Geschehen in die allgemeine Zustandsbeschreibung des Gemeindelebens einordnet und dieses im folgenden eindeutig auf das Wirken im Namen Jesu zurückführt (siehe 3,6.12; 4,10.30; vgl. 9,34; 16,18).

3.1.2.2 Wunder und Zeichen im Zusammenhang der Legitimationsfrage

Schon aus der Zusammenschau von 2,22.43 läßt sich der Fragekreis herführen, ob mit dem τέρατα καὶ σημεῖα-Motiv das Apostelwirken als Wirken der Apostel oder auch als Wirken der christlichen Wundertäter selbst legitimiert werde. In diesen Fragekreis spielt auch das Problem der Konkurrenz zu magischen Thaumaturgen hinein. Im Rückgriff auf 2,22[69] scheint die Annahme möglich, das mit τέρατα καὶ σημεῖα die Funktion eines Beglaubigungserweises formuliert wird. Aber das Vorkommen in 2,43 deckt diese Annahme nicht ab. Denn in 2,43 steht ja gerade nicht der Ausweis der Apostel durch »Wunder und Zeichen« im Vordergrund[70], sondern das sich in der frühen Gemeinde realisierende Geschehen, zu dem unter anderem, wenn auch an hervorgehobener Stelle[71], »Wunder und Zeichen« (durch die Apostel) gehören, aber eben als die sich in der Gemeinde manifestierende Kraft Gottes.

Dieses Thema nimmt Lukas *Apg 3,16* im Anschluß an die Erzählung von der Gelähmtenheilung (3,1-11) noch einmal auf: Der einseitig magischen

---

66 Gegen *Nielsen*, Heilung, 170.
67 Vgl. *Busse*, Wunder, 472-485.
68 Auch im Fortgang der Apostelgeschichte geschieht dies nur annäherungsweise, siehe etwa 8,13 in bezug auf Philippos, vgl. dazu unten S. 100f.
69 Jesus als ἀνὴρ ἀποδεδειγμένος ... δυνάμεσι καὶ τέρασι καὶ σημείοις.
70 Vgl. die Reihenfolge φόβος – τέρατα καὶ σημεῖα und siehe oben S. 81f.
71 Vgl. neben dem nächsten Kontext (V. 44-47) die Bedeutung des Beispiels 3,1-11 für den Zusammenhang Apg 3/4.

Anschauung, die Apostel (Petrus und Johannes) selbst[72] hätten in eigener Kraft und Frömmigkeit den Gelähmten geheilt, tritt Lukas[73] mit der direkten Interpretation der Gelähmtenheilung[74] entgegen. Die Bestreitung liegt in der Sache durchaus auf der Linie von 2,43. Allerdings ist die Aussage 3,16 in ihrem Einzelbezug auf 3,1-11 nicht völlig deutlich. Einerseits ist von der Heilungserzählung, insbesondere von V. 6 her deutlich, daß mit der zweimaligen Erwähnung des Glaubens (ἐπὶ τῇ πίστει τοῦ ὀνόματος αὐτοῦ [sc. ἰησοῦ χριστοῦ] und ἡ πίστις ἡ δι' αὐτοῦ [sc. τοῦ ὀνόματος ἰησοῦ χριστοῦ]) nicht unmittelbar der Glaube des Geheilten gemeint sein kann[75] (siehe hingegen 14,9). Andererseits wird sich der Begriff auch nicht ausschließlich auf den Glauben der Wundertäter beziehen[76], etwa im Sinne des Glaubens der Apostel an die durch den Namen wirksame Kraft[77]. Überhaupt scheint mir fraglich, ob die Zuweisung des Glaubensbegriffes einseitig alternativ an Petrus (und Johannes) oder den Gelähmten vorgenommen werden sollte, und ob der Doppelsatz "gewiß nicht Verschiedenes" meint.[78] Von 3,12 her liegt es näher, an eine Verhältnisbestimmung zwischen dem Heilung wirkenden Namen Jesu und dem Wirken der Apostel zu denken[79]. Als Gegenbegriff zu ἰδίᾳ δυνάμει ἢ εὐσεβείᾳ (3,12)[80], das zu-

---

72 Siehe V. 11: ἔκθαμβοι; V. 12: τί θαυμάζετε ... τί ἀτενίζετε ...;
73 *Wilckens*, Missionsreden, 41f, hat 3,16 als ursprünglichen Abschluß der Wundererzählung bestimmt. 3,16 ist zwar ein (lukanischer, so *Haenchen*, Apg, 205f; *Roloff*, Kerygma, 197, Anm. 318; *Schneider*, Apg I, 298) Einschub, wie der bruchlose Übergang von 3,15 zu 3,17 zeigt. Aber in 3,1-10 ist von der πίστις des Gelähmten wenigstens ausdrücklich keine Rede. Außerdem gehört die Deutung des Wunders nicht zum notwendigen Forminventar von Wundererzählungen (vgl. in dieser Funktion auch 2,15).
74 Zur Diskussion um diese umstrittene Stelle siehe *Neirynck*, Miracle Stories, 871-879.
75 Gegen *Haenchen*, Apg, 206; *Schenk*, Glaube, 79 (mit Verweis v.a. auf Lk 5,20 par Mk 2,5); *Wilckens*, Missionsreden, 41, Anm. 1; 42.
76 So aber *Kanda*, Form, 52f.
77 So *Preuschen*, Apg, 20.
78 *Bauernfeind*, Apg, 64; vgl. ebd. auch zu der genannten Alternative, die er in der Schwebe läßt.
79 Vgl. *Roloff*, Kerygma, 196f; *Schneider*, Apg I, 320; *Täger*, Mensch, 217ff.
80 Wie es zu dem Nebeneinander von ἰδίᾳ δυνάμει und εὐσεβείᾳ kommt, ist unklar, zumal sich dieses Nebeneinander in bezug auf Wunder- oder Heilungsgeschehen m. W. nicht nachweisen läßt (vgl. zum Begriff und Vorkommen im Neuen Testament und der verwandten Literatur *Foerster*, ThWNT VII, 175-184; *Kaufmann-Bühler*, RAC VI, 985-1052). Allerdings können Schnelligkeit und Größe, mit denen die Voraussage eines (Straf-)Wundergeschehens eintritt, die εὐσέβεια τοῦ προφήτου ausweisen (χρησαμένου θεῷ μάρτυρι τῆς περὶ τοὺς χρησμοὺς ἀληθείας), so Philo, VitMos II, 284. Die Frage nach Herkunft und Bedeutung wird in der Forschung kaum aufgeworfen (vgl. nur *Foerster*, ebd., 180,44f). Die wenigen Deutungen, die sich mit dem Problem beschäftigen, entfernen sich doch recht weit vom Text. Dies gilt sowohl für die Auffassung, im Hintergrund stehe die Möglichkeit, durch eigene Frömmigkeit die Gottheit zu beeinflussen und diese dadurch zur Heilung zu veranlassen (so *Haenchen*, Apg, 204; *Roloff*, Apg, 74; *Barrett*, Light, 291) als auch, mit der ersten verwandt, es sei an ein "Erhörungswunder" zu denken, das "dem 'Frommen' zuteil" werde (so *Pesch*, Apg I, 152 Anm. 10). Näher liegt es, an der Aufeinander-

nächst in der negativen Formulierung antimagisch gemeint ist[81], wird positiv der Glaube als Voraussetzung der wirksamen Mittlerschaft des Namens Jesus Christus genannt. Die beiden Begriffe δύναμις und εὐσέβεια und die beiden πίστις-Ausführungen stehen zueinander in einer chiastischen Entsprechung: Die Frömmigkeit, welche die Heilung ermöglicht, wird ausgeführt als die aufgrund des Glaubens; die Kraft, welche wirksam ist, als der Glaube, durch den der Name wirksam wird. Doch mit dieser zunächst lediglich textbezogenen Beobachtung wird die Schwierigkeit nicht gelöst, 3,16 einerseits innerhalb des Kontextes der Erzählung von der Gelähmtenheilung und andererseits im Zusammenhang der theozentrischen Interpretation der Wunder und Zeichen, die durch die Apostel geschehen, zu verstehen. Denn das Verständnis des Glaubens als der Annahme des Umkehrrufes und des Empfangs des Heils, das an einem Großteil der πίστις/πιστεύειν-Belege der Apostelgeschichte verifiziert werden kann und das in 14,9 direkt vorliegt (πίστις τοῦ σωθῆναι), kann mit der Aussage von 3,16 nicht völlig zur Deckung gebracht werden. Beobachtungen zur literarischen Funktion und zur literarischen Form des Textes können hier weiterführen. Das Glaubensmotiv paßt weder spannungsfrei in den nächsten Kontext noch glatt zur Gelähmtenheilung. Denn das entscheidende Gewicht in 3,16 trägt der Begriff der πίστις, nicht der Name.[82] 3,16 erfüllt allerdings die Funktion, gerade das Verhältnis zwischen Glaube und Name zu erhellen. Damit wird die Intention des Abschnittes 3,12-26 in der Form der Missionsrede genau getroffen (vgl. V. 19).[83] Im Blick auf die Anfangsfrage V. 12 läßt sich somit festhalten, daß »Wunder und Zeichen« (als Einzelbeispiel steht die Gelähmtenheilung) das Wirken der Apostel als durch Gott legitimiert ausweisen. In diesem Zusammenhang ist der neuerliche (siehe oben zu 2,22) Verweis auf die Augenzeugenschaft[84] der Zuschauer beachtenswert. Denn

---

folge von εὐσέβεια und δοξάζειν (V. 12f) anzusetzen (so auch *Gewieß*, Heilsverkündigung, 48f): Weder eigene Wunderkraft noch (hervorragende) Gottverbundenheit haben zu der Heilung geführt, sondern [zur Kompositionstechnik Mißverständnis in Frageform - positive Antwort vgl. 1,6f; 1,11; 2,15.16-21; 3,5f; 14,15] Gott hat seinen Knecht Jesus verherrlicht (im fast johanneischen Sinn, vgl. Joh 8,54; 13,32; 16,14; 17,1.5 u.ö.). Dies bedeutet im Blick auf V. 12, daß im Hintergrund der Gedanke steht, in der Heilung aufgrund des Namens sei die göttliche Doxa präsent, woran wiederum V. 16 anschließt (dazu siehe im Text). Im Vergleich mit 4,7 läßt sich so auch εὐσέβεια als sinnvoller Gegenbegriff zu ὄνομα bestimmen. Hinsichtlich der Kompositionstechnik in 3,12-16 gelingt Lukas auf dieser Grundlage mit Hilfe des Begriffes εὐσέβεια der Anschluß der kerygmatischen Formel 3,13ff, freilich nicht ohne Spannungen.
81 Vgl. *Böcher*, Christus Exorcista, 88f, und zum Hintergrund *ders.*, Dämonenfurcht, 147f; zur Stelle siehe *Conzelmann*, Apg, 39.
82 So *Bauernfeind*, Apg, 64, siehe dagegen *Wilckens*, Missionsreden, 41.
83 Zur Sache vgl. *Bauernfeind*, ebd.; *Haenchen*, Apg, 206. Die Folgerungen ergeben sich unabhängig von der literar- und traditionsgeschichtlichen Analyse des Abschnittes, vgl. dazu im Überblick *Schneider*, Apg I, 312-316.
84 Der Relativsatz ὃν θεωρεῖτε καὶ οἴδατε dient wohl nicht nur der kompositionellen Einbindung (im Rückgriff auf 3,10). Durch ihre Augenzeugenschaft an der Heilung sind die Zuschauer auch Zeugen des darin zum Aus-

das Ineinander von zeichenhaftem Heilungsereignis und Verkündigungsinhalt (Kerygma) in 3,12-16 bietet mit Hilfe dieses Motivs der Augenzeugenschaft den Anknüpfungspunkt zum Umkehr- und Bekehrungsaufruf V. 17[85]. Darin steht das Motiv der Augenzeugenschaft dem auf das Kerygma bezogenen ἄγνοια-Motiv[86] (V. 17) gegenüber und hebt dieses über die Einsicht in die bei der Heilung wirksamen Kraft und Frömmigkeit aufgrund der πίστις auf.

Die Heilung legitimiert somit die Verkündigung der Apostel, ist jedoch als Zeichenerweis der Verkündigung unter- oder mindestens nebengeordnet. Von einer Unterordnung läßt sich insofern sprechen, als die Heilungserzählung dem Zweck dient, Verkündigung und daraus folgend Bekehrungsgeschehen vorzubereiten. Der Verkündigung ist die Heilung nebengeordnet in dem Sinne, daß aus ihr erkennbar, d.h. zeichenhaft vorgeführt wird, daß in der Heilung das Kerygma wirksam ist und damit auch für der Gemeinde gegenüber Außenstehende einsichtig wird.

Der vordringliche *Zeichen*-Charakter der τέρατα καὶ σημεῖα wird im Folgenden der Apostelgeschichte weiter (siehe oben zu 2,19 und zu 2,22) ausgeführt und ausdrücklich in *4,16.22* betont im Anschluß an die Heilungserzählung (3,1-11), welche als Einzelbeispiel der »Wunder und Zeichen« verstanden wird[87]. Denn ähnlich den Ausführungen in 2,22 in bezug auf die Krafttaten Jesu mit καθὼς αὐτοὶ οἴδατε wird in 4,16 die Heilung des Gelähmten als ein 'unleugbares Zeichen' [γνωστὸν (vgl. 4,10 !) σημεῖον] bezeichnet, das allen in Jerusalem 'offenkundig' [φανερόν] ist und (wegen der Anwesenheit des Geheilten)[88] nicht bestritten werden kann, und dies wird in 4,22 noch einmal herausgestellt (τὸ σημεῖον τοῦτο τῆς ἰάσεως).

Die Verwendung des Begriffes σημεῖον[89] in Apg 4 führt über die Wunderthematik hinaus in den Zusammenhang von Wunder und Verkündigung. Dies geschieht zum einen analog der Aufeinanderfolge von Wunder (3,1-11) und Verkündigung (3,12-26) und der Verschränkung der beiden Themen in Kapitel 3 (vgl. 3,12.16). Zum anderen durch die in Apg 4 das Thema der (Einzel-)Heilung übergreifende Ausrichtung auf die Verkündigung ἐν τῷ Ἰησοῦ, sowohl in der allgemeinen Darstellung zur Verkündigung der Auferstehung 4,1-4 als auch in der speziellen, der auf das Ver-

---

druck kommenden Geschehens, ähnlich 2,22 (vgl. noch die Entsprechung zwischen der Zeugenschaft der Apostel V. 15 und der Augenzeugenschaft der Zuschauer V. 16fin ἀπέναντι πάντων ὑμῶν).

85 Das καὶ νῦν ist Folgerungspartikel, keine Interjektion (vgl. *Blaß-Debrunner-Rehkopf*, 443, Anm. 26 gegen *Jeremias*, ZNW 38, 119f).
86 Siehe dazu 13,27; 17,30 (ähnlich Lk[-Red.] 23,34, vgl. *Schneider*, Apg I, 322, Anm. 72) und vgl. *Wilckens*, Missionsreden, 134; *Conzelmann*, Mitte, 84f; *Pesch*, Apg I, 154.
87 Siehe oben zu 2,43, S. 84.
88 Es wird in 4,19f nicht auf die Notwendigkeit zweier Zeugen im Sinne einer Zeugenschaft für das geschehene Wunder angespielt. Die Zeugenschaft gilt als Zeugenschaft der Auferstehung (siehe 5,32), vgl. unten Anm. 98.
89 Als Einzelbegriff in der Apostelgeschichte nur noch im Plural 8,6, vgl. 8,13 (verbunden mit δυνάμεις).

bot folgenden Verkündigung in Freimütigkeit V. 17-21[90]. Dieser Verschränkung der beiden Themen innerhalb des Aufbaus entspricht es, daß in 4,9[91] die Heilung (gedeutet als εὐεργεσία ἀνθρώπου ἀσθενοῦς, vgl. 10,38b) in umfassendem Sinn, als »gerettet werden« (σεσῶσθαι) bezeichnet[92] und im doppelten Sinn einerseits als Heilung im Namen Jesu[93], andererseits durch die folgende Verkündigung samt Ausführung (V. 11f), als Heilsgeschehen[94] verstanden wird[95]. Innerhalb der beiden Themen (Verkündigung und Wunder) wird die Wunderthematik der Verkündigung zugeordnet. Dies ergibt sich in besonderer Weise aus der Verwendung des σημεῖον-Begriffes in seiner funktionalen Bedeutung: Die Wirksamkeit des Auferstandenen in der Heilung[96] gilt als die göttliche (vgl. V. 19) Bestätigung[97] der Verkündigung durch die Augenzeugen (vgl. V. 20) der Auferstehung[98]. Die Zuordnung von Heilungs- (und Wunder-)Tätigkeit der Apostel zu der der Verkündigung, die sich aus 4,1-22 indirekt erschließen läßt, wird innerhalb der (lukanisch geformten)[99] Gebetsbitte *4,29f*, die vorausgehende

90 Vgl. zum Aufbau *Haenchen*, Apg, 221; *Schneider*, Apg I, 342.
91 Der Vers stellt die Antwort auf die Frage 4,7 [»In welcher Kraft oder in welchem Namen habt ihr das getan?«] dar.
92 Vgl. dazu *Schrage*, EvTh 46, 197-214.
93 Siehe V. 10: ἐν τούτῳ οὗτος παρέστηκεν ἐνώπιον ὑμῶν ὑγιής. Zum Verständnis der Aussage ist es unerheblich, ob man ἐν τούτῳ auf ὀνόματι ἰησοῦ χριστοῦ (so *Bauernfeind*, Apg, 76; *Haenchen*, Apg, 215, Anm. 1; *Conzelmann*, Apg, 43) oder auf Jesus Christus selbst (so *Schneider*, Apg I, 347 Anm. 43) bezieht (vgl. das gleiche Problem in 3,16 ἡ πίστις δι' αὐτοῦ). Die Heilung im Namen wird als direktes Wirken des Auferstandenen interpretiert. Der Name steht für die Person (siehe *Bietenhard*, ThWNT V, 276,15-277,36).
94 Siehe V. 12b: οὐδὲ γὰρ ὄνομά ἐστιν ἕτερον τὸν οὐρανὸν τὸ δεδομένον ἐν ἀνθρώποις ἐν ᾧ δεῖ σωθῆναι ἡμᾶς.
95 Vgl. Apg 14,9: Der Glaube des Gelähmten ist die πίστις σωθῆναι.
96 Vgl. die Einfassung des Abschnittes 4,1-22 mit der Szene über die Verkündigung der Auferstehung zu Beginn und mit der Bemerkung über das Zeichen der Heilung am Schluß.
97 Diese Deutung wird neben den genannten Beobachtungen zu Aufbau und Thema von 4,1-22 und der Bestimmung der Funktion des σημεῖον (V. 16.22) gestützt durch eine Reihe von Anspielungen und Doppeldeutigkeiten: Vgl. den doppelten Bezug des τοῦτο V. 7 sowohl auf die Verkündigung V. 2 als auch, so die Petrusantwort V. 8-10, auf das Heilungsgeschehen 3,1-11 (Vgl. hierzu auch den Bezug von V. 17a auf das durch die Apostel geschehene γνωστὸν σημεῖον [vgl. γνωστὸν ἔστω V. 10] das Verkündigungsverbot, das dem Zeichen und daraus folgt); das Nebeneinander von ἐγείρειν zur Bezeichnung des Auferweckungsgeschehens und des gesund Dastehenden (παρέστηκεν ὑγιής), dessen Heilung zufolge 3,7 (vgl. 3,6 v.l.) als ἤγειρεν benannt wird.
98 Die Apostel sind Zeugen des Wirkens Jesu (Apg 1,8; 1,21) und in ihrer Verkündigungsfunktion vor allem (vgl. Lk 24,46-48; Apg 1,21f) Zeugen der Auferstehung, siehe Apg 1,22; 2,(24.)32; 3,15; 4,2.10.33; 5,30ff; 10,39-42; 13,29ff; vgl. 2,40; 8,25; und zu Paulus als Christuszeugen 18,5; 20,21.24; 23,11, als Verkündiger der Auferstehung 17,3.18.31; 26,22f; zur Zeugenschaft des Paulus siehe noch 22,15.18 (vgl. V. 20); 26,16.
99 Die redaktionelle Herkunft der Vv. 29f ist weitgehend (anders *Pesch*, Apg I, 174f) unumstritten (vgl. nur *Weiser*, Apg I, 132; *Roloff*, Apg, 85) unabhängig von der Frage, ob (vgl. *Holtz*, Untersuchungen, 53f) und wieweit Lukas bei der Gestaltung des Gebetes (vgl. Jes 37,16-20; 2Kön 19,15-19; siehe

Darstellung weiterführend[100], deutlich: Die Verkündigung[101] soll der Gemeinde[102] dadurch gegeben werden, daß[103] Gott die Hand zur Heilung ausstrecke und »Zeichen und Wunder« durch den Namen Jesu geschehen. Das διδόναι der Missionsverkündigung an die Gemeinde wird also näher bestimmt[104] durch den Kraftbeweis Gottes in der Heilung und durch das Geschehen von »Zeichen und Wundern«. Dem liegt zum einen die Anschauung von Gottes Rettungs-Handeln in der Geschichte[105] zugrunde, das (von 4,30a her) beispielhaft und gegenwärtig an seiner Heilung bringenden Kraft sichtbar wird. Zum anderen fußt 4,30b (καὶ σημεῖα καὶ τέρατα γίνεσθαι διὰ κτλ.) auf dem Motiv von der Wirksamkeit des erhöhten Knechtes Gottes Jesus[106] in »Zeichen und Wundern«, welche durch seinen Namen geschehen. Hieran ist beachtlich, daß nicht die Befähigung der Verkünder (vgl. etwa Lk 9,2; 10,9) näher bestimmt wird, sondern die von Gott erbetene Ermöglichung zur Missionsverkündigung. Im Blick auf den Kontext (V. 29a ἔπιδε τὰς ἀπειλὰς αὐτῶν)[107] ist deutlich, daß diese Bitte um Ermöglichung zugleich als Bitte um Durchsetzung des Kerygmas angesicht der Bedrohung, die sich gegen die Verkündigung 'auf Grund des

dazu *Haenchen*, Apg, 223; *Conzelmann*, Apg, 37) und vor allem bei der christologischen Deutung von Ps 2,1f auf traditionelle Bestandteile (so *Rese*, Motive 96; *Wilckens*, Missionsreden, 230f) oder vorgeformte Überlieferung (wie Lk 23,6-16 zufolge *Dibelius*, Botschaft, 289f; *Bauernfeind*, Apg, 78f; so schon *Weidel*, ThStKr 85, 239 [siehe dazu *Rese*, ebd., 96, Anm. 14]) zurückgegriffen hat.
100 Zur Verklammerung von 4,23-31 mit Apg 3 und 4,1-22 siehe *Schneider*, Apg I, 354.
101 Zu λαλεῖν τὸν λόγον als terminus technicus der Missionssprache siehe *Haenchen*, Apg, 224 mit ebd., Anm. 6.
102 Nicht nur die Apostel sind mit δοῦλοί gemeint (gegen *Stählin*, Apg, 77), sondern die Gemeinde insgesamt (vgl. 2,18; 16,17). Dementsprechend wird die Erhörung der Gebetsbitte (V. 31) darin geschildert, daß alle (ἅπαντες) mit dem heiligen Geist erfüllt wurden und das Wort Gottes mit Freimut verkündeten, siehe dazu unten S. 92f.
103 Zu ἐν τῷ + Infinitiv als einer adverbialen Bestimmung zum Prädikat siehe *Blaß-Debrunner-Rehkopf*, 405,2, Anm. 6.
104 Mit ἐν τῷ wird mehr ausgedrückt als nur die Begleitung der Predigt, gegen *Haenchen*, Apg, 224.
105 In diesem Sinn schließt χεῖρα ἐκτείνειν εἰς ἴασιν nicht nur an den Kontext der Heilung 3,1-11 (vgl. 4,22) an, sondern in besonderer Weise auch an V. 28, nämlich daß die Hand und der Ratschluß (βουλή siehe 2,23; vgl. 13,36; 20,27; Lk 7,30) Gottes die Geschichte Jesu im voraus geplant hatte. Dieser Rückgriff und die weitere spezifische Verwendung des Begriffes »Hand Gottes« bei Lukas lassen es zumindest zweifelhaft erscheinen, daß Lukas in 4,30a bewußt auf die mit dem Exodusgeschehen verbundene LXX-Wendung vom Ausstrecken der Hand (oder des Armes, siehe Apg 13,17; vgl. übertragen Lk 1,51) Gottes anspielt. Aber auch wenn damit gerechnet wird, steht die Funktion »zur Heilung« der Annahme einer direkten soteriologischen Übertragung des Exodusgeschehens entgegen.
106 Vgl. zu παῖς θεοῦ bezogen auf Jesus die Reihe der Vorkommen 3,13.26; 4,27.30; zur Ausdrucksweise bei Lukas Kränkl, Knecht, (125-)127.
107 Siehe 4,17.21 mit direktem Bezug auf V. 27; vgl. zu V. 29 aber auch den Rückgriff auf 4,17.21 (mit *Haenchen*, Apg, 224) im Anklang an ἀπειλησώμεθα bzw. προσαπειλησάμενοι (siehe *Schneider*, Apg I, 360, Anm. 50).

Namens Jesu' (vgl. 4,2.10.17f) richtet, zu verstehen ist[108]. Der Gegensatz zwischen Bedrohung und Durchsetzung wird durch die Bitte um Freimut bei der Verkündigung verstärkt. Dieser Bitte geht es also um mehr als nur um eine bestimmte Verkündigungs*weise*.[109] Für die Durchsetzung werden Heilung und das Geschehen von »Zeichen und Wundern« nicht nur als förderlich[110] verstanden, sondern sie sollen die Verkündigung bestätigen. Wunder und Verkündigung werden an dieser Stelle (wie Apg 3-4) einander zugeordnet. Die »Zeichen und Wunder« sind darin der Verkündigung untergeordnet.

Wir treffen in 4,30 also auf eine Differenzierung der Vorstellungen: einerseits die Rückführung auf das in der Geschichte der Gemeinde, auch existentiell (zur Heilung) wirksam werdende Handeln Gottes, andererseits die Rückführung der »Zeichen und Wunder« auf die vermittels des Namens wirksame Kraft des erhöhten Christus. Von daher erscheint 4,23-31 als Zusammenfassung im Blick auf das Verhältnis von Wunder und Verkündigung. Insgesamt macht 4,29.30 den Eindruck, als habe Lukas hier einen Motivzusammenhang aufgebaut[111]. An dieser Stelle werden der Sache nach Leitbegriffe aus Apg 3-4 aufgenommen und in der Gebetsbitte gebündelt. Die formale Ausgestaltung des Abschnittes in der Form eines Gebetes weist außerdem darauf hin, daß an dieser Stelle eine grundlegende, programmatische Festlegung erfolgt. Beachtet man überdies die Stellung des Abschnittes im Gesamtkontext der Apostelgeschichte, so wird der literarische Abschluß- und Öffnungscharakter von 4,29f deutlich: Zum einen wird der Abschnitt 3,1-4,31 mit V. 31 abgeschlossen. Das Summarium über das Gemeindeleben 2,42-47 hat diesen vorbereitet. Seinen Beginn und zentralen Anlaß, auf den immer wieder zurückgegriffen wird, besitzt dieser Abschnitt in der Heilungserzählung 3,1-11. Zum anderen öffnet Lukas mit der neuerlichen Schilderung der Geistgabe V. 31 die Konzeption zur folgenden redundanten, zu Apg 3-4 fast parallelen Komposition hin, die bis 5,42 reicht. Diese Öffnungsfunktion der Gebetsbitte 4,23-31 ergibt sich auch im Blick auf den mit der Gebetsbitte verbundenen Sachverhalt.

Denn erstens wird das Geschehen von »Zeichen und Wundern« nur noch einmal, gleichsam als Haftpunkt, den (Jerusalemer) Aposteln zugewiesen (5,12), im übrigen aber auf den Ausweis anderer, des Stephanus (6,8, aber in umgekehrter Reihenfolge) sowie des Paulus und des Barnabas (14,3; 15,12) bezogen (vgl. noch von Philippos 8,13: »große Zeichen und

---

108 Dahinter steht das Schema aus 2,22ff; 3,15; 4,10; 10,39f; 13,28-30, auf das V. 27 anspielt.
109 Zur παρρησία/παρρησιάζειν des Verkündigers angesichts der direkten gegnerischen Bedrohung siehe (neben den einander entsprechenden Belegen 4,29.31) 4,13 (nach 4,5-8); 9,27.28; 13,46; 14,3; 19,8; 26,26. Außerhalb dieses Zusammenhanges begegnet der Begriff nur 18,26 (vgl. aber 18,28) von Apollos und von Paulus am Ende der Apostelgeschichte 28,31.
110 So aber *Schneider*, Apg I, 360.
111 Vgl. *Weiser*, Apg II, 343; zur Vielfalt der Motivelemente siehe *Dupont*, Etudes, 522.

Machttaten«)[112]. Zweitens geschehen die folgenden »Zeichen und Wunder« ausdrücklich unter dem Volk (ἐν τῷ λαῷ) resp. unter den Heiden (ἐν τοῖς ἔθνεσιν 15,12 vgl. von daher auch 14,3). Drittens werden die »Zeichen und Wunder« (in dieser Reihenfolge) im folgenden direkt Gott zugewiesen (siehe besonders 14,3; 15,12; vgl. hingegen 6,8; 7,36).
Diesen Öffnungs- und Abschlußcharakter von 4,29ff bestätigt eine Betrachtung von V. 31. Infolge der Gebetserhörung, welche im Beben der Erde ihren Ausdruck findet[113], werden alle mit Geist erfüllt und entsprechend der Bitte V. 29 verkünden sie mit Freimut das Wort Gottes. Trotz dieser Entsprechung wird man[114] weder von einem "zweiten Pfingstwunder" sprechen können oder von dessen Aktualisierung[115]. Denn obwohl die zu 2,4 parallele Ausdrucksweise (καὶ ἐπλήσθησαν πάντες ἅπαντες [τοῦ] πνεύματος ἁγίου) auffallend ist, folgt 4,31 gerade nicht das pneumatische Erlebnis (vgl. hingegen 10,44ff; 19,6). Noch kann die Geisterfüllung mit dem Doppelbegriff »Zeichen und Wunder« (V. 30) verbunden werden. Denn dem widerspricht die auf Heilung und Wundertaten ausgerichtete Wendung 4,30[116].

Innerhalb des vielschichtigen πνεῦμα-Verständnisses[117] in der Apostelgeschichte läßt sich die in 4,31 geschilderte Geisterfüllung am ehesten mit den Aussagen vergleichen, nach denen sich das Evangelium aufgrund der Verkündigung durch geisterfüllte Missionare[118] gegenüber gegnerischer Bedrohung durchsetzt[119] entsprechend dem Gegeneinander von 4,29. Kennzeichen dieser Verkündigung ist die παρρησία der Verkünder[120].

112 Die Wunder und Zeichen des Mose 7,36 können in diesem Zusammenhang von Wunder/Heilung - Verkündigung übergangen werden. Ihre Erwähnung ist fest in der Exodustradition verhaftet. Ihre Bedeutung für die lukanische Verwendung des Doppelbegriffes sollte nicht überbewertet werden (siehe oben S. 79f). Jedenfalls schient mir in 7,36 nicht der Typos einer *soteriologischen* Interpretation des Doppelbegriffes »Wunder und Zeichen« angelegt zu sein. Denn zum einen ist von den »Wundern und Zeichen« im Rahmen des Geschichtssummariums eher beiläufig die Rede, zum anderen steht der Doppelbegriff für das Auszugsgeschehen (vgl. das μετὰ βραχίονος ὑψηλοῦ 13,17). Allerdings zeigt die Umkehrung der Reihenfolge zu τέρατα καὶ σημεῖα (entgegen der Verwendung in der Exodustradition), daß Lukas, falls ihm der Text von 7,36 vorgegeben war (im Kontext von 7,35-43), diesen angeglichen oder andernfalls die Tradition selbst umformuliert hat.
113 Zum hellenistischen Hintergrund siehe *Conzelmann*, Apg, 44.
114 So *Schneider*, Apg I, 361.
115 So aber *Conzelmann*, Apg, 44.
116 Siehe noch unten zu 4,33.
117 Vgl. *Schweizer*, ThWNT VI, 401-413; *Kamlah*, ThBNT I, 484f; *Schneider*, Apg I, 256-260 (zur Literatur ebd.); *Berger*, TRE 12, 192ff.
118 Über Petrus vgl. 4,8; Stephanus 6,5 vgl. 6,3; Barnabas 11,24; Paulus 13,9 (vgl. 9,17).
119 Siehe 4,8 (Petrus); 6,10; 13,9, im Zusammenhang der Anm. 114 genannten Belege vgl. 13,52 und (mit *Schweizer*, ThWNT VI, 406, Anm. 492) 5,32. Vgl. außerdem 18,25 (über Apollos ζέων τῷ πνεύματι) im Gegensatz zur Geistverleihung an die Jünger durch Paulus 19,6 (siehe dazu *Wolter*, ZNW 78, 72).
120 Siehe oben Anm. 109 und vgl. *Beutler*, ThPh 43, 374 und zur Stelle *Haenchen*, Apg, 225.

Der Geist bzw. die Geisterfüllung stellt also zufolge 4,31 ein Missionsaktiv im Sinne der wirksamen Aktivierung[121] dar[122].

Im Blick auf den Fragekreis der Legitimation durch »Zeichen und Wunder« zählt der Geistbesitz nicht zur unmittelbaren Voraussetzung der Wundertaten oder Krafttaten[123] entgegen der Anschauung bei Paulus[124]. Vielmehr geschehen die Wundertaten aufgrund der Erfüllung mit χάρις und δύναμις[125], was wiederum 4,33 (vgl. die Stichworte δύναμις μεγάλη – χάρις[126] μεγάλη) entsprechend der Gebetsbitte 4,29.30 erhellt[127], wenn auch an dieser Stelle das Wortgeschehen im Akt der Zeugnisgabe auf die Apostel eingeschränkt wird.

Den Motivzusammenhang aus 4,29.30.33 nimmt Lukas bis in den Aufbau hinein in *14,3*[128] auf: Unter der Bedrohung durch »die« Juden (V. 2)[129] verkünden Paulus und Barnabas freimütig in Ikonium. Diese Verkündigung erfährt ihre Bestätigung im (von Gott gewirkten[130]) Geschehen von »Zeichen und Wundern« durch die Hände der Apostel Paulus und Barnabas. Die Bestätigung wird durch μαρτυρεῖν τῷ λόγῳ τῆς χάριτος als Legitimationsvorgang (vgl. 15,8) gekennzeichnet.

Von 14,3 her reiht sich die Notiz *15,12*[131] in die Aussagen über die göttliche Legitimation der Verkündigung ein, hier bezogen auf die Missions-

---

121 Der Begriff "Missionsaktiv" findet sich auch bei *Nielsen*, Heilung, 183 u.ö., in Anwendung auf die Heilungswunder, freilich in der Weise, daß er darunter eine Form der Missionstätigkeit versteht.
122 Siehe zu diesen Motiven 1Thess 1,5f, vgl. oben S. 58f.
123 So auch *Koch*, ZNW 77, 80, Anm. 46. In 13,9 gehört πλησθεὶς πνεύματος ἁγίου zur Erzähltopik, nicht zu den Voraussetzungen der Tat (vgl. in ähnlichem Zusammenhang die Rolle des Geistes gegenüber dem Satan in 5,1-11). Vgl. aber im Blick auf Jesus 10,38, siehe oben Anm. 38.
124 Gegen *Jervell*, SNTU 4, 66f. 75; ders., Paul in the Acts, 301 (samt ebd., Anm. 21).
125 So vor allem von Stephanus 6,8 im Gegenüber zu πλήρης πίστεως καὶ πνεύματος ἁγίου 6,5 (vgl. V. 3 und V. 10 σοφία und πνεῦμα), auch von Barnabas 11,24.
126 Lukas meint die χάρις Gottes, nicht die Gunst beim Volk, gegen *Preuschen*, Apg, 27; *Schmithals*, Apg, 54, siehe dazu oben S. 83, Anm. 60.
127 Für die Deutung von δύναμις in 4,33 auf »Zeichen und Wunder« und (damit) für einen Bezug auf V. 29.30 lassen sich folgende Gründe anführen:
1. die Terminologie (zu δύναμις als Kraft zur Heilung siehe 3,12; 4,7; 6,8);
2. die Topik der lukanischen Summarien (vgl. 2,43; 5,12).
128 Zur lukanischen Herkunft von 14,3 siehe *Nellessen*, Zeugnis, 261f; *Roloff*, Apg, 211; *Pesch*, Apg II, 50f.
129 Vgl. 9,23; 12,3.11; 13,45.50; 14,5.19; 17,5.13.
130 Zu διδόναι in diesem Zusammenhang siehe 4,29 und 2,19(!).
131 Für die lukanische Herkunft von 15,12(b) sprechen sowohl die Stellung im Kontext, vgl. V. 3.4 (trotz der unterschiedlichen Funktionen dieser Bemerkungen, siehe unten, Anm. 136), womit über 14,27 das Geschehen aus Apg 13f aufgenommen wird (und wodurch sich Lukas überhaupt auf eine knappe Bemerkung beschränken kann, siehe *Dibelius*, Apostelkonzil, 86), als auch die Durchformung des Verses (zu ἐξηγέομαι als einem lukanischen Berichtsterminus siehe *Schneider*, EWNT II, 15; zur Wendung ὅσα ἐποίησεν ὁ θεός siehe gleich) und möglicherweise auch, daß in 15,12 zum letzten Mal von »Zeichen und Wundern« die Rede ist (siehe dazu unten S. 116).

arbeit des Barnabas und Paulus[132] unter Heiden. Die Notiz bekräftigt die Grundthese[133] der (von Petrus vorgestellten) Heidenmission (V. 7b-9), daß Juden und Heiden auf dieselbe Weise (vgl. V. 9)[134] durch die Gnade Gottes gerettet werden (V. 11). Die Formulierung in 15,12 (ὅσα ἐποίησεν ὁ θεὸς σημεῖα καὶ τέρατα ἐν τοῖς ἔθνεσιν δι' αὐτῶν) hebt sich als Legitimationsaussage deutlich von den Berichtsnotizen 14,27; 15,4 (ὅσα ἐποίησεν ὁ θεὸς μετ' αὐτῶν) ab, was 14,27fin (καὶ ὅτι ἤνοιξεν τοῖς ἔθνεσιν θύραν πίστεως)[135] erhellt.[136]

3.1.2.3 Zeichen und Wunder im Spannungsfeld von Mission und nichtchristlicher Propaganda

Demgegenüber begegnet der Doppelbegriff »Zeichen und Wunder« im näheren Kontext von Wundersummarien, woraus man schließen könnte, nicht (nur) die Verkündigung der Missionare werde durch die Wundertaten legitimiert, sondern die Wundertaten weisen den Missionar selbst als legitimiert aus. Die recht deutlichen Belege für diese Auffassung sind Apg 5,12-16 und von der Sache her parallel, wenn auch ohne den »Zeichen und Wunder«-Begriff, 19,11f[-20] (vgl. 8,5-13). Diese Texte werden im folgenden behandelt. In dieser Untersuchung stellt sich für die Analyse vor allem die Frage nach der Funktion der Legitimationsformel in diesem Kontext und nach der lukanischen Intention ihrer Verwendung.

Einen weiteren Schritt weg von dem Legitimationszusammenhang zwischen Verkündigung und Wundertaten führen die Texte, denenzufolge

---

132 Die Notwendigkeit, die nach 13,7 veränderte Reihenfolge an dieser Stelle und 15,27 zu erklären, stellt sich in 14,12.14 (zusammen mit der Anwendung des Apostelbegriffes in 14,4.14) dringlicher als hier (siehe dazu unten S. 105f). Denn der Rückgriff auf 14,3(f) ist offensichtlich. Die nächstliegende Erklärung im Blick auf 15,12.25 ist die, daß sich in der Reihenfolge die Entsendung aus 13,2.3 niederschlägt (besonders deutlich in 15,25 gegenüber 15,22). Die Annahme, hier greife das Schema apostolischer Sukzession durch (so *Klein*, Apostel, 171ff), geht zu weit.
133 Vgl. das vom Bezug her schwierige ἀφ' ἡμερῶν ἀρχαίων ἐν ὑμῖν (V. 7b). Ist damit zwingend ein zurückliegendes Ereignis in Jerusalem gemeint (so etwa *Schneider*, Apg II, 180), also Apg 1,8 usw.? Oder ist eher an ein Geschehen gedacht, das durch Gottes Plan schon seit langer Zeit vorherbestimmt ist (vgl. Jes 37,26) und zu dem Gott unter den Aposteln den Petrus bestimmt hat, was diesem visionär mitgeteilt wurde (vgl. 10,9-16.28.30ff; 11,5-10.13f), wie sich ja auch im übrigen die Korneliuserzählung (Apg 10f), in ihrer "normative[n] Bedeutung" (*Dibelius*, Apostelkonzil, 85), in V. 7ff mitdenken läßt (vgl. dazu *Conzelmann*, Apg, 91)?
134 Zu weiteren Konvergenzen siehe *Beutler*, ThPh 43, 381f.
135 Allerdings ist von der Satzkonstruktion V. 27 her nicht klar, auf welche Weise und wieso μετ' αὐτῶν zufolge *Pesch*, Apg II, 65, Anm. 12, auf "die nachgenannten Heiden" bezogen werden soll.
136 Von diesen Aussagen zum Wirken Gottes "mit ihnen" (μετ' αὐτῶν; zum Stil siehe *Blaß-Debrunner-Rehkopf*, 227,3 und zur Deutung *Haenchen*, Apg, 420; *Conzelmann*, Apg, 89) lassen sich wiederum die Aussagen unterscheiden, in denen von dem Beistand Gottes (7,9 [Joseph]; 10,38 [Jesus]) oder der Hand Gottes (11,21 [hellenistische Missionare]) die Rede ist (vgl. *Schneider*, Apg II, 167, Anm. 38).

eine Wundertat zur Vergöttlichung der Missionare Anlaß gibt. Die Vergöttlichung wird zum Teil explizit kritisch bedacht (14,8-18), zum Teil aber auch, wenigstens aufs erste gesehen, als solche unkommentiert belassen (28,3-10).

Das Summarium 5,12-16[137] weist zunächst im Blick auf »Zeichen und Wunder« und deren Folge (siehe 2,43.47) in V. 12ff einen typischen Aufbau auf: »Zeichen und Wunder« geschehen unter dem Volk (V. 12), dies (samt der Verkündigung)[138] führt zu weiterem Wachstum der Gemeinde. In dieses Schema ist jedoch ein zweites Motiv eingewoben, das die Typik des Zum-Glauben-Kommens auf die Wundertaten der Apostel anzuwenden scheint. Darauf deuten das Nebeneinander von Zurückhaltung (V. 13a)[139], wenn auch oder gerade aus religiöser Scheu, und gottgleicher(!)[140] Verehrung der Apostel sowie deren Übersteigung im Zuwachs an Bekehrten (πιστεύοντες[141], V. 14). Dies wird durch die Heilungsnotiz (V. 15) über die erwartete (und wohl auch eingetretene) Wirkung schon allein des Petrusschattens ausgeführt (ὥστε) und der Sache nach wieder überstiegen durch die Ausweitung auf die Menge aus der Umgebung aus Jerusalem (V. 16). Diese Darstellung könnte den Eindruck vermitteln, die Wundertätigkeit der Apostel (vor allem des Petrus) führe sowohl zur Verehrung des Petrus als auch zu Wachstum sowie Ausweitung der Gemeinde (V. 13.16). Dieses Verständnis wehrt Lukas mit V. 14 einerseits direkt ab, wo durch die passivische Formulierung der Zuwachs der Gemeinde auf Gott zurückgeführt wird, vergleichbar den Wachstumsnotizen an anderer Stelle in der Apostelgeschichte. Andererseits zeigt V. 12a indirekt im Rückgriff auf 4,30, wie diese Heilungen verstanden werden sollen, nämlich als Wirkungen der Hand Gottes, ebenso wie die »Zeichen und Wunder« als Wirkun-

---

137 Zum lukanischem Charakter des Abschnittes, der möglicherweise mit V. 15 traditionelle Überlieferung enthält, siehe *Weiser*, Apg I, 149f.
138 Zu der »Halle Salomons« als Verkündigungsort siehe 3,11f.
139 Gegen die Auffassung *Haenchens*, Apg 240, und besonders *Schneiders*, Apg I, 380f, bezieht *Pesch*, Apg I, 206, οἱ λοιποί auf die christliche Gemeinde (unter Ausschluß der Apostel). Aber mit dieser Annahme verträgt sich nicht das einmütige Zusammensein (vgl. 2,46) aller (V. 12), das dann nur auf die Apostel zu beziehen wäre. Daß kein Widerspruch besteht zwischen den Übrigen (= Volk), die sich nicht den Aposteln anzuschließen [über die körperliche Annäherung (so Apg 8,29; 10,28) hinaus (wie 9,26; 17,34); vgl. zum Begriff *Taeger*, Mensch, 149f] wagen, und den Scharen aus dem Volk, die der Gemeinde zugetan werden, geht schon allein aus 17,34 hervor (gegen *Pesch*, ebd.). Wie geschickt Lukas an dieser Stelle mit den verschiedenen Motiven umgeht, hat *Haenchen*, ebd., gezeigt. Die Annahme, daß mit dieser Darstellung (V. 13f) eine Abstufung von Apostelkreis zu Sympathisanten beabsichtigt werde, was *Schwartz*, Bib. 64, 553ff analog dem Eintritt in die Qumran-Gemeinschaft herführen möchte, greift wohl zu weit.
140 Vgl. μεγαλύνειν in Anwendung auf Gott/Christus Lk 1,46; Apg 10,46; 19,17; Phil 1,20; vgl. die Substantive μεγαλειότης Lk 9,43; 2Petr 1,16; Apg 19,27 (von der Göttin Artemis) und μεγαλωσύνη Hebr 1,3; 8,1; Jud 25 und vgl. τὰ μεγαλεῖα τοῦ θεοῦ Apg 2,11.
141 Der Sinn von V. 14 deckt sich mit den entsprechenden Notizen in 2,47: " 'Der Herr' ist Subjekt des Hinzufügens" (so *Schneider*, Apg I, 381, Anm. 18, mit Verweis auf *Blaß-Debrunner-Rehkopf*, 191,1).

gen des Auferstandenen interpretiert werden (mit dem entsprechendem Umkehrmotiv V. 14). Die Nennung der »Zeichen und Wunder« hat nicht nur die verallgemeinernde Funktion im Blick auf 5,1-11 und 5,15, sondern auch eine regulative, das Verständnis der Apostelwunder betreffend. Daß Lukas in 5,12-16 dieses regulative Verständnis nicht stärker zum Ausdruck bringt[142], liegt wohl an der Gesamtkomposition des Abschnittes 4,32-5,42, für die der Zulauf, den die Apostel erfahren, wiederum (nach 3,11.26) zum Kulminationspunkt des Neides der Sadduzäer wird und demzufolge zur Verhaftung (5,18.26f), zum Verhör der Apostel (5,27) und zum Todesbeschluß (5,33)[143] führt.[144] Der Vergleich mit Apg 3-4 zeigt denn auch die Absicht des Lukas, zu betonen, daß die Apostel nicht aus eigener Kraft (3,12 vgl. 4,7) Wunder tun, sondern diese Wunder Wirkungen des Namens Jesus sind. Aber zugleich stellt Lukas unter dieser Rückbindung heraus, daß die Apostel ohne weiteres[145] außergewöhnliche Krafttaten auch im Sinne der Sendungslegitimation vorzuweisen haben, also Dynamisträger sind[146]. Die Qualifizierung der Krafttaten als Wirkung göttlichen Handelns ist dabei nicht nur ersichtlich aus dem Eintreten von Wunder oder Heilung, sondern auch aus dem Wachsen der Gemeinde, die das durch die Wundertätigen repräsentierte Werk als Vorhaben Gottes (βουλή)[147] darstellt (siehe 5,38f).

Das lukanische Parallelsummarium über die Schweißtücher des Paulus (*19,11f*) und die daran anschließende Komposition bringen dies unmittelbar zum Ausdruck[148]: Gott bewirkt nicht gewöhnliche Krafttaten (δυνάμεις οὐ τὰς τυχούσας) durch die Hände des Paulus (vgl. 5,12a), so daß sogar (ὥστε καί vgl. 5,15) des Paulus' Tücher Heilung bringen und exorzistisch wirken. Aber auch an dieser Stelle wird aus der Fortführung mit 19,13-17 deutlich, daß weder der Name Jesus magisch wirksam wird[149] noch die

---

142 Immerhin klingt mit der Nennung der Versammlungs- und Verkündigungsorte (dazu siehe oben Anm. 138) die Problematik von 3,12 an.
143 Vgl. das Motiv von sichtbarer Legitimation und Bedrohung in bezug auf Jesus 2,22ff und fortgeführt in bezug auf die Apostel 4,27ff, siehe oben S. 90ff.
144 Dennoch scheint mir die Bezeichnung (zufolge *Haacker*, ThB 19, 318f) "Apostelverfolgung" für den Gesamtabschnitt(?) "Kap. 5,12ff" doch etwas gewagt. Denn die Intensivierung der Verkündigung (= παρρησιάζειν ?) ist eine Folge der "Abwehr gegen die Verkündigung" und als solche unter der Bestätigung durch »Zeichen und Wunder« erbeten (zu ebd., 219; vgl. noch oben S. 90f.
145 Vgl. die Form des Summariums und dessen erzählerische Funktion.
146 Vgl. die religionsgeschichtlichen Belege bei *Van der Horst*, NTS 23, 207-211; *ders.*, Schatten, 28-35; *Böcher*, Christus Exorcista, 81 und ebd., Anm. 39; und zur Stelle *Stählin*, Apg, 86f.
147 Siehe 2,23; 4,28; 13,36; 20,27.
148 Um die verbreitete Annahme zu bestreiten, Lukas habe mit 19,11f eine Parallele zu 5,15 schaffen wollen, erhebt *Roloff*, Apg, 285, gerade die Rückführung der Dynamis auf Gott zum Differenzkriterium und übergeht damit die regulativen Hinweise 5,12.14 (vgl. auch die Auslegung ebd., 96ff).
149 Zur Beschwörungsformel siehe PGM 4, 3019f; vgl. ferner *Aune*, Magic, 1545ff.

Person des Paulus als solche als Kraftträger gelten kann. Vielmehr bedarf es zum wirksamen Exorzismus[150] der Befähigung und damit des Gesandtseins durch Gott. Das Erkennen dieser befähigenden Kraft, das sich aus dem Mißerfolg der jüdischen Exorzisten ergibt, beispielhaft an den Skeuas-Söhnen vorgeführt,[151] führt zu Bekehrung. Diese wird erzählerisch dargestellt zum einen (V. 18) im Eingeständnis und in der Mitteilung[152] der jetzt (vom Standpunkt der im Glauben Stehenden πεπιστευκότες[153]) als böse erkannten Taten (πράξεις) und zum anderen (V. 19) in dem Vollzug der Abkehr von diesen περίεργα im Verbrennen der Zauberbücher.[154] Die einer Wachstumsnotiz ähnliche Bemerkung V. 20 kon-

[150] Nach den Ausführungen zu 4,30 (siehe oben S. 90ff) ist klar, daß entscheidend ist, "*wer* sie [sc. die Beschwörungsformel] sagt" (*Klein*, Synkretismus, 279; Hervorhebung im Original); vgl. noch *Haenchen*, Apg, 542; *Conzelmann*, Apg, 120; *Schille*, Apg, 380. Freilich greift eine Auslegung zu weit, welche damit Paulus als "Repräsentant[en] der legitimen christlichen Kirche" (so *Haenchen*, ebd., gegen *Bauernfeind*, Apg, 230, Paulus stehe als hervorgehobene Ausnahme) oder als "legitime[n] Vertreter" "der kirchlichen Tradition" (*Klein*, ebd., 280) bestimmt. Denn die in Apg 19,13-17 erkennbare Absicht des Lukas (unabhängig von der Frage redaktioneller Gestaltung des Abschnittes - auch bei Annahme traditioneller Herkunft eines Grundbestandes ist der lukanische Anteil recht groß und insgesamt dominierend) besteht in der polemischen, offensiv abwehrenden Haltung gegenüber Synkretismus *und* (gegen *Klein*, ebd.) Synkretisten, nicht in einer apologetischen Anwendung des Legitimationsproblems auf die lukanische Gemeinde als die Kirche. Zu 19,18ff siehe gleich, zu den im weiteren von Klein, ebd., 281-296 herangezogenen Texten Apg 13,6-12 und 8,6-24 siehe unten S. 99-102.
[151] Es ist beachtenswert, daß diese Mißerfolgserzählung gleich einer (erfolgreichen) Wundererzählung mit Epiphaniereaktion und Lob Gottes (lukanisch, vgl. 5,5.11; 5,13; 10,46; Lk 1,46.58) endet. Überdies sind die Elemente einer Wundererzählung vollständig vorhanden, wenn auch unter Vertauschung der topischen Ordnung und einer (dem Skopos entsprechenden) Umkehrung der Kraftverhältnisse. [Der Dämon besiegt den ohnmächtigen, weil nicht autorisierten, nicht mit Kraft ausgestatteten Exorzisten und 'treibt diesen aus', szenisch aus dem Haus.] *Jervell*, SNTU 4, 67 (u.ö.) spricht von einer "umgekehrte[n] Wundergeschichte" freilich ohne die 'Umkehrung' auch formkritisch zu erheben. Zu dieser Kategorie seien "solche [Wundergeschichten zu rechnen], wo der angebliche Wundertäter völlig versagt".
[152] Mit Recht spricht *Schneider*, Apg II, 270 von einem "öffentliche[n] Sich-Lossagen", vgl. auch *Klein*, Synkretismus, 298.
[153] Von der Perfektform her ist fraglich, ob mit diesem Begriff Gläubige gemeint sind, die anläßlich des Skeuas-Ereignisses zum Glauben gekommen sind, oder ob Lukas nicht eher den Kreis weiter zieht (so *Haenchen*, Apg, 544). Siehe die nächste Anmerkung.
[154] Der im Sachablauf der Erzählung sperrige Ausdruck πεπιστευκότες sollte nicht überinterpretiert werden (vgl. etwa die Diskussion bei *Klein*, Synkretismus, 296-299). Aber immerhin ist die Perfektform bedenkenswert: Die übrigen Vorkommen (14,23; 15,5; 18,27; 21,20.25) sprechen vom Im-Glauben-Stehen. Besonders klar erscheint dieser Aspekt in 16,34 nach der Aufforderung V. 31 (πίστευσον) und dem Taufgeschehen V. 33 (zur Stelle siehe unten Anm. 259). Wenn die Auffassung zutrifft, daß Lukas das Summarium und die anschließende Dämonenszene zum Anlaß nimmt, Bekehrung erzählerisch zu transponieren (siehe auch die Formulierung von V. 20 und vgl. zur Sache den Verkündigungsinhalt 14,15), dann erklärt sich sowohl die Perfektform, die eben gerade nicht Bekehrung im Sinne des Zum-Glauben-

statiert diese (totale) Bekehrung in eigentümlicher Weise, und zwar als Wachsen und Erstarken des Wortes des Herrn (vgl. 6,7; 12,24).
Die Korrekturen, die Lukas am magischen Verständnis sowohl des Wunderwirkens des Petrus als auch der thaumaturgischen Fähigkeiten des Paulus vornimmt, entsprechen dem Wunderverständnis, das im vorausgehenden schon betont wurde: Die Wunder werden auf die göttliche Kraft zurückgeführt, welche sich im Zuwachs an Gemeindegliedern auswirkt. Die Formel »Zeichen und Wunder/nicht gewöhnliche Krafttaten geschahen durch die Hände« der Missionare besitzt eine bestätigende und legitimierende Funktion in bezug auf die Sendung und Verkündigung. Die Wundertaten werden der Verkündigung untergeordnet. Sie weisen die Verkündiger als rechtmäßige Gesandte aus. Die Kraft dessen, der sie zur Verkündigung sendet, wird in den Wundertaten vermittelt. Die Formel erhält darüber hinaus eine eigenständige Bedeutung, indem außergewöhnliche, der Magie zuzurechnende[155] oder den göttlichen Menschen innerhalb der hellenistischen Umwelt kennzeichnende[156] Krafttaten auf Gott zurückgeführt werden.[157] Historisch besehen liegt darin eine deutliche Reaktion auf die Propaganda nichtchristlicher Thaumaturgen und die damit verbundenen Konkurrenzsituation[158]. Es geht nicht nur darum, daß Lukas "die fremden Phänomene nicht [bestreitet], aber echte 'Wunder' es ... für ihn nur im Namen Jesu und im Bereich seiner Jüngerschaft [gibt]"[159]. Vielmehr sind die Missionare als Träger der Kraft Gottes den nichtchristlichen Thaumaturgen auf deren Gebiet überlegen und diese Kraft ist nur als charismatischer Ausweis verfügbar - und wird nur als solcher auch von dem 'bösen Geist' (τὸ πνεῦμα τὸ πονηρόν) (19,15f)[160] anerkannt.
Die Gratwanderung des Lukas zwischen seinem Wunderverständnis, das die Wundertaten als von Gott gewirkt versteht, und der Kritik an der Magie führt letztlich dazu, daß Lukas "eine wirkliche theologische Bestimmung von Wunder und Magie nicht gelingt"[161], auch gar nicht gelingen

Kommens ausdrückt, als auch die Umkehrung der Reihenfolge von Exhomologese/Bücherverbrennung und Sein im Glaubensstand. Betrachtet man πεπιστευκότες dementsprechend als Themaangabe, so besteht weder ein Anlaß, V. 18 und V. 19 verschiedenen Personengruppen zuzuweisen (gegen *Klein*, ebd.), noch ein Anstoß an den übertrieben erscheinenden Masseangaben (πολλοί/ἱκανοί), welche wohl das Übermaß der Gläubiggewordenen beschreiben sollen (vgl. die Wertangabe V. 19).
155 Siehe zur Wirkung des Namens Jesu 3,12; 19,13ff.
156 Vgl. 5,15; 19,12 und noch unten zu 28,6 S. 107ff.
157 Conzelmann, Mitte, 180, Anm. 3, sieht neben dem "christologischen Regulativ" zwar auch "noch ein praktisch - apologetisches" (u.a. mit Verweis auf 19,13ff), betont aber zu einseitig, daß "dem Wunder jetzt nur noch sekundäre Bedeutung" zukomme.
158 Die lukanische Interpretation wird m.E. verkannt, wenn man meint, Lukas übertrage "auf die Urapostel ... *unbedenklich* das traditionell hellenistische Schema vom »göttlichen Menschen«" (so *Schulz*, Stunde, 260).
159 So *Schneider*, Apg I, 309.
160 Vgl. den Wechsel in 19,15 zwischen γινώσκω und ἐπίσταμαι, siehe dazu *Klein*, Synkretismus 277f.
161 So *Conzelmann*, Mitte, 180, Anm. 3.

kann. Jedoch sind der Darstellung des Lukas "antimagische Tendenzen"[162] nicht zu bestreiten[163]. Denn gerade daraus, daß den Missionaren derartige Kraftausweise zugeschrieben werden, die als Heilungs*summarien* gestaltet sind und denen von ihrer formalen Funktion her allgemeines Gewicht zukommt, werden zwei Absichten deutlich: erstens das Bestehen in dieser Konkurrenz und zweitens die polemische Abzweckung der Schilderung solcher Wundertaten.

In der Einzelepisode über den Magier[164] Barjesus (*13,6-12*) führt Lukas in Verarbeitung älterer Tradition[165] den Konflikt mit der jüdischen Magie und Propaganda vor Augen, freilich mit anderer Intention als in 19,13-17. Der Erfolg des mit der Kraft (= Hand) Gottes begabten Wundertäters ist nicht nur im Eintreten des (Straf-)Wunders (V. 11b) ablesbar, sondern gleichfalls am Zum-Glauben-Kommen des Prokonsuls (V. 12, vgl. 9,35; 9,42). Sicher schwingt hier auch das Legitimationsmotiv der Wundertaten mit in bezug auf die Verkündigung[166] (siehe V. 7) unter gegnerischer Bedrohung. Soweit es den Zusammenhang von Verkündigung (V. 7.12), Einsicht Erlangen (V. 7) und Zum-Glauben-Kommen (V. 12) betrifft, ist aber entscheidend, daß eine jüdische Magie[167], die sich den Missionaren hinderlich in den Weg stellt (siehe V. 8.10)[168], unter Beistand der Hand Gottes überwunden wird.[169]

---

162 *Conzelmann*, ebd..
163 Gegen *Klein*, Synkretismus, 277, Anm 87.
164 Unpolemisch handelt es sich um einen "Inhaber und Ausüber eines übernatürlichen Wissens und Könnens", so *Delling*, ThWNT IV, 362,10f (361,3-11). Mit der Übersetzung von 'Elymas' (= Traumdeuter, Magier; siehe *Yaure*, JBL 79, 297-314) zieht Lukas die Bezeichnung μάγος ins Polemische, indem er sie auf den "Pseudopropheten" Barjesus anwendet. Ausschlaggebend ist dabei nicht (gegen *Klein*, Synkretismus, 282), daß hier die magischen Fähigkeiten des Barjesus nicht ausgeführt werden, sondern daß Lukas mit dieser Bezeichnung einen Typos verbindet (vgl. noch 8,9-11).
165 Siehe dazu *Weiser*, Apg II, 312-314.
166 Vgl. *Schneider*, Apg II, 124.
167 Vgl. hinsichtlich des Vertreters die (vorgegebene) Bezeichnung "Pseudoprophet" (siehe oben Anm. 164), dessen μάγος-Sein (V. 6.8) - dies scheint doch für Lukas das eigentlich Wichtige zu sein (siehe V. 8) - als πλήρης παντὸς δόλου καὶ πάσης ῥᾳδιουργίας und als Sohnschaft des Teufels (was zwar für einen "sichtlich, überlegt gestalteten Gegensatz" [*Klein*, Synkretismus, 284] zu dem Namen Bar-Jesus spricht, aber nicht die Annahme redaktioneller Herkunft des Namens [ebd., 282ff] und daraus folgernd die der synkretistischen "Usurpation christophorer Gehalte" erzwingt [gegen ebd., 284]) sowie als Feindschaft gegenüber aller Gerechtigkeit gekennzeichnet wird (V. 10).
168 Ob "für L[u]k[as] ... Elymas repräsentativ [ist] für eine jüdische Haltung, nämlich den Glauben zu verhindern, was sich als ein roter Faden durch die Apg hindurchzieht", so *Jervell*, SNTU 4, 68, mag dahingestellt bleiben.
169 Zufolge *Kraft*, Enstehung, 224f, schimmert in diesem Abschnitt der Konflikt zwischen der Missionstätigkeit des "älteren hellenistischen Christentums" und der antiochenischen Missionsarbeit durch, somit ein Konflikt um den Prioritätsanspruch der antiochenischen Gemeinde. Der Zusammenstoß sei "nach dem Bericht der Apostelgeschichte durch die unterschiedliche Deutung der Person Jesu veranlaßt" (ebd., 224). Aber die betreffenden Belege 9,2; 19,9.23; 22,4; 24,14.22 sprechen eindeutig gegen diese Annahme (vgl. jedoch 18,25f) und

In die Konfliktlage mit konkurrierenden Propagandisten auf der Ebene des Lukas führt ebenfalls der erste Teil der Simon Magus-Erzählung *(8,5-13)*. Trotz der insgesamt schwierigen überlieferungsgeschichtlichen Verhältnisse in 8,5-25[170] und des verwickelten Erzählablaufes[171] kann man davon ausgehen, daß Lukas der Auseinandersetzung mit Simon Magus die Schilderung der Verkündigungs- und Wundertätigkeit des Philippus (V. 5-8) vorgeschaltet hat[172]. Damit schafft Lukas einen Ausgleich zu der folgenden (V. 9ff) Schilderung der Wundertätigkeit und -kraft des Simon.[173] Diese Ausgleichsbestrebungen gipfeln in dem (ebenfalls lukanischen[174]) V. 13, nach diesem drückt das Erstaunen des Simon über die geschehenden Krafttaten und Zeichen (siehe V. 6) ein Anerkenntnis aus. Weitere sprachliche Hinweise legen die Annahme nahe, daß Lukas in V. 13 darüber hinaus die Überlegenheit der Wundertätigkeit des Philippus darstellen will. Daß Lukas hier ein Gegengewicht zum μαγεύειν (siehe V. 9.11) des Simon schaffen will, zeigt nicht nur die bewußte Kompositionsanordnung, sondern auch die verwendete Ausdrucksweise. Dazu zählen die Betonung, daß die σημεῖα von Philippus getan werden (ἃ ἐποίει), welche im weiteren (neben ihrer Verallgemeinerung in V. 7) mit den Krafttaten von V. 13 gleichgesetzt werden; die (wohl durch die dem Lukas vorgegebene Bezeichnung ἡ δύναμις - ἡ μεγάλη provozierte) Verstärkung in V. 13 (σημεῖα καὶ δυνάμεις μεγάλαι); das zunächst gleichartige προσέχειν (V. 7.10f)[175]; das Erstaunen Bewirken des Magiers (V. 9.11) gegenüber dem den Magier in Erstaunen versetzenden Zeichen und Krafttaten (V. 13).[176] Außerdem schwingt wohl auch in der Bemerkung V. 8, daß große Freude (über die Zeichen des

---

stützen indirekt die oben vorgelegte Auffassung, nicht einen innergemeindlichen Konflikt zu vermuten, sondern den Abschnitt auf die Konkurrenz- und Konfliktsituation mit jüdischen Propagandisten zurückzuführen. In Konfliktzusammenhängen ist ὁδός/ὁδοί gewiß ein terminus technicus, freilich zur Bezeichnung des Christentums. Zum Verständnis von V. 10 vgl. aber Hos 14,10; Prov 10,9.

170 Vgl. neben den Kommentaren *Weiser*, Apg I, 199ff und *Koch*, ZNW 77, 64-82, dessen Analyse ich im wesentlichen teile und im folgenden voraussetze.
171 Vgl. *Weiser*, Apg I, 198f; *Koch*, ZNW 77, 67f.
172 Lukas hatte wohl nur Kenntnis von der Samaria-Mission des Philippus als solcher, zu den Gründen siehe *Weiser*, Apg I, 199. Zur lukanischen Verfasserschaft von V. 5-8 siehe ebd., 199ff; *Koch*, ZNW 77, 68. Die Schilderung ist als Sammelbericht gestaltet. Lukas wendet im wesentlichen das gleiche Kompositionsverfahren an, das auch in 19,11f gegenüber 19,13ff zum Tragen kommt: Die Angabe über die Missionstätigkeit als Wortgeschehen und das Wundersummarium bilden den 'Aufhänger' der folgenden kontroversen Darstellung.
173 Siehe dazu *Koch*, ZNW 77, 71, Anm. 19.
174 Siehe *Koch*, ZNW 77, 71 (samt Anm. ebd.).
175 In der Parallelität zwischen V. 7 und V. 10 zeigen sich signifikante Differenzierungen: οἱ ὄχλοι ... ὁμοθυμαδόν − πάντες ἀπὸ μικροῦ ἕως μεγάλου (nach der Selbstaussage des Simon, er sei τινα μέγαν !) und προσεῖχον τοῖς λεγομένοις (ἐν τῷ ἀκούειν ... καὶ βλέπειν ...) − προσεῖχον ... λέγοντες· οὗτός ἐστιν κτλ.
176 So auch *Schneider*, Apg I, 490, Anm. 58. Mit ebd., Anm. 60 kann man erwägen, ob in dem ἱκανῷ χρόνῳ (ταῖς μαγείαις) ebenfalls eine Abwertung bezweckt wird.

Philippus) in der Stadt entstand, eine abwertende Tendenz gegenüber der Magie des Simon mit, welche sich nur auf Selbstbehauptung (V. 9) und Wunderglauben (V. 10) stützen kann. Bei alledem ist bemerkenswert, daß der Schilderung der Wundertätigkeit des Philippus das theozentrische Korrektiv weitgehend fehlt. Dennoch gibt es Anklänge an die regulative Rückführung der Wundertaten auf Gott, so der Schlüsselbegriff σημεῖα in V. 6 und V. 13 (zusammen mit δυνάμεις μεγάλαι). Daß Lukas weder in V. 6 noch in V. 13 den Doppelbegriff σημεῖα καὶ τέρατα[177] gebraucht, ist im Vergleich mit den verwandten Aussagen, einerseits mit σημεῖα ἃ ἐποίει Apg 6,8 (vgl. 7,36) und andererseits mit σημεῖα (καὶ δυνάμεις [μεγάλαι]) γινομένα(ι) Apg 2,43; 4,30; 5,12; 14,3, bedenkenswert. Da zudem allein in diesem Abschnitt innerhalb der Apostelgeschichte der Begriff σημεῖα absolut gebraucht wird[178], liegt die Vermutung nahe, daß Lukas hier den Doppelbegriff vermeide.[179] Dies dürfte kaum durch die Person des Philippus veranlaßt sein. Denn es ist unwahrscheinlich, daß Lukas den Doppelbegriff bewußt nicht auf Philippus anwende, angesichts der Rolle, welche Philippus in 8,26-40 (vgl. 21,8) als Missionar und Mitbegründer der Heidenmission spielt. Aufgrund der Stephanuskennzeichnung 6,8 und der Heraushebung des Stephanus in der 7-Liste (auch gegenüber Philippus) könnte vermutet werden, daß Lukas den Doppelbegriff etwa auf die Apostel, den Stephanus sowie Paulus und Barnabas beschränke. Dem entspräche, daß die Philippusmission nachträglich durch die Apostel bestätigt wird bzw. bestätigt werden muß (8,14-17). Der Vermutung steht jedoch 4,30 entgegen, wo »Zeichen und Wunder« gerade allen (vgl. 4,31) zugewiesen werden.[180]
Diesen Textbeobachtungen entsprechend liegt eine Erklärung näher, welche an der (literarischen) Funktion des σημεῖα-Begriffes in Apg 8,5-13 ansetzt. Denn Lukas unterscheidet deutlich zwischen dem Wortgeschehen des Philippus und dessen Zeichentätigkeit. Die Zeichentätigkeit ist zunächst (siehe oben), indem sie Wunderglauben zu provozieren scheint, mit der Magie des Simon gleichgestellt.[181] Diesen Wunderglauben reguliert Lukas im nachhinein (V. 12), indem er das Wortgeschehen von V. 5 (κηρύσσειν τὸν χριστόν) mit εὐαγγελίζειν περὶ τῆς βασιλείας τοῦ θεοῦ καὶ τοῦ ὀνόματος ἰησοῦ χριστοῦ inhaltlich füllt und das Wortgeschehen zum ausschließlichen Grund für das Zum-Glauben-Kommen und (dessen Besiegelung durch die) Taufe der Bewohner Samarias (ἄνδρες τε καὶ γυναῖ-

---

177 Die umgekehrte Reihenfolge widerspräche der Klammerung Jesus 2,22 - Mose 7,36.
178 Zu den anderen Vorkommen 4,16.22 siehe oben S. 88f.
179 Dieses Problem wird von der exegetischen Forschung kaum behandelt. In der Regel werden von V. 13 her Sinn und Aussageabsicht sichergestellt und 8,6.13 unter die σημεῖα καὶ τέρατα-Belege subsumiert, vgl. etwa *Schneider*, Apg I, 488, Anm. 42; *Koch*, ZNW 77, 71, Anm. 19; *McCasland*, JBL 76, 149.
180 Die Betonung des Stephanus innerhalb der 7-Liste geschieht wohl am ehesten aus Gründen des Kontextanschlusses und des damit verbundenen Sachgrundes (Tod des Stephanus).
181 Siehe oben zur parallelen Formulierung mit προσέχειν.

κες) und auch des Simon (V. 13) erklärt.¹⁸² Diese Ausschließlichkeit der Beziehung zwischen Wortgeschehen und Bekehrung wird an der (eigenartigen und vielfältige Spekulationen auslösenden¹⁸³) Haltung des Simon deutlich. Auch dieser kommt zum Glauben und wird getauft, im Ereignisablauf der Erzählung aus denselben Gründen, aus denen auch die Männer und Frauen zum Glauben kommen¹⁸⁴, nämlich aufgrund der Verkündigung des Philippus.¹⁸⁵ Daran schließt Lukas locker die Bemerkung über die geschehenden Zeichen und Krafttaten (samt der Reaktion darauf) mit θεωρῶν an, wobei er Bekehrung und das θεωρῶν durch die szenische Bemerkung προσκαρτερῶν τῷ φιλίππῳ zusätzlich voneinander absetzt. Vergleicht man diese überlegte Darstellung mit der die Verkündigung legitimierenden Funktion des Doppelbegriffes »Zeichen und Wunder«, so wird deutlich, daß Lukas in 8,6.13 diese eindeutige, funktionale Bestimmung der Wundertätigkeit des Philippus gerade vermeiden will gegenüber einem Wunderglauben, der sich aus einem magischen Verständnis herführt. Dazu wählt er offenbar bewußt den Begriff σημεῖα, der die Legitimationsformel anklingen läßt, und verdeutlicht dessen Sachgehalt von hinten her (V. 13) mit dem Zusatz δυνάμεις (μεγάλαι) γινομέναι als durch Gott geschehende Krafttaten.

Nicht viel anders stellt sich das Legitimationsproblem in den beiden letzten, in diesem Zusammenhang zu besprechenden Texten dar, nämlich in Apg 14,8-18 und 28,3-9. Beide Texte behandeln die Frage der Vergöttlichung der Missionare aufgrund eines wundersamen Geschehens.

Apg 14,8-18 ist weitgehend von Lukas gestaltet. In dramatischem Episodenstil¹⁸⁶ hebt Lukas im Anschluß an die Heilungserzählung einerseits die Vergöttlichung des Barnabas und des Paulus bis zur Opfervorbereitung heraus. Andererseits kann er von daher auf dem Höhepunkt der Szene die Zurückweisung und Umkehrpredigt (εὐαγγελίζειν - ἐπιστρέφειν) vor Heiden anbringen.

Für die Frage nach der Legitimation durch die Wundertat und nach dem regulativen Verständnis des Lukas ist die genaue Eingrenzung der vorlukanischen Überlieferung von untergeordneter Bedeutung. Denn daß die für diese Frage bedeutenden Akzente in V. 9 (insgesamt), 11a.b.12fin.15-17.18 lukanischer Herkunft sind, wird kaum noch bestritten.¹⁸⁷ Dennoch kommt die Textbehandlung

---

182 "Der Gedanke an eine unmittelbare propagandistische Wirkung der Wunder" ist *gerade hier*, und nicht "selbst hier, wo er ... naheliegen mußte, demonstrativ vermieden" (zu *Roloff*, Apg, 134ff); zur Sache siehe unten S. 111-115.
183 Vgl. besonders die Erwägung zu einer "Pseudobekehrung" bei Klein, Synkretismus, 288ff (zum Begriff ebd., Anm. 155).
184 So auch *Taeger*, Mensch, 117 (und ebd., Anm. 457).
185 Gegen *Klein*, Synkretismus, 288. Ein hinterlistiges (vgl. Iren, Haer I, 23,1; Eus., Hist Eccl. II, 1,11) sich "auf die Spuren des Philippus" Heften, "um ihn genau zu beobachten", sehe ich (auch im Blick auf V. 19) nicht intendiert (gegen *Roloff*, Apg, 135).
186 Vgl. *Plümacher*, Lukas, 93.
187 Vgl. dazu und zum Folgenden (mit der jeweils angeführten Literatur) *Weiser*, Apg II, 343-347; *Schneider*, Apg II, 156-162 (jeweils die Analysen z.St.); *Schmithals*, Apg, 132.

nicht an der Aufgabe vorbei, der vorgegebenen Textgrundlage wenigstens in den Grundzügen nachzugehen. Denn die Parallelität zu 3,1-11.12ff liegt auf der Hand und hat zu weitreichenden redaktions- und überlieferungsgeschichtlichen Konsequenzen Anlaß gegeben.
Die Bestimmung der vorlukanischen Überlieferungseinheit ist allerdings noch nicht befriedigend geklärt. So beschränkt sich die Beschreibung der Heilungserzählung auf den Nachweis von "Bauelemente[n] hellenistischer Heilwundererzählungen"[188], wobei das an sich schon dürftige individuelle Beiwerk (vor allem in V. 8) sich im Vergleich mit 3,1-10 (m.E. zu Recht) auf Lukas zurückführen läßt. Nach dieser Substraktion verbleibe eine in Lystra angesiedelte Wundererzählung. Aber auch die Ortsangabe könnte von Lukas stammen oder in die Exposition gezogen worden sein, z.B. von der V. 11c.12 folgenden[189] Schilderung her.[190]
Eine Erklärung für die auf das Typische beschränkte Form könnte darin gefunden werden, daß die Lahmenheilung nur expositionellen Charakter habe auf die folgende Schilderung der Vergöttlichung, Opfervorbereitung und deren Abweisung (V. 18) hin.[191] In diesem Falle wäre wohl mit einer vorlukanischen Zusammenführung von Lahmenheilung und der folgenden Schilderung zu rechnen.[192] Diese Annahme könnte das - aus der historischen Perspektive auftretende - Problem geringer Motivierung (der Vergöttlichung aufgrund einer [religionsgeschichtlich gesehen Allerwelts-]Lahmenheilung[193]) wenn nicht lösen, so doch erklären. Die Auffassung ließe sich mit der Annahme stützen, ursprünglich habe es sich um eine Barnabaserzählung[194] gehandelt.[195] Aber weder die Argumente für eine an Barnabas personal gebundene Überlieferungseinheit noch für eine in V. 11c.12.13f enthaltene selbständige Lokaltradition sind im eigentlichen Sinne zwingend, bestenfalls gibt die Addition von Einzelbeobachtungen[196] zur Vermutung Anlaß, in V. 11-14 am ehesten auf

188 So *Weiser*, Apg II, 344, vgl. *Dibelius*, Stilkritisches, 25.
189 Wie immer man sich im einzelnen zu dem Verhältnis zwischen einer phrygisch-lykaonischen Lokaltradition, der Philemon- und Baucissage (und deren Tradition) und der Schilderung V. 11f stellt (siehe dazu unten Anm. 196), scheint doch die Ortsangabe zu den Konstanten zu gehören, die sich durchhalten (neben der Zweizahl, den Namen und überhaupt dem Motiv der in Menschengestalt erscheinenden Götter, zu diesem vgl. *Pfister*, PRE.Suppl. IV, 312f).
190 Die Ratlosigkeit vor der Frage der Überlieferung(swürdigkeit) der Einzelerzählung V. 8.10 schlägt sich denn auch in dem (Hilfs-)Argument nieder, "auch die übrigen Erzählungen von Wundern des Paulus in der Apg lassen erkennen, daß sie aus Überlieferungsgut stammen (z.B. 13,6-12; 16,16-18.25-34; 19,13-17; 20,7-12; 28,3-6.7f)", so *Weiser*, Apg II, 345 (wobei er selbst sowohl 28,3-6 als auch 28,8 dem Lukas zuschreibt, ebd., 667f). Aber keine der genannten Wundererzählungen gleicht über die formtypischen Merkmale hinaus so stark einer anderen nicht dem Paulus zugeschriebenen Wundererzählung und keine dieser Wundererzählungen bietet so wenig individuelles Gepräge wie 14,8*.10.
191 Vgl. *Roloff*, Apg, 213.
192 Vgl. z.B. das, allerdings kontrollierbare Verfahren der Q-Redaktion, dem Beelzebul-Gespräch eine Exorzismus-Notiz vorzuschalten, siehe dazu *Weiß*, "Lehre", 168ff.
193 Im Sinne der Negation in 19,11 zählt die Heilung auch bei Lukas wohl eher zu den gewöhnlichen Krafttaten.
194 Vgl. *Bauernfeind*, Apg, 181f; *Roloff*, Kerygma, 188; ders., Apg, 213.
195 Vgl. die Vorordnung des Barnabas in V. 12 (vgl. V. 14), die sich wegen der lukanischen Korrektur V. 12fin als vorlukanisch erweise.
196 Dies sind die Rückführung von V. 11 auf eine alte phrygische Tradition, auf der auch Ovid, Metam. VIII, 616-629 fußt, die Zuordnung der griechischen Götternamen an Barnabas und Paulus V. 12, die Verwendung von οἱ ἀπόστολοι

vorlukanisches Gut zu treffen.[197] Denn *erstens* ist es ebenso vorstellbar[198], daß Lukas auf die Lokaltradition zurückgreift und Barnabas und Paulus den Gottheiten zuordnet. Dem steht die Ausführung in V. 12fin kaum entgegen, sondern spricht eher für die überlegte Komposition des Lukas. Denn einen straffen Erzählablauf erreicht er einerseits durch die Umdeutung der Funktion des Hermes als des Wort-Führers, andererseits durch die szenische Anbindung der Szene über die Opfervorbereitung durch die Zeuspriester an den 'Zeus' Barnabas[199]. — Von der literarischen Konzeption her ist das Argument, Lukas hätte eher den "Paulus als Zeus gelten lassen"[200] wenig überzeugend. Denn dem Erzähler geht es nicht um eine Subordination des Hermes als eines Götterboten, als hätten die Hörer/Leser (auf der historischen Ebene des Lukas) daraus zwangsläufig auf die Unterordnung des Paulus schließen müssen. Vielmehr geht es um eine Funktionsbestimmung, die vom christlichen Standpunkt aus gegeben wird. Dies erhellt gerade der Sachverhalt, daß Lukas ein (für damalige Adressaten) überraschendes Element einbringt, indem er den Götterboten, der das Wort führt[201], umdeutet auf den das Evangelium unter den Heiden verbreitenden Paulus. Daß mit V. 12fin eine Aufwertung des Paulus vorgenommen werde allein zu dem Zweck, die Zeusbezeichnung des Barnabas auszugleichen, ist also keine überzeugende Annahme.[202] Denn hätten

und die (wiederum) Vorordnung des Barnabas V. 14. — Das Verhältnis der beiden Traditionen(!) [Apg 13,11f und Ovid, ebd.] zueinander ist nicht zu klären. Die Ersetzung der Namen von Lokalgottheiten durch das griechische Götterpaar (vgl. *Malten*, Hermes 74, 182. 205; *ders.*, Hermes 75, 171), ist m. E. mit Recht bestritten worden (vgl. *Haenchen*, Apg, 415, und, von anderer Warte aus, *Conzelmann*, Apg, 88). Verweist man auf den inschriftlichen Befund (Belege bei *Conzelmann*, ebd; *Malten*, Hermes 75, 168-171) stellt sich das Problem einer zeitlichen Ansetzung der Hellenisierung (siehe Weiser, Apg II, 350), abgesehen von dem (für jede traditionsgeschichtlich argumentierende Lösung geltenden) Problem der paarweisen Nennung (vgl. *Malten*, ebd., 169ff).
197 V. 18 ist lukanischer Herkunft, siehe dazu *Weiser*, Apg II, 346f, vgl. auch *Roloff*, Kerygma, (189)f, Anm. 289 (zurückhaltender *ders.*, Apg, 213).
198 Vgl. *Haenchen*, Apg, 99.
199 Der Stringenz des Erzählablaufs von V. 8 her widerspricht es nicht, daß (zufolge V. 11) Paulus das Wunder gewirkt hat, aber dem mit Zeus identifizierten Barnabas von den Priestern des Zeustempels das Opfer vorbereitet wird (so aber Weiser, Apg II, 351). Denn der Grund der Opferung, will man historisierend argumentieren, ist die Vergöttlichung (V. 11c), deren erzählerische Transponierung ist die Opfervorbereitung. [Im übrigen steht und fällt die ganze Erzählung mit der semantischen Funktion der Opfervorbereitung, siehe oben zur Dramatik des Erzählstils S. 102.]
200 So *Weiser*, Apg II, 351, vgl. schon *Bauernfeind*, Apg, 182.
201 Siehe z.B. den vielzitierten Beleg Jambl, Myst Aeg 1,1, vgl. *Haenchen*, Apg, 409, Anm. 3; *Conzelmann*, Apg, 88; *Weiser*, Apg II, 350f. Weitere Belege finden sich schon bei *Bludau*, Kath. 36, 109 [gesammelt unter dem apologetischen Interesse, die Authentizität des Geschehens (auch aus Apg 3) nachzuweisen].
202 Vgl. z.B. Artapanos, [nach Alexander Polyhistor bei Eus., Praep Ev 9, 27,6 (Übers. nach *Walter*, JSHRZ I,2, 130)]: Mose sei (u.a.) "von den Priestern gottgleicher Ehre für wert geachtet [ἰσοθέου τιμῆς καταξιωθείς] und 'Hermes' genannt worden, (...) wegen der Deutung (*hermeneia* [zu der Verbindung Hermes - hermeneia siehe Diod S I, 16,1 und vgl. zum Horizont *Bormann*, TRE 15, 109,55-110,17]) der Hieroglyphen [siehe den Kontextbezug auf 9, 27,4 (vgl. hiermit Diod S I, 15,9; I, 16,1f); Mose als Lehrer der Schreibkunst auch Eupolemos bei Eus., Praep Ev 9, 26,1 (vgl. ClAl, Strom I, 153, 4; zur Deutung siehe *Walter*, ebd., 99, Anm. 1 zu F 1; *Georgi*, Gegner, 150,

die Hörer/Leser an der Unterordnung Anstoß genommen, so wäre dieser mit der Korrektur allein nicht ausgeräumt. — *Zweitens* wird man in V. 14 der Verwendung des Aposteltitels (in der Anwendung auf Paulus und Barnabas nur 14,4.14) und der Vorordnung des Barnabas vor Paulus[203] nicht ein allzu starkes Gewicht zubilligen können zugunsten der traditionellen Herkunft des Verses. Denn nach der überwiegenden Meinung der Exegeten ist der Abschnitt 14,8-18 stark lukanisch bearbeitet, so daß zu erwarten wäre, daß Lukas, falls er beides als störend empfunden hätte, geändert hätte.[204]
Aber auch im einzelnen sind diese Argumente nicht überzeugend. Zum ersten: Der Aposteltitel in V. 4 erscheint innerhalb eines von Lukas gestalteten Kontextes.[205] Daher ist wohl mit hoher Wahrscheinlichkeit auch das σὺν τοῖς ἀποστόλοις (gegenüber σὺν τοῖς ἰουδαίοις) lukanischer Herkunft, was sich zudem gut in die lukanische Gesamtschau der Gegnerschaft als »die Juden« einfügt.[206] Dementsprechend nimmt man seit Haenchen[207] an, Lukas(!) habe (entgegen seiner Konzeption[208]) den Aposteltitel aus V. 14, der "aus einer Quelle [stam-

Anm. 1)]. Diese Mosebezeichnung fußt auf der *interpretatio graeca* [vgl. hierzu *Thraede*, RAC 5, 1211ff., bes. 1212] der ägyptischen Thoth-Anschauung [siehe dazu *Sontheimer*, KP 5, 776(f)] und deren Übertragung auf Mose [vgl. dazu *Heinemann*, PRE 16, 368; *Thraede*, ebd., 1243f; *Walter*, ebd., 122f]. — Mit Apg 14,12fin ist dieser Text vergleichbar nicht nur wegen des Attributes der Gottgleichheit (vgl. auch Jos Ap I, 279) und der Hermesdeutung, sondern vor allem wegen der verwandten literarischen Technik.
203 Nach 13,7 und der Nennung 13,9 steht in der Regel Paulus voran. Ausnahmen bilden neben 14,14 (vgl. 14,12) 15,12.25; vgl. dazu *Radl*, EWNT I, 477 (allerdings nennt er als Ausnahmen nur 15,12.25).
204 Zur Möglichkeit der Tilgung siehe schon *Bauernfeind*, Apg, 182, der jedoch das Unterlassen auf das Gewicht der Tradition zurückführt (ähnlich *Bindemann*, ThLZ 114, 720, Anm. 61).
205 Siehe dazu *Weiser*, Apg II, 343.
206 Vgl. *Lohfink*, Sammlung, 55.
207 Apg, 404 Anm. 5.
208 Es sollte nicht bestritten werden, daß Lukas seine Konzeption durchbricht; zur Diskussion vgl. *Haacker*, NT 30, 10f. Das doppelte Vorkommen in Kap. 14 zeigt, daß dies wohl kaum aus Nachlässigkeit geschieht (so aber *Bauernfeind*, Apg, 180; *Conzelmann*, Mitte, [202]f, Anm. 2). Wenig überzeugend erscheint die, jüngst wieder von *Schneider*, Apg I, 228, im Anschluß an *Saß*, Apostel, 235 (so auch *Klein*, Apostel, 213) vertretende Auffassung, Lukas intendiere mit dem Zwiespalt innerhalb der Bevölkerung zwischen den Anhängern 'der Juden' und 'der Apostel' nicht die Identifikation mit Paulus und Barnabas, sondern mit der "Sache" der zwölf Apostel. Dagegen spricht neben dem Geschehensablauf seit 13,50 (so auch *Schneider*, ebd.) schon allein die Fortführung ab V. 4 und deren Bezug auf die Einzelperson, wie sich ja auch innerhalb eines Schemas die Gegnerschaft im Begriff 'der Juden' auf Einzelpersonen bezieht (siehe 9,23; 12,3.11; 13,45.50; 17,5.13; 18,12; 20,3). Ebensowenig überzeugt die Deutung, der Begriff 'Apostel' sei nicht titular zu verstehen, sondern (zufolge 13,1-3) allgemein funktional als "Abgesandte, Boten" (so *von Campenhausen*, StTh 1, 115; *Lohse*, ThZ 9, 273, Anm. 46; *Schmithals*, Apg, 131 [siehe hingegen *ders.*, Apostelamt, 235, Anm. 79]; vgl. noch *Schille*, Apg, 303f). Denn mit dieser Deutung wird das selbständige Gewicht der Bezeichnung in V. 4 und (vor allem) V. 14 heruntergespielt. — Näher liegt daher eine Lösung, die von Kap. 14 ausgehend unter anderem in der Apostelbezeichnung ein Gegengewicht vermutet zu den zwölf Aposteln im Blick auf den Apostelkonvent. Diese Vermutung ist jedoch ebenfalls nicht unproblematisch, da Kap. 13 mit einzubeziehen wäre (vgl. *Beutler*, ThPh 43, 366f im Anschluß an *Goulder*, Type, 65-97). Zwischen den Annahmen von Abwertung (so *Klein*) und "Gleichordnung" des Paulus (über den

men] wird", in V. 4 eingesetzt,[209] obwohl Haenchen[210] V. 14, wenigstens die Einzelheiten betreffend, für ebenfalls lukanisch[211] hält[212]. Zum zweiten: Die Vorordnung des Barnabas führt sich von V. 12 her, wo Lukas die Zeusidentifikation vor der Hermesidentifikation nennen muß, auch wenn er die Abstufung (in V. 12) nicht besonders gewichtet.[213]
Drittens reduziert sich die (angenommene) Textgrundlage zusätzlich dadurch, daß sich V. 18 (wohl zutreffend) als lukanisch erweisen läßt.

Innerhalb der komplexen Komposition des Abschnittes lassen sich verschiedene Darstellungsstränge fassen: *Erstens*, im breiteren Kontext von Apg 14 kann man eine Motivabfolge beobachten, die der Abfolge innerhalb des Argumentationszusammenhanges in Kap. 2f ähnelt. Der Legitimationsformel »Zeichen und Wunder« 14,3 (vgl. 2,43) folgt paradigmatisch[214] eine Erzählung über die Heilung eines Gelähmten 14,8-10 (vgl. 3,1-11). Aufgrund dieser Erzählung kommt es zu einer Schilderung der Verehrung der Thaumaturgen 14,11ff (vgl. 3,12). Der Kritik und Abweisung (vgl. 14,14-15a mit 3,13-16) dieses Verhaltens setzt Lukas positiv jeweils eine Umkehrpredigt entgegen (vgl. 14,15b-17 [vor Heiden] mit 3,17-26 [vor Juden]).[215] Wie in 3,12(-16) ist das Motiv der Verehrung der Thaumaturgen die Kontrastfolie, von der aus (und in deren Gegenüber) die Umkehrforderung entwickelt wird. Daß es in 14,11ff zur zunächst ungebrochenen Darstellung der Verehrung kommt (vgl. auch 3,11), hat neben erzählstilistischen Gründen auch inhaltliche Gründe. Die Umkehrpredigt soll erzählerisch und von der Sache her an die Szene angebunden werden. Bedenkt man zudem die Nähe zwischen dem in Apg 14,15-17 verwendeten Predigtschema und dem in 1Thess 1,9f enthaltenen Schema[216], so ist die

'Zeugen'-Begriff, so *Burchard*, Zeuge, 174 u.ö., dazu kritisch *Nellessen*, Zeugnis, 244ff) sollte somit zunächst textimmanent eine sinnvolle Deutung gesucht werden, die zur Klärung der Ausnahme von der Regel beitragen kann, siehe dazu gleich unten im Text. *Lindemann*, Paulus, 61f, meint, die seltene Anwendung entspreche der lukanischen Eigenheit, den Apostelbegriff stehts im Plural zu gebrauchen (so auch *Haacker*, ebd., 35f), was im folgenden nicht mehr durchgreifen könne, da Paulus nur mehr als Einzelperson erscheine.
209 So *Conzelmann*, Apg, 87 (dort das Zitat); vgl. *Schneider*, Apg II, 152 (auch "die zurückhaltende Anwendung der Apostelbezeichnung" spreche für lukanische Herkunft).
210 Allerdings ist *Haenchens* (ebd.) Auffassung über V. 4 nicht ganz klar.
211 Siehe Haenchen, Apg, 99. 413. 417.
212 Oder man scheidet das οἱ ἀπόστολοι in V. 14 textkritisch aus und überspielt die Ausnahme V. 4 (so *Klein*, Apostel, 212f, siehe dazu kritisch *Kümmel*, Einleitung, 138; *Burchard*, Zeuge, 135, Anm. 315, und vgl. oben, Anm. 208).
213 Siehe *Schneider*, Apg II, 158.
214 Siehe die Ortsangabe Lystra als Ort der Verkündigung und Ort des Geschehens 14,8-20. — Auch von diesem redaktionellen Kompositionsmotiv her erscheint es zumindest zweifelhaft, daß die doppelte Ortsangabe 14,6.8.20f zwingend vorlukanisches Traditionsmaterial (in 14,8-18) markiere.
215 Außerdem erscheint sowohl in 14,19 als auch in 4,3 das Motiv der Bedrohung gegenüber den Aposteln.
216 Vgl. 1Thess 1,9b πῶς ἐπεστρέψατε πρὸς τὸν θεὸν ἀπὸ τῶν εἰδώλων δουλεύειν θεῷ ζῶντι καὶ ἀληθινῷ mit Apg 14,15 ἀπὸ τούτων τῶν ματαίων ἐπιστρέφειν ἐπὶ θεὸν ζῶντα.

Kontrastwirkung zwischen der erzählerischen Darstellung Apg 14,11ff und der Verkündigung V. 15(ff) klar ersichtlich. Die Schilderung der Verehrung hat jedoch auch deutlich positives Gewicht. Denn, *zweitens*, innerhalb des Abschnittes ist Lukas an dem Motiv der Vergötterung gelegen. In diese Richtung weist neben der Schilderung in V. 11ff als solche die Bemerkung V. 18, daß das Volk nur mit Mühe davon abzuhalten war, ihnen zu opfern.[217] Stärker als in Apg 3 hebt Lukas damit hervor, daß den Aposteln aufgrund der Heilung Wunderdynamis zuerkannt wird, in beiden Fällen, so unterschiedlich die Darstellung auch ist, vor dem Hintergrund konkurrierender propagandistisch tätiger Thaumaturgen. Wie vorsichtig Lukas dabei vorgeht, zeigt die zuvor beobachtete Einbindung in den übergreifenden Kompositionsrahmen samt der regulierenden Funktion von Legitimationsformel und Verkündigung und natürlich die geschilderte Verhinderung der Opferausübung.

Die Notiz *28,6*, die Malteser[218] sagten, Paulus sei ein Gott, führt in einen anderen Gedankenzusammenhang. Die Erzählung ist insgesamt von Lukas gestaltet.[219] Lukas überbietet die Topik von Seenotrettungserzählungen, in denen das Zusammentreffen mit einer Schlange (bzw. mit einem Schlangengott) zum Inventar der Formelemente gehört[220], indem er die Zuschauer den Angriff der Schlange als Angriff der Gerechtigkeitsgöttin δίκη deuten läßt. Damit liegt die Pointe der Erzählung V. 4ff nicht darin, daß Paulus den Schlangenbiß überlebt, sondern darin, daß er den Angriff

---

217 Vgl. dazu *Haenchen*, Apg, 417.
218 *Wehnert*, ZThK 87, 67-99, hat jüngst mit überzeugenden Argumenten die Deutung von Μελίτη auf die Insel Malta bestätigt, gegen *Warnecke*, Romfahrt.
219 Siehe die Argumente bei *Weiser*, Apg II, 667f; *Wehnert*, ZThK 87, 94f; *Roloff*, Apg, 365f; *Schmithals*, Apg, 232f; vgl. schon *Dibelius*, Stilkritisches, 15, Anm. 1 (u.ö., siehe das Register zur Stelle).
220 Zur Topik der Motive siehe den oft herangezogenen Beleg (vgl. nur *Conzelmann*, Apg, 157) Anth Pal VII, 290 (= Anth Graec II, 172f). Bedrohung des Geretteten und Biß der Schlange symbolisieren, anders als in Apg 28,3, "die Unentrinnbarkeit gegenüber dem Schicksal" (*Weiser*, Apg II, 669), das Strafmotiv fehlt (so *Schille*, Apg, 471). Hinsichtlich eines Formvergleiches zwischen diesen Motivketten und der Anordnung in der altägyptischen 'Geschichte des Schiffbrüchigen' [*Goedicke*, Ägyptologische Abh. 30, in deutscher Übersetzung (ebenfalls und leicht zugänglich in der Sammlung 'Altägyptische Märchen' hg. v. *Brunner-Traut*; zur Erzählung und ihrer Deutung vgl. neben der umfangreichen Kommentierung und Literaturdiskussion bei *Goedicke*, ebd.,, *Brunner-Traut*, KLL 6, 8490f; *dies.*, Märchen, 282f)] urteile ich im einzelnen zurückhaltender als Wehnert, ZThK 87, 94. Denn das μοῖρα - Motiv spielt keine Rolle im Zusammenhang der Bedrohung des Schiffbrüchigen durch den Schlangengott [zu dieser Deutung siehe *Lanczkowski*, ZDMG 103, 360-371 und (durch weitere außerägyptische Belege ergänzt) *ders.*, ZDMG 105, 239-260 und vgl. *Brunner*, Grundzüge, ³1980 50 (zufolge *Wehnert*, ebd., Anm. 53: ⁴1986, 37)] oder durch eine "dominierende Götterfigur" (so Goedicke, ebd., 83, vgl. den kritischen Durchgang durch die Deutungen ebd., 83ff). Zufolge der Deutung *Goedickes*, ebd., 36, ist die Bedrohung darin motiviert, daß der Schiffbrüchige erkennen soll, daß er straffällig geworden ist, "nachdem Du wo bist, was man nicht sehen soll" (vgl. die Übers. ebd., 73). Die Freude über sein Unversehrtbleiben ist die Freude darüber, daß die Strafe nicht erfolgt ist (siehe ebd., 37. 73).

der Dike übersteht. Dadurch erweist er sich in den Augen der Zuschauer als ein Gott, welcher über die Kraft der Gerechtigkeitsgöttin und über diese selbst[221] siegreich ist. Pointe der lukanischen Erzählung ist also nicht das Rettungswunder, sondern, in der mythologischen Deutung dieses Geschehens (V. 5f), der Sieg über die Dike[222]. Die Absicht, die Lukas mit der Gestaltung dieser Erzählung verfolgt hat, ist nicht befriedigend geklärt. Schwierigkeit bereitet vor allem das Fehlen einer regulativ korrigierenden Kommentierung der Vergötterungsnotiz im Sinne von Apg 14,14f.[223] Daß Lukas "keine Überlieferung von einer paulinischen Evangeliumspredigt auf Malta besaß", erklärt das Fehlen nicht "am zwanglosesten"[224], sondern weicht der Schwierigkeit aus. Denn auch 14,14-17 ist lukanisch gestaltet und erst von Lukas in den Lystra-Zusammenhang gestellt worden. Überdies zeigen 16,29f.31; 10,25f wie frei Lukas mit korrigierenden Notizen umgehen kann. Ebensowenig zur Lösung hilfreich scheint mir die Annahme[225] zu sein, Lukas verwende in 28,3-6 das ϑεῖος-ἀνήρ-Motiv. Dieses Motiv mag hier anklingen, wie ja ebenfalls - wenn auch weniger direkt - an anderen Stellen der Apostelgeschichte (5,15; 19,12), dort wird es aber jeweils korrigiert.[226] Näher scheint mir eine Erklärung zu liegen, die einerseits an der Doppelzügigkeit der Erzählung (Unversehrtbleiben des Paulus und Deutung der Zuschauer) ansetzt und andererseits den näheren Kontext (V. 7-10) mitberücksichtigt. Zum ersten: Die lukanische Verfasserschaft der Erzählung Apg 28,3-6 wird unter anderem damit begründet, daß Lukas an dieser Stelle die frühchristliche Anschauung verarbeite, daß die Missionare von einem Biß von

---

221 Zufolge der erzählerischen Darstellung V. 5f lassen sich Dynamis-Wirkung und Inkorporation der Göttin unterscheiden. Denn der Schilderung des Schlangenbisses folgen zwei Erzählzüge: Erstens (V. 5), Paulus schleudert die Schlange ins Feuer und, was ausdrücklich vermerkt wird, es geschah ihm nichts böses (ἔπαϑεν οὐδὲν κακόν). Zweitens (V. 6), die Zuschauer beobachten keine ungewöhnliche Wirkung an Paulus (μηδὲν ἄτοπον εἰς αὐτὸν γινόμενον).
222 Gegen *Kratz*, Rettungswunder, 345ff. Konstitutiv ist in der Erzählung nicht das Gegenüber von "Strafwundermotiv" (ebd., 346) und Rettungswunder, sondern auf der mythologischen Ebene das Gegenüber von Strafe und Folgenlosigkeit (ähnlich der Motivfolge in der altägyptischen Geschichte vom Schiffbrüchigen, siehe die vorige Anm.. Diese Parallelität wird bei *Wehnert*, ZThK 87, 94, nicht bedacht), der aber nicht die Rettung, sondern Vergötterung entspricht (zum Hintergrund siehe gleich). Die Annahme, damit sei "die Schuldlosigkeit des Paulus erwiesen" (so *Pesch*, Apg II, 298, ähnlich *Weiser*, Apg II, 669), ist eine Interpretation, welche die Erzählung so wohl nicht bedenkt, obwohl μεταβαλόμενοι [sie änderten ihre Meinung von Mörder zu Gott] diese Deutung zuläßt. Denn das Gerechtigkeitsmotiv bedingt die Anschuldigung. 'Logische' Überlegungen an die Erzählung heranzutragen, die zur Meinung führen, "das Heidentum ... [werde] als 'extrem' falsch urteilend dargestellt" (so *Schneider*, Apg II, 403), widerspricht der (ja doch vorhandenen) Erzähllogik.
223 Vgl. auch 16,29f.31: Proskynese und die Anrede κύριοι (im Anschluß an das Türöffnungs- und Befreiungswunder) werden auf den 'wahren' κύριος Jesus gelenkt. Zu diesem Motiv (von Proskynese und gottgleicher Huldigung) vgl. außerdem 10,25f.
224 So aber *Wehnert*, ZThK 87, 95.
225 So vor allem *Kanda*, Form, 288-304 (passim); *Radl*, Paulus und Jesus, 261.
226 Siehe dazu oben S. 96-99.

Schlangen (und Skorpionen) unbeschadet bleiben (Lk 10,19[227], ähnlich Mk 16,18[228]). Diese Auffassung über das Unversehrtbleiben steht im Horizont der Anschauung, daß den Missionaren Exousia über die bösen Geister verliehen sei (vgl. jüdisch: TestLev 18,12), nach Lk 10,19 die Exousia über jegliche Gewalt des Feindes Satan. Vor diesem Hintergrund erscheint Apg 28,3-6 als paradigmatische Illustration sowohl auf der Geschehensebene (Vernichtung der Schlange und Unversehrtheit des Paulus) als auch auf der mythologischen Erzählebene (aus der Deutungssicht der Zuschauer). Bedenkt man im Blick auf die Erzähllogik von V. 3-6 überdies den missionstheologischen Horizont, wonach die Abkehr von der Macht des Satans (Apg 26,22), von den Götzen (Apg 14,15; 1Thess 1,9f; vgl. JosAs 12,8f) und die Hinkehr zu Gott zu den missionstheologischen Grunddaten gehören, so ist der auf Lk 10,9 fußende Illustrationscharakter der Erzählung auch im Blick auf die Erwägungen der Zuschauer in V. 4 deutlich. Von daher kann Lukas nicht nur darauf 'vertrauen'[229], daß die Leser die Einschätzung der Zuschauer, Paulus sei ein Gott, als "Irrtum"[230] erkennen. Vielmehr kann er vom Erzählhorizont her voraussetzen, daß die Leser die Deutung des Geschehens als den Ausdruck der Wirksamkeit Gottes in der den Zuschauern eigenen Begrifflichkeit verstehen. Schließt Lukas Fehldeutungen auf seiten der Leser auch aus, so hat die Schlußnotiz doch eine bezeichnende Funktion. Denn als Abschluß der Erzählung V. 3-6 und weitergreifend wohl auch des Gesamtabschnittes 27,9-28,6[231] werden Seenotrettung und der Machterweis über jegliche Gewalt des Feindes als Legitimationserweise bestimmt: Innerhalb des religiösen Denkens der Zuschauer sind es die eines Gottseienden, für die Leser, denen die Gedankenvoraussetzung präsent ist, die der Macht Gottes.

Zum zweiten (Kontextbezug): Im Blick auf das Verständnis von V. 6 ist an der zweiten, mit der traditionellen Wir-Passage 28,1f.7.10f[232] verknüpften Paulusepisode V. 8f (Heilungserzählung V. 8 und dem folgenden Hei-

227 Die überlieferungsgeschichtliche Frage zu Lk 10,17-20 kann hier auf sich beruhen, ob nun Vv. 18f eine Überlieferungseinheit bildeten (so *Vollenweider*, ZNW 79, 187-203) oder als Einzellogien zusammengewachsen sind (so seit *Bultmann*, Geschichte, 170 die Mehrzahl der Exegeten). Lukas versteht das Wort V. 19 (und von daher auch V. 18) missionstheologisch und gibt den Logien durch die Stellung im Kontext (siehe V. 17) deutlich eine missionstheologische Prägung. Vgl. zur Deutung von Lk 10,19 *Müller*, ZThK 74, 419; *Baumbach*, Verständnis, 181f.
228 Siehe dazu noch unten S. 145.
229 So *Weiser*, Apg II, 669.
230 Ebd.
231 Siehe dazu *Wehnert*, ZThK 87, 94.
232 Zum Problem der Wir-Passagen siehe *Wehnert*, Wir-Passagen, (bes. 188-196), vgl. ferner *Schmidt*, SBL.SP 28, 300-309. Gegen die Auffassung *Bindemanns*, ThLZ 114, 705-720, der mit einer mehr formbewahrenden Tendenz der lukanischen Redaktion rechnet und eine Eigentypologie der Wir-Stücke herauszuarbeiten sucht, scheint mir doch wenigstens hinsichtlich 28,3-6.8f der Erzählstil zu sprechen, der mit anderen Abschnitten der Apostelgeschichte vergleichbar ist.

lungssummarium V. 9) die Erwähnung des Gebetes des Paulus in V. 8 bemerkenswert.[233] Denn die Darstellung, daß der Handauflegung und Heilung ein Gebet vorangestellt wird[234], ist im Neuen Testament singulär.[235] Auch wenn man[236] (zu Recht) vermutet, daß sich in der Verbindung zwischen Gebet und Heilgestus (durch Handauflegung) die Heilpraxis[237] der lukanischen Zeit widerspiegele[238], ist deren Erwähnung an dieser Stelle in ihrem Kontextbezug bedeutungsvoll. Denn damit bindet Lukas das Heilungsgeschehen an Gott und stellt rückgreifend klar, daß Paulus kein Gott ist, sondern seine Heilungskraft von Gott her kommt. Diese V. 6 korrigierende Funktion wird zudem aus der Komposition V. 3-6.8f im Vergleich mit den Kompositionen 5,12-16; 19,11f deutlich. Jeweils und nur an diesen Stellen (bis auf eine Ausnahme)[239] bringt Lukas Heilungssummarien ein, und zwar im Anschluß an Geschehnisse, die dem Bild des hellenistischen θεῖος ἀνήρ nahekommen, deren Rückführung auf Gott aber zuvor sichergestellt wurde. Die Summarien sind also offenbar nicht nur quantitativ als Verallgemeinerung, sonden auch qualitativ als Beschreibung des Wirkens Gottes[240] in den Heilungs(wunder)taten der Apostel/Missionare zu bewerten.[241]

---

233 Die überlieferungsgeschichtliche Frage ist umstritten: Während *Roloff*, Apg, 365f; *Weiser*, Apg II, 667f mit lukanischer Verfasserschaft rechnen, bestimmt *Kirchschläger*, Fieberheilung, 510-516, zwar einzelne traditionelle Elemente, sieht den Gesamtabschnitt (sowie V. 3-6) aber von der Gestaltungsabsicht des Lukas geprägt (so auch *Schneider*, Apg II, 401; *Pesch*, Apg II, 299). Die lukanische Herkunft des προσευξάμενος in V. 8 ist unumstritten (siehe die Argumente bei *Kirchschläger*, ebd., 515f). Die Analyse und Bestimmung verschiedener Verarbeitungsweisen in Lk 4,38f und 28,8 (bei *Kirchschläger*) kann man auf den Unterschied zwischen Fieber*bannung* (Lk 4,39) und Fieber*heilung* (Apg 28,8), ebd., 519ff, reduzieren. Bedenkt man, wie zurückhaltend Lukas mit direkten Exorzismuserzählungen in der Apostelgeschichte (vgl. dazu *Kanda*, Form, 162-230) umgeht (vgl. Apg 16,16ff; 19,13-20 [siehe dazu oben S. 96f]), läßt sich aus der unterschiedlichen Bearbeitungsweise wohl kein zwingender überlieferungsgeschichtlicher Nachweis führen.
234 Zum zeitlichen Verhältnis siehe *Kirchschläger*, ebd., 516, Anm. 29. Zum Nebeneinander von Handauflegung und Gebet siehe 6,6; 13,3 und vgl. ebd., 515f.
235 Zufolge *Kirchschläger*, Fieberheilung, 514, läßt sich dieses Urteil auch auf die jüdisch-hellenistischen Texte ausweiten. Aus den Qumrantexten nennt er 1QGenAp XX, 29 als "nicht repräsentative[n] Vergleichstext" (ebd.). Freilich könnte man als weitere Parallele auch Apg 9,40 bedenken: Vor dem Auferweckungsgestus erfolgt das Gebet; zur Stelle siehe unten S. 111f.
236 Vgl. *Kirchschläger*, Fieberheilung, 515.
237 Vgl. dazu *Böcher*, Christus Exorcista, 132.
238 Vgl. noch Jak 5,13f, dazu *Weiß*, GDP, 1993, 172f.
239 In 8,4-8, dem vierten Summarium, liegt eine vergleichbare Problemlage vor, siehe 8,9-13; zur Stelle siehe oben S. 100ff.
240 Vgl. die Passiv-Formulierungen in 5,16 und 28,9 mit dem Aktiv der direkt auf Gott bezogenen Formulierung in 19,12.
241 Vgl. das mit anderem Bezug ähnliche Verständnis der Summarien im Evangelium, dazu siehe *Busse*, Wunder, (447ff.) 448f.

3.1.2.4 Wundertaten und Zum-Glauben-Kommen

Wortgeschehen und Bekehrung/Umkehr stellen in der Apostelgeschichte einen primären Zusammengang dar[242]. Für den hier zu behandelnden Problemkreis stehen die "Ausnahmen"[243] von dieser Typik zur Diskussion. Wie verhalten sich Wunder und Zum-Glauben-Kommen zueinander? Führen diese selbst zu Bekehrung und Umkehr? Zu dieser Frage sind zu bedenken: Apg 9,35.42 [im Anschluß an eine Gelähmtenheilungs- bzw. Erweckungserzählung]; 13,12 [nach dem Zusammenstoß mit Barjesus]; 16,30.33 [nach einem Türöffnungs- und Befreiungswunder]; vgl. noch 19,17-20 [im Anschluß an den fehlgeschlagenen Exorzismus der Skeuas-Söhne].
Eine direkte Verknüpfung (d.h. ohne Zwischenschaltung einer Verkündigungsnotiz) von Wunder und Bekehrung liegt nur in *9,32-34.35* und *9,36-41.42* vor. Sowohl die Erzählung über die Heilung an Aeneas als auch die Auferweckungserzählung über Tabitha werden mit Bekehrungsnotizen abgeschlossen (9,35: ἐπέστρεψαν ἐπὶ τὸν κύριον; 9,42: ἐπίστευσαν πολλοὶ ἐπὶ τὸν κύριον). Die direkte Verknüpfung dieser Notizen mit den Wundererzählungen geht aus den Vorbemerkungen 9,35a [»und alle Bewohner von Lydda und Joppe sahen ihn«] und 9,42a [»das wurde in Joppe bekannt (γνωστόν)«] hervor. Da die Formulierungen sowohl von V. 35 als auch von V. 42 lukanisch geprägt sind[244], kann davon ausgegangen werden, daß Lukas die hier vorliegende Verknüpfung bewußt anwendet[245]. Lukas stellt also in beiden Erzählungen die Außenwirkung betont heraus. Dieser Sachverhalt fällt besonders dadurch ins Auge, daß sowohl zufolge V. 32 als auch zufolge V. 36.38.41 christliche Gemeinden in Lydda sowie Joppe bestehen[246] – und die Hinweise mindestens in V. 32 auf die lukanische Redaktion zurückgehen[247]. Die Bekehrung wird in beiden Erzählungen freilich nicht primär durch die Wundertat des Petrus, sondern durch die Geschehnisse, in denen Jesus Christus tätig wird (siehe V. 34: ἰᾶταί σε ἰησοῦς χριστός)[248], bzw. aufgrund des Gebetes[249] (siehe V. 40)[250]

---

242 Siehe nur die Auflistung bei *Taeger*, Mensch, 114f.
243 *Taeger*, Mensch, 144f, Anm. 448.
244 Siehe *Weiser*, Apg I, 239f.
245 Sollten die Abschlußformulierungen in der Sache vorlukanischer Herkunft sein, so hat sie Lukas im Zuge der Eigenformulierung wenigstens betont nachvollzogen.
246 Vgl. die Terminologie: οἱ ἅγιοι (V. 32.41); μαθήτρια (V. 36) und οἱ μαθηταί (V. 38).
247 *Weiser*, Apg I, 239, vermerkt eine "Spannung" zwischen V. 32 und V. 35 ("Grundbestand von V. 35" vorlukanisch, ebd.). Aber es ist wenig wahrscheinlich, daß Lukas diese Spannung unbeabsichtigt geschaffen hätte. Vgl. zu den ähnlichen Widersprüchen in 9,36-42 *Schille*, Apg, 240 (zu V. 42).
248 Die Differenz zu den Formulierungen in 3,6; 16,18 ist bemerkenswert; siehe dazu *Dietrich*, Petrusbild, 266.
249 Auf die regulative Funktion derartiger Darstellungen habe ich oben S. 110 hingewiesen.
250 Vgl. 28,8 (siehe dazu oben, ebd). Die Parallelität im καὶ θεὶς τὰ γόνατα zwischen Apg 9,40 und Lk 22,42 (vgl. Apg 7,60) wird man nicht überinterpretieren dürfen, als sehe sich "Petrus einer Situation konfrontiert ..., die er al-

hervorgerufen. Bewegt sich diese Darstellung in Apg 9,32-42 auch im Rahmen der (vorausgehend behandelten) Darstellungen, daß göttliche Dynamis im Wirken der Apostel und Missionare erscheint, so ist die direkte Verknüpfung von Wunder und Bekehrung innerhalb der Apostelgeschichte doch singulär. Dieser Befund ist gerade deshalb auffallend, weil eine derartige Verknüpfung an anderer Stelle korrigiert oder vermieden wird.

Klar ersichtlich ist eine derartige Korrektur an *13,12b*. Dem naheliegenden Eindruck, Sergius Paulus sei aufgrund des Strafgeschehens an Barjesus zum Glauben gekommen [τότε ἰδὼν ὁ ἀθύπατος τὸ γεγονὸς ἐπίστευσεν], lenkt Lukas um auf das Erstaunen über die Lehre des Herrn[251]. Sollte V. 12 insgesamt von Lukas stammen, was aus konzeptionellen und sprachlichen Gründen wahrscheinlich ist[252], so zeigt sich an dieser Stelle, daß Lukas zum einen das Schema einer missionarischen Wirkung der Wundertaten aufnimmt und dieses zum anderen im Sinne der im übrigen der Apostelgeschichte begegnenden Konzeption eingliedert. Vorbereitende Merkmale dieser Umarbeitung sind innerhalb dieses Abschnittes die Kennzeichnung des Statthalters als ἀνὴρ συνετός, sein Bestreben ἀκοῦσαι τὸν λόγον τοῦ θεοῦ und wohl auch die Beschreibung der 'die Wege des Herrn durchkreuzenden' Tätigkeit des Barjesus als διαστρέψαι ... ἀπὸ τῆς πίστεως.

Ebenfalls im Anschluß an ein Strafgeschehen wird die direkte Verknüpfung von Wunder und Bekehrung in *19,17-20* vermieden. Zwar bringt Lukas an dieser Stelle den Topos der Bekehrung erzählerisch zum Ausdruck[253], vermeidet aber bezeichnenderweise den terminus technicus 'Zum-Glauben-Kommen' (πιστεύειν im Aor.), und schließt den Abschnitt mit einer Wachstumsnotiz ab.

Die Verbindung zwischen Wunder und Bekehrung stellt Lukas hingegen in *16,25-34*[254] wiederum recht ungebrochen her. Denn obgleich er in die (lukanisch überarbeitete[255]) Bekehrungserzählung mit V. 31f Wortgeschehen einschaltet[256], hat er doch die Türöffnungs- und Befreiungserzählung auf die Bekehrungserzählung hin konstruiert[257], und er läßt die

---

lein nicht bewältigen kann" (so *Dietrich*, Petrusbild, 266f). Vielmehr drückt Lukas das topische Element des Gebetes (siehe den Vergleich bei *Weiser*, Apg I, 238) in seiner eigenen Sprache aus wie Apg 20,36; 21,5, wo das Gebet ebenfalls der jeweiligen Topik zuzurechnen ist.
251 Anders *Schenk*, Glaube, 80, der bruchlos von "ἐπίστευσεν ... ἐπὶ τῇ διδαχῇ τοῦ κυρίου" (Auslassung im Original) spricht.
252 Siehe *Weiser*, Apg II, 313f.
253 Siehe oben S. 97f.
254 Zur Analyse siehe *Kratz*, Rettungswunder, 474-492, im wesentlichen übernommen von *Roloff*, Apg, 243; *Schmithals*, Apg, 151f; *Weiser*, Apg, 424-431; vorsichtiger *Schneider*, Apg II, 211ff. Vgl. außerdem *Plümacher*, Lukas, 95ff.
255 Siehe dazu *Kratz*, Rettungswunder, 487f; *Lüdemann*, Christentum, 187f.
256 Vgl. *Weiser*, Apg II, 428f.
257 Vgl. *Kratz*, Rettungswunder, 486f. Allerdings stellt *Kratz* die Formkategorie 'Rettungswunder' in Frage, wenn er betont: "Das eigentliche 'Rettungswunder' liegt nicht in der Befreiung der Apostel, sondern in der Bekehrung des Kerkermeisters" (ebd., 484, im Original hervorgehoben). — Gegen die An-

Bekehrung durch das Befreiungsgeschehnis motiviert sein[258]. In V. 31 erscheint der Bekehrungsterminus (πιστεύειν im Aor.) in direkter Rede (πίστευσον)[259]. Die Sache selbst kommt deutlich zum Ausdruck mit der Verbindung von Bekehrung und Rettung sowie mit dem Taufgeschehen (nach der Verkündigung[260])[261]. Allerdings überspielt Lukas die direkte Verknüpfung von Befreiungsgeschehen und Bekehrung, indem er die Proskynese- und zudem eine Lehrgesprächsszene an die Befreiungserzählung anschließt.

Der Durchgang durch die wenigen Abschnitte, in denen Wunder und Bekehrung miteinander verknüpft werden, ergibt, daß Lukas eine missionstheologische Ausrichtung der Wunder kennt und diese kritisch aufnimmt[262]. Weiter führen Beobachtungen, daß Wunder Furcht und Erstaunen hervorrufen[263], ohne daß damit ein Bekehrungsgeschehen verbunden wird. Diese Reaktionen stellen nicht unbedingt im Sinne der lukanischen Konzeption ein "Vorstadium"[264] des Zum-Glauben-Kommens dar. Denn Lukas kann solche Reaktionen auch kritisch sehen[265]. Zudem sind Epiphaniereaktionen nicht auf den engeren Zusammenhang mit Wundertaten beschränkt[266]. Die kritische Sichtweise ist den vorausgehenden Analysen zufolge zurückzuführen auf das lukanische Interesse, sich gegenüber einer gegenläufigen jüdischen oder hellenistischen Thaumaturgie abzugrenzen. Wenn Lukas indes einige herausgehobene Epiphaniewunder und

---

nahme eines vorlukanischen Überlieferungstorso der Türöffnungs- und Befreiungserzählung (siehe *Dibelius*, Stilkritisches, 26f; übernommen bei *Conzelmann*, Apg, 101; in anderer Weise bei *Schneider*, Apg II, 213) spricht vor allem der Vergleich der drei Türöffnungs- und Befreiungserzählungen (5,17-25; 12,3-19; 16,25-29) miteinander. Denn aus diesem geht hervor, daß Lukas die Topik dieser Erzählungen (vgl. dazu *Weinreich*, Türöffnung, [309-341] bes. 326-341) nicht nur "kannte" (*Lüdemann*, Christentum, 190), sondern daß er mit dieser Topik "vertraut war" (so *Weiser*, Apg II, 428) und diese frei anwenden konnte (anders *Conzelmann*, Apg, 101; *Taeger*, Mensch, 215; *Schneider*, Apg II, 213).
258 *Conzelmann*, Apg, 101, spricht von einer Vermischung von "Befreiungs- [und ...] Bekehrungsmotiv".
259 Zu πεπιστευκώς V. 34 siehe oben, Anm. 154.
260 Die Deutung, die Verkündigung werde "nachgeholt", "da der Heide ... noch nicht genau weiß, *was* er in der Bekehrung annehmen soll" (*Taeger*, Mensch, 115, Anm. 449 [Hervorhebung im Original], vgl. ebd., 216), geht wohl am Text und der lukanischen Konzeption von Bekehrung/Umkehr - Taufe vorbei. Die Taufe ist die Besiegelung von Bekehrung/Umkehr und hat Bekehrung zur Voraussetzung, siehe neben dem Paradigma 2,37-41 Apg 8,12f; 19,1-7 und ferner (ohne den direkten Bekehrungsterminus) 8,30-38.
261 Vgl. analog 2,37-41 gegenüber jüdischen Adressaten die Beziehung zwischen Umkehr und Rettung sowie Taufe.
262 Für diese Sichtweise ist unerheblich, ob Lukas die Verknüpfung von Wunder und Bekehrung schon in seinem Textmaterial vorfand (so etwa zu den beiden Erzählungen 9,32-42 *Brandenburger*, ZThK 85, 182 oder zu Apg 16,25-34 neben anderen explizit *Taeger*, Mensch, 216).
263 Siehe 2,43; 5,5.11; 19,17; 3,10f.
264 *Nielsen*, Heilung, 184.
265 Siehe oben zu 8,8.10.12 S. 100f; zu 2,43 S. 81f.
266 Vgl. nur 2,7.12; 9,21; 10,45; 12,16.

als derartig gekennzeichnete Geschehnisse[267] dazu benutzt, die Verknüpfung kritisch zu bedenken, so zeigt dies bei aller "Wundersucht" doch ein durchaus kritisches Verständnis der Wunder im Rahmen des Missionstypos. In diesen Fällen dient die kritische Darstellung der Abgrenzung von einer mißverständlichen Engführung einer Verknüpfung von Wunder und Glauben[268]. Die Reaktionen auf diese Geschehnisse sind unterschiedlich ausgerichtet, entweder als direkt auf Gott gerichtetes Lob[269] oder als Furcht und Erstaunen[270]. Allerdings ist den Reaktionen eigen, daß das Publikum das Geschehen als Epiphaniegeschehen versteht. Diesen Eindruck vermittelt Lukas den Adressaten deutlich durch die literarischen Fingerzeige, die er an den (besprochenen) Texten anbringt. Die Technik und der Stil dieser Bearbeitung gleichen denen, die er auch in der Gestaltung und Verarbeitung anderer Erzählungen anwendet (vgl. nur 5,12-16). Aber das Ziel ist in bezug auf das Zum-Glauben-Kommen ein anderes. Weder wird die Verkündigung durch Wunder ersetzt noch wird Bekehrung zur positiven Folge von Epiphaniereaktionen erklärt. Vielmehr wird durch das Wunder die Einsicht in das Geschehen göttlicher Kraft vermittelt und diese führt zur Bekehrung zu dem schon bekannten, aber bislang nicht als wahr erachteten Inhalt der Verkündigung. In diesem Sinne erfolgen die Bekehrungsnotizen 9,35.42 (kollektive Bekehrung in christianisiertem Gebiet), die Bemerkung 19,20 und die genannten Kennzeichen zur Glaubensgewinnung des Sergius Paulus. Schließlich lenken 16,31f [Aufforderung zur Bekehrung und Verkündigung des Wortes des Herrn] die Erkenntnis göttlicher Kraft (siehe V. 29) und daraus folgend die Erkenntnis, Rettung zu erlangen (siehe V. 30), auf die Bekehrung im Sinne der Lebenskehre hin[271]. Letzteres erinnert wiederum an 19,18f [Exhomologese und Bücherverbrennung als Darstellung der Lebenskehre].

Das Motiv der Einsichtnahme in Epiphaniegeschehen trifft sich mit dem gleichgearteten Motiv der Augenzeugenschaft anläßlich anderer Geschehnisse in Apg 2-4[272]. Lukas führt das in Apg 2 entwickelte Konzept der 'Zeichen auf der Erde unten' (2,19) im Sinne der Einsicht ermöglichenden Zeichenhaftigkeit von Epiphaniegeschehnissen weiter. Er bestreitet nicht, daß in diesem Sinne Wunder zu Bekehrung führen können. Im

---

267 Apg 9,32-42; 13,6-12; 16,25-34; 19,13-20
268 In anderer Weise löst Lukas dieses Problem in 8,12f, siehe dazu oben S. 101f.
269 Siehe 4,21 (zu δοξάζω vgl. 11,18; 13,48; 21,20 mit Bezug auf das Ereignis der Heidenmission); 19,17.
270 Siehe 5,5.11; 19,17; 3,10f; vgl. 2,43; 12,16.
271 Hierzu sei vermerkt, daß der Versuch der Selbsttötung V. 27 vielleicht nicht nur einer effektvollen Dramatik dient (siehe dazu *Plümacher*, Lukas, 96), sondern (über die Straferwartung, vgl. 12,19, hinaus) das Scheitern des Lebens des Aufsehers veranschaulichen soll. Aus dieser Situation heraus wäre die Frage V. 30 zudem recht gut motiviert.
272 Siehe zu 2,22 S. 84; zu 3,16 S. 88; vgl. noch 4,16.21; 8,6-13; ferner 14,11; 28,6.

Unterschied zur Entfaltung in Apg 2 und (im Anschluß an 3,1-11) in Apg 3-4 fehlt in den behandelten Texten Wortgeschehen fast völlig. Dieses Fehlen scheint Lukas dadurch auszugleichen, daß er derartige Bekehrungen auf christianisiertem Gebiet (9,32-45; vgl. 19,13-20) bzw. vor dem Hintergrund wahrer Glaubensgewinnung (13,6-12; 16,25-34) stattfinden läßt. Dies erinnert wiederum an das Summarium 2,42-47, speziell 2,43.47.

Lukas behandelt also die direkte Verknüpfung von Wunder und Bekehrung - ohne Verbindung mit Wortgeschehen - als Sonderfall. Wo er die Verknüpfung zur Darstellung bringt, geschieht Bekehrung aber in Anbindung an die christliche Gemeinde oder an die Bereitschaft, Glauben (= Rettung) zu gewinnen. So blendet Lukas zwar das Kerygma im Zusammenhang der Bekehrung nicht völlig aus, aber anders als in der Verknüpfung von Wunder und Verkündigung hat das Wunder keine bestätigende Funktion, sondern ruft als Epiphaniegeschehen Glauben hervor.

Zusammenfassung
1. Zur Frage der Reihenfolge: τέρατα καὶ σημεῖα – σημεῖα καὶ τέρατα
Der Doppelbegriff begegnet achtmal in der Apostelgeschichte. Davon bietet Lukas viermal die Reihenfolge τέρατα καὶ σημεῖα, auch die umgekehrte Reihenfolge erscheint viermal, und zwar im Wechsel von jeweils zwei Vorkommen. Im Sachablauf des Geschehens sind die Nennungen bis zum Apostelkonvent gleichmäßig verteilt[273].

Ferner lassen sich möglicherweise zwischen den beiden Gruppen der Nennungen äußere Parallelen aufzeigen, wenn auch nicht direkte Entsprechungen, und zwar je in der Reihenfolge ihres Vorkommens: zwischen 2,22 und 4,30 [Motiv der Beglaubigung; βουλή-Motiv], zwischen 2,43 und 5,12 [neben der formalen Entsprechung das φόβος-Motiv] und zwischen 6,8; 7,36 einerseits und 14,3; 15,12 andererseits [Stephanus bzw. Mose tun Wunder und Zeichen gegenüber der direkten Rückführung der »Zeichen und Wunder« auf Gott; vgl. außerdem weniger augenfällig die Entsprechung zwischen 6,8 und 14,3 (χάρις, vgl. aber 20,32)].

Daneben bringt Lukas die Begriffe τέρατα und σημεῖα in 2,19 in eine direkte Verbindung, in 8,(6.)13 läßt er den Doppelbegriff anklingen. Diese beiden Erwähnungen sind deutlich von der Verwendung des Doppelbegriffes abgesetzt[274]: In 2,19 führt Lukas offenbar das Schema ein, das er im folgenden weiterverwendet. In 8,13 vermeidet er den Doppelbegriff vermutlich aus apologetischen Gründen[275].

---

273 Anders *Rengstorf*, ThWNT VII, 239,1. Die Engführung der Beobachtungen, "das Vorkommen in A[p]g beschränkt sich im wesentlichen[!] auf K[apitel] 1-8" (ebd., 238,40-239,1) steht wohl unter einem überlieferungsgeschichtlichen Primat. Eher auffallend ist doch die Beobachtung, daß zumindest in Apg 9 und 10f, also in Teilen der Apostelgeschichte, in denen Lukas mit Sicherheit größere vorgegebene Erzählkomplexe verarbeitet, der Doppelbegriff fehlt.
274 Siehe oben zu 2,19 S. 80ff.
275 Siehe oben S. 101f und gleich im Text.

Die äußerlich doch recht auffällige Symmetrie innerhalb der Verwendung zeigt, zum einen daß Lukas nicht zufällige Vorgaben verarbeitet[276] und zum anderen daß Lukas überlegt den Doppelbegriff anwendet. Läßt sich die Verwendung des Doppelbegriffes noch gut fassen, so sind zum Fehlen nach Apg 15,12 nur Vermutungen möglich. Lukas wendet den Doppelbegriff an allen Stellen vor jüdischen Zeitgenossen an[277]. Schon im Kontext der Samariamission wird der Doppelbegriff vermieden, obwohl Phänomen und Funktion [Legitimierung der Verkündigung] offenkundig gemeint sind. An einer so exponierten Stelle wie 19,11 fehlt er ganz (siehe hingegen 5,12)[278]. Als einen Grund läßt sich vorbringen, daß Lukas die LXX-Sprachtradition im entsprechenden (jüdischen) Szenenrahmen verwendet. Weiter greift ein zweiter Grund: Mission und besonders die Heidenmission werden von »Zeichen und Wundern« begleitet und beglaubigt. Aufgrund dieser göttlichen Legitimation wird die Mission von der Jerusalemer Gemeinde anerkannt (15,11ff). Damit erübrigt sich die weitere Verwendung der Wendung. Die Heidenmission besitzt göttliche Legitimation und befindet sich in ungebrochener Kontinuität von den ersten Zeugen her.

2. *Bedeutung und Funktion der beiden Wendungen*
Hinsichtlich der unterschiedlichen Reihenfolge τέρατα καὶ σημεῖα/σημεῖα καὶ τέρατα bietet es sich an, das Vorkommen jeweils getrennt voneinander zu betrachten[279]. *Zum ersten* (τέρατα καὶ σημεῖα): Der Sinn der τέρατα καὶ σημεῖα-Kennzeichnung [Jesu 2,22; der Apostel 2,43; des Stephanus 6,8; des Mose 7,36] erschließt sich von hinten her, und zwar aus 7,37[280]. Aus der direkten Entsprechung zwischen 6,8 und 7,36 wird besonders deutlich, daß der Doppelbegriff τέρατα καὶ σημεῖα Teil eines prophetischen

---

276 Auch wenn man die in dieser Arbeit vorgelegte redaktionsgeschichtliche Analyse nicht im einzelnen teilt, so sollte doch zugestanden werden, daß Lukas eine Relation der verschiedenen Vorkommen herstellt.
277 Siehe 2,22.43 (vgl. V. 43a.47); 4,27 (trotz der Koalition mit Heiden); 5,12ff; 6,8 (jeweils ἐν τῷ λαῷ); 7,36. Auch in 14,3 und 15,12, die von der Heidenmission handeln, werden jüdische Zuschauer als die eigentlich Betroffenen (vgl. 14,2.4) oder judenchristliche Zuhörer (15,11f) vorgestellt.
278 Auch in 21,19 würde der Doppelbegriff nicht überraschen, vgl. die Nennung in 15,12.
279 Wesentliche Behandlung findet diese Frage eigentlich nur bei *Rengstorf*, ThWNT VII, 240,20-241,21 und darüber hinausgehend (freilich ohne gesonderte exegetische Begründung) *ders.*, ThWNT VIII, 126,15-31.
280 *Rengstorf*, ThWNT VII, 240f, spricht von der Klammerung der Stephanuserzählung mit der Pfingsterzählung aufgrund des Exodus-Erlösungstypos, welcher sich im Doppelbegriff ausdrücke. Die Verknüpfung in 2,19 ist so deutlich von der übrigen Verwendung abgehoben, daß die äußere Entsprechung [das Vorkommen der beiden Begriffe jeweils in einem Zitat oder einer "Reminiszenz", siehe ebd., 240,5f] nicht leitend sein kann. Gegen die Annahme des Exodus-Erlösungstypos spricht vor allem die 7,36 (siehe schon oben S. 92, Anm. 112) parallele Zitierung von Dtn 18,15 in Apg 3,22 und dem folgend (Apg 3,23) das Zitat von Lev 23,29 (siehe hierzu *Rese*, Motive, 66f). Beides wirkt als Entsprechung zu Apg 2,21ff, wobei 3,23 die negative Folie zu 2,21 bildet.

Funktionstypos ist. In diesem Zusammenhang ist freilich nicht zu übersehen, daß »Wunder und Zeichen« nicht mit Verkündigungsfunktionen und Wortgeschehen verbunden werden. Durch »Wunder und Zeichen« wird nicht das Kerygma der Boten Gottes legitimiert oder bestätigt. Vielmehr zeichnet das Tun (ποιεῖν, siehe 6,8; 7,36) der »Wunder und Zeichen« das Prophetentum, die Sendung der Boten Gottes aus. Die »Wunder und Zeichen« stellen einen charismatischen Kraftausweis dar, in dem göttliche Kraft epiphan wird[281]. »Wunder und Zeichen« ist somit eine Chiffre, mit der das Prophetentum der Einzelträger als echt gekennzeichnet wird. Die »Wunder und Zeichen« genannten Phänomene ordnet Lukas in zweifacher Weise ein: Erstens, sie sind Zeichen auf der Erde unten (2,19). Wer diese als solche erkennt, dem steht das Heil offen. Zweitens, nicht allein Jesus und das Tun des Mose werden als Manifestation der Kraft Gottes betrachtet, sondern auch das von den Aposteln gewirkte Werk (2,43) und die »Wunder und Zeichen«-Taten des Stephanus. Von daher wird verständlich, daß das Phänomen der »Wunder und Zeichen« auf Jerusalem beschränkt ist und damit auf die Urgeschichte der Kirche[282]. Das Heilswirken Gottes geht also über das Erdenwirken Jesu (2,22; vgl. 10,38) hinaus.

Zum zweiten (σημεῖα καὶ τέρατα): Das erste Vorkommen in 4,29f bietet (gleichsam programmatisch) die wesentlichen Merkmale der Verwendung des Doppelbegriffes »Zeichen und Wunder«. Gegenüber dem ersten (τέρατα καὶ σημεῖα) ist der Doppelbegriff σημεῖα καὶ τέρατα fest mit dem Wortgeschehen verbunden[283]. »Zeichen und Wunder« bestätigen die Missionsverkündigung (14,3; 15,12; vgl. 4,29f). Anders (oder mindestens deutlicher) als in der Verwendung des »Wunder und Zeichen«-Begriffes wird das göttliche Wirken in der Verwendung des Begriffes »Zeichen und Wunder« betont: 4,30 werden Zeichen und Wunder von Gott erbeten, von daher wird auch die Erwähnung in 5,12 zu verstehen sein; 14,3 und 15,12 wird Gott[284] als Urheber ausdrücklich genannt[285]. Die Epiphanie göttlicher Kraft in »Zeichen und Wunder« soll innerhalb dieser Verwendung die Echtheit der Verkündigung ausweisen. Mit der Erkenntnis, daß in dem Geschehen von »Zeichen und Wunder« göttliche Kraft epiphan wird, soll sich die Einsicht verbinden, daß das Kerygma wahr, d.h. Ausdruck göttlicher Dynamis ist[286], und diese Kraft im gegenwärtigen Geschehen weiterhin wirksam ist.

---

281 Siehe im Evangelium über Jesus bes. 5,17; 7,16; 13,33; 24,19; vgl. 3,21f; 4,1; 4,14f.41; 11,31f.
282 Siehe hingegen 5,12 und unten zu 4,29f.
283 Vgl. 4,30; 14,3; 15,12. In 5,12 ist die Verbindung weniger deutlich, sie wird aber doch angedeutet (siehe dazu oben S. 95 bei Anm. 138).
284 In 14,3 steht κύριος für Gott; zur Diskussion siehe *Schneider*, Apg II, 151, Anm 19.
285 Vgl. diese beiden letzten »Zeichen und Wunder«-Bemerkungen mit den beiden, ebenfalls letzten »Wunder und Zeichen«-Erwähnungen in 6,8 und 7,36, denen zufolge Stephanus und Mose selbst Wunder und Zeichen tun.
286 Vgl. das Distanzproblem in 5,12f.

In diesem Zusammenhang ist allerdings beachtenswert, daß Lukas mit dem Doppelbegriff an keiner Stelle ausgeführte Verkündigungsinhalte verbindet. Vielmehr erscheint der Doppelbegriff »Zeichen und Wunder« in verschiedenen Kontexten, wobei es jeweils direkt (4,30; 14,3; 15,12) oder indirekt (5,12) darum geht, daß sich das Kerygma unter bestätigender Förderung durch »Zeichen und Wunder« gegen Widrigkeiten (vgl. 4,29; 5,17f; 14,2.4) durchsetze oder durchgesetzt habe (vgl. 15,11). An drei Stellen, 4,29f; 5,12.17f und 14,2-4, wird die gegnerische Bedrohung durch Juden angeführt[287]. Diese Durchsetzung des Kerygmas ist der Ausbreitung der Kirche über Jerusalem hinaus zugeordnet[288]. Dementsprechend kann man weitergehend annehmen, daß die Formel von den »Zeichen und Wundern, die durch die Hände der Apostel [usw.] geschehen«, nicht nur der Bestätigung der Missionsverkündigung, sondern letztlich der Legitimation der Heidenmission dienen soll.

Von diesen Beobachtungen her bestätigt sich der Eindruck, daß 4,30 für die Verwendung des Doppelbegriffes eine Schaltstelle zwischen der »Wunder und Zeichen«- und der »Zeichen und Wunder«-Vorstellung bei Lukas darstellt: Die durch den Namen des Christus wirksame Kraft in »Zeichen und Wundern« ist Ausdruck der zur Rettung ausgestreckten Hand Gottes, um das Kerygma unter dem Volk und unter den Heiden durchzusetzen.

Vor diesem Hintergrund der Verwendung des Doppelbegriffes überrascht es wenig, daß Lukas Mk 13,22 (par: Mt 24,24) nicht übernimmt, also die Zuweisung von »Zeichen und Wundern« an Pseudochristoi und Pseudopropheten tilgt[289]. Daß ihm diese, im Evangelium getilgte Problematik dennoch bewußt ist, zeigt der überlegte Gebrauch des positiv gewerteten Motives in der Apostelgeschichte. Zunächst baut er vom Zusammenhang des zukünftigen Gerichtstages Gottes (2,19) ausgehend das Motiv der »Wunder und Zeichen« als Teil des Prophetentypos (mit deutlich eschatologischen Anklang) auf. Aufgrund der ungewöhnlichen, gegenüber der LXX veränderten Reihenfolge wird dem Hörer die Andersartigkeit der »Wunder und Zeichen« angezeigt (2,22.43). Erst nach dieser Vorbereitung benutzt Lukas den Doppelbegriff in der geläufigen Reihenfolge und deutet ihn auf die durch »Zeichen und Wunder« legitimierte Heidenmission. Das Problem der sich durch Wundertaten legitimierenden Falschprophetie ist für Lukas freilich weiterhin virulent. Dies erhellt nicht nur die direkte (von Lukas übernommene) ψευδοπροφήτης-Erwähnung in 13,6[290], wo Lukas die Wundertaten als Magie qualifiziert[291], sondern

---

287 In 4,29 geschieht die Bedrohung auch durch Heiden (im Verbund mit Juden) freilich schon im Blick auf die Heidenmission, vgl. 4,27 σὺν ἔθνεσιν und auch 14,4 das Schisma der Heiden (nach 14,2).
288 Siehe 14,3; 15,12; zu 4,27-30 siehe die vorige Anm., zu 5,12.16 siehe oben S. 95f.
289 Siehe Lk 21,24f; vgl. Lk 17,21ff; 21,8.
290 Der Begriff erscheint noch im Wehe-Ruf Lk 6,26 in einem historischen Rückblick, ohne Bezug auf wunderbares Geschehen.
291 Siehe ähnlich Apg 8,9 gegenüber V. 7 (siehe dazu oben S. 100f).

auch die Einordnung der Wunder und deren Verständnis im Kontext von Verkündigungs- und Bekehrungsszenen.

3. Wunder und Verkündigung

Betont Lukas mit der Verwendung des Doppelbegriffes »Wunder und Zeichen«/»Zeichen und Wunder« recht deutlich den Innenaspekt von Bestätigung und Beglaubigung, in fast apologetischer Weise, so tritt bei der Verwendung von Wundererzählungen (und -bemerkungen) neben diesem apologetischen Interesse der Außenaspekt stärker hervor. So grenzt Lukas die Wundertaten der Apostel und christlichen Verkünder gegenüber den Taten außerchristlicher Thaumaturgen deutlich ab, in apologetischer und zum Teil in polemischer Absicht[292].

Die Abgrenzung erreicht er durch eine bis ins einzelne greifende Bearbeitung, die dem einen Zweck dient, nämlich die Tat auf Gott selbst oder auf göttliche Kraft zurückzuführen. Daß diese Rückführung und Rückbindung des christlichen Wundertäters nicht vom Verkündigungsinhalt zu lösen ist, wird in spezifischer Weise (siehe 3,16) mit der Verwendung des Namens Jesus Christus zum Ausdruck gebracht (siehe 3,6; 16,18; 9,34; vgl. 19,13ff). Wie Lukas das Verhältnis von göttlicher Dynamis, Wundertat und Verkündigung bestimmt, hat er im Anschluß an die erste Wundererzählung (3,1-11) grundlegend dargelegt (3,12-4,22) und in 4,30 in eine Formel gefaßt.

Der theozentrischen Ausrichtung der Wundererzählungen entspricht die Ausgestaltung der Wirkung der Wundertaten auf das (in den meisten Fällen nicht-christliche) Publikum bis hin zu der Vergötterungszene 14,11ff oder der Bemerkung 28,6, womit dem Publikum in dessen Vorstellungswelt und Sprache das Anerkenntnis der Überlegenheit der in den Wundertaten wirksamen Kraft zugeschrieben wird. Bei dieser Ausgestaltung kommt nicht nur ein apologetisches Interesse zum Tragen, sondern Lukas hat dabei wohl auch die Außenwirkung einer solchen Darstellung im Blick (vgl. 28,8f; 5,16; 19,18-20). Diese Ausgestaltungen der Wirkung von Wundertaten bieten Lukas sodann den Anlaß, vom Anerkenntnis der Kraft zum Kerygma überzuleiten (vgl. 14,15ff; 3,12-26; 4,5-22; 16,30-34; 8,11ff vgl. 13,12).

Die polemische Absicht wird in den Erzählungen offenkundig, in denen Lukas die Wundertaten direkt (19,12-20) oder indirekt gegenüber vergleichbaren Taten außerchristlicher Konkurrenten absetzt. Die 'Wundersucht' des Lukas ist daher eher zeitbedingt, als daß sie sein eigentliches Anliegen sichtbar werden ließe. Denn der Ausdruckstendenz, mit der außerchristlichen Propaganda konkurrieren zu können, steht die kritische Tendenz gegenüber, daß nicht die Tat, sondern die Erscheinung göttlicher Dynamis (als weiterhin wirksame Kraft des Auferstandenen) zum entscheidenden Kriterium erhoben wird[293].

---

292 Siehe z.B. den Gebrauch der Begriffe μαγεία, μαγεύειν (oben Anm. 164).
293 Insofern wird man nicht annehmen können, "die Botschaft [müsse] das Wunder legitimieren, d.h. aus der Zweideutigkeit herausführen", so *Roloff*, Kerygma, 200.

3.1.3 Die Bezeugung der Heilsverkündigung durch »Zeichen und Wunder« (Hebr 2,4)

Sprachlich steht die Inanspruchnahme der Sprachtradition »Zeichen und Wunder« in Hebr 2,4 der Verwendung durch Lukas in der Apostelgeschichte nahe (vgl. besonders Apg 14,3). Entfernter, ohne Benutzung des Doppelbegriffes, bietet *Mk 16,(17-)20* eine ähnliche Denkstruktur. Dies gilt zum einen im Blick auf die »Zeichen und Wunder«-Anschauung der Apostelgeschichte, zum anderen hinsichtlich des Bekräftigungsphänomens gegenüber dem Wortgeschehen in Hebr 2,4[1]. Aus Mk 16,17-20 wird somit deutlich, daß sich in der Rückschau nicht nur die Anschauung über das von Wundern begleitete Leben der Gemeinde und Verkündigungswirken der Jünger verfestigt, sondern auch das Zusammenwirken von Wundertaten und Wortgeschehen erläuternd interpretierend weiter entwickelt hat. Innerhalb des Abschnittes *Hebr 2,1-4* entwickelt der auctor ad Hebraeos (im folgenden: Verfasser) in V. 3b.4 sein Traditionsverständnis[2], im wesentlichen formuliert als "Verkündigungsgeschichte"[3]. Im Rahmen seines Heilsverständnisses fallen dabei Verkündigung als Wortgeschehen und Verkündigung als Heilsgeschehen zusammen[4]: Der Anfang der σωτηρία wird markiert durch das Verkündetwerden vom Kyrios her[5] (λαλεῖσθαι διὰ τοῦ κυρίου), d.h. zum einen durch die Verkündigung des Heils, die unter Vermittlung durch den Kyrios geschieht (analog zu V. 2), zum anderen durch die Verkündigung des Heils, dessen Inhalt das Wort Gottes (vgl. wiederum die Analogie zu V. 2: der durch die Engel verkündigte Logos) und somit zufolge 1,1-3 der Sohn Gottes selbst ist[6]. Von diesem Beginn her bilden die Hörer bis hin zu den Hörern des Herbräerbriefes eine verbindliche und unverbrüchliche Traditionskette (V. 3b), deren Funktion in Aufnahme und Weitergabe besteht, sich aber nicht darauf beschränkt. Denn der Unverbrüchlichkeit und Festigkeit der Verkündigung durch die Überlieferungsgaranten, welche sich aus der syntaktischen Konstruktion V. 3b herführen läßt, ist übergeordnet - in Übersteigung der Verkündigung des Wortes durch die Engel (V. 2) - das unverbrüchlich auf die Hörer des Hebräerbriefes übergekommene Heilsgeschehen[7].

---

1 Vgl. *Feuillet*, NTS 24, 165f; *Rengstorf*, ThWNT VII, 260,2; *Bachmann*, Bibl. 71, 380f.
2 Vgl. *Gräßer*, Heil, 261(-274, ergänzend siehe jetzt *ders.*, Hebr, 98-111).
3 *Hegermann*, Hebr, 62.
4 Siehe dazu und zum Folgenden *Gräßer*, Heil, bes. 265ff.
5 Zur eigenartigen Verwendung des διά (c. gen.) an dieser Stelle siehe *Gräßer*, Heil, 263, Anm. 13.
6 Vgl. *Gräßer*, Hebräer 1,1-4, 79.
7 Siehe die Relativkonstruktion σωτηρία, ἥτις ... ἐβεβαιώθη, vgl. *Gräßer*, Hebr, 105.

Neben diesem Traditionserweis führt der Verfasser die bestätigende Bezeugung durch Gott ein[8]. Der Sachbezug dieser Bezeugung sollte nicht zu eng bestimmt werden, also etwa nur auf die Hörer-Tradenten (V. 3b) bezogen werden. Näher liegt es, die "Zuverlässigkeit und verbindliche Rechtsgültigkeit der Verkündigung des Heils"[9], also das βεβαιῶσθαι aufgrund der in V. 3b gegebenen Traditionskette, als das sachliche Objekt der göttlichen Bezeugung zu verstehen. Das entscheidende Argument gegen einen engen Bezug ist der Einschluß von Verfasser und Hörer des Hebräerbriefes unter die ἡμεῖς (V. 3b), also der Einschluß des 'Heute' (vgl. noch 3,7ff; 4,2.12f)[10]. Bestätigende Bezeugung erfährt die "Wahrheit des Wortes"[11], die "Wahrheit [der] Verkündigung"[12]. Dies bedeutet: Garanten für das Heilsgeschehen sind erstens die bruchlose und feste Verkündigung des Heils vom Herrn her εἰς ἡμᾶς, und zweitens, das erste überbietend, die göttliche Bezeugung der Heilsverkündigung. Diese Bezeugung geschieht als Erweis σημείοις τε καὶ τέρασιν καὶ ποικίλαις δυνάμεσιν καὶ πνεύματος ἁγίου μερισμοῖς κατὰ τὴν αὐτοῦ θέλησιν. Letzteres [nach seinem Willen] schließt den Bezeugungserweis als Ganzen ein[13] (vgl. 1Kor 12,11) und betont somit die Unverfügbarkeit der einzelnen bestätigenden Erweise[14], ist also (im Rahmen des Kontextes) "Ausdruck der Unverfügbarkeit des Wortes Gottes und damit der σωτηρία"[15]. Zwar "brauchen" diese Erweise nicht zwingend für die Gemeinde des Hebräerbriefes "gleichzeitig zu sein"[16], aber V. 3b (εἰς ἡμᾶς) macht doch deutlich, daß sie nicht nur retrospektiv verstanden werden[17]. Legt man die Sprachtradition σημεῖα καὶ τέρατα zugrunde[18], kann man drei Gruppen

---

8 Das συν-ἐπιμαρτυρεῖν ist nicht personal auf die ἀκούσαντες (V. 3b) zu beziehen (gegen *Hegermann*, Hebr; vgl. die Übersetzung ebd., 62 "zusammen mit ihnen" [so auch *Gräßer*, Hebr, 107] und die damit intendierte Auslegung zu V. 4, ebd., 64), vgl. schon *Strathmann*, ThWNT IV, 516,29-33. Ausgehend von συμμαρτυρεῖν (= bestätigen, vgl. Röm 2,15; 8,16; 9,1; zur Bedeutung siehe *Bauer - Aland*, 1553 s.v.; *Strathmann*, ebd., 515,13-516,16) hat συνεπιμαρτυρέω (Hapaxlegomenon im NT) verstärkende Bedeutung (so auch 1Klem 23,5; 43,1; Philo, VitMos II, 123; und vgl. die weiteren außerneutestamentlichen Belege bei *Bauer - Aland*, 1570; *Liddell - Scott*, 1710 s.v.).
9 *Übelacker*, Appell, 159.
10 Vgl. die ausführliche Darlegung bei *Gräßer*, Heil, 268f.
11 *Gräßer*, Heil, 268.
12 *Strathmann*, ThWNT IV, 516,31.
13 Vgl. Übelacker, Appell, 159, gegen (u.a., siehe ebd., Anm. 71) *Laub*, Bekenntnis, 48; zur Diskussion siehe *Michel*, Hebr, 130.
14 Vgl. *Braun*, Hebr, 51.
15 *Vielhauer*, Geschichte, 249.
16 *Braun*, Hebr, 51 [zum part. praes. (corr. ebd.:) *Blaß-Debrunner-Rehkopf*, 339,2] mit Verweis auf *Rengstorf*, ThWNT VII, 260, 10f.
17 Vgl. *Gräßer*, Heil, 268 und ebd., Anm. 36; *Laub*, Bekenntnis, 48f.
18 Vgl. *Rengstorf*, ThWNT VII, 260,4-7.

unterscheiden: a. Zeichen und Wunder, b. verschiedenartige Krafttaten, c. Zuteilungen[19] des Heiligen Geistes.[20]

Zu a.: Die Anschauung, daß das Wortgeschehen von Gott durch »Zeichen und Wunder« bestätigende Legitimation erfährt, liegt im Rahmen der unterschiedlichen Verwendung, welche die Sprachtradition bei Paulus und in der Apostelgeschichte findet. Deutlicher als Paulus und (erst recht) Lukas trennt der Verfasser des Hebräerbriefes hingegen die Legitimationserweise von den Verkündigern. Dies läßt sich aus der verwendeten Terminologie herführen[21]: Die Hörer/Tradenten sind (nur) ἀκούσαντες, wie die Hebr.-Gemeinde und deren Verfasser, vgl. 2,1.

Diese Betonung des Wortgeschehens wird ebenso deutlich in der Beurteilung der Leitungsorgane. Obwohl die ἡγούμενοι eine autoritative (13,7) und verantwortliche (13,17) Stellung einnehmen innerhalb der Gemeinde und in Rechenschaftsfunktion vor Gott, sind sie autorisiert allein durch ihre Traditions- (vgl. 2,3) und Verkündigungsfunktion (13,7) in bezug auf das Wort.

Es ist wenig zweifelhaft, daß diese Trennung absichtsvoll geschieht und ein besonderes Interesse des Verfassers erkennen läßt. Allerdings ist es fraglich, ob sich darin das polemische Interesse gegenüber frühkatholischen Tendenzen ausdrücke[22]. Dem Text näher liegen briefimmanente Erwägungen, welche an der Situation, in der der Verfasser seine Adressaten sieht, und an der Briefabsicht ansetzen[23], nämlich daran, daß der λόγος τῆς παρακλήσεως (13,22) an eine christliche Gemeinde der zweiten oder dritten Generation (siehe 2,3) ergeht, die müde (12,3) und taub (5,11f) geworden ist. Demzufolge steht die Gemeinde in der Gefahr, an der Anfangs-Heilsverkündigung vorbeizugleiten (παραρεῖν) und der rechtmäßigen Vergeltung (ἔνδικος μισθαποδοσία) anheimzufallen. Dagegen mahnt der Verfasser, um so mehr auf das Gehörte (τοῖς ἀκουσθεῖσιν) zu achten, um

---

19 Siehe *Michel*, Hebr, 130f; *Braun*, Hebr, 51.
20 Die Frage, ob man von drei oder vier Einzelbegriffen auszugehen habe, wird bei *Michel*, Hebr, 130, diskutiert. Das τε (zum Fehlen bei den Textzeugen siehe *Braun*, Hebr, 50) bindet σημεῖα καὶ τέρατα eng zusammen (siehe *Blaß-Debrunner-Rehkopf*, 444, 2; vgl. *Gräßer*, Hebr, 108, Anm. 77). Davon abgesetzt werden ποικίλαι δυνάμεις und μερισμοὶ πνεύματος ἁγίου genannt. Das Adjektiv ποικίλαι hindert freilich auch daran, nur zwei Begriffsgruppen zu bestimmen und σημεῖα, τέρατα, δυνάμεις als "urchristlich[e] Sprachtradition" zu verstehen, die "drei Aspekte desselben Geschehens" ausdrücke (gegen *Hegermann*, Hebr, 64; ebd. die Zitate; ähnlich, jedoch zurückhaltender, *Gräßer*, Heil, 268 (*ders.*, Hebr, 107), der "die Trias «Zeichen, Wunder, Kräfte [sic !]» als feste Formel in einer bereits traditionellen Anschauung des Urchristentums" verankert sieht). Daß diese drei Begriffe eine urchristliche Sprachtradition darstellen, war schon im Blick auf Apg 2,22 zweifelhaft (siehe oben S. 78f) und auch für den Gebrauch bei Paulus (2 Kor 12,12) nicht zu erweisen (siehe oben S. 50f). Siehe zum Ganzen auch *Bachmann*, Bibl. 71, 375f.
21 Vgl. *Gräßer*, Heil, 268f.
22 So aber *Vielhauer*, VF 1951/52, 218f; *Theißen*, Untersuchungen, 107; *Gräßer*, Heil, 269. 272f.
23 So vor allem *Laub*, Bekenntnis, 49f.

nicht das um so größere (als das durch die Engel vermittelte Wort) Heil zu mißachten.
Für diese Sichtweise kommt der kunstvolle *Aufbau von 2,1-4* zum Tragen. Denn vom Vergleich her zwischen durch den Sohn vermittelten Wort und Heil (1,2) und dem einst (πάλαι 1,1) durch die Engel und die Propheten vermittelten Wort (1,1-4) ergibt sich die Überlegenheit von Heil und Wort und daraus "die größere Verantwortung"[24].
Diese Forderung begründet (γάρ V. 2) der Verfasser wiederum im Zuge eines Vergleiches (2,2-4). Innerhalb dieses Vergleiches verwendet der Verfasser mit besonderer Sorgfalt Termini, welche die Argumentation des Abschnittes in den rechtlichen Raum verlegen[25]. Auf beiden Seiten des Vergleiches betont der Verfasser die rechtliche Verbindlichkeit (βεβαι-)[26] und begründet diese in einem eigenen Beweisgang. Letzteres geschieht auf der einen Seite durch die Darstellung der Ergehensfolgen (V. 2b), auf der anderen Seite durch den Echtheitsbeweis V. 4[27].
Die Hinweise auf die Anfangstradition der Verkündigung lassen den Schluß zu, daß ebenfalls die Inanspruchnahme der Wendung σημεῖα καὶ τέρατα in Hebr 2,4 dem Funktionsbereich der Mission zuzuordnen ist, also ähnlich der Verwendung bei Paulus und Lukas. Diese Annahme läßt sich stützen durch die Äußerungen 3,1.14; 6,4f; 10,32ff, wo der Verfasser ebenfalls in unterschiedlicher Diskussionslage auf die Anfangsgründe der Gemeinde verweist. Ihr steht freilich die Folgerung entgegen, der Verfasser rechne noch für seine Gegenwart mit diesen Bestätigungserweisen. Aber ein Vergleich mit 2Kor 12,12 zeigt, daß σημεῖα καὶ τέρατα und δυνάμεις durchaus auch zeitlich zu trennende Phänomene darstellen. Außer-

---

24 So *Michel*, Hebr, 125 (Überschrift über die Kommentierung von 2,1-4); weitere Literaturbelege bei *Übelacker*, Appell, 162, Anm. 82.
25 Vgl. das ἐγένετο βέβαιος V. 2 mit ἐβεβαιώθη V. 3; den gesamten V. 2b und das συνεπιμαρτυρεῖν V. 4. Zur Häufung der Rechtstermini vgl. *Schlier*, ThWNT I, 603, 15-22; *Michel*, Hebr, 126.
26 Zum juristischen Verständnis der Wurzel siehe *Schlier*, ThWNT I, 602,36 bis 603,6 (603,15-19 zu Hebr 2,2f); vgl. *Michel*, Hebr, 130; *Gräßer*, Hebr, 103, Anm. 27.
27 Die Erwägung bei *Übelacker*, Appell, 152, der Verfasser wolle bei den Hörern den Eindruck einer Alternative zwischen rechtmäßiger Vergeltung und dem um so viel größeren Heil "suggerieren", geht wohl an der Absicht des Verfassers vorbei. Denn die rechtmäßige, im Sinne des Verfahrens im Endgericht (6,2) gerechte Vergeltung bleibt für beide Seiten gültige Folge, siehe 11,6fin; vgl. 10,35; 11,26. Ebensowenig wird man folgern können (gegen *Übelacker*, ebd., 162), daß der Nichtachtung des um so größeren Heils "die größere Strafe" (ebd.) folge. Denn der Sache nach stehen die qualitative Größe des Heils und die dementsprechend geforderte Achtsamkeit in Relation zueinander. Dies bedeutet: Dem Außerachtlassen des Heils folgt mit noch größerer Gewißheit (als im Falle jeglicher Übertretung und jeglichen Ungehorsams), also erst recht das Verderben. Siehe dazu in anderem Zusammenhang, aber bei gleicher Problemlage 12,25 und ebenso 10,29, wenn auch mit anderem Vergleichspunkt (Todesstrafe in der irdischen Welt gegenüber dem Verderben; letzteres läßt der Verfasser allerdings offen).

dem werden die drei Verweise in Hebr 2,4 deutlich voneinander abgesetzt.[28]

Zudem ist der Denkhorizont der Verwendung zwischen Paulus und Lukas einerseits und Hebr 2,4 andererseits vergleichbar, wenn man den Kontext Hebr 2,1-3 bedenkt. Denn die Rede von der Gefahr, vorbeizugleiten und das (eschatologische) Heil (σωτηρία) womöglich zu mißachten und damit rechtmäßige Vergeltung zu erfahren, steht im Horizont des Gerichtsgedankens. Was bei Paulus Rettung der Heiden durch Glaubensgehorsam (Röm 15,18f; vgl. Gal 3,5) und in der Apostelgeschichte Zum-Glauben-Kommen beinhalten, entspricht[29] in der veränderten Lage des Hebräerbriefes das δεῖ προσέχειν τοῖς ἀκουσθεῖσιν[30]. Die Verwendung der Sprachtradition als Erweis göttlicher Bezeugung fußt an dieser Stelle also offenkundig nicht nur im vorgegebenen Rahmen von Verkündigung und Bestätigung, sondern folgt auch einem traditionellen Denkschema[31]. Was in der Sache unter σημεῖα καὶ τέρατα zu verstehen ist, läßt sich nur annäherungsweise bestimmen. Daß auf die göttliche Bezeugung zurückgegriffen werde, die "in dem Wirken und Geschick Jesu und in dem Wort der Osterboten"[32] vergegenwärtigt wurde, wird man ausschließen können[33]. Daß an dieser Stelle eine ausschließlich typologische Deutung aufgrund des Hintergrundes von Ex 4,1-17 vorliege[34], ist allerdings ebenfalls fraglich. Denn zum einen begegnet in Ex 4,1-17 nur das Motiv des Legitimationszeichens, nicht der Doppelbegriff »Zeichen und Wunder«. Zum anderen bedarf es nicht der Annahme typologischer Deutung, um zu beobachten, daß der Verfasser beabsichtige, "die Erhabenheit des Evangeliums über die Thora, aber auch das Gewicht der Entscheidung zwischen beiden zu verstärken"[35]. Denn dies geht allein schon aus dem Argument göttlicher Bezeugung hervor. Außerdem hat der Verfasser im Vorausgehenden weit schlagendere Argumente als die der Typologie vorgebracht. Allein auf den Doppelbegriff σημεῖα καὶ τέρατα läßt sich die Annahme typologischer Deutung jedenfalls nicht stützen.

Näher liegt es vom frühchristlichen Sprachgebrauch der Wendung her, an die Anfangserfahrung der Gemeinde zu denken, zumal auch die beiden folgenden Erweise Erfahrungen göttlicher Bestätigung auf seiten der Gemeinde darstellen. Gemeint ist ein Geschehen, das von der Gemeinde "beim Christianisierungsvorgang"[36] als außergewöhnlich und von göttlicher

---

28 Siehe oben S. 122, Anm. 20.
29 Zum Problem der Korrelation siehe *Dautzenberg*, BZ 17, 164f.
30 Vgl. ergänzend die Beobachtungen zum Glaubensverständnis besonders im Blick auf Hebr 6,1; 11,6 bei *Brandenburger*, ZThK 85, 192.
31 Hierzu ist der Vergleich mit Apg 14,3 (und 15,8) über die Beobachtung des ähnlichen Wortlautes hinaus besonders instruktiv. Obgleich der Abschnitt Apg 14,1-6 vom (lukanischen) Motiv der gegnerischen Bedrohung überformt wird, schimmert doch, wie in 15,8.12, das traditionelle Schema durch.
32 *Hegermann*, Hebr, 64.
33 Siehe *Gräßer*, Hebr, 108, Anm. 76 (mit weiterer Literatur).
34 So *Rengstorf*, ThWNT VII, 260,1; *Gräßer*, Hebr, 108.
35 So *Rengstorf*, ThWNT VII, 259,33-260,1; siehe auch *Gräßer*, Hebr, 108.
36 *Bieder*, Pneumatologische Aspekte, 253.

Herkunft bestimmt erfahren wurde. Sicherlich liegt die Annahme am nächsten, analog dem Bezeugungserweis durch Krafttaten und Zuteilungen des Geistes an Wundertaten zu denken. Diese Annahme läßt sich nicht ganz ausschließen, obgleich innerhalb der plerophoren Ausdrucksweise »Zeichen und Wunder« und »Krafttaten« sich teilweise überschneiden würden. Das Ergebnis der vorausgehenden Analysen, besonders der Paulustexte, daß die Wendung in spezifischer Weise ihre Funktion im Bereich von durch die Verkündigung gewirkten Glauben besitzt, könnte ähnliches für Hebr 2,4 vermuten lassen. Im Blick auf 4,2; 6,1f; 11,1 besteht auf der einen Seite jedoch der bedeutende Unterschied, daß nach der Auffassung des Verfassers erst durch die ὑπόστασις des Glaubens[37] die Evangeliumsverkündigung als (im eschatologischen Sinn) wirksam erwiesen werden kann. Anders als in der paulinischen Vorstellung läßt die Evangeliumsverkündigung selbst nicht Kraftäußerungen des Christus unter den Glaubenden wirksam werden. Auf der anderen Seite gibt der Verfasser in Hebr 6,4 dem Geschehen der Anfangsbekehrung eine Charakteristik, die als Vergegenwärtigung göttlicher σημεῖα καὶ τέρατα verstanden werden kann, nämlich die Deutung, »die himmlische Gabe gekostet« zu haben (vgl. ferner 3,1). Für diese Vermutung, daß unter den »Zeichen und Wundern« in Hebr 2,4 eine, wenn auch nicht näher bestimmbare[38], Erfahrung der Gemeinde aus ihrer Anfangszeit zu verstehen sei, spricht im weiteren die Analogie der Aufzählung der Bezeugungserweise zu der Folge in 6,4f. Denn b. verschiedenartige Krafttaten (ποικιλαὶ δυνάμεις) meint wohl am ehesten besondere Krafterweise[39] innerhalb der Gemeinde, wie 6,5 (δυνάμεις μέλλοντος αἰῶνος), etwa Heilungen und Exorzismen. Als drittes nennt der Verfasser c. Zuteilungen des Heiligen Geistes. Er

---

37 Zur Diskussion um den Glaubensbegriff im Hebräerbrief (siehe einerseits *Gräßer*, Glaube, und andererseits *Dautzenberg*, BZ 17, 161-177) vgl. *Lührmann*, Glaube, 70-77.
38 Eine konkrete Zuordnung wird in der exegetischen Literatur nur selten vorgenommen, von der historischen Verortung (siehe dagegen oben bei Anm. 32) abgesehen. *Bieder*, Pneumatologische Aspekte, 253, führt lediglich die für σημεῖα und τέρατα angenommenen Aussageintentionen im deiktischen Moment und in dem Element des stupendum (siehe *Michel*, Hebr, 130; *Braun*, Hebr, 50) aus. Demgegenüber betont *Gräßer*, Hebr, 108, die juristische Perspektive des Echtheitsbeweises als ausschließlich qualitative Aussageintention, so daß dementsprechend ein konkreter Einzelbezug gar nicht beabsichtigt sei. Freilich überrascht an diesem Lösungsvorschlag, daß er gerade nicht primär mit der (für σημεῖα καὶ τέρατα angenommenen) Typologie begründet wird, sondern mit der Verwendung "traditionelle[r] Gemeindesprache". — *Hofius*, Katapausis, 219, Anm. 882 konstruiert eine Entsprechung zwischen den Zeichen und Wundern 2,4 und den ἔργα Gottes 3,9b (vermutet schon von *Goppelt*, Typos, 205f; jetzt wiederum *Bachmann*, Bibl. 71, 378f, Anm. 71). Inwiefern die Werke Gottes in der Wüstenzeit die Auffassung (ebd., 142 bei Anm. 882) belegen, daß "die Gemeinde schon Zeichen, Wunder und Kräfte des neuen Äons erfahren hat, durch die Gott das Verheißungswort bestätigt und bekräftigt (2,4; 6,4f)", bleibt unklar. Es handelt sich doch um verschiedene Motive (siehe etwa 4Esr 9,29-31).
39 Gegen die Deutung der δυνάμεις auf "Fähigkeiten" oder "Kräfte" siehe *Michel*, Hebr, 130, Anm. 4.

fußt an dieser Stelle auf der Anschauung über die Geistesgaben 1Kor 12,4-10[40], wiederum ähnlich Hebr 6,4.

Mit der Bestätigung durch »Zeichen und Wunder«, verschiedenartige Krafttaten und Zuteilung des Heiligen Geistes wird zwar weder das Heil begründet noch seine Wirklichkeit bewiesen[41], aber die Lebendigkeit, Wirksamkeit und Schärfe des Wortes Gottes (vgl. 4,12f) erwiesen. Darauf stützt der Verfasser seine dringliche (δεῖ) Mahnung, um so aufmerksamer auf das Gehörte zu achten, um nicht vorbeizugleiten. Denn dem Gehörten eignet aufgrund der Traditionskette V. 3b Rechtsverbindlichkeit und aufgrund der »Zeichen und Wunder«, Krafttaten und Geistzuteilung in der von der Gemeinde erfahrenen Wirkung Echtheit, und zwar in dem Sinne, daß die Gemeinde teilhaben kann an Heilsverkündigung und Heil.

---

40 Dieser Zusammenhang ist *communis opinio* der Forschung, vgl. nur mit wenigen Nuancen z.B. *Michel*, Hebr, 131; *Windisch*, Hebr, 19; *Braun*, Hebr, 51.
41 So mit *Roloff*, Kerygma, 179. In *diesem* Sinn sind die Erweise der Sache nach "nachgeordnet" (*Roloff*, ebd., und ebd., Anm. 256), vgl. oben zu Apg 4,29f S. 90f. Aber fraglich ist, ob der Verfasser des Hebräerbriefes diese Nach-Ordnung zum Ausdruck bringen will oder andere von *Roloff*, ebd., vorgebrachte Folgerungen die Problemlage des Hebräerbriefes voll treffen ("Erscheinungen, die den Glaubenden Erweise der Gegenwart des Geistes sind, in denen sie dankbar Gottes gnädigen Willen erkennen können".... Charismatisch begabte Gemeindeglieder "tun das Werk des Geistes, dem sie sich in betendem Glauben unterstellen"). – *Bachmann*, Bibl. 71, hat eine "einigermaßen kühne Aufstellung vorgetragen" (365), die, soweit es die in dieser Untersuchung verhandelte Frage betrifft, darin gipfelt, daß die Bezeugungserweise als solche und das συνεπιμαρτυρεῖν "irgendwie auf das Alte Testament zu beziehen" (383) seien. Zwar beobachtet auch *Bachmann*, daß "der Ausdruck 'Zeichen und Wunder' im frühchristlichen Sprachgebrauch einigermaßen fest ist, ohne freilich eindeutig auf den Bereich ... apostolischer Wunder zu verweisen" (376) und in Hebr 2,4 "auf Gott selbst zu beziehen ist" (365 u.ö.). Aber er übersieht, daß die göttliche Herkunft von »Zeichen und Wundern« nicht nur in Hebr 2,4, sondern auch in den anderen neutestamentlichen Vorkommen dominiert (gegen ebd., 376. 378ff. 380ff), zumal er die unterschiedliche christologische Deutung bei Paulus und Lukas weitgehend herunterspielt. So wird man nicht nur hinsichtlich der »Zeichen und Wunder«, sondern auch im Blick auf das Bestätigungsmotiv nicht von einem "Paradigmenwechsel" (365 u.ö.) zwischen Jesus und Gott sprechen können.

3.1.4 Die kritische Sicht: »Zeichen und Wunder« und Glaube in Joh 4,48

Neben den zahlreichen theologisch und christologisch bedeutsamen Vorkommen des Begriffes σημεῖον im Johannesevangelium[1] sticht die Erwähnung des Doppelbegriffes »Zeichen und Wunder« in Joh 4,48 heraus. Aber es fällt nicht nur die Verwendung des Doppelbegriffes innerhalb des Makrokontextes auf, sondern auch die kritische Wertung, die mit dem »Zeichen und Wunder«-Phänomen verbunden wird, gegenüber der im übrigen durchaus positiven Einstellung bei Paulus, im Hebräerbrief und bei Lukas[2]. Diese Auffälligkeiten gehen offenkundig auf bestimmte Absichten und Motive zurück. Denn einerseits ist es wohl wegen der recht festen Ausbildung und Verwendung des »Zeichen«-Begriffes sowohl auf der vorjohanneischen Ebene[3] als auch auf der Ebene des Evangelisten weitgehend ausgeschlossen, den Doppelbegriff mit dem Einzelbegriff zusammenzuziehen[4], also den einen unter die Gruppe des anderen zu subsumieren. Andererseits spricht die Stabilität der mit dem Doppelbegriff verbundenen Sprachtradition gegen die bruchlose Eingliederung in die johanneische Verwendung des Zeichenbegriffes oder eine eher zufällige Erweiterung[5]. Beides spricht demgegenüber für die bewußte Aufnahme des Doppelbegriffes in diesen Zusammenhang.

---

1 Aus der (kaum noch zu erfassenden) Literatur zum Begriff des Zeichens im Johannesevangelium siehe *Formesyn*, EThL 38, 856-894; *Hofbeck*, Semeion, 67-219; *Bittner*, Zeichen; sowie die Exkurse in den Kommentaren (und die dort genannte Literatur).
2 Wenn *Boismard*, RB 69, 195, meint, der Doppelbegriff in Joh 4,48 sei typisch lukanisch ("typiquement lucanienne"), so übergeht er gerade den für Lukas nicht typischen Verwendungsrahmen: Die Wertung ist eine andere und eine die Verkündigung bestätigende Funktion liegt in Joh 4,48 nicht vor.
3 Dafür steht in diesem Zusammenhang die Semeiaquelle, von deren Existenz man wohl wenigstens hypothetisch weiterhin ausgehen kann trotz der Einsprüche, die jetzt wieder *Heekerens*, Zeichen-Quelle, (und sein Lehrer *Thyen*, vgl. nur TRE 17, 207,47-208,9) vorgebracht hat, siehe dazu *Becker*, ThR 47, 297f. — Zwar lassen sich bei aller konzeptionellen Stärke der Rekonstruktion *Beckers* (vgl. neben dem Kommentar v.a. seinen Artikel in NTS 16, 130-148) in dieser Frage (SQ) Unsicherheiten im Detail nicht leugnen. So wird man Einzelzuweisungen weiterhin diskutieren können und auch die Frage der Theios Aner-Konzeption. Aber hinsichtlich der Anwendung der redaktionsgeschichtlichen Methode auf das Johannesevangelium (und den 1Joh), die derzeit im Fließen ist (vgl. nur *Schnackenburg*, Joh IV, 90-102), stellt sich die Frage, ob die Exegese sich nicht in die Gefahr begibt, die Probleme von der einen Ebene (E) auf die andere (Redaktion) zu verlagern (vgl. im wesentlichen die Bestimmung einer "Zeichen-*Quelle*" und der Redaktion durch den Verfasser von Joh 21 bei *Heekerens*).
4 Gegen *Formesyn*, EThL 38, 883, Anm. 93.
5 Vgl. z.B. die epexegetische Deutung des zweiten Teils (καὶ τέρατα) bei *Fortna*, JBL 89, 153, Anm. 8. 158 (ebd.: "'signs understood as wonders'").

Nach einhelliger Meinung der Exegese[6] geht die Einfügung von 4,48 (und von daher auch V. 49) auf den Evangelisten zurück[7]. Hierfür lassen sich im wesentlichen[8] folgende Argumente anführen: Erstens unterbricht V. 48(f) den Zusammenhang. Dies markiert die zweimalige Bitte des Vaters. Die Bitte des Vaters um Heilung seines Sohnes (V. 47) wird zunächst abschlägig beschieden. V. 49 mag zwar dem Stil (direkte Rede) nach und in der Sache (Betonung der Dringlichkeit) eine Steigerung zu V. 47 ausmachen, im ganzen aber wiederholt sich nur die Bitte aus V. 47. Jedenfalls läßt sich ein Fortschritt weder hinsichtlich des Handlungsablaufes noch im Blick darauf, daß der Vater dem wahren Glauben näher gekommen sei, feststellen. Dies geht erst aus V. 50b nach der Zusage der Heilung durch Jesus als Vertrauen auf das Wort hervor[9]. V. 53b nennt den wahren Glauben des Vaters, sein zum Glauben Kommen (samt seinem ganzen Haus), freilich deutlich erst nachdem das Wunder konstatiert und auch vom Vater als solches erkannt wird. Letzteres steht in Spannung zu der Kritik in V. 48[10], so daß auch von V. 53 her die literarkritische Beobachtung zu V. 48(f) gestützt wird.[11]

---

6 Vgl. zur Analyse neben den Kommentaren *Schweizer*, Heilung, 407-415; *Haenchen*, Johanneische Probleme, 82-90; *Boismard*, RB 69, 185-211; *Schnackenburg*, BZ 8, 58-88; *Hofbeck*, Semeion, 105-109; *Wilkens*, Zeichen und Werke 33-35; *Betz*, Problem, 38-43; *Dauer*, Johannes und Lukas, 39-125; *Schottroff*, Glaubende, 263-267; *Bittner*, Zeichen, 122-135; *Neirynck*, Jean et les Synoptiques, 93-120; *Heekerens*, Zeichen-Quelle, 51-63; *Schnelle*, Antidoketische Christologie, 96-110.
7 Anders votieren *Boismard*, RB 69, bes. 194ff (lukanisch, siehe dagegen *Schnackenburg*, ebd., 68f) und *Betz*, Problem, 41 (vom "alttestamentlichen Hintergrund her fest mit dem Ganzen [scil. der Wundererzählung] verbunden"; siehe gegen die Rückführung auf die Elia-Tradition *Schnelle*, Antidoketische Christologie, 107, Anm. 110).
8 Vgl. die umfassende Analyse bei *Dauer*, Johannes und Lukas, 59-63.
9 Obwohl sich die syntaktische Konstruktion auch an anderer Stelle nachweisen läßt (vgl. 2,22; 7,36; 12,38; 15,3.20; 18,9.32 und außerdem 12,48; 15,3), muß V. 50b nicht zwingend ein sekundärer Eintrag sein (gegen *Dauer*, Johannes und Lukas, 65f). Denn λόγος besitzt an dieser Stelle eine wörtliche, keine übertragene Bedeutung (im Unterschied zu den genannten Belegen). Ob der Evangelist mit der Übernahme von V. 53 dem Vertrauen auf das Wort einen übertragenen Sinn beimißt, ist eine andere Frage.
10 Vgl. *Schnackenburg*, BZ 8, 60f; *ders.*, Joh I, 498.
11 Nur wenig überzeugen können die Ausführungen von *Bittner*, Zeichen, 122-135. 169 zu diesem Text. Zwar stellt Bittner zu Recht heraus, daß weder der formgeschichtliche Rahmen des Wortes 4,48 in einer Zeichenforderung besteht (so aber jetzt wieder *Schnelle*, Antidoketische Christologie, 98; siehe dagegen schon *Schweizer*, Heilung, 413) noch 4,48 tadelnde Funktion hat (so auch *Schottroff*, Glaubende, 263f). Aber daraus läßt sich der kritische Charakter der Aussage für ihren Kontext nicht bestreiten, etwa in dem Sinne, 4,48 liefere der Erzählung "ein retardierendes Moment" (Bittner, Zeichen, 124. 127 u.ö.), indem der Fortgang des "Bericht[es]" (ebd., 133) kompensiert werde. Auch wenn von der Fragwürdigkeit (vgl. nur *Schottroff*, ebd., 266f) des Verfahrens abgesehen wird, aus 4,50-53 Entwicklungsstufen des Glaubens (so *Bultmann*, Joh, 153; *Hofbeck*, Semeion, 105f; *Schweizer*, Heilung, 411f; *Bittner*, Zeichen, 127: eine "Glaubensgeschichte") zu erheben, kann nicht allein aus der

Zweitens trifft sich die Schau- und Demonstrationswunder abwertende Tendenz der Bemerkung 4,48 mit anderen, dem Evangelisten zuzuweisenden Bemerkungen, welche kritische Akzente setzen gegenüber einem Zeichenverständnis der Wundertaten im Sinne einer direkten, demonstrativen Offenbarung[12]. Im einzelnen sind hierzu zu nennen: 2,18.23; 3,2; 6,26.30; 7,31; 9,16; 11,47; 12,18.
Aus diesen Texten kommen 2,23 und auch 6,30 der Bemerkung 4,48 am nächsten. Die Kritik richtet sich an diesen Stellen gegen die äußerliche Wahrnehmung der Wundertaten und daraus folgend gegen den Glauben an den Wundertäter und einen nur durch ihn in dieser Funktion vermittelten Glauben. Diesem Glauben fehlt es an der Tiefe der wahren Einsicht, welche indirekt mit der Verarbeitung der Tradition im Sinne des Evangelisten in 4,50.53 oder 6,26 ausgedrückt wird: Jesus ist der Lebensspender bzw. Spender des lebenbringenden Brotes[13]. Weitergehend ist gegenüber 2,23-25 und 6,30 (und den anderen kritischen σημεῖα-Vorkommen) auffallend, daß in 4,48 der Bezug zwischen Wundertäteranschauung und Wunderchristologie eher indirekt (durch die Kontexteinbindung) hergestellt wird. Ein klarer Bezug auf Jesus fehlt jedenfalls.
Im Unterschied zu den übrigen kritischen Zeichen-Bemerkungen begegnet die kritische Äußerung nur an dieser Stelle innerhalb einer Wundererzählung, in der Mitte des Erzählablaufs. Sie stellt einen gesonderten Höhepunkt der Erzählung dar. Damit geht ihre Funktion offensichtlich über die der kritischen Bemerkungen 2,23(ff); 6,30 usw. hinaus. Am nächsten liegt wohl die Vermutung, der Evangelist schärfe mit der Bemerkung 4,48 die Aufmerksamkeit des Hörers auf den Fortgang der Erzählung[14]. Diese den Erzählkontext übergreifende Funktion unterstreicht der Perso-

---

grammatischen Struktur ἐὰν μή ... οὐ [μή] (siehe Bittner, ebd., 130ff) geschlossen werden, 4,48 sei in dem bei Johannes vorliegenden Zusammenhang eine "positive Regel" (ebd., 132ff passim). Denn ein Vergleich mit analogen Äußerungen (siehe gleich im Text) erhellt deutlich den Kritikpunkt im Verhältnis von Sehen und Glauben. Ebenfalls nicht hinreichend begründet ist die Einheitlichkeit des Abschnittes. Wieso die Bitte V. 47 (indirekte Rede!) "eigentlich eine direkte Antwort Jesu an den Vater erwarten" läßt (ebd., 133) und nicht eine 'Aktion', ist nicht ganz klar. — Bedenkenswert ist freilich, daß der Satz eine weisheitliche Struktur besitzt und in sich abgeschlossen ist. Dieser Sentenzcharakter legt die Frage nahe, ob es sich vielleicht um ein ursprünglich selbständiges (so schon vermutet von *Fortna*, Gospel, 41) Logion handelt, das in seiner isolierten Form tatsächlich positiv verwendet wurde. Die Nähe des (vom Kontext isolierten) Wortes zu einem Wunderverständnis, welches aus der Semeiaquelle, aus Apg 9,32-42 oder auch aus den im paulinischen Korinth herrschenden Vorstellungen hergeführt werden kann, geben einer solchen Vermutung zusätzlichen Grund. Dennoch scheint mir die Basis zu schmal, um von der Verwendung des Doppelbegriffes her eine kerygmageschichtliche Entwicklung herzuführen, gegen die, freilich vorsichtigen, Erwägungen bei *Temple*, JBL 81, 171.
12 Diese Wunderchristologie vermittels des Begriffes des Zeichens begegnet 2,11; 4,54; 6,2.14; 10,41; 12,37; 20,30f, also in den redaktionellen Teilen der Semeiaquelle.
13 Zu dieser Deutung vgl. neben anderen *Schnackenburg*, BZ 8, 66f.
14 Zu dieser Funktion siehe auch 2,4, vgl. dazu *Bultmann*, Joh, 79.

nenwechsel in die 2. Pers. Pl.¹⁵, obwohl der szenischen Darstellung zufolge nur der Königliche und Jesus beteiligt sind¹⁶. Was dem V. 48f folgt, ist im Sinne des Evangelisten positiver Ausdruck der wahren Zeichenerkenntnis, ähnlich der Bemerkung 6,26.
Diese Differenzbeobachtungen zu 4,48 belegen hinreichend die Annahme, daß hinter diesem Einschub Absichten und Motive stehen, welche nicht einfachhin mit den wunderkritischen Bemerkungen des Evangelisten nivelliert werden können. Um diese Intention zu erheben, bietet sich eine Rückfrage nach dem Verständnis der »Zeichen und Wunder«, dem einzigen 'Fremdkörper' innerhalb des Makrokontextes an¹⁷. Denn der Evangelist will die Aufmerksamkeit wohl vor allem mit der Verwendung des Doppelbegriffes »Zeichen und Wunder« hervorrufen. Diese Annahme läßt den Schluß zu, daß der Doppelbegriff als solcher auf der Gemeindeebene bekannt und vorgeprägt ist. Mit dem Doppelbegriff war ein bestimmtes Vorverständnis verbunden, das allerdings nicht schon eine kritische Wertung beinhaltet haben muß. Kritisch wird vielmehr in 4,48 die aus dem Sehen der »Zeichen und Wunder« gezogene Folgerung im Blick auf den Glauben beurteilt. Bedenkt man weiter, daß Joh 4,48 die Anbindung an die Christologie weitgehend fehlt, die Kritik aus dem Rahmen der Erzählung heraustritt und an die Hörer gerichtet ist, liegt die Annahme nahe, daß die Verwendung des Doppelbegriffes von der aktuellen Situation des Evangelisten her zu begründen ist.
Damit rückt die Vermutung in den Blick, der Evangelist denke "an eine Missionspraxis, die unter Berufung auf σημεῖα καὶ τέρατα um Glauben warb"¹⁸. Diese Vermutung läßt sich erstens mit der traditionsgeschicht-

15 Mit dieser Funktionsbestimmung werden Erwägungen obsolet, ob V. 48 einen Vorwurf [so *Schweizer*, Heilung, 407, anders (unpersönlich) ebd., 409] darstelle, als Abweis[ung] (so etwa *Bultmann*, Joh, 153f), "allgemein[e] Klage", "vorwurfsvolle Klage" (beide Ausdrücke bei *Hofbeck*, Semeion, 105) odgl. zu verstehen sei. Für derartige Funktionsbestimmungen gibt der Text keine typischen Merkmale her.
16 Siehe auch das πρὸς αὐτόν V. 48a.
17 Zum Problem Sehen - Glauben siehe *Hahn*, Sehen und Glauben, 125-141; *Schnackenburg*, Joh I, 508-524 (Exkurs); *Koester*, Bibl. 70, 327-348.
18 So *Bultmann*, Joh, 152(f), gefolgt von *Rengstorf*, ThWNT VII, 242f; *Schulz*, Joh, 81; *Heekerens*, Zeichen-Quelle, 60. — *Bultmann* nennt diese Vermutung ergänzend neben der, daß "das Wunder als Bedingung des Glaubens gefordert wurde" (ebd., 152). Diese verfolgt er als eigentliche Vermutung, ebd., 153, weiter im Blick auf das Motiv der Abweisung der Zeichenforderung. Der zweiten Vermutung fehlt eine gesonderte Begründung, welche über den Verweis auf das Vorkommen des Doppelbegriffes im Neuen Testament (siehe ebd., 152, Anm. 6) hinausgeht. Auf *Bultmanns* Auslegung fußend meint *Rengstorf* den Hintergrund der mit Joh 4,48 kritisierten Anschauung "noch präziser" (ebd., 243,1) festlegen zu können, und zwar entweder in der Erwartung des endzeitlichen Propheten wie Mose (ebd., 243,1-7) oder in einem eingeschränkten Selbstverständnis des Christentums als des neuen Israels (ebd., 243,8-14). Aber weder läßt sich an Joh 4,48 selbst die typologische Deutung festmachen noch läßt sich nachweisen, daß eine derartige an den Doppelbegriff gebundene Typologie mit Wundertaten in der nächstliegenden Tradition verbunden war. Zur Kritik

lichen Herführung des Doppelbegriffes aus dem Bereich der Missionsterminologie stützen. Zweitens läßt die (z.T. syntaktisch bedingte) Aoristform des πιστεύειν (V. 48b) möglicherweise Missionsterminologie anklingen. Drittens ist aus V. 53 eindeutig an der Bekehrungsschilderung diese Terminologie ersichtlich (ἐπίστευσεν[19]).

An diese Beobachtung anschließend scheint es wahrscheinlich, daß gerade der Missionsakzent[20] vom Text her den Anstoß zur Einfügung der Bemerkung V. 48 gab[21]. Denn V. 48 korrigiert die Doppeldeutigkeit des Wunders[22], welche mit der Übernahme von V. 51ff weiterhin sichtbar bleibt, mit seiner Kritik am einlinigen Wunderglauben zum wahren Zeichen-Glauben hin[23]. Dieser drückt sich in der wahren Erkenntnis der δόξα[24] aus, welche sich in der konkreten Funktion des Lebensspenders realisiert.

an der typologischen Interpretation von Joh 4,48 wie der σημεῖα-Vorkommen im ganzen siehe auch *Becker*, NTS 16, (141)f, Anm. 5.
19 Siehe hingegen die andere Aktionsart des ἐπίστευσεν ... τῷ λόγῳ V. 50, zu dieser Differenz siehe *Barrett*, Joh, 264.
20 Wie auch immer die überlieferungsgeschichtliche Entwicklung beurteilt wird, führt es wohl zu weit, mit *Heekerens*, Zeichen-Quelle, 58, von einer "zum *Missionsbericht* umgestaltete[n] Wundererzählung" (Hervorhebung im Original) zu sprechen.
21 *Heekerens*, Zeichen-Quelle, 57ff, vertritt demgegenüber die Meinung, V. 48f und V. 52f seien sekundär (redaktionell) eingefügt worden. Mit der Zuweisung des Missionsmotives an die johanneische Redaktionstätigkeit kann *Heekerens* zwar ein einheitliches Redaktionsmotiv aufzeigen. Auch das mehrfache Vorkommen des οὖν in V. 52.53a ist ein gewichtiges, jedoch allein als Stilmerkmal (siehe Ruckstuhl, Einheit 194) nicht tragfähiges Argument für die Annahme redaktioneller Herkunft des Schlußabschnittes. Aber weder die Einfügung von V. 48 noch die Zufügung von V. 52f, also die Eintragung des Missionsmotives, scheinen (über den Hinweis auf den Kontext, Joh 4,31ff, siehe *Heekerens*, ebd., 60, hinaus) umfassend geklärt und begründet. Außerdem ist mit jener Annahme der Widerspruch verbunden, daß mit V. 52f gerade die Haltung (siehe besonders V. 53a) literarisch ausgeführt und betont würde, die V. 48 kritisiert wird. Letzteres gilt in gleicher Weise gegen *Wilkens*, Zeichen und Werke, 33f, der nur V. 52.53a für redaktionell hält (gegen die Annahme einer direkten Aufeinanderfolge von V. 51.53b in der traditionellen Überlieferungseinheit siehe *Heekerens*, ebd., 59). Zudem ist die Anschauung: "Der Glaube auf das Wort findet seine demonstrative Bestätigung und Erfüllung" (*Wilkens*, ebd., 34; im Original hervorgehoben) innerhalb der Erzählabfolge schon V. 51 mit der Meldung durch die Knechte erreicht. Trotz dieser Einwände gegen eine redaktionelle Herkunft der Vv. 51f(f) im ganzen, ist nicht ausgeschlossen, daß die Verse im einzelnen johanneische Eingriffe aufweisen, siehe dazu *Dauer*, Johannes und Lukas, 69ff.
22 Vgl. *Conzelmann*, Grundriß, 387f.
23 "Die Wundergeschichte [wird] im Sinne des Johannes zurechtgerückt" (*Haenchen*, Johanneische Probleme, 69 [ebenso *Schulz*, Stunde, 347], vgl. ferner *Haenchen*, Joh, 258, zu 4,48).
24 *Wilkens*, Zeichen und Werke, 34, trifft m. E. den Kern der johanneischen Erzählung: Es "eröffnet sich dem Glauben die Doxa Jesu".

3.2. Das negative Verständnis der Wendung »Zeichen und Wunder«

Ein eindeutig kritisches Urteil über »Zeichen und Wunder« findet sich innerhalb des Neuen Testamentes nur in apokalyptischen Kontexten: In Mk 13,22 (par Mt 24,24) wird vor dem Auftreten von Pseudochristoi und Pseudopropheten gewarnt, welche unter dem Gebrauch von »Zeichen und Wundern« die Auserwählten irrezuführen suchen. Der Schilderung des Endgeschehens 2Thess 2,1-12 zufolge wird der ἄνομος in Erscheinung treten ἐν πάσῃ δυνάμει καὶ σημείοις καὶ τέρασιν ψεύδους (V. 9).
In christlichen Texten außerhalb des Neuen Testaments erscheint die Wendung σημεῖα καὶ τέρατα ebenfalls in apokalyptischen Zusammenhängen. An erster Stelle ist Did 16,4[1] zu nennen[2]: Der κοσμοπλανής (vgl. 2Thess 2,3f.8f[3]) wird in der Gestalt des Gottessohnes erscheinen und die Menschen durch »Zeichen und Wunder« verführen. Da die Übereinstimmungen mit Mt 24 (und erst recht mit Mk 13) nur vage zu bestimmen sind und sicher nicht auf eine literarische Abhängigkeit zwischen Did 16 und der synoptischen Apokalypse schließen lassen[4], liegt die Annahme nahe, dieses Motiv in diesem Text auf einen allgemeinchristlichen Motivkomplex endzeitlicher Geschehnisse zurückzuführen[5]. Diese Annahme wird gestützt insbesondere durch weitere Vorkommen, denen zufolge die Verführung durch »Zeichen und Wunder« zu den Endgeschehnissen gehört: ApkPt[6] 2; ApkEl 33,7[7]. In diesen Texten findet sich eine deutlich am Christusbild ausgerichtete antithetische Vorstellung des Zeichen- und Wunderwirkens ausgebildet[8] in Verbindung mit antimessianischen Vorstellungen.
Das Zeichenwirken des (zweiten) Tieres, sowohl am Himmel als auch auf der Erde, in Apk 13,13f[9]; 19,20[10] bildet ein Zwischenglied in dieser Traditionskette[11]. Einerseits findet sich an dieser Stelle die Verbindung

---

1 Vgl. zur Stelle *Rengstorf*, ThWNT VII, 260.24ff; *Stuiber*, JAC 24, 44 und vgl. *Niederwimmer*, Did, 261ff (samt ebd., 265, Anm. 5).
2 Zur Stellung im Kontext siehe das Gegenüber zu den drei »Zeichen der Wahrheit« Did 16,6, welche das Kommen des Herrn samt aller Heiligen ankündigen.
3 Weitere Belege bei *Niederwimmer*, Did, 262, Anm. 3
4 Zur Diskussion siehe *Niederwimmer*, Did, 247-256 und zur Auseinandersetzung mit der gegensätzlichen These von *Köster*, Überlieferung, 181f. 189, siehe *ders.*, Did, 262f (samt ebd., Anm. 15).
5 Siehe zu den einzelnen Motiven *Niederwimmer*, Did, 262.
6 Siehe die Übersetzung von C. Detlef G. *Müller*, in: NTApo⁵ II, 566-578.
7 Siehe dazu *Schrage*, JSHRZ V,3, 252 Anm. h; 253 Anm. b-c.
8 Siehe weitere Belege bei *Bousset*, Antichrist, 115-124; *Schrage*, ebd., und allgemein ebd., 204ff; *Benrath*, TRE 3, 24f.
9 Siehe zum zeitgeschichtlichen Hintergrund dieser und verwandter Stellen neben den Kommentaren (vgl. das Referat bei *Böcher*, Die Johannesapokalypse, 76-83) *Scherrer*, JBL 103, 599-610.
10 Vgl. noch in anderer Vorstellung Apk 16,14.
11 Vgl. die Beobachtungen zum Befund bei *Lohmeyer*, RAC 1, 451. Zur Breite der Vorstellung vgl. *Ernst*, Gegenspieler, (zusammenfassend ebd., 293-298); *Friedrich*, 2Thess, 267f.

zwischen antimessianischen und antichristlichen Elementen. Andererseits sind antichristologische Züge ausgearbeitet, auch wenn der Name Antichrist in der Apokalypse nicht begegnet[12].

3.2.1 Die »Zeichen und Wunder« der Pseudochristoi und Pseudopropheten (Mk 13,22 par Mt 24,24)

Obwohl sich die exegetische Forschung gerade in jüngster Zeit häufig der sogenannten synoptischen Apokalypse Mk 13 zugewandt hat[13], gehört Mk 13,22 zu den dunkleren Flecken dieses Textes. Denn weder die Frage nach Herkunft oder Ursprung der Pseudochristoi- und Pseudopropheten-Nennung ist eindeutig geklärt noch der Hintergrund und der konkrete Gegenstand der »Zeichen und Wunder«, welche zur Verführung (der Auserwählten) gewirkt werden.

Daß die Aussage von V. 22 traditionell ist, darüber herrscht weitgehend Einigkeit innerhalb der Exegese[14]. Ob Einzelformulierungen oder Einzelelemente innerhalb des Verses auf Markus zurückgehen, ist freilich umstritten. Am weitesten geht in der Zuweisung an die Redaktion von einzelnen Textelementen wohl *Pesch* mit seiner in der Dissertation vorgelegten Analyse[15]. Dem zufolge seien einerseits dem Ausdruck »Pseudopropheten« die »Pseudochristoi« und andererseits die Einschränkung εἰ δυνατόν von Markus zugefügt worden[16].

---

12 Innerhalb des Neuen Testaments ist lediglich 1Joh 2,18.22; 4,3; 2Joh 7, pluralisch 1Joh 2,18, vom Antichristus die Rede. — Zur neutestamentlichen Anschauung vom Antichristus unter besonderer Berücksichtigung der Apk siehe *Böcher*, TRE 3, 21-24; vgl. noch *Lohmeyer*, RAC 1, 453ff.

13 Zur Literatur vgl. neben den Kommentaren *Pesch*, Mk II, 267f (L 81) und siehe besonders *Brandenburger*, Markus 13 (speziell die Diskussion der jüngeren Rekonstruktionsversuche ebd., 9-42). Vgl. noch *Giesen*, SNTU 8, 18-69. Zu Mk 13,22 vgl. die Literaturangaben bei *Pesch*, Mk II, 301 (L 87).

14 Anders *Lambrecht*, Redaktion, 169ff, der den V. 22 insgesamt für eine "markinische Schöpfung" (ebd., 171) hält. An dieser Annahme verwundert vor allem, daß die wesentlichen Aussageelemente nicht eigentlich aus der markinischen Redaktionstätigkeit hergeführt werden. Denn daß es sich bei den Bezeichnungen Pseudochristoi und Pseudopropheten um " 'christliche' Termini ..., die nach dem Auftreten solcher Prätendenten entstanden" (170), handelt, besagt noch nichts über die Herkunft. Ebensowenig kann aus der Feststellung, "der Ausdruck διδόναι ... σημεῖα καὶ τέρατα ist LXX-Sprache, jedoch nicht direktes Zitat" (ebd.) auf das Vorliegen einer markinischen Ursprungsformulierung geschlossen werden.

15 Siehe *Pesch*, Naherwartungen, 115-118.

16 Gegen die weitreichende Annahme, V. 22 sei in der Vorlage mit V. 6 verbunden gewesen, siehe *Brandenburger*, Markus 13, 26f. — Die (recht gut bezeugte) Textvariante in V. 22a (gegenüber Nestle[25]) von γάρ statt δέ wird bei *Pesch*, Naherwartungen, 115 übergangen, obwohl sie seine Hypothese hätte stützen können (vgl. die gleichsam umgekehrte Folgerung gegenüber der Argumentation, ebd., zur redaktionellen Herkunft von V. 6 in *ders.*, Mk II, 297). Zu ποιήσουσιν/δώσουσιν (V. 22b) vermerkt *Pesch*, Naherwartungen, 116, Anm. 270 die gute Bezeugung der zweiten Lesart, siehe *ders.*, Mk II, ebd., Anm. a samt der ebd. genannten Literatur. Allerdings besteht kaum eine so starke Bedeutungsdifferenz, daß (zufolge *Pesch*, Mk II, ebd.) mit »Zeichen und Wun-

Das zweite begründet Pesch neben der vokabelstatistischen Bedeutung von δύναμαι/δυνατός bei Markus mit der markinischen Herkunft des εἰ δυνατόν in Mk 14,35[17]. Die Aussage und die Funktion des Einschubs sind jedoch in 13,22 von anderer Art als in 14,35. Denn, zum ersten, daß sich in diesem Ausdruck die "Hoffnung" ausdrücke, "daß Gott die Gemeinde vor dem Irrtum bewahre"[18], ist auf der Ebene des Markustextes - zumal im Blick auf den Begriff οἱ ἐκλεκτοί[19] - eine zu weitgehende (vgl. V. 5b) Interpretation[20], die von 14,35 her an diese Stelle getragen wird. Zum zweiten steht 14,35 in einer Linie mit der Allmachtsaussage 14,36, während 13,22 mittelbar innerhalb der Paränese zur Standhaftigkeit gegenüber der möglichen Verführung ermahnt.

Nicht alle Gründe, die *Pesch* für die Zuweisung des Begriffes ψευδόχριστοι an die markinische Redaktionsarbeit vorbringt[21], sind zwingend. Zwar trifft die Annahme zu, daß der Begriff "eine christliche Neubildung" darstelle[22]. Überzeugen kann im wesentlichen auch das Argument, daß das Wirken von »Zeichen und Wundern« als ein Merkmal primär des (pseudo-)prophetischen Wirkens anzusehen sei. Fragwürdig sind aber die beiden folgenden Argumente: Erstens, "der Messias gilt als der verheißene Prophet, und ihn begleiten σημεῖα καὶ τέρατα" (mit Verweis auf Dtn 13,2f); zweitens, der mit der Aussage von V. 22 verbundene Offenbarungscharakter der »Zeichen und Wunder« entspreche der "Selbstoffenbarung mit 'Ich bin's' in V. 6"[23].

Zum ersten: Es ist einerseits positiv nicht eindeutig nachweisbar, daß in V. 22 auf Dtn 13,2f angespielt wird. Denn die Übereinstimmung beschränkt sich auf den Wortlaut der einen Aussage, der von der Sache her wenig variabel ist[24]. Daß wie in Dtn 13,6LXX (ἀπο)πλανάω begegnet,

---

der "anbieten"« zu übersetzen wäre, zumal *Pesch* in seiner Analyse, Mk II, 299, Dtn 13,2 zugrundelegt.
17 Naherwartungen, 117.
18 Beide Zitate in: Naherwartungen, 118. Freilich sollte man textgemäß (siehe *Böcher*, EWNT III, 236) nicht von "Irrtum", sondern von 'Verführung' sprechen.
19 Das im Redeaufbau störend wirkende οἱ ἐκλεκτοί hat *Brandenburger*, Markus 13, 24. 41 (u.ö.) als redaktionell erwiesen. Diese Annahme liegt zudem von dem Vorkommen in V. 20.22.27 näher als die, den V. 21 (mit *Pesch*, Naherwartungen, 113ff; *Schmithals*, Mk II, 576) redaktionell geformt zu sehen.
20 Dies gilt in gleicher Weise hinsichtlich einer Verknüpfung des Motivs von der Verkürzung der Zeiten mit dem εἰ δυνατόν (*Pesch*, Naherwartungen, 117), also der Annahme, "daß die Erwählten sich wiederum des göttlichen Schutzes erfreuen dürfen" (*Gnilka*, Mk II, 198). Vgl. demgegenüber *Brandenburger*, Markus 13, 39.
21 Vgl. zum folgenden *Pesch*, Naherwartungen, 116.
22 Vorsichtiger spricht *Lohmeyer*, Mk, 278, von einer "christliche[n] Analogiebildung" zu dem Begriff ψευδοπροφήτης.
23 Beide Zitate *Pesch*, Naherwartungen, 116.
24 Neben ποιέω steht für die Aktivform des Wirkens noch δείκνυμι zur Verfügung, aber doch mit anderem Aussagegehalt (siehe oben vor allem zu den Belegen bei Josephus S. 32. Daß in Dtn 13,2f lediglich eine Singularformulierung (σημεῖον/τέρας) dem Masoretischen Text entsprechend) begegnet, wird bei *Pesch*, Naherwartungen, 116, Anm. 271 stillschweigend überspielt.

ist durch die Funktion der Pseudoprophetenanschauung bedingt[25]. Dieses Vorkommen läßt nicht unbedingt auf eine gezielte oder "deutliche Anspielung"[26] schließen[27]. Andererseits läßt sich nicht nachweisen, daß die Messiaserwartung als solche oder auch verbunden mit der Erwartung des endzeitlichen Propheten (also im apokalyptischen Zusammenhang) mit dem Wirken von »Zeichen und Wundern«[28] verknüpft wird[29]. Aber auch wenn es zuträfe, daß das Wirken eines Pseudochristos auf der Folie der Messiasanschauung negativ oder antithetisch entwickelt sei, blieben die Gründe für die Pluralbildung offen.

Zum zweiten, zu der Entsprechung zwischen V. 22 und V. 6 aufgrund des Offenbarungscharakters von einerseits »Zeichen und Wundern« andererseits der Selbstaussage: Läge in V. 22 eine Anspielung auf Dtn 13,2f vor, so hätten die »Zeichen und Wunder« Legitimationsfunktion oder Beglaubigungscharakter[30], aber nicht Offenbarungscharakter. Offenbarungszeichen des Messias sind (nach traditioneller apokalyptischer Anschauung[31]) eher anders geartete, vom Himmel her geschehende Zeichen. Überhaupt scheint gegenüber einer gegenseitig interpretierenden Vermischung der beiden Texte V. 5f und V. 21f Zurückhaltung geboten. Denn es ist nicht nachweisbar, daß die bei Josephus als Pseudopropheten bezeichneten Zeichenpropheten auch einen messianischen Anspruch erhoben hätten[32], unabhängig von der Frage, ob V. 22 motivgeschichtlich auf dieses oder ähnliches Prophetenwirken zurückgeführt werden kann.

---

25 So ebenfalls *Pesch*, Naherwartungen, 116, mit dem weiteren Verweis auf Jer 23,13.32; Ez 13,10; 14,9; Mi 3,5 und siehe ebd., Anm. 278. – Mt 24,24 hat das Simplex in Angleichung an V. 4.5 (par Mk 13,5f) und V. 11 (red.).
26 Pesch, Naherwartungen, 116.
27 Für die Sache ist es wenig hilfreich anzunehmen, der "Hinweis auf die falschen Propheten nimmt unausdrücklich 5 Mose 13,1ff (vgl. 2 Mose 7,3) auf" (so *Schmithals*, Mk II, 563).
28 Anders *Rengstorf*, ThWNT VII, 239,10f. Er spricht von dem "Geschehen von Zeichen und Wundern". Von daher kann er auch eine Projizierung in die Zukunft und die Eingliederung in die messianische Erwartung annehmen. Daß "das Ganze [namentlich die Verbindung von Zeichen und Wundern zufolge Dtn 13,2 mit der Pseudomessiasvorstellung] in der Folge der zeitgenössischen messianischen Deutung von Dt[n] 18,15.18" (ebd., Z. 13f) stehe, wird als solches nicht belegt – mit Recht, denn Apg 7,35 tendiert von der Mosefunktion her (siehe ebd., Z. 23f) anders. Außerdem wirkt es wenig überzeugend, die Denkvoraussetzung aus Mk 13,22 zum einen als argumentum e silentio und zum anderen im negativen Schluß herzuführen ("Nur wird [die Voraussetzung] nicht ausgesprochen, und das hat die Folge, daß die Wendung hier fast[!] pseudomessianisch wirkt, ohne daß das doch beabsichtigt sein kann[!]", ebd., Z. 16ff). Wie vorsichtig in dieser Frage entschieden werden muß, zeigt auch die von *Bousset* vorgenommene Reduktion der eigenen These (Antichrist, 108-112. 115-124) in: ders. (- *Greßmann*), Religion des Judentums, 256.
29 Siehe oben S. 32, Anm. 146.
30 Dieser Zug wird vor allem von *Kertelge*, Wunder, 28f, betont.
31 Siehe nur oben zu den apokalyptischen Zeichen und vgl. *Brandenburger*, Markus 13, 43. 101ff (und siehe Register s.v.).
32 Siehe dazu oben S. 31f, Anm. 142 und Anm. 146 unter anderem auch gegen die Darbietung des entsprechenden Textmaterials bei *Pesch*, Mk II, 297f.

Sollte die Selbstbehauptung »Ich bin's« tatsächlich auf pneumatischen Erlebnissen gründen, so wären diese vermeintlichen Christoi durch das Pneuma legitimiert und bedürften nicht zwingend der Bestätigung durch auf Erden gewirkte Zeichen und Wunder.
Neben den oben genannten Gründen führt besonders der nächste Kontext zu der Annahme, das ψευδόχριστοι καί sei an dieser Stelle von Markus eingefügt worden. Denn das Aufeinandertreffen von einerseits ὁ χριστός (V. 21) und andererseits ψευδόχριστοι (V. 22)[33] stellt eine auffallende und offenkundig absichtsvolle Zuspitzung dar - auf das folgende Szenarium (V. 24-27) hin. Da das »Zeichen und Wunder«-Wirken durch Pseudopropheten eine traditionsgeschichtlich aus dem jüdisch-hellenistischen Vorstellungskreis möglicherweise herführbare und auch bis auf die Ebene des Markus sinnvolle Aussage darstellt, kann man die Zufügung von ψευδόχριστοι (καί) durch Markus wahrscheinlich machen[34].
Aus dieser Zuweisung ergeben sich hinsichtlich des markinischen Verständnisses des »Zeichen und Wunder«-Wirkens (unter ergänzender Heranziehung von V. 5f) verschiedene Folgerungen[35]:
Daß Markus Pseudochristoi und Pseudopropheten miteinander gleichsetzt zeigt, daß ihm der Unterschied nicht (mehr) bewußt ist oder er diesen zu nivellieren beabsichtigt. Diese Gleichsetzung spricht somit bereits als solche gegen jeden Versuch, Pseudochristoi und Pseudopropheten streng auf verschiedene Personengruppen innerhalb der markinischen Textebene zu verteilen[36]. Vordringlich ist für Markus die christologische Perspektive. Dies zeigt schon allein zum einen das Gegenüber zwischen dem Aufweis des vermeintlichen Christos und (dies erläuternd) dem Auftreten von Pseudochristoi, zum anderen der Textverlauf auf die Erscheinung des Menschensohnes hin. Dieser Darstellung zufolge hat Markus nicht in erster Linie Pseudopropheten im Blick, sondern "er sieht die Gemeinde durch konkurrierende Heilsmittlergestalten gefährdet"[37]. Historische

33 Dazu siehe auch *Brandenburger*, Markus 13, 24.
34 Dies gilt unabhängig von der Frage, ob 13,21 markinisch ist (so *Pesch*, Naherwartungen, 112ff) oder mit V. 22 (ohne ψευδόχριστοι) vormarkinisch zu einem Doppellogion zusammengewachsen ist (so *Brandenburger*, Markus 13, 24. 41; sicher gehörten Vv. 21f nicht zur Vorlage, siehe Brandenburger, ebd., bes. 39). *Pesch* hat zur Begründung eine Fülle sprachlicher Beobachtungen angeführt (ebd., 114). Den entscheidenden Anstoßpunkt, nämlich ὁ χριστός, parallelisiert er mit den (ὁ) χριστός-Belegen unterschiedlicher Herkunft im Markusevangelium. *Brandenburger* geht demgegenüber von der parallelen und traditionell geprägten Q-Überlieferung (Mt 24,26f par Lk 17,23f) sowie von der durch sie vorausgesetzten "Konkurrenzsituation" aus. In diese sei vormarkinisch die erläuternde Interpretation durch V. 22* erfolgt (Markus 13, 24). Beide Annahmen lassen sich möglicherweise in der Vermutung zusammenbringen, Markus habe auf der Basis des traditionellen Logions (einschließlich ὁ χριστός) V. 21 in seinem Stil umformuliert.
35 Siehe weiterführend und die markinische Gemeindesituation reflektierend *Brandenburger*, Markus 13, 156-159. Die ebd. gebotene Problemskizze und der Lösungsvorschlag werden im folgenden vorausgesetzt.
36 Vgl. unter anderen Bedingungen die Identifizierung in Apk 16,13 des zweiten Tieres mit dem Pseudopropheten (vgl. noch Apk 19,20; 20,10).
37 *Brandenburger*, Markus 13, 158.

Plausibilitätserwägungen führen *Brandenburger*[38] vor allem zu der Vermutung, unter den Pseudochristoi seien von außen auf die Gemeinde einwirkende Heilsmittlergestalten zu verstehen. Denn zum einen ziele ein häufiges oder zahlreiches Auftreten derartiger Leute mit einer entsprechend breiten, »viele« betreffenden verführerischen Wirkung (V. 6) auf Verhältnisse außerhalb der Gemeinde[39], zumal das εἰ δυνατόν V. 22 andernfalls seinen Sinn verlöre[40]. Zum anderen lasse sich sowohl innerhalb der Gemeinde als auch außerhalb der Gemeinde ein Auftreten zahlreicher (V. 6) Christoi weder denken noch nachweisen[41].
Näherhin denkt *Brandenburger*[42] an "hellenistische Heilsmittlergestalten". Für diese vermittelten "die Wunder die Erscheinung des Göttlichen im Irdischen, dessen Steigerung und Überhöhung sie zu bewirken versprechen"[43]. Zu dieser, zunächst aus der markinischen Gemeindesituation rekonstruierten Annahme scheint die von Markus hergestellte Verbindung zwischen den Pseudochristoi und der Aussage, daß Pseudopropheten »Zeichen und Wunder« wirken, in Spannung zu stehen. Denn nach der bislang in der Exegese meist vertretenen traditionsgeschichtlichen Herleitung der vormarkinischen Aussage von den Josephustexten her handelt es sich um eine jüdisch-hellenistische Tradition[44]. Aber weder dem Wortlaut noch der Sache nach entsprechen die an diesem Punkt wenig verdächtige Darstellung durch Josephus und die traditionelle, vormarkinische Aussage (V. 22*) einander[45]. Denn zum einen ist bei Josephus nicht vom 'Tun' oder 'Wirken' der Zeichen die Rede, sondern vom 'Zeigen'. Zum anderen versprechen die Zeichenpropheten bei Josephus Zeichen (und Wunder) vom Himmel, von Gott her[46], während zufolge der Markus vorausliegenden Tradition das Wirken der Pseudopropheten von »Zeichen und Wundern« begleitet wird. Schließlich ist auch die Wendung »Zeichen und Wunder« nicht primär ein Ausdruck der auf den Bereich der (jüdischen) eschatologischen Erwartung beschränkt wäre, sondern gehört über die Grenzen des Judentums hinaus zur Bewältigungsterminologie in bedrängter Lage[47].
Auf der positiven Seite läßt sich demgegenüber eine Verwendung des »Zeichen und Wunder«-Begriffes ausschließlich aus christlichen Texten

---

38 Siehe *Brandenburger*, Markus 13, 156-159.
39 Siehe den wichtigen (*Brandenburger*, Markus 13, 157, Anm. 307 gebotenen) Verweis auf *Braun*, ThWNT VI, 248f.
40 Siehe *Brandenburger*, Markus 13, 156f.
41 Siehe *Brandenburger*, Markus 13, 157f.
42 Siehe: Markus 13, 159 und ebd., Anm. 312.
43 *Brandenburger*, Markus 13, 159.
44 Kritisch dazu äußert sich *Brandenburger*, Markus 13, 66, Anm. 140, in Auseinandersetzung mit in der Exegese geläufigen Ableitung der Gesamtaussage von V. 22 aus der apokalyptischen Tradition.
45 Daß Pseudopropheten eine verführerische Wirkung auf »viele« ausüben, ist sicher keine auf das Judentum zu beschränkende Vorstellung.
46 Siehe oben S. 32f.
47 Siehe oben S. 22.

herführen, welcher der vormarkinischen Tradition in dem entscheidenden Punkt näher steht, nämlich daß im Wirken einzelner Funktionsträger »Zeichen und Wunder« zum Ausdruck kommen bzw. dieses Wirken und die damit verbundene Verkündigung von »Zeichen und Wunder« begleitet wird[48]. Die paulinischen Äußerungen erhellen darüber hinaus, daß der Begriff als solcher schon frühchristlich bekannt und von Bedeutung war. Für die Verwendung in und gegenüber hellenistischen Kreisen spricht nicht zuletzt auch die (wenn auch gegenüber Markus und der vormarkinischen Tradition spätere) Verwendung in der Apostelgeschichte und die mit dieser Verwendung beabsichtigte Behauptung gegenüber entsprechenden Phänomenen in der Umwelt, welche nicht voraussetzungslos geschieht.

Dementsprechend ist es vorstellbar, daß in der Situation der Bedrohung entsprechende Phänomene mit derselben Wendung bezeichnet werden. Freilich geschieht dies der Tradition von V. (21.)22 zufolge unter der eindeutig kritischen (traditionellen[49]) Kennzeichnung pseudoprophetischen Tuns, welches auf Verführung aus ist. Wird mit der Sprachtradition von »Zeichen und Wunder« die Wirksamkeit göttlicher Kraft zum Ausdruck gebracht, so gilt dies verbunden mit der Pseudoprophetenanschauung entsprechend im Blick auf die Wirksamkeit[50] widergöttlicher Kräfte[51].

Wie Markus zu der Neubildung ψευδόχριστοι kommt, läßt sich freilich bestenfalls vermuten. Möglicherweise hat an dieser Stelle die Wechselwirkung der Begriffe ὁ χριστός (traditionell in V. 21) und ψευδοπροφῆται (traditionell in V. 22) eine Rolle gespielt. Eine weitergehende Herführung von der θεῖος ἀνήρ-Vorstellung her[52] ist nicht überzeugend zu begründen. Denn die Sprachtradition »Zeichen und Wunder« läßt sich im griechisch-hellenistischen Sprachbereich nicht innerhalb dieser Vorstellung nachweisen.

---

48 Diese Ausdrucksweise geschieht ebenfalls nicht voraussetzungslos, wie die Umformulierung der Hiskia-Erzählung bei Josephus, Ant 10,28f, zeigt (siehe dazu oben S. 29).
49 Siehe oben S. 137 und den Verweis ebd., Anm. 39.
50 Es gibt keinen Grund, die Erwähnung in diesem Text (zu 2Thess 2,9 siehe unten bei Anm. 62) dem "motif du faux miracle" zuzuweisen (gegen *Snoy*, RTL 3, 466, Anm. 78).
51 Von der Erscheinungsform her läßt sich eine derartige Inanspruchnahme der Sprachtradition unter den Begriff "Gegenphänome[ne]" (so *Brandenburger*, Markus 13, 159, Anm. 312) fassen. Vgl. ähnlich schon *Georgi*, Gegner, 208, Anm. 3: "Die Wunder des Satans sind *Gegenbild* zu den Wundern des Messias" (Hervorhebung von mir), obwohl ich die Annahme als solche nicht teile, siehe oben, Anm. 28.
52 Siehe vor allem *Weeden*, Häresie, 245ff. In diesem Zusammenhang ist es zumindest überraschend, daß *Georgi*, Gegner, gegenüber einer Verbindung zwischen σημεῖα καὶ τέρατα-Wendung und θεῖος ἀνήρ-Vorstellung nur zurückhaltende Vermutungen vorbringt (siehe besonders ebd., 231 zu 2Kor 12,12; vgl. ebd., 213 zu Apg 15,11f). Zum Problem des Nachweises einer solchen Verbindung siehe oben S. 21 (bei Anm. 92).

Deutlich ist jedoch, daß das pseudoprophetische Wirken im Sinne propagandistischer Tätigkeit mit denselben Ausdrücken belegt wird, die in anderer Tradition auf die Tätigkeit frühchristlicher Missionare und ähnlicher Funktionsträger angewandt werden. Indem die gegensätzlichen Tätigkeiten als die Manifestation göttlicher oder widergöttlicher Kräfte betrachtet und terminologisch identifiziert werden, kommt zum Ausdruck, als welche bedrängende Bedrohung das gegenläufige Wirken empfunden wurde.

3.2.2 Die lügenhaften »Zeichen und Wunder« (2Thess 2,9)

Die Parusie des ἄνομος, des Menschen der Bosheit, erfolgt zufolge 2Thess 2,9[53] aufgrund der Wirksamkeit des Satans in jeglicher Kraft und in »Zeichen und Wundern« der Lüge. »Zeichen und Wunder« ist klar als Doppelbegriff gegenüber ἐν πάσῃ δυνάμει abgegrenzt[54]. Denn das ἐν πάσῃ δυνάμει steht formal dem ἐν πάσῃ ἀπάτῃ (V. 10a) parallel. Der Genitiv ψεύδους qualifiziert σημεῖα καὶ τέρατα näher[55]. Im ersten, ἐν πάσῃ δυνάμει, kommt zum Ausdruck, daß die Kraft in jeglicher Art wirksam und manifest wird. Daß der Begriff δύναμις "die Wundermacht, die Kraft Wunder zu tun"[56] meine, ist keine zwingende Annahme. Gegen diese Annahme spricht schon allein das πάσῃ[57]. Darüber hinaus lassen die entsprechenden ἐν δυνάμει-Vorkommen, an denen der Ursprung der Kraft nicht näher bestimmt wird, eine solche Deutung nicht zu[58]. Zwar sind die σημεῖα καὶ τέρατα ψεύδους dem ἐν πάσῃ δυνάμει untergeordnet[59]. Aber dies bedeutet nicht, daß δύναμις auf den Bereich der wunderwirkenden Kraftäußerung eingeschränkt werden kann. Vielmehr gelten die lügenhaften »Zeichen und Wunder« als eine Erscheinungsform jeglicher satanischen Kraft(äußerung). Der Kraftbegriff als solcher ist also eher neutral als spezifisch auf Wunderwirksamkeit zielend zu fassen[60]. Es wäre also ἐν πάσῃ δυνάμει nicht von dem Folgenden her zu deuten, son-

---

53 Zur Stelle siehe die Kommentare (insbesondere *von Dobschütz*, *Trilling* und *Marxsen*) und *Ernst*, Gegenspieler 24-79.
54 Mit Verweis auf Apg 2,22; 2Kor 12,12 hält *Ernst*, Gegenspieler, 42 (samt ebd., Anm. 1) δυνάμει καὶ σημείοις καὶ τέρασιν für "synonyme Ausdrücke". Aber in Apg 2,22; 2Kor 12,12 steht zum einen der Plural δυνάμεσι(ν), womit aber auch lediglich eine formale Parallelität besteht. Zum anderen ist (auch zufolge *Ernst*, ebd.) "der Wechsel vom Singular δυνάμει zum Plural δυνάμεσιν zu beachten", womit ein Bedeutungsunterschied verbunden ist. Siehe zu beiden Einwänden schon *von Dobschütz*, Thess, 287.
55 Siehe *von Dobschütz*, Thess, 287. Gegen ein etwa parallel zu ἐν πάσῃ ἀπάτῃ ἀδικίας inkludierendes Verständnis als ἐν πάσῃ δυνάμει ... ψεύδους spricht das (erste) καί vor σημείοις καὶ τέρασιν.
56 *Von Dobschütz*, Thess, 287 (ebenso *Ernst*, Gegenspieler, 42), ähnlich *Trilling*, 2Thess, 105.
57 Worin "jegliche Wundermacht" (*von Dobschütz*, Thess, 287) bestehe, bleibt so zwangsläufig offen.
58 Siehe oben zu 1Thess 1,5 S. 60. 62; vgl. Kol 1,11 (ἐν πάσῃ δυνάμει); 1,29.
59 So *Trilling*, 2Thess, 104.
60 Vgl. auch einerseits *Giblin*, Threat, 103f, andererseits *Rigaux*, Thess, 674f.

dern mittelbar von dem die Parusie des Bösen näherbestimmenden, vorausgehenden Ausdruck »aufgrund der Wirksamkeit des Satans«[61]. Außerdem paßt diese Deutung besser zu der parallelen Wendung ἐν πάσῃ ἀπάτῃ (ἀδικίας) als die Entsprechung zwischen jeglicher Wunderkraft und jeglicher Erscheinungsform des Trugs.

Auch für die »Zeichen und Wunder« wird man annehmen können, daß sie tatsächliche Kraftäußerungen darstellen. Die Lüge haftet ihnen nicht in dem Sinne an, daß es sich um falsche »Zeichen und Wunder« handele[62], sondern deswegen, weil sie Äußerungen der satanischen, antichristlichen Macht darstellen.

Die Inanspruchnahme der Wendung »Zeichen und Wunder« geschieht also in 2Thess 2,9 innerhalb des traditionellen Verständnisses, das sich auch im Blick auf die Verwendung in Mk 13,22 erkennen läßt: Die lügenhaften, auf die Wirksamkeit satanischer Kraft zurückzuführenden »Zeichen und Wunder« gelten als Gegenerscheinungen der Ausdrucksform göttlicher und christlicher Kraftwirkung. Ist in der Markus vorgegebenen Tradition das Wirken der »Zeichen und Wunder« durch die traditionelle Pseudoprophetenanschauung negativ gekennzeichnet, so geschieht eine solche Prägung in der innerhalb des Zusammenhangs 2Thess 2,8-10a vorliegenden Tradition[63] durch die Vorstellung der Parusie des Gegenchristus. Der Verfasser des 2. Thessalonicherbriefes nimmt das entsprechende Verständnis, das die Verwendung des Doppelbegriffes in der Tradition beherrscht, in der Deutung V. 10b-12 im Blick auf die, welche verlorengehen, auf, indem er die Wirksamkeit der Verführung gegen die (Liebe zur) Wahrheit stellt. Zudem erhellt die Terminologie in diesen Versen, daß der Verfasser propagandistische Wirkungen im Blick hat. Denn er verwendet Begriffe, die für den Zusammenhang von Mission und Bekehrung traditionell typisch sind[64]. Damit bestätigt sich die für Mk 13,22 geäußerte und lediglich von dem pseudoprophetischen Wirken hergeleitete Vermutung, daß das Reden von »Zeichen und Wundern« innerhalb dieser (christlich) apokalyptischen Vorstellung eng mit der Erscheinung propagandistischer Phänomene verbunden ist und sich auf der Grundlage der ursprünglich der frühchristlichen Missionsterminologie zugehörigen Anschauung entwickelt hat.

---

61 Vgl. Apk 13,2b die Übergabe von Kraft, Thron und Vollmacht des Drachens (des Satans) an das Tier aus dem Meer (den Antichrist). Siehe zur Stelle *Müller*, Apk, 249.
62 Siehe oben S. 38, Anm. 50. Ebensowenig wird man von einer 'Imitation' der »Zeichen und Wunder« sprechen können (gegen *Achtemeier*, Jesus and the disciples, 151).
63 Siehe zur Überlieferungsgeschichte die Analyse von *Trilling*, Untersuchungen, 75-93; *ders.*, 2Thess, (69-72)71f.
64 Siehe V. 10b: τὴν ἀγάπην τῆς ἀληθείας οὐκ δέχεσθαι, V. 11: πιστεῦσαι τῷ ψεύδει, V. 12a: οἱ μὴ πιστεύσαντες τῇ ἀληθείᾳ. Außerdem ist natürlich der Spannungsrahmen 'Verlorengehen - Gerettetwerden' zu beachten, in den sich die Terminologie im Sinne traditioneller Ausdrucksweise einfügt. Vgl. auch *von Dobschütz*, Thess, 288f.

Die beiden Vorkommen der Wendung »Zeichen und Wunder« in apokalyptischen Texten sind traditioneller Herkunft. Beide Traditionen haben Anteil an demselben Traditionsstrom. Ausgangspunkt der Traditionsbildung dürfte nicht eine, wie auch immer geartete oder sich entwickelnde, Pseudo- oder Antichristvorstellung sein. Vielmehr scheint der Ursprungsort in der als besondere Bedrohung empfundenen Tätigkeit antichristlicher Propagandisten gelegen zu haben. Deren offenkundig erfolgreiches Wirken wurde als Manifestation widergöttlicher Kraft empfunden und mit derjenigen Bezeichnung erfaßt, mit der erfolgreiche (früh)christliche Missionsarbeit gekennzeichnet wurde. In dieser Inanspruchnahme tritt das Legitimationselement wohl schon früh, wenn nicht sogar von Beginn an, zurück. Denn die Bedrohung innerhalb des apokalyptischen Verständnisses wurde wohl, anders als in dem als alttestamentliche Parallele vielzitierten Fall Dtn 13,2f[65], weniger als Bedrohung durch sich aufgrund irdischer Machttaten legitimierender Konkurrenten gesehen. In einer solchen Konkurrenzsituation fand die Wendung »Zeichen und Wunder« eher apologetische Verwendung. Die Bedrohung lag vermutlich vielmehr darin, daß es aufgrund des Wirkens entsprechender Propagandisten zu Verführung und zum Abfall vom Glauben kam. Solches Wirken wurde im Zuge des Zusammenwachsens und der Ausprägung verschiedener Motive mit widergöttlicher bis hin zu antichristlicher Wirksamkeit identifiziert. So ist es zu erklären, daß einerseits das »Zeichen und Wunder«-Wirken mit der verführerischen Wirkung von Pseudopropheten, andererseits mit der (gegenüber der ersten später entwickelten) Vorstellung der machtvollen Parusie des ἄνομος verbunden wird und jeweils darin die Wendung selbst eine eigene Prägung erhält.

Die beiden neutestamentlichen Autoren übernehmen die Wendung »Zeichen und Wunder« in der Form dieser jeweiligen Motivverbindung. Entsprechend erfährt nicht das mit »Zeichen und Wunder« Gemeinte gesonderte Deutung, sondern, von der jeweiligen Position des Autors her, die Verbindung insgesamt. Daher beherrscht bei Markus die christologische Perspektive die Deutung, beim Verfasser des 2. Thessalonicherbriefes die der Entscheidung im Endgeschehen. Beide Deutungen verraten freilich noch ein Gespür für die ursprünglich mit der Wendung verbundene Vorstellung.

Im Blick auf die weitere Entwicklung der apokalyptischen Vorstellung wird das Bild bestätigt[66], daß verschiedene Motive zu einer komplexen Vorstellung zusammenwachsen. Hinsichtlich des Einzelelementes »Zeichen und Wunder« kommt es zu einer Vergegenständlichung der Wendung.

---

65 Vgl. z.B. *Betz*, EWNT III, 571 (für Mk 13,22 par). 574 (für 2Thess 2,9); *Vielhauer - Strecker*, NTApo II⁵, 524.
66 Siehe oben S. 132f.

4 Die Sprachtradition »Zeichen und Wunder«: Bedeutung und Funktion

Die Inanspruchnahme des Doppelbegriffes σημεῖα καὶ τέρατα im Neuen Testament fußt auf einer frühchristlich traditionellen Vorstellung. Dieser Sachverhalt läßt sich zum einen aus der Verwendung in Röm 15,18f folgern[1]. Zum anderen wird der eigenständige Umgang des Lukas mit der Wendung von daher verständlich, daß ihm die Sprachtradition als solche vorgelegen hat. Schließlich weisen die in der Sache verschiedenen Verarbeitungen in den übrigen Überlieferungen (Hebr 2,4; Joh 4,48 und Mk 13,22; 2Thess 2,9) auf ein ursprünglich einheitliches Verständnis hin. Dieses Verständnis steht dem Geschehen von »Zeichen und Wunder« positiv gegenüber. Daher können die Überlieferungen, welche ein kritisches Urteil wiedergeben (Mk 13,22; 2Thess 2,9 und zum Teil Joh 4,48[2]), zunächst aus der Rekonstruktion des ursprünglichen Funktionsbereiches ausgeblendet werden.

Die folgenden Darlegungen stellen einen Versuch dar, Bedeutung und Funktionsort der frühchristlichen Sprachtradition, die der Verwendung in den neutestamentlichen Texten zugrunde liegt, zu erfassen. Dienten die im vorausgehenden vorgelegten neutestamentlichen Analysen der Bestimmung von Bedeutung und Funktion der Sprachtradition innerhalb der Verwendung bei den jeweiligen Autoren (bzw. den Traditionsträgern), so geht es im folgenden darum, hinter diese Verwendung zurückzufragen und den traditionsgeschichtlichen Verlauf, den die Sprachtradition möglicherweise genommen hat, zu rekonstruieren. Daraus ergibt sich das Bindeglied zwischen dem vorchristlichen und dem neutestamentlichen Sprachgebrauch.

Die ursprüngliche Sprachtradition besitzt einen typischen *Verwendungsbereich*, und zwar den der Mission. Denn sowohl Paulus (2Kor 12,12; Röm 15,18f; vgl. 1Thess 1,5[3]) als auch die Tradition von Hebr 2,4 greifen auf die Anfangs- und Missionserfahrung zurück. Die lukanische Verarbeitung weist den Zusammenhang aus. Die Tradition von Joh 4,48 ist ebenfalls diesem Bereich zugehörig. Die Verwendung bei Paulus, Lukas und in Hebr 2,4 läßt den weiteren Rückschluß zu, daß die Sprachtradition dazu diente, die Mission (und zwar Heidenmission[4]), ihre Träger

---

1 Siehe oben S. 44ff.
2 Siehe oben zur Stelle S. 130.
3 Vgl. ferner 1Kor 2,4; Gal 3,1-5.
4 Diese Bestimmung ist besonders aus der Verwendung bei Lukas im Vergleich mit der Anwendung der τέρατα καὶ σημεῖα-Formel einsichtig (siehe oben S. 117f), für die paulinischen Belege ist sie selbstverständlich.

und deren Sendung im Sinne eines Bestätigungsphänomens[5] zu kennzeichnen.
Der konkrete Bezug liegt dieser Verwendung zufolge in den Gründungs- und Anfangserfahrungen der Gemeinde. Die Sprachtradition beschreibt also ursprünglich ein auf die Gemeinde bezogenes Phänomen. Der ursprüngliche *Funktionsbereich* der Sprachtradition »Zeichen und Wunder« ist die mit der Gründungserfahrung von Gemeinden verbundene Reflexion im weitesten Sinne. Daß solches Bedenken der eigenen Erfahrung und der fremder Gemeinden einen typischen Funktionsbereich darstellt, erhellt neben den σημεῖα καὶ τέρατα-Vorkommen nicht nur 1Thess 1,8f, sondern auch Apg 15,3f; 14,27 (unter Absehen vom Motiv der Beauftragung durch die antiochenische Gemeinde); vgl. 21,18ff; Röm 1,8b[6]. In »Zeichen und Wundern« manifestiert sich die Kraft des Sendenden, letztlich - auf einer weiteren Reflexionsstufe jeweils unterschiedlich bei Paulus und Lukas - des verkündigten Christus.
Die ursprüngliche Sprachtradition bezeichnet jedoch nicht Heilungen, Krafttaten oder dergleichen als direkte Wundertaten der Funktionsträger. Gemeint ist vielmehr die charismatische und pneumatische Erfahrung, von welcher die frühchristlichen Gemeinden ergriffen werden, vermittelt durch das missionarische Wirken der Funktionsträger. Diese Deutung legt einerseits der traditionelle, vorchristliche Sprachgebrauch nahe. Andererseits läßt sich vom neutestamentlichen Sprachgebrauch her eine gegenteilige Auffassung jedenfalls nicht eindeutig herführen. Zwar ließen die traditionellen Vorgaben in Hebr 2,4 und Joh 4,48 und die Verwendung in der Apostelgeschichte eine solche Deutung zu. Aber für Hebr 2,4 macht der Kontext gerade eine andere Anschauung wahrscheinlich. Ob man Joh 4,48 unbedingt als Widerspiegelung einer sich ausschließlich durch Wundertaten legitimierenden Missionspraxis anzusehen hat, muß dahingestellt bleiben. Das in der Tendenz gleichartige Wort Mk 15,31f (Rettungsgeschehen - Sehen und Glauben) deutet eher in die andere Richtung. Schließlich weist die Verwendung der Sprachtradition »Zeichen und Wunder« in der Apostelgeschichte zwar für die Ebene des Lukas ein eigentliches, auf Wundertaten gerichtetes Verständnis aus. Aber Apg 14,3 und 15,12, zum Teil auch 4,30 und 5,12, scheinen zumindest nicht allein von diesem Verständnis getragen zu werden. Von Lukas wird dies freilich einerseits durch das von ihm betont verfolgte Beglaubigungsmotiv und andererseits durch sein Interesse an einer apologetisch ausgerichteten, transparenten Darstellung[7] überdeckt.
Fragt man nach dem *konkreten Bezugspunkt*, so sind der Rekonstruktion Grenzen gesetzt, aber eine weitergehende Vermutung ist doch möglich: Die Sprachtradition bezeichnet ursprünglich nicht ein Geschehen, das

---

5 Das Stichwort hierzu lautet παρρησία, siehe zu diesem oben S. 59f; 91 (samt Anm. 109).
6 Siehe noch unten S. 145f.
7 So in 5,12-16 (μᾶλλον δέ, V. 14) und siehe das Nebeneinander von »Heilung« und »Zeichen und Wunder« in 4,30.

zum Glauben führt. Dieses Verständnis teilen spätere Traditionen, denen zufolge aufgrund des Geschehens von »Zeichen und Wundern« geglaubt wird (so unter Verwendung der Sprachtradition lediglich vorjohanneisch Joh 4,48). Selbst die Verwendung bei Lukas (in Apg 5,12; 4,30) läßt die kritische Zurückhaltung gegenüber einem derartigen Verständnis erkennen.[8] Vielmehr wird mit »Zeichen und Wundern« ursprünglich ein Geschehen bezeichnet, das dem Zum-Glauben-Kommen folgt, in dem sich der Glaubensstand auswirkt[9] oder möglicherweise diesen selbst zum Inhalt hat[10].

In diesem Sinn zeichnet die Sprachtradition »Zeichen und Wunder« Missionsarbeit aus. Am Glaubensstand der Gemeinde, zumal in der Bewährung in bedrängender oder bedrohender Situation, wird die die Gemeinde bestimmende Kraft sichtbar. Diese Deutung erhellen nicht nur die paulinischen Äußerungen, sondern auch die Anwendung der Sprachtradition in schematischer Weise durch Lukas[11]. Außerdem wird von dieser Deutung her erklärlich, daß der Verfasser des Hebräerbriefes aus der veränderten Lage seiner Zeit heraus gerade unter Verwendung der Sprachtradition die Anfangserfahrung seiner Gemeinde in Erinnerung ruft und als juristisch gültigen Bezeugungserweis deklariert.

Bekehrung und Glaubensstand werden dieser Deutung zufolge gegenüber anderen Gemeinden als Erfahrung besonderer Manifestation dynamischer Wirkungen weitergegeben (1Thess 1,8). Für die frühchristlichen missionarischen Funktionsträger sind sie bedeutender Gegenstand des über ihre Wirksamkeit erstatteten *Berichtes* (siehe Apg 15,12; Röm 15,18ff; vgl. Apg 14,27; 1Thess 3,5)[12]. Die derartig als »Zeichen und Wunder« in der Gemeinde präsente Kraft ist der sichtbare Ausweis für das Einbegriffensein der Gemeinde in das eschatologische Heilswerk Gottes, vermittelt durch den jeweiligen Funktionsträger. Eine erzählerische Ausgestaltung dieser Vorstellung bietet Mk 16,17f.20 (allerdings ohne die Sprachtradition, sondern unter Verwendung des σημεῖα-Begriffes). Denn diejenigen, die zum Glauben gekommen sind, werden von den außergewöhnlichen Zeichen begleitet sein, wobei in diesem späten Vorstellungsstadium eine konkrete Ausgestaltung der Zeichen erfolgt.

Dem Anwendungsbereich (Mitteilung frühchristlicher Missions- und Gründungserfahrung) liegt möglicherweise ein Schema zugrunde, das in 1Thess 1,5-10 deutlich erkennbar ist. Zu den Grundbestandteilen gehören Glaubensstand der Gemeinde, vielleicht Bewährung o.ä., Formulierung des zugrundeliegenden Verkündigungs- und Glaubensinhaltes (siehe 1Kor 1,4-8; Phil 1,5f; 2Thess 1,3-5; Kol 1,4ff; vgl. Polyk 1,2 und ferner Phm

---

8 Siehe außerhalb der Verwendung der Sprachtradition oben S. 111-115.
9 Siehe Röm 15,19f; 2Kor 12,12, vgl. 1Thess 1,5f.
10 Siehe Hebr 2,4 in Verbindung mit dem Erleuchtungsmotiv 6,4; 10,32.
11 Siehe oben S. 89-93 und vgl. S. 117.
12 Zur Bestimmung eines Berichtes in Röm 15,18f siehe oben S. 43, in Apg 15,12; 14,27 siehe S. 93 und ebd., Anm. 131; vgl. ebd., Anm. 136.

5f; 1Klem 1,2)[13]. Anklänge an diesen Anwendungsbereich finden sich bei Paulus in unterschiedlicher Weise in Verbindung mit der Sprachtradition »Zeichen und Wunder« in 2Kor 12,12 und Röm 15,18f. Innerhalb der unterschiedlichen Argumentationsverwendung kommt in der Kurzformel »Zeichen und Wunder« dieselbe Aussageabsicht zum Ausdruck. Rückschauend werden Gründungserfahrung, Glaubensstand als sichtbarer Nachweis sowie Einbezogensein in das Heilsgeschehen genannt. Die jeweils andere Akzentuierung (einerseits Einfügung in den Zusammenhang des apostolischen Leidens und Zufügung von Krafttaten, andererseits die Kraft- im Sinne der Vollmachtsdeutung) gibt dem zugrundeliegenden Anwendungsbereich eine andere Funktion. Im ursprünglichen Anwendungsbereich steht das als »Zeichen und Wunder« erscheinende und bezeichnete Missionsgeschehen in einer Wechselbeziehung zu der Missionsverkündigung. Das Missionsgeschehen ist erkennbares Zeichen dafür, daß Gott an der Verkündigung im Sinne wirkmächtiger Begleitung mitwirkt, wodurch sich zukünftiges Rettungsgeschehen gegenwärtig sichtbar manifestiert. Wie die paulinischen Äußerungen zeigen, stellten so verstanden die »Zeichen und Wunder« den Grund objektiven Ruhmes[14] für den missionstreibenden Verkündiger und des Dankes[15] dar.

Die lukanische Verarbeitung der Wunderproblematik in der Apostelgeschichte erhellt, daß Lukas Anforderungen seiner Umwelt entspricht und gegenüber Herausforderungen apologetisch vorgeht[16]. Daher gehört es zu seiner Darstellung, daß die Verkündigung von Wundertaten begleitet und bestätigt wird. Er achtet aber in seiner Darstellung sehr genau darauf, daß Bekehrung und Zum-Glauben-Kommen ursprünglich und urtypisch durch die Verkündigung veranlaßt sind.

Lukas wendet das Wundermotiv ferner positiv in Verbindung mit der τέρατα καὶ σημεῖα-Formel an. Mit dieser Anwendung schreibt er nicht nur den im Evangelium entwickelten, auf Jesus bezogenen Prophetentypos einordnend interpretierend[17] fort, sondern auch die Vorstellung, nach der die dynamische Epiphanie Gottes in den 'allen bekannten' Wundertaten, die Jesus beglaubigt haben (2,22), erkennbar sei. Diese in den Funktionsträgern der Urgemeinde weiter wirkende Kraft als Kraft im Namen Jesus Christus ist ebenfalls offenkundig und (offiziell) feststellbar (4,16) und aus den Reaktionen (2,43; 5,12f) ersichtlich. Insofern weist zufolge der lukanischen Darstellung das Geschehen von »Wundern und Zeichen« die prophetisch verhaftete Umkehrforderung und das Kerygma als wahr und echt aus. In dieser Funktion sind sie Zeichen, die auf der Erde geschehen (2,19).

13 Es ist durch die Sache, nicht durch die literarische Funktion bedingt, daß derartig zusammengefaßt 'Berichte', ebenso wie 1Thess 1,5-10, innerhalb der Danksagung erfolgen, siehe dazu schon oben S. 57, Anm. 104.
14 Vgl. besonders 2Kor 10,15ff; 2Thess 1,4 und in der Funktion gleichartig Gal 6,13; siehe noch 2Kor 8,18.
15 Siehe oben bei Anm. 13.
16 Siehe oben S. 119.
17 Siehe oben S. 115f.

Von diesen literarischen Anwendungsbereichen hat sich die in Joh 4,48 kritisierte Vorstellung über das Verhältnis zwischen »Zeichen und Wundern« und Zum-Glauben-Kommen weitgehend entfernt. Diese fußt zwar auf der Grundanschauung, daß sich in dem Geschehen von »Zeichen und Wundern« göttliche Kraft äußere. Aber solches Geschehen gilt im Verständnis der kritisierten Missionspraxis weder der Gemeinde noch der Verkündigung als Ausweis. Zum einen fehlt diesem Verständnis die direkte Anbindung an das Wortgeschehen. Zum anderen geschieht Bekehrung nach diesem Verständnis aufgrund des demonstrativen Kraftausweises. Zum-Glauben-Kommen bedeutet im Bereich dieser Missionspraxis dem Dynamisträger Glauben schenken. Aufgrund dessen ist auch dem Wort Glauben zu schenken[18]. Das Fehlen einer direkten Anbindung an das Wortgeschehen erklärt sich aus dem Diskussionshorizont, von dem aus die Kritik geäußert wird. Anders als die Abgrenzung, die Lukas vornimmt, gehört das Wort Joh 4,48 in den Zusammenhang innerchristlicher Auseinandersetzung. Man kann erwägen[19], ob von dem kritisierten Missionsverständnis her Parallelen zum Problemhorizont der Darstellung in Apg 9,32-42 oder zu der Anschauung der Gegner in Korinth bestehen[20].

Die Verwendung des Doppelbegriffes σημεῖα καὶ τέρατα im apokalyptischen Kontext setzt die Ausbildung der frühchristlichen Sprachtradition voraus. Diese sekundäre Inanspruchnahme erfolgt nicht (mehr) im Rahmen der christlichen Missionspraxis. Vielmehr wird eine an Verführung und Abfall sichtbare gegenpropagandistische Wirkung unter Verwendung der Sprachtradition gekennzeichnet[21]. In diesem Gegenverfahren bestätigt sich aber die anfangs gegebene Bestimmung des Funktionsortes der Sprachtradition.

Gegenüber der Verwendung des σημεῖον-Begriffes kommt der Sprachtradition σημεῖα καὶ τέρατα spezifische Bedeutung zu[22]. So sind »Zeichen und Wunder« auch weder mit der Forderung nach Legitimationszeichen gleichzusetzen noch mit der Vergegenständlichung der Wunderzeichen, etwa des Antichristen. Wenn Lukas die Verwendung der Sprachtradition in Apg 8 vermeidet, wird die Abgrenzung der Funktionsbereiche teilweise sichtbar[23]. Daß sich mit der Verwendung

18 Zur Grundlage eines solchen Verständnisses - ohne direkte Verwendung von σημεῖα καὶ τέρατα - siehe oben S. 23, Anm. 99; vgl. noch S. 63, Anm. 145, und in der Herführung aus Jdt 14,10 *Brandenburger*, ZThK 85, 1988, 181 (siehe oben S. 4, Anm. 16); vgl. noch Sir 48,14f.
19 Siehe oben S. 128f, Anm. 11.
20 Anknüpfungspunkt dieser Missionspraxis kann aufgrund der Betonung des zeichenhaften Kraftausweises vielleicht eine Dynamisanschauung, welche die Aussendungstradition (Mk 6,7.13 parr) der Synoptiker bietet, bilden. Hinsichtlich der Entstehung des Wortes Joh 4,48 und der entwickelten kritischen Sichtweise liegt es nahe, an die "Konflikt"-Situation "zwischen Wandercharismatikern und Gemeindeorganisatoren" zu denken (siehe zu Begriff und Gegenstand *Theißen*, Studien [201-230] 214-226).
21 Siehe zum Ganzen oben S. 140f.
22 Siehe oben S. 69f.
23 Siehe oben S. 101f.

der Unterschied zur Konkretisierung hin "verwischt"[24], macht die auf verschiedenen Traditionsebenen erfolgende Zufügung des Ausdrucks δυνάμεις oder auch die (apologetisch orientierten) beispielhaften Anfügungen von konkreten Ereignissen in der Apostelgeschichte deutlich. Aber dennoch bleibt die Eigenständigkeit des Ausdrucks in Inhalt und Funktion (noch)[25] gewahrt.

Eine Eigenständigkeit behauptet die frühchristliche Sprachtradition ebenfalls gegenüber dem Sprachgebrauch von σημεῖα καὶ τέρατα, der ihr vorausliegt, obgleich sie verschiedene Fäden aufnimmt, aber auch in eigener Weise bündelt.

Der *vorchristliche Sprachgebrauch* ist nicht nur nicht einheitlich. Dies ist insoweit nicht überraschend, als sich der Doppelbegriff sowohl in der alttestamentlich-jüdischen als auch in der hellenistischen Tradition als feste Verbindung nachweisen läßt. Vielmehr weist der Doppelbegriff auch in verwandten Traditionsströmen unterschiedliche Ausdeutungen auf. Diese Feststellung gilt besonders für die alttestamentlich-jüdische Tradition, während im griechischen Sprachgebrauch, jedenfalls von den bislang bekannten Belegen[26] her, ein recht einheitliches Verständnis zu erkennen ist.

Die nichtjüdischen griechisch-hellenistischen Belege werden von der Vorstellung geprägt, »Zeichen und Wunder« seien wundersame Erscheinungen. Sie werden in der Regel als unheilverheißende Prodigien und Vorzeichen verstanden, die der Deutung bedürfen.[27] Für das frühchristliche und neutestamentliche Verständnis der Sprachtradition geben diese Beobachtungen zunächst wenig her. Sie sind allerdings ein kritisches Korrektiv der Exegese.[28] Bedeutsam wird das hellenistische Verständnis aber als Verbindungsglied zwischen jüdischer Vorstellung und griechischem Sprachgebrauch in der hellenistisch-jüdischen Literatur[29].

Im Alten Testament erscheint die Ausbildung des deuteronomisch-deuteronomistischen Theologumenon von den »Zeichen und Wundern in Ägypten« zwar als ein Block, der das alttestamentliche Verständnis

---

24 So *Betz*, EWNT III, 573.
25 Mit dieser Eigenständigkeit der Sprachtradition kann möglicherweise auch ihr weitgehendes Fehlen in späteren Texten zusammenhängen. 1Klem 51,5 (τὰ σημεῖα καὶ τὰ τέρατα) und Barn 4,14 (τηλικαῦτα σημεῖα καὶ τέρατα) bieten jeweils einen allgemeinen Rückgriff auf das Ägyptengeschehen. Zufolge Barn 5,8 tat Jesus τηλικαῦτα τέρατα καὶ σημεῖα (also anders als 4,14, gegen *Windisch*, Barn 329) während seines Erdenwirkens. Ob die Umstellung der Reihenfolge unmittelbar entsprechend der Umkehrung in Apg 2,22.43 usw. zu verstehen ist (so *Rengstorf*, ThWNT VII, 260,34ff), muß offenbleiben. Aber jedenfalls ist der Prophetentypos evident, siehe Barn 5,6. Freilich liegt die Annahme näher, daß die τέρατα καὶ σημεῖα Jesu (neben dem διδάσκων τὸν ἰσραήλ) gegenüber dem warnenden Beispiel der σημεῖα καὶ τέρατα in 4,14 abgesetzt werden.
26 Zur Problematik siehe oben S. 18, Anm. 71f.
27 Siehe oben S. 21.
28 Siehe oben S. 138, Anm. 52.
29 Siehe oben S. 24 (für Philo), S. 33 (für Josephus), S. 38.

von »Zeichen und Wundern« zu beherrschen scheint, schon allein von der Anzahl seiner Vorkommen. In den späteren Texten tritt diese Festlegung aber mehr und mehr zurück. Die hier ausgebildete (alttestamentliche) Sprachtradition bekommt eine andere, allgemeinere Sinnfüllung und Funktion. Es wird nicht mehr auf das einmalige Eingreifen Jahwes in Ägypten das Gewicht gelegt, sondern auf das allgemeine machtvolle, und darin einzigartige, Walten Gottes in der Geschichte zugunsten seines Volkes, letztlich auf Rettung hin. Wenn man auch die Entwicklung nicht im einzelnen erkennen kann, so ist doch deutlich, daß die späten alttestamentlichen Texte und die LXX deutlich vom deuteronomistischen Verständnis abrücken.
Auch die frühchristliche Sprachtraditon und von daher der neutestamentliche Sprachgebrauch haben (entgegen der bislang in der neutestamentlichen Exegese vorherrschenden Deutung *Rengstorfs*[30]) nicht das Theologumenon des deuteronomistischen Gebrauchs, sondern nur die Formel übernommen. Denn es ist für keine der neutestamentlichen Erwähnungen nachweisbar, daß sie von dem eigenen traditionellen oder literarischen Gebrauch her direkt auf der alttestamentlichen Anschauung über das Wirken Gottes in Ägypten fußen[31]. Eine direkte typologische Inanspruchnahme der spezifischen, deuteronomistischen Aussage läßt sich aus diesen (und anderen nachdeuteronomistischen[32]) Texten nicht entnehmen[33].
Die weitere Verwendung des Doppelbegriffes in Jes 8,18; 20,3 in bezug auf prophetische Zeichenhandlungen wird frühchristlich ebenfalls nicht aufgegriffen. Allerdings wird auch hier das Wortgeschehen entsprechend bestätigt und die prophetische Sendung legitimiert. Aber in der frühchristlichen Verwendung wird der Verkündigungsinhalt nicht mit »Zeichen und Wundern« gleichgesetzt. Ebensowenig kennt die frühchristliche Sprachtradition das Motiv von der Ankündigung von »Zeichen und Wundern«.
Dieser Unterschied wird auch im Vergleich zwischen dem »Zeichen und Wunder«-Wirken des falschen Propheten zufolge Dtn 13,2f und der Erwähnung Mk 13,22 par.[34] (oder entlegener 2Thess 2,9) evident. Im einzelnen läßt sich nicht nachweisen, daß die neutestamentlichen Texte oder deren Tradition auf diese Pseudoprophetenanschauung direkt anspielen.[35] Vielmehr führt die jeweilige, bedrängende Konkurrenzsituation dazu, die Ambivalenz von »Zeichen und Wundern« und der Legitimation der sich so beglaubigenden Funktionsträger zu erkennen, einzuschätzen und paränetisch aufzunehmen. Alle genannten

---

30 Vgl. oben S. 3f.
31 Zu Apg 7,36 siehe oben S. 92, Anm. 112; S. 116, Anm. 280; vgl. S. 79f.
32 Siehe oben S. 15f; 22ff; 25; 27f, Anm. 124; S. 30f, Anm. 140; S. 31f, Anm. 142; S. 33ff; 38f.
33 Siehe oben S. 124f; 130f, Anm. 18; und die Verweise oben in Anm. 29; vgl. noch S. 90, Anm. 105; S. 135, Anm. 28; S. 72.
34 Siehe oben S. 134f.
35 Siehe besonders oben S. 141.

Texte sowohl der alttestamentlichen als auch der frühchristlich-neutestamentlichen Verwendung setzen als selbstverständlich voraus, daß sich in den »Zeichen und Wundern«, was immer darunter im einzelnen verstanden wird, die Kraft dessen manifestiere, der die Funktionsträger sendet. Dies gilt in mehr indirekter Form für die deuteronomistische Verwendung (aber auch direkt Dtn 34,11f[36]), für die prophetischen Texte bis hin zu den neutestamentlichen Vorkommen. So kommt es, was die wenigen, wenn auch gewichtigen Übereinstimmungen zwischen Dtn 13,2f und Mk 13,22 betrifft, auf verschiedenen Wegen[37] zu vergleichbaren Aussagen.

Das frühjüdische und hellenistisch-jüdische Verständnis von »Zeichen und Wundern« liegt dem frühchristlichen Gebrauch der Sprachtradition näher als die bislang angebotenen Lösungen, es stellt teilweise eine direkte Denkvoraussetzung dar. Im einzelnen kommen die späten Danieltexte der frühchristlichen Verwendung am nächsten[38], obwohl auch deutliche Unterschiede bestehen. Vergleichbar wird in Dan 3,32f und 6,28 auf die Konversionserfahrung zurückgegriffen. In der Diasporasituation wird Gott als der proklamiert, dessen Herrlichkeit im Rettungsgeschehen präsent ist. Die hellenistisch-jüdische Tradition hat den Boden bereitet im Blick auf das besondere Sendungsverständnis, daß die Gesandten die Kraft des Sendenden vermitteln.[39] »Zeichen und Wunder« sind in diesem Verständnis keine zeichenhaften Krafttaten der Funktionsträger[40], sondern durch diese vermittelte »Wunder«, Zeichen für die bevorstehende Rettung durch den schon gegenwärtig wirksamen Gott.

Diese Anknüpfungspunkte stellen die Voraussetzungen für das frühchristliche Verständnis. Die Unterschiede sind allerdings so gravierend, daß sich eine kontinuierliche Entwicklung nicht nachweisen läßt. Vielmehr stellt die frühchristliche Sprachtradition eine spezifische Neuorientierung des »Zeichen und Wunder«-Verständnisses dar. Dieses Verständnis dürfte in der antiochenischen Gemeinde, jedenfalls im hellenistisch-judenchristlichen "Milieu"[41] ausgebildet worden sein. Darauf weisen die vorchristlichen direkten Denkvoraussetzungen, der spezifische Verwendungsbereich in bezug auf die Heidenmission und die dynamische Manifestation der Präsenz Gottes im Leben der Gemeinde, welche durch die Sprachtradition »Zeichen und Wunder« ausgedrückt wird.

---

36 Siehe oben S. 12f.
37 Siehe oben S. 141.
38 Siehe oben S. 16f.
39 Besonders ausgeprägt in den VitProph, siehe oben S. 37f.
40 Vgl. zu den Zeichenpropheten bei Josephus oben S. 24-33, bes. S. 29-32.
41 So schon vermutet von Stolz, ZThK 69, 145, Anm. 73.

Literaturverzeichnis

Abkürzungen für Reihenwerke, Zeitschriften und Lexika werden nach *Siegfried M. Schwertner*, TRE. Abkürzungsverzeichnis, Berlin/New York ²1994 verwendet. Außerdem gelten die ebd., XXII-XXVI angegebenen Siglen (aber 1Kön 1Kor usw.) sowie das Abkürzungsverzeichnis in ThWNT X/1, Stuttgart 1974, 53-85.
Monographien werden mit dem Namen des Autors und einem Titelstichwort zitiert, in der Regel mit dem ersten Substantiv des Titels, falls nicht anders im Literaturverzeichnis hervorgehoben; die Kommentare mit dem (abgekürzten) Namen der biblischen Schrift; Aufsätze (und Artikel) mit dem Fundort.

Quellen, Textausgaben und Übersetzungen

1. Bibelausgaben

Biblia Hebraica Stuttgartensia, hg. v. *Wilhelm Rudolph / Hans Peter Rüger*, Stuttgart ²1983.
Novum Testamentum Graece, hg. v. *Erwin Nestle / Kurt Aland*, Stuttgart ²⁵1963.
Novum Testamentum Graece, hg. v. *Kurt Aland*, Stuttgart ²⁶1979.
Ἡ ΚΑΙΝΗ ΔΙΑΘΗΚΑ. Novum Testamentum Graecum I-II, hg. v. *J.J. Wettstein*, Amsterdam 1751/1752 (Nachdruck Graz 1962).
Septuaginta. Id est Vetus Testamentum graece iuxta LXX interpretes, hg. v. *Alfred Rahlfs*, I-II, Stuttgart [1935] ⁹o.J.
Septuaginta. Vetus Testamentum Graecum. Auctoritate Societatis Litterarium Gottingensis editum, Göttingen 1931ff.
- III,2   : Deuteronomium, hg. v. *John William Wevers*, 1977.
- VIII,3   : Esther, hg. v. *Robert Hanhart*, 1974
- X   : Psalmi cum Odis, hg. v. *Alfred Rahlfs*, ²1967.
- XII,1   : Sapientia Salomonis, hg. v. *Joseph Ziegler*, 1962.
- XII,2   : Sapientia Iesu Filii Sirach, hg. v. *Joseph Ziegler*, ²1980.
- XIII   : Duodecim Prophetae, hg. v. *Joseph Ziegler*, ²1967.
- XIV   : Isaias, hg. v. *Joseph Ziegler*, ²1967.
- XIV   : Ieremias, Baruch, Threni, Epistula Ieremiae, hg. v. *Joseph Ziegler*, ²1976.
- XVI,1   : Ezechiel, hg. v. *Joseph Ziegler*, ²1977.
- XVI,2   : Susanna, Daniel, Bel et Draco, hg. v. *Joseph Ziegler*, 1954.

Biblia Sacra iuxta Vulgatam versionem I-II, hg. v. *Robert Weber u.a.*, Stuttgart ³1983.

2. Alttestamentliche Apokryphen und Pseudepigraphen, frühjüdische Literatur

Fragmenta Pseudepigraphorum quae supersunt Graeca una cum historicum et auctorum Judaeorum Hellenistarum fragmentis, hg. v. *Albert-Marie Denis* (PsVTGr 3), Leiden 1970, 45-238.

Holladay, Carl R. (Hg.), Fragments from Hellenistic Jewish Authors I: Historians (SBL.TT 20. PS 10), Chico 1983.
— (Hg.), Fragments from Hellenistic Jewish Authors II: Poets. The Epic Poets Theodotus and Philo and Ezekiel the Tragedian (SBL.TT 30. PS 12), Atlanta 1989.
Jüdische Schriften aus hellenistisch-römischer Zeit, hg. v. *Werner Georg Kümmel*, Gütersloh 1973ff.
Die Apokryphen und Pseudepigraphen des Alten Testaments I-II, hg. v. *Emil Kautzsch*, Tübingen 1900 (Nachdruck Darmstadt 1962).
Altjüdisches Schrifttum außerhalb der Bibel, hg. v. *Paul Rießler*, Freiburg/Heidelberg [1928] ^{5}1984.
The Testament of Abraham. The Greek Recensions, hg. v. *Michael E. Stone* (SBL.TT 2. PS 2), Missoula 1972.
La vie grecque d'Adam et Eve. Introduction, texte, traduction et commentaire, hg. v. *Daniel A. Bertrand* (Recherches Intertestamentaires 1), Paris 1987.
Die Apokalypsen des Esra und des Baruch in deutscher Gestalt, hg. v. *Bruno Violet* (GCS 32), Leipzig 1924.
Der lateinische Text der Apokalypse des Esra, hg. v. *A. Frederik J. Klein*. Mit einem Index Grammaticus (v. *G. Mussies*) (TU 131), Berlin 1983.
Apocalypsis Henochi Graece, hg. v. *Matthew Black* (PsVTGr 3) Leiden 1970, 1-44.
Die Bücher der Geheimnisse Henochs. Das sogenannte slavische Henochbuch, hg. v. *G.N. Bonwetsch* (TU 44/2), Berlin 1922.
Maravel, Pierre, Fragments grecs du livre de Jannès et Jambré (Pap. Vindob. 29456 et 29828 verso), ZPE 25, 1977, 199-207.
James, M[ontague] R[hodes], A fragment of the 'Penitence of Jannes and Jambres', JThS 2, 1901, 572-577.
Förster, M., Das lateinisch-altenglische Fragment der Apokryphe von Jamnes und Mambres, ASNS 108, 56 Jg., 1902, 15-28.
Paraleipomena Jeremiou, hg. v. *Robert A. Kraft / Ann-Elizabeth Purintun* (SBL.TT 1. PS 1), Missoula 1972.
Ascension D'Isaie. Traduction de la version éthiopienne avec les principales variantes des versions grecques, latines et slave, Introduction et notes par *Eugène Tisserant* (Documents pour l'étude de la Bible), Paris 1909.
Das Buch der Jubiläen oder Die kleine Genesis, hg. v. *H. Rönsch*, Leipzig 1874 (Nachdruck Amsterdam 1970).
Die Oracula Sibyllina, hg. v. *Johannes Geffcken* (GCS 8), Leipzig 1902.
Prophetarum vitae fabulosae. Indices apostolorum discipulorumque Domini Dorotheo, Epiphanio, Hippolyto aliisque vindicata, hg. v. *Theodor Schermann* (BiTeu), Leipzig 1907.
The Lives of the Prophets. Greek Text and Translation, hg. v. *Charles Cutler Torrey* (JBL.MS 1), Philadelphia 1946.
The Greek Versions of the Testaments of the Twelve Patriarchs, hg. v. *Robert Henry Charles*, Oxford 1908 (Nachdruck Darmstadt ^{3}1966).
Josephus I-X, hg. v. *Henry St.J. Thackeray / Ralph Marcus / Allen Wikgren / Louis H. Feldman* (LCL), Cambridge/Mass. / London 1926-1963.
Flavius Josephus, De bello judaico. Der jüdische Krieg. Griechisch und Deutsch I-II,2. III: Ergänzungen und Register, hg. v. *Otto Michel/ Otto Bauernfeind*, München / Darmstadt 1959ff.
Philonis Alexandrini opera quae supersunt, hg. v. *Leopold Cohn / Paul Wendland*, I-VII, Berlin 1896-1930 (Nachdruck 1962).
Philo von Alexandria. Die Werke in deutscher Übersetzung, hg. v. *Leopold Cohn u.a.*, VII, Berlin 1964.
Pseudo Philo's Liber Antiquitatum Biblicarum, hg. v. *Guido Kisch* (PMS X), Notre Dame 1949.

Literaturverzeichnis

Pseudo-Philon, Les antiquités bibliques I: Introduction et texte critiques, hg. v. *Daniel J. Harrington*, II: Introduction littéraire, commentaire et Index, v. *Charles Perrot / Pierre-Maurice Bogaert* zus. m. *Daniel J. Harrington* (SC 230), Paris 1976.
Die Texte aus Qumran. Hebräisch und Deutsch, hg. v. *Eduard Lohse*, Darmstadt ³1981.

3. Pagane griechische Literatur, Papyrus- und Inschriftensammlungen

Anthologia Graeca II. Buch VII - VIII, hg. v. *Hermann Beckby* (Tusculum), München ²1964.
Tragicorum Graecorum Fragmenta I. Didascaliae tragicae, catalogi tragicorum et tragoediarum, testimonia et fragmenta tragicorum minorum, hg. v. *Bruno Snell*, Göttingen 1971.
Sylloge Inscriptionum Graecarum I-IV, hg. v. *Wilhelm Dittenberger*, Leipzig ³1915-1924 (Nachdruck Hildesheim 1960).
Papyri Graecae Magicae I-II, hg. v. *K. Preisendanz*, Leipzig/Berlin 1928/1931.
Antike Wundertexte, hg. v. *Gerhard Delling* (KlT 79), Berlin ²1960.
Claudius Aelianus, Varia historia, hg. v. *Mervin R. Dilts* (BSGRT), Leipzig 1974.
Appian's Roman History I-IV, hg. v. *Horace White* (LCL), Cambridge/Mass. / London 1912-1913.
Artemidori Daldiani Onirocriticon Libri V, hg. v. *Roger A. Pack* (BSGRT), Leipzig 1963.
Cassii Dionis Cocceiani, Historiarum Romanum quae supersunt I-V, hg. v. *Ursulus Philippus Boissevain*, Berlin 1955-1969.
Diodori bibliotheca historica, hg. v. *F. Vogel / C. Th. Fischer*, I-VI (BSGRT), Leipzig (1867-1906) 1985/1970.
Homer, Ilias, hg. v. *Hans Rupe* (Tusculum), München / Darmstadt ⁹1989.
Homer, Odyssee. Griechisch und deutsch, hg. v. *Anton Weiher*, München / Darmstadt ⁹1990.
Ioannis Laurentius Lydus, Liber de Ostentis et calendaria graeca omnia, hg. v. *Curt Wachsmuth*, Leipzig 1897.
Luciani opera I-III, hg. v. *M.D. Macleod* (SCBO), Oxford 1972-1980.
Pausanias, Descriptions of Greece I–IV, hg. v. *W.H.S. Jones*, Cambridge/ Mass. / London 1935.
Philostratos, Das Leben des Apollonios von Tyana. Griechisch - Deutsch, hg. v. *Vroni Mumprecht*, München / Zürich 1983.
Plutarch's Lives I-XI, hg. v. *Bernadotte Perrin* (LCL), Cambridge/Mass. / London 1914-1926.
Ziegler, Konrat, Große Griechen und Römer I–IV (BAW.GR), Zürich / Stuttgart 1954-1960.
Plutarch's Moralia I–XV, hg. v. *Frank Cole Babbitt u.a.* (LCL), Cambridge/ Mass. / London 1927-1969.
Polybius, The Histories I–VI, hg. v. *W. R. Paton* (LCL), Cambridge/Mass. / London 1922-1927.
Theophrastus, De causis plantarum I-III, hg. v. *Benedict Einerson / George K. K. Link* (LCL), Cambridge/Mass. / London 1986-1990.
Theophrastus, Enquiry into Plants I-II, hg. v. *Arthur Hort* (LCL), Cambridge/ Mass. / London 1968/1977.

4. Sonstige und altkirchliche Literatur

Die Apostolischen Väter I, hg. v. *Karl Bihlmeyer*, (SQS 2/1/1), Tübingen ³1970.

Schriften des Urchristentums I. Die Apostolischen Väter, hg. v. *Joseph A. Fischer*, Darmstadt ⁸1981.
Schriften des Urchristentums II. Didache (Apostellehre). Barnabasbrief. Zweiter Klemensbrief. Schrift an Diognet, hg. v. *Klaus Wengst*, Darmstadt 1984.
Acta Apostolorum Apocrypha I-III, hg. v. *Richard Adelbert Lipsius / Maximilian Bonnet*, Leipzig 1891-1903 (Nachdruck Hildesheim / Darmstadt 1959).
Clemens Alexandrinus, Stromata I-VI, hg. v. *O. Stählin / L. Früchtel* (GCS 52), Berlin ³1960.
Eusebius Werke VIII. Die Praeparatio Evangelica, hg. v. *Karl Mras*, I-X (GCS 43,1), Berlin 1954.
Altägyptische Märchen. Mythen und andere volkstümliche Erzählungen, hg. v. *Emma Brunner-Traut* (Die Märchen der Weltliteratur), München ⁸1989.
Publius Ovidius Naso, Metamorphosen, hg. v. *Erich Rösch* (Tusculum), München / Darmstadt ¹²1990.
C. Suetoni Tranquili opera I, hg. v. *Maximilian Ihm* (BSGRT), Leipzig (1908/1933) 1978.
P. Corneli Taciti libri qui supersunt II, hg. v. *Heinz Heubner* (BSGRT), Leipzig 1978.

Hilfsmittel

Aland, Kurt u.a., Vollständige Konkordanz zum Griechischen Neuen Testament unter Zugrundelegung aller modernen kritischen Textausgaben und des Textus receptus I. II., Berlin/New York 1983/1978.
Bauer, Walter, Griechisch-deutsches Wörterbuch zu den Schriften des Neuen Testaments und der frühchristlichen Literatur, hg. v. Kurt Aland / Barbara Aland, Berlin/New York ⁽⁶⁾1988.
Denis, Albert-Marie (Hg.), Concordance Greque des Pseudepigraphes d'Ancien Testament. Concordance, Corpus des textes, Indices, Louvain-la-Neuve 1987.
Gesenius, Wilhelm, Hebräisches und Aramäisches Handwörterbuch über das Alte Testament, bearb. v. Frants Buhl, Berlin u.a. ¹⁷1915 (Nachdruck 1962).
Dass. (unter verantwortl. Mitarb. v. Udo Rüterswörden) bearb. u. hg. v. *Rudolf Meyer / Herbert Donner*. 1. Lfg. א-ב, Berlin / Heidelberg ¹⁸1987.
Hatch, Edwin / Redpath, Henry A., A Concordance to the Septuagint and the Other Greek Versions of the Old Testament (Including the Apocryphical Books) I.II., Oxford 1897; Suppl., Oxford 1906.
Konkordanz zum Novum Testamentum Graece von Nestle-Aland, 26. Aufl. und zum Greek New Testament, 3ʳᵈ Edition, hg. v. *Institut für neutestamentliche Textforschung / Rechenzentrum der Universität Münster*, Berlin / New York 1987.
Kraft, Heinrich, Clavis patrum apostolicorum. Catalogum Vocum in Libris Patrum qui dicuntur apostolici non raro occurentium, Darmstadt 1964.
Lechner-Schmidt, Wilfried, Wortindex der lateinisch erhaltenen Pseudepigraphen zum Alten Testament (TANZ 3), Tübingen 1990.
Liddell, Henry George / Scott, Robert (/ *Jones, Henry Stuart*), A Greek-English Lexicon, Oxford ⁹1940; Suppl., hg. v. E.A. Barber, 1968 (Nachdruck 1985).
Lisowsky, Gerhard / Rost, Leonhard, Konkordanz zum hebräischen Alten Testament, Stuttgart ²1981.
Mandelkern, Salomon, Veteris Testamenti Concordantiae Hebraicae atque Chaldaice, Leipzig 1896.
Mayer, Günter, Index Philoneus, Berlin/New York 1974.

Moulton, James Hope / Milligan, George, The Vocabulary of the Greek New Testament. Illustrated from the Papyri and Other Non-Literary Sources, (London 1930) Grand Rapids 1985.
Preisigke, Friedrich, Wörterbuch der griechischen Papyrusurkunden I-III, Heidelberg 1925-1931.
Prendergast, Guy Lushington, A Complete Concordance of the Iliad of Homer [London 1875, ^{2}1962 v. Benedetto Marzello, Darmstadt ^{3}1983.
Rehkopf, Friedrich, Septuaginta-Vokabular, Göttingen 1989.
Rengstorf, Karl Heinrich (Hg.), A Complete Concordance to Flavius Josephus I-IV, Leiden 1973-1983.
Santos, Elmar Camilo dos, An Expanded Hebrew Index for the Hatch-Redpath Concordance to the Septuagint, Jerusalem o.J..
Stephanus, Heinrich / Hase, Carl Benedict / Dindorf, Wilhelm / Dindorf, Ludwig, Thesaurus Graecae Linguae I-IX (1831-1865), Nachdruck Graz 1954.
Wahl, Christian Abraham, Clavis Librorum Veteris Testamenti Apocryphorum Philologica, Leipzig 1853. Indicem Verborum in Libris Pseudepigraphis Ursupatorum. Adiecit *Johannes Baptista Bauer*, Graz 1972.
Wyttenbach, Daniel, Lexicon Plutarceum, Leipzig 1843 (Nachdruck Hildesheim 1962).

Monographien und Aufsätze

Achtemeier, Paul J., Jesus and the Disciples as Miracle Workers in the Apocryphal New Testament, in: Elisabeth Schüssler Fiorenza (Hg.), Aspects, 149-186.
— The Lucan perspective on the miracles of Jesus: A preliminary sketch, JBL 94, 1975, 547-562.
Ackroyd, Peter R[unham], Art. יד, in: ThWAT III, Stuttgart 1982, 425-455.
Aland, Kurt / Aland, Barbara, Der Text des Neuen Testaments. Einführung in die wissenschaftlichen Ausgaben sowie in Theorie und Praxis der modernen Textkritik, Stuttgart 1982.
Albertz, Rainer, Art: פלא, in: THAT II, München^2 1979, 413-420.
— Der Gott des Daniel. Untersuchungen zu Daniel 4-6 in der Septuagintafassung sowie zu Komposition und Theologie des aramäischen Danielbuches (SBS 131), Stuttgart 1988.
Almquist, Helge, Plutarch und das Neue Testament. Ein Beitrag zum Corpus Hellenisticum Novi Testamenti (ASNU XV), Uppsala 1946.
Andersen, T. David, The Meaning of ΕΧΟΝΤΕΣ ΧΑΡΙΝ ΠΡΟΣ in Acts 2.47, NTS 34, 1988, 604-610.
Anderson, Robert A., Signs and Wonders. A Commentary on the Book of Daniel (ITC),Grand Rapids / Edinburgh 1984.
Auffret, Pierre, Note sur la structure littéraire d' Hb II. 1-4, NTS 25, 1979, 166-179.
Aune, David E., Magic in Early Christianity, in: ANRW II, 23.2, Berlin / New York 1980, 1507-1557.
— Septem sapientium convivium (Plutarchs Moralia), in: *Hans Dieter Betz* (Hg.), Plutarch's Ethical Writings and Early Christian Literature (SCHNT 4), Leiden 1978, 51-105.

Bachmann, Michael, "... gesprochen durch den Herrn" (Hebr 2,3). Erwägungen zum Reden Gottes und Jesu im Hebräerbrief, Bibl. 71, 1990, 365-394.

Baltensweiler, Heinrich, Wunder und Glaube im Neuen Testament, ThZ 23, 1967, 241-256.
Balz, Horst, Art. τέρας, in: EWNT II, Stuttgart 1983, 838-840.
– Art. φόβος, in: EWNT III, Stuttgart 1983, 1034-1039.
Bardtke, Hans, Zusätze zu Esther, in: JSHRZ I/1, Gütersloh 1973, 15-62.
Barnett, P. W., The Jewish Sign Prophets - A.D. 40-70. Their Intentions and Origin: NTS 27, 1981, 679-697.
Barrett, Charles Kingsley, Das Evangelium nach Johannes (KEK-Sonderband), Göttingen 1990.
– The Second Epistel to the Corinthians (BNTC), London (1973) 1976.
– Light on the Holy Spirit from Simon Magus (Acts 8,4-25), in: *Jacob Kremer* (Hg.), Les Actes des Apôtres. Traditions, rédaction, théologie (BEThL 48), Leuven 1979, 281-295.
Bauernfeind, Otto, Kommentar und Studien zur Apostelgeschichte, hg. v. *Volker Metelmann* (WUNT 22), Tübingen 1980.
Baumbach, Günther, Das Verständnis des Bösen in den synoptischen Evangelien (ThA XIX), Berlin 1963.
Becker, Jürgen, Aus der Literatur zum Johannesevangelium (1978-1980), ThR 47, 1982, 279-301. 305-347.
– Das Evangelium nach Johannes I.II (ÖTBK 4), Gütersloh 1979/1981.
– Paulus. Der Apostel der Völker, Tübingen 1989.
– Wunder und Christologie. Zum literarkritischen und christologischen Problem der Wunder im Johannesevangelium, NTS 16, 1969/70, 130-148 (Nachdruck um einen Nachtrag erweitert in: *Alfred Suhl* [Hg.], Der Wunderbegriff im Neuen Testament [WdF 295], Darmstadt 1980, 435-463).
Benrath, Gustav Adolf, Art. Antichrist III. Alte Kirche und Mittelalter, in: TRE III, Berlin/New York 1978, 24-28.
Berger, Klaus, Die Amen-Worte Jesu. Eine Untersuchung zum Problem der Legitimation in apokalyptischer Rede (BZNW 39), Berlin 1970.
– Exegese des Neuen Testaments. Neue Wege vom Text zur Auslegung (UTB 658), Heidelberg 1977.
– Formgeschichte des Neuen Testaments, Heidelberg 1984.
– Art. Gebet IV. Neues Testament, in: TRE XII, Berlin/New York 1984, 47-60.
– Die impliziten Gegner. Zur Methode des Erschließens von »Gegnern« in neutestamentlichen Texten, in: Kirche. FS Günther Bornkamm, Tübingen 1980, 373-400.
– Art. Geist/Heiliger Geist/Geistesgaben III. Neues Testament, in: TRE XII, Berlin/New York 1984, 178-196.
– Hellenistisch-heidnische Prodigien und die Vorzeichen in der jüdischen und christlichen Apokalyptik, in: ANRW II, 23.2, Berlin/New York 1980, 1428-1469.
– Art. χάρισμα, in: EWNT III, Stuttgart 1983, 1102-1105.
Bertram, Georg, Art. κατεργάζομαι, in: ThWNT III, Stuttgart 1938, 635-673.
Betz, Hans Dieter, Eine Christus-Aretalogie bei Paulus (2Kor 12,7-10): ZThK 66, 1969, 288-305.
– Der Galaterbrief. Ein Kommentar zum Brief des Apostels Paulus an die Gemeinden in Galatien, München 1988.
– Jesus als göttlicher Mensch, in: *Alfred Suhl* (Hg.), Der Wunderbegriff im Neuen Testament (WdF 295), Darmstadt 1980, 416-424 [dt. Übers. von *ders.*, Jesus as Divine Man, in: Jesus and the Historian. FS E.C.Colwell, Philadelphia 1968, 114-133].
– Lukian von Samosata und das Neue Testament. Religionsgeschichtliche und paränetische Parallelen (Ein Beitrag zum Corpus Hellenisticum Novi Testamenti) (TU 76), Berlin 1961.

- Nachfolge und Nachahmung Jesu Christi im Neuen Testament (BHTh 37), Tübingen 1967.
- Der Apostel Paulus und die sokratische *Tradition* (BHTh 45), Tübingen 1972.
- (Hg.), Plutarch's Theological Writings and Early Christian Literature (SCHNT 3), Leiden 1975.
- (Hg.), Plutarch's Ethical Writings and Early Christian Literature (SCHNT 4), Leiden 1978.

Betz, Otto, Heilung/Heilungen I. Neues Testament, in: TRE XIV, Berlin/ New York 1985, 763-768.
- Das Problem des Wunders bei Flavius Josephus im Vergleich zum Wunderproblem bei den Rabbinen und im Johannesevangelium, in: Josephus-Studien. Untersuchungen zu Josephus, dem antiken Judentum und dem Neuen Testament. FS Otto Michel, Göttingen 1974, 23-44 (Nachdruck in: *ders.*, Jesus. Der Messias Israels. Aufsätze zur biblischen Theologie [WUNT 42], Tübingen 1987, 398-419).
- Art. σημεῖον, in: EWNT III, Stuttgart 1983, 570-575.

Beutler, Johannes, Die paulinische Heidenmission am Vorabend des Apostelkonzils. Zur Redaktionsgeschichte von Apg 14,1-20, ThPh 43, 1968, 360-383.
- Martyria. Traditionsgeschichtliche Untersuchungen zum Zeugnisthema bei Johannes (FThS 10), Frankfurt 1972.

Bieder, Werner, Paulus und seine Gegner in Korinth, ThZ 17, 1961, 319-333.
- Pneumatologische Aspekte im Hebräerbrief, in: Neues Testament und Geschichte (FS Oscar Cullmann), Zürich / Tübingen 1972, 251-259.

Bieler, Ludwig, ΘΕΙΟΣ ANHP. Das Bild des "Göttlichen Menschen" in Spätantike und Frühchristentum I-II, 1935/36 (Nachdruck Darmstadt 1967).

Bietenhard, Hans, Art. ὄνομα, in: ThWNT V, Stuttgart 1954, 242-281.

Bindemann, Walther, Im Blickpunkt: *Zeichen und Wunder*. Theologische Informationen für Nichttheologen, Berlin 1985.
- Verkündigter Verkünder. Das Paulusbild der Wir-Stücke in der Apostelgeschichte. Seine Aufnahme und Bearbeitung durch Lukas, ThLZ 114, 1989, 705-720.

Bittner, Wolfgang Joachim, Jesu Zeichen im Johannesevangelium. Die Messias-Erkenntnis im Johannesevangelium vor ihrem jüdischen Hintergrund (WUNT 2,26), Tübingen 1987.

Bludau, August, Paulus in Lystra, Kath. 3.F., 36, 1907, 91-113. 161-183.

Bock, Darrell L., Proclamation from prophecy and pattern. Lucan Old Testament Christology (JSNT. Suppl. 12), Sheffield 1987.

Böcher, Otto, Art. Antichrist II. Neues Testament, in: TRE III, Berlin/New York 1978, 21-24.
- Christus Exorcista. Dämonismus und Taufe im Neuen Testament (BWANT 96), Stuttgart 1972.
- Art. Dämonen IV. Neues Testament: TRE VIII, Berlin/New York 1981, 279-286.
- Dämonenfurcht und Dämonenabwehr. Ein Beitrag zur Vorgeschichte der christlichen Taufe (BWANT 90), Stuttgart 1970.
- Die Johannesapokalypse (EdF 41), Darmstadt ²1980.
- Art. πλανάω κτλ.: EWNT III, Stuttgart 1983, 233-238.
- Zeichen und Wunder im Neuen Testament, in: Hans-Henrik Krumacher (Hg.), Geisteswissenschaften - wozu? Beispiele ihrer Gegenstände und ihrer Fragen. Eine Vortragsreihe der Johannes Gutenberg-Universität Mainz im Wintersemester 1987/1988, Stuttgart 1988, 13-20.
- Art. ἔρημος Wüste, in: ThBNT 2, Wuppertal ²⁽⁷⁾1986, 1440-1443.

Boismard, M.-E., Saint Luc et la rédaction du quatrième évangile (Jn, IV, 46-54), RB 69, 1962, 185-211.

Bormann, Claus von, Art. Hermeneutik I. Philosophisch-theologisch, in: TRE 15, Berlin/New York 1986, 108-137.

Bornkamm, Günther, Paulus, Stuttgart ²1969.
Bouché-Leclerq, A., Histoire de la Divination dans l' Antiquite I - IV, Paris 1879/1880/1882 [Nachdruck Brüssel 1963].
Bousset, Wilhelm, Der Antichrist in der Überlieferung des Judentums, des neuen Testaments und der alten Kirche. Ein Beitrag zur Auslegung der Apocalypse, Göttingen 1895 [Nachdruck Hildesheim u.a. 1983].
– / *Greßmann, Hugo*, Die Religion des Judentums im späthellenistischen Zeitalter (HNT 21), Tübingen ⁴1966.
Brandenburger, Egon, Adam und Christus. Exegetisch-religionsgeschichtliche Untersuchung zu Röm. 5,12-21 (1.Kor 15) (WMANT 7), Neukirchen 1962.
– Das Böse. Eine biblisch-theologische Studie [ThSt(B) 132], Zürich 1986.
– Fleisch und Geist. Paulus und die dualistische Weisheit (WMANT 29), Neukirchen 1968.
– Frieden im Neuen Testament. Grundlinien urchristlichen Friedensverständnisses, Gütersloh 1973.
– Art. Gericht Gottes III. Neues Testament, in: TRE XII, Berlin/New York 1984, 469-483.
– Grundlinien des Friedensverständnisses im Neuen Testament, WuD 11, 1971, 21-72.
– Himmelfahrt Moses, in: JSHRZ V/2, Gütersloh 1976, 57-84.
– Markus 13 und die Apokalyptik (FRLANT 134), Göttingen 1984.
– Paulinische Schriftauslegung in der Kontroverse um das Verheißungswort Gottes (Röm 9), ZThK 82, 1985, 1-47.
– Pistis und Soteria. Zum Verstehenshorizont von »Glaube« im Urchristentum, ZThK 85, 1988, 165-198.
– Σταυρός, Kreuzigung Jesu und Kreuzestheologie, WuD 10, 1969, 17-43.
– Die Verborgenheit Gottes im Weltgeschehen. Das literarische und theologische Problem des 4. Esrabuches (AThANT 68), Zürich 1981.
Braun, Herbert, An die Hebräer (HNT 14), Tübingen 1984.
– Art. πλανάω κτλ., in: ThWNT VI, Stuttgart 1959, 230-254.
– Plutarchs Kritik am Aberglauben im Lichte des Neuen Testamentes, in: ders., Gesammelte Studien zum Neuen Testament und seiner Umwelt, Tübingen ³1971, 120-135 [zitiert: Aufs. I, 120-135].
– Qumran und das Neue Testament I.II, Tübingen 1966.
– Spätjüdisch-häretischer und frühchristlicher Radikalismus. Jesus von Nazareth und die essenische Qumransekte (BHTh 24), Tübingen ²1969 (1⁼ Das Spätjudentum; 2⁼ Die Synoptiker).
Brehm, Alan, The Significance of the Summaries for Interpreting Acts, SWJT 33, 1990/91, 29-40.
Breit, Herbert, Die Predigt des Deuteronomisten, München 1933.
Brockhaus, Ulrich, Charisma und Amt. Die paulinische Charismenlehre auf dem Hintergrund der frühchristlichen Gemeindefunktion, Wuppertal 1972.
Brunner, Hellmut, Grundzüge einer Geschichte der altägyptischen Literatur (Grundzüge 8), Darmstadt ³1980.
Brunner-Traut, Emma, Art. Der Schiffbrüchige, in: KLL 6, Zürich 1965, 8490f.
Büchele, Anton, Der Tod Jesu im Lukasevangelium. Eine redaktionsgeschichtliche Untersuchung zu Lk 23 (FTS 26), Frankfurt 1978.
Bunker, Michael, Briefformular und rhetorische Disposition im 1.Korintherbrief (GTA 28), Göttingen 1984.
Bultmann, Rudolf, Der zweite Brief an die Korinther (KEK-Sonderband), Göttingen 1976.
– Das Evangelium des Johannes (KEK II), Göttingen [11(20)]1985.
– Die Geschichte der synoptischen Tradition (FRLANT 29), Göttingen [8]1970 (ErgH. [4]1971).
– Theologie des Neuen Testaments (UTB 630), Tübingen [7]1977 (= 1953, [6]1968; hg. v. Otto Merk].

Burchard, Christoph, Formen der Vermitlung christlichen Glaubens im Neuen Testament. Beobachtungen anhand von κήρυγμα, μαρτυρία und verwandten Wörtern, EvTh 38, 1978, 313-340.
— Das Lamm in der Waagschale. Herkunft und Hintergrund eines haggadischen Midraschs zu Ex 1,15-22, ZNW 57, 1966, 219-228.
— Paulus in der Apostelgeschichte, ThLZ 100, 1975, 881-895.
— Der dreizehnte Zeuge. Traditions- und kompositionsgeschichtliche Untersuchungen zu Lukas' Darstellung der Frühzeit des Paulus (FRLANT 103), Göttingen 1970.
Busse, Ulrich, Die Wunder des Propheten Jesus. Die Rezeption, Komposition und Interpretation der Wundertradition im Evangelium des Lukas (FzB 24), Stuttgart 1977.

Campenhausen, Hans Freiherr von, Der urchristliche Apostelbegriff, StTh 1, 1948, 96-130.
Charlesworth, James H. (Hg.), The Old Testament Pseudepigrapha I. Apocalyptic Literature and Testaments. II. Expansions of the "Old Testament" and Legends, Wisdom and Philosophical Literature, Prayers, Psalms, and Odes, Fragments of Lost Judeo-Hellenistic Works, New York 1985.
Charlier, Jean-Pierre, Signes et prodiges. Les miracles dans l' Évangile (lire la Bible), Paris 1987.
Cheetham, F. P., Acts ii, 47: ἔχοντες χάριν πρὸς ὅλον τὸν λαόν, ET 74, 1963, 214-215.
Childs, Brevard S., Deuteronomic Formulae of the Exodus Traditions, in: Hebräische Wortforschung. FS Walter Baumgartner (VT.S 16), Leiden 1967, 30-39.
Conzelmann, Hans, Die Apostelgeschichte (HNT 7), Tübingen ^{2}1972.
— Geschichte des Urchristentums (GNT 5), Göttingen ^{2}1971.
— Grundriß der Theologie des Neuen Testaments (bearb. v. Andreas Lindemann) (UTB 1446) Tübingen ^{5}1992.
— Der erste Brief an die Korinther (KEK V), Göttingen $^{2(12)}$1981.
— Die Mitte der Zeit. Studien zur Theologie des Lukas (BHTh 17), Tübingen ^{6}1977.
— Art. χάρισμα, in: ThWNT IX, Stuttgart 1973, 393-397.
— */ Lindemann, Andreas*, Arbeitsbuch zum Neuen Testament (UTB 52), Tübingen ^{9}1988.
Corrssen, Peter, Die Zeugnisse des Tacitus und Pseudo-Josephus über Christus, ZNW 15, 1914, 114-140.
Cullmann, Oscar, Die Christologie des Neuen Testaments, Tübingen ^{4}1966.

Daube, David, The Exodus Pattern in the Bible (All Souls Studies II), London 1963.
Dauer, Anton, Johannes und Lukas. Untersuchungen zu den johanneischenlukanischen Parallelperikopen Joh 4,46-54/Lk 7,1-10 - Joh 12,1-8/Lk 7,36-50; 10,38-42 - Joh 20,19-29/Lk 24,36-49 (FzB 50), Würzburg 1984.
Dautzenberg, Gerhard, Der Glaube im Hebräerbrief, BZ 17, 1973, 161-177.
— Urchristliche Prophetie. Ihre Erforschung, ihre Voraussetzungen im Judentum und ihre Struktur im ersten Korintherbrief (BWANT 104), Stuttgart u. a. 1975.
Delling, Gerhard, Zur Beurteilung des Wunders durch die Antike, in: *ders.*, Studien zum Neuen Testament und zum hellenistischen Judentum. Gesammelte Aufsätze 1950-1968, hg. v. *Ferdinand Hahn / Traugott Holtz / Nikolaus Walter*, Göttingen 1970, 53-71.
— Art. γόης, in: ThWNT I, Stuttgart 1933, 737-738.
— Die Entfaltung des 'Deus pro nobis' in Röm 8,31-39, SNTU 4, 1979, 76-96.

- Josephus und das Wunderbare, in: ders., Studien zum Neuen Testament und zum hellenistischen Judentum. Gesammelte Aufsätze 1950-1968, hg. v. *Ferdinand Hahn / Traugott Holtz / Nikolaus Walter*, Göttingen 1970, 130-145 (zuerst: NT 2, 1958, 291-309).
- Art. μάγος κτλ., in: ThWNT IV, Stuttgart [1942], 360-363.
- Art. πληροφορία, in: ThWNT VI, Stuttgart [1959], 309.
- Das Verständnis des Wunders im Neuen Testament, in: *Alfred Suhl* (Hg.), Der Wunderbegriff im Neuen Testament (WdF 295), Darmstadt 1980, 300-317 [= in: ders., Studien zum Neuen Testament ..., 146-159; zuerst: ZSTh 24, 1955, 265-280].
- Wunder - Allegorie - Mythus bei Philon von Alexandreia, in: ders., Studien zum Neuen Testament ..., 72-129.

Denis, Albert-Marie, Introduction aux pseudepigraphes grecs d'ancien testament (SVTP 1), Leiden 1970.

Derrett, J. Duncan M., Simon Magus (Act 8,9-24), ZNW 73, 1982, 52-68.

Dexinger, Ferdinand, Art. Exodusmotiv II. Judentum, in: TRE X, Berlin/ New York 198, 737-740.

Dhorme, P., L'emploi metaphorique des noms de parties du corps en hébreu et en akkadien, [RB 30, 1921, 374-399. 517-540; RB 31, 1922, 489-517;] RB 32, 1923, 185-212.

Dibelius, Martin, Das Apostelkonzil, in: ders., Aufsätze zur Apostelgeschichte, hg. v. *Heinrich Greeven*, Göttingen ⁵1968, 84-90 [zuerst: ThLZ 72, 1947, 193-198, zitiert: Aufs. 84-90].
- Herodes und Pilatus, in: ders., Botschaft und Geschichte. Gesammelte Aufsätze I, hg. v. *Günther Bornkamm*, Tübingen 1953, 278-292 [zuerst: ZNW 16, 1915, 113-126].
- Die Reden der Apostelgeschichte und die antike Geschichtsschreibung, in: ders., Aufsätze zur Apostelgeschichte, hg. v. *Heinrich Greeven*, Göttingen ⁵1968, 120-162.
- Stilkritisches zur Apostelgeschichte, in: ders., Aufsätze zur Apostelgeschichte, hg. v. *Heinrich Greeven*, Göttingen ⁵1968, 9-28 [zitiert: Aufs. 9-28; = Eucharisterion. FS H. Gunkel II, Göttingen 1923, 27-49].
- An die Thessalonicher I. II. An die Philipper (HNT 11), Tübingen ³1937.

Dietrich, Wolfgang, Das Petrusbild der lukanischen Schriften (BWANT 94), Stuttgart u.a. 1972.

Dietzfelbinger, Christian, Pseudo-Philo, Liber Antiquitatum Biblicarum, Diss. [masch.], Göttingen 1964.

Dobbeler, Axel von, Glaube als Teilhabe. Historische und semantische Grundlagen der paulinischen Theologie und Ekklesiologie des Glaubens (WUNT 2,22), Tübingen 1987.

Dobschütz, Ernst von, Die Thessalonicher-Briefe (KEK X), Göttingen ⁽⁷⁾1909 (Nachdruck 1974).

Douglas, R. Edwards, Acts of the Apostles and the Graeco-Roman World: Narrative Communication in Social Contexts, SBL.SP 28, 1989, 362-377.

Dupont, Jaques, La Priere des Apotres persecutes (Actes 4,23-31), in: ders., Études sur les Actes des Apotres (LeDiv 45), Paris 1967, 521-522 [zuerst in: RB 57, 1955, 45-47].

Eckert, Jost, Art. ἐκλεκτός, in: EWNT I, Stuttgart 1980, 1014-1020.
- Art. καλέω κτλ., in: EWNT II, Stuttgart 1981, 592-601.
- Zeichen und Wunder in der Sicht des Paulus und der Apostelgeschichte, TThZ 88, 1979, 19-33.

Ernst, Josef, Die eschatologischen Gegenspieler in den Schriften des Neuen Testaments (BU 3), Regensburg 1967.

Exum, J. Cheryl (Hg.), Signs and Wonders. Biblical Texts in Literary Focus (SBL. Semeia Studies), [o. O.] 1989.

Fascher, Erich, Art. Dynamis, in: RAC IV, Stuttgart 1959, 415-458.
— Der erste Brief des Paulus an die Korinther I: Einführung und Auslegung der Kapitel 1-7 (ThHK VII/1), Berlin ³1984.
Fauth, Wolfgang, Pythagoras, Jesus von Nazareth und der Helios-Apollon des Julianus Apostata. Zu einigen Eigentümlichkeiten der spätantiken Pythagoras Aretalogie im Vergleich mit der thaumasiologischen Tradition der Evangelien, ZNW 78, 1987, 26-48.
Fenton, John, The Order of the Miracles performed by Peter and Paul in Acts, ExpT 77, 1965/66, 381-383.
Feuillet, A., Le 'commencement' de l'economie chretienne d'apres He II. 3-4; Mc I. 1 et Ac I. 1-2, NTS 24, 1978, 163-174.
Fischer, Ulrich, Eschatologie und Jenseitserwartung im hellenistischen Diasporajudentum (BZNW 44), Berlin/New York 1978.
Foerster, Werner, Art. εὐσεβής κτλ., in: ThWNT VII, Stuttgart [1964], 175-184.
Fohrer, Gerhard, Die Gattung der Berichte über symbolische Handlungen der Propheten, ZAW 64, 1952, 101-120.
— Art. Hand, in: BHH II, Göttingen 1964, 631-632.
— Die symbolischen Handlungen der Propheten (AThANT 54), Zürich ²1968.
Formesyn, R., Le semeion johannique et le semeion hellenistique, EThL 38, 1962, 856-894.
Fortna, Robert Tomson, The Gospel of Signs. A Reconstruction of the Narrative Source Underlying the Fourth Gospel (MSSNTS 11), Cambridge 1970.
— Source and Redaction in the Fourth Gospel's Portrayal of Jesus' Signs, JBL 89, 1970, 151-166.
Friedrich, Gerhard, Der erste Brief an die Thessalonicher, in: Der Brief an die Galater, Epheser, Philipper, Kolosser, Thessalonicher und Philemon (NTD 8), Göttingen ²⁽¹⁴⁾1981, 203-251.
— Der zweite Brief an die Thessalonicher, in: Der Brief an die Galater, Epheser, Philipper, Kolosser, Thessalonicher und Philemon (NTD 8), Göttingen ²⁽¹⁴⁾1981, 252-276.
— Art. δύναμις, in: EWNT I, Stuttgart 1980, 860-867.
— Die Gegner des Paulus im 2. Korintherbrief, in: Abraham unser Vater (FS Otto Michel) (AGSU 5), Leiden 1963, 181-215.
— Art. προφήτης κτλ., in: ThWNT VI, Stuttgart 1959, 829-863.
Fuß, Werner, Die deuteronomistische Pentateuchredaktion in Exodus 3-17 (BZAW 126), Berlin/New York 1972.

Galling, Kurt, Die Erwählungstraditionen Israels (BZAW 48), Berlin 1928.
Gamba, Giuseppe Giov., Significato letterale e portata dottrinale dell' inciso participiale de Atti 2,47b: ἔχοντες χάριν πρὸς ὅλον τὸν λαόν, Sal. 43, 1981, 45-70.
Gatzweiler, Karl, Der Paulinische Wunderbegriff, in: *Alfred Suhl* (Hg.), Der Wunderbegriff im Neuen Testament (WdF 295), Darmstadt 1980, 374-415 [= Übers. v. ders., La Conception Paulinienne du Miracle, SED 35, 1961, 813-846].
George, Augustin, Le Miracle, in: ders., Études sur l'oeuvre de Luc (Source Bibliques), Paris 1978, 133-148 [zuerst unter dem Titel "Le miracle en Luc-Actes", in: Xavier Leon-Dufour, Les miracles de Jesus selon de NT, Paris 1977].
Georgi, Dieter, Die Gegner des Paulus im 2. Korintherbrief. Studien zur religiösen Propaganda in der Spätantike (WMANT 11), Neukirchen 1964.
— Weisheit Salomos, in: JSHRZ III/4, Gütersloh 1980.
Gewieß, Josef, Die urapostolische Heilsverkündigung nach der Apostelgeschichte (BSHT V), Breslau 1939.

Giblin, Charles H., The Threat to Faith. An Exegetical and Theological Re-Examination of 2 Thessalonians 2 (AnBib 31), Rom 1967.
Gibson, Jeffrey, Jesus' Refusal to Produce a 'Sign' (Mk 8.11-13), JSNT 38, 1990, 37-66.
Goedicke, Hans, Die Geschichte des Schiffbrüchigen (Ägyptologische Abhandlungen 30), Wiesbaden 1974.
Goppelt, Leonhard, Typos. Die typologische Deutung des Alten Testaments im Neuen [(BFChTh.M 43), Gütersloh 1939], Darmstadt 1990 (mit einem Anhang: Apokalyptik und Typologie bei Paulus).
Goulder, M.D., Type and History in Acts, London 1964.
Gräßer, Erich, Acta-Forschung seit 1960, ThR 41, 1976, 141-194. 259-290; ThR 42, 1977, 1-68.
— Der Glaube im Hebräerbrief (MThSt 2), Marburg 1965.
— Hebräer 1,1-4. Ein exegetischer Versuch, in: EKK.V 3, Zürich - Neukirchen 1971, 55-91.
— An die Hebräer I (EKK XVII/1), Zürich / Neukirchen 1990.
— Das Heil als Wort. Exegetische Erwägungen zu Hebr 2,1-4, in: Neues Testament und Geschichte. Historisches Geschehen und Deutung im Neuen Testament (FS Oscar Cullmann), Zürich / Tübingen 1972, 261-274.
— Die Parusieerwartung in der Apostelgeschichte, in: *Jacob Kremer* (Hg.), Les Actes des Apôtres. Tradition, rédaction, théologie (BEThL 48), Leuven 1979, 99-127.
— Das Problem der Parusieverzögerung in den synoptischen Evangelien und in der Apostelgeschichte (BZNW 22), Berlin ³1977.
Groß, Walter, Die Herführungsformel - Zum Verhältnis von Formel und Syntax, ZAW 86, 1974, 425-453.
Grundmann, Walter, Der Begriff der Kraft in der neutestamentlichen Gedankenwelt (BWANT 60), Stuttgart 1932.
— Art. δύναμαι κτλ., in: ThWNT II, Stuttgart 1935, 286-318.
— Art. κράζω κτλ., in: ThWNT III, Stuttgart 1938, 898-904.
Güttgemanns, Erhardt, Der leidende Apostel und sein Herr. Studien zur paulinischen Christologie (FRLANT 90), Göttingen 1966.
Gundry, Robert Horton, The Use of the Old Testament in St. Matthew's Gospel. With special reference to the messianic hope (NT.S 18), Leiden 1967.

Haag, Ernst, Die Errettung Daniels aus der Löwengrube. Untersuchungen zum Ursprung der biblischen Danieltradition (SBS 110), Stuttgart 1983.
Haacker, Klaus, Verwendung und Vermeidung des Apostelbegriffs im lukanischen Werk, NT 30, 1988, 9-39.
— Vollmacht und Ohnmacht - Charisma und Kerygma. Bibelarbeit über Apg 14,8-20, ThB 19, 1988, 317-324.
Haenchen, Ernst, Die Apostelgeschichte (KEK III), Göttingen ⁷⁽¹⁶⁾1977.
— Johanneische Probleme, in: *ders.*, Gott und Mensch. Ges. Aufs., Tübingen 1965, 78-113 [zuerst: ZThK 56, 1959, 19-54].
— Das Johannesevangelium. Ein Kommentar, hg. v. *Ulrich Busse*, Tübingen 1980.
— »Der Vater, der mich gesandt hat«, in: *ders.*, Gott und Mensch. Ges. Aufs., Tübingen 1965, 68-77 [zuerst: NTS 9, 1962/63, 208-216].
Hafemann, Scott, 'Self-Commendation' and Apostolic Legitimacy in 2 Corinthians: a Pauline Dialectic?, NTS 36, 1990, 66-88.
Hahn, Ferdinand, Charisma und Amt. Die Diskussion über das kirchliche Amt im Lichte der neutestamentlichen Charismenlehre, ZThK 76, 1979, 419-449.
— Art. Gottesdienst III. Neues Testament, in: TRE XIV, Berlin/New York 1985, 28-39.
— Christologische Hoheitstitel. Ihre Geschichte im frühen Christentum (FRLANT 83), Göttingen ³1966.

- Sehen und Glauben im Johannesevangelium, in: Neues Testament und Geschichte. Historisches Geschehen und Deutung im Neuen Testament (FS Oscar Cullmann), Zürich / Tübingen 1972, 125-141.
Hamblin, Robert Lee, Miracles in the Book of Acts, SWJT 17, 1974, 19-34.
Hardon, John A., The Miracle Narratives in the Acts of the Apostles, CBQ 16, 1954, 303-318.
Hauck, Friedrich, Art. κοινός κτλ. in: ThWNT III, Stuttgart 1938, 789-810.
- Art. ὑπομένω κτλ., in: ThWNT IV, Stuttgart [1942], 585-593.
Heekerens, Hans-Peter, Die Zeichen-Quelle der johanneischen Redaktion. Ein Beitrag zur Entstehungsgeschichte des vierten Evangeliums (SBS 113), Stuttgart 1984.
Hegermann, Harald, Der Brief an die Hebräer (ThHK XVI), Berlin 1988.
Heiligenthal, Roman, Werke als Zeichen. Untersuchungen zur Bedeutung der menschlichen Taten im Frühjudentum, Neuen Testament und Frühchristentum (WUNT 2.9), Tübingen 1983.
Hegermann, Harald, Der Brief an die Hebräer (ThHK 16), Berlin 1988.
Helfmeyer, Franz J., Art. אוֹת, in: ThWAT I, Stuttgart 1973, 182-205.
- Art. זְרוֹעַ, in: ThWAT II, Stuttgart 1977, 650-660.
Hemer, Colin J., The Book of Acts in the Setting of Hellenistic History, hg. v. Conrad H. Gempf (WUNT 49), Tübingen 1989.
Hengel, Martin, Der Historiker Lukas und die Geographie Palästinas in der Apostelgeschichte, ZDPV 99, 1983, 147-183.
- Judentum und Hellenismus. Studien zu ihrer Begegnung unter besonderer Berücksichtigung Palästinas bis zur Mitte des 2. Jh.s v. Chr. (WUNT 10), Tübingen ²1973.
- Die Zeloten. Untersuchungen zur jüdischen Freiheitsbewegung in der Zeit von Herodes I. bis 70 n. Chr. (AGJU I), Leiden ²1976.
Herrmann, Siegfried, Art. Exodusmotiv I. Altes Testament, in: TRE X, Berlin/New York 1982, 732-737.
Herzog, Rudolf, Die Wunderheilungen von Epidauros (Ph.S 22.3) Leipzig 1931.
Hill, David, Jesus and Josephus' 'messianic prophets', in: Text and Interpretation. Studies in the New Testament (FS Matthew Black), Cambridge 1979, 143-154.
Hofbeck, Sebald, Semeion. Der Begriff des "Zeichens" im Johannesevangelium unter Berücksichtigung seiner Vorgeschichte (MüSt 3), Münsterschwarzach 1966.
Hoffmann, Paul, Lk 10, 5-11 in der Instuktionsrede der Logienquelle, in: EKK.V 3, Zürich / Neukirchen 1971, 37-53.
- Studien zur Theologie der Logienquelle (NTA 8), Münster ³1982.
Hofius, Otfried, Katapausis. Die Vorstellung vom endzeitlichen Ruheort im Hebräerbrief (WUNT 11), Tübingen 1970.
- Art. σημεῖον Zeichen, Wunder, in: ThBNT 2, Wuppertal $2^{(7)}$1986, 1447-1451.
- Art. τέρας Wunderzeichen, Wunder, in: ThBNT 2, Wuppertal $2^{(7)}$1986, 1451-1452.
Holtz, Traugott, Der erste Brief an die Thessalonicher (EKK XIII), Zürich / Neukirchen 1986.
- Traditionen im 1. Thessalonicherbrief, in: Die Mitte des Neuen Testaments. Einheit und Vielfalt neutestamentlicher Theologie (FS Eduard Schweizer), Göttingen 1983, 55-78.
- Untersuchungen über die alttestamentlichen Zitate bei Lukas (TU 104), Berlin 1968.
Horsley, Richard A., "Like One of the Prophets of Old": Two Types of Popular Prophets at the Time of Jesus, CBQ 47, 1985, 435-463.
Horst, P.W. van der, Peter's Shadow: The Religio-Historical Background of Acts V. 15, NTS 23, 1977, 204-212.
- Der Schatten im hellenistischen Volksglauben, in: M. J. Vermaseren (Hg.), Studies in Hellenistic Religions (EPRO 78), Leiden 1979, 27-36.

Hübner, Hans, Art. πληροφορέω κτλ., in: EWNT III, Stuttgart 1983, 254-256.
Humbert, Paul, Dieu fait sortir. Hiphil de yasa avec Dieu comme sujet, ThZ 18, 1962, 357-361. 433-436 (Note complémentaire).
Jeremias, Joachim, Beobachtungen zu neutestamentlichen Stellen an Hand des neugefundenen griechischen Henoch-Textes, ZNW 38, 1939, 115-124.
Jervell, Jacob, Der schwache Charismatiker, in: Rechtfertigung (FS Ernst Käsemann), Tübingen 1976, 185-198.
– Der unbekannte Paulus, in: Die Paulinische Literatur und Theologie. The Pauline Literature and Theology. Anlässlich der 50. jährigen Gründungs-Feier der Universität von Aarhus hg. v. *Sigfred Pedersen* (Teologiske Studier 7), Aarhus / Göttingen 1980, 29-49.
– Paul in the Acts of the Apostles. Tradition, History, Theology, in: *Jacob Kremer* (Hg.), Les Actes des Apôtres. Tradition, rédaction, théologie (BEThL 48), Leuven 1979, 297-306.
– Die Zeichen des Apostels. Die Wunder beim lukanischen und paulinischen Paulus, SNTU 4, 1979, 54-75.
Johanson, B. C., Tongues, a Sign for Unbelievers ?: A Structural and Exegetical Study of I Corinthians XIV. 20-25, NTS 25, 1979, 180-203.

Käsemann, Ernst, Amt und Gemeinde im Neuen Testament, in: ders., EVB I, Göttingen ^{5}1967, 109-134 [= *Karl Kertelge* (Hg.), Das kirchliche Amt im Neuen Testament (WdF 439), Darmstadt 1977, 173-204].
– Die Legitimität des Apostels. Eine Untersuchung zu II Korinther 10-13, in: *Karl Heinrich Rengstorf* (Hg. mit *Ulrich Luck*), Das Paulusbild in der neueren deutschen Forschung (WdF 24), Damstadt 1969, 475-521 [zuerst: ZNW 41, 1942, 33-71].
– Art. Wunder IV. im NT, in: RGG^3 VI, Tübingen 1962, 1835-1837.
– An die Römer (HNT 8a), Tübingen ^{3}1974.
Kamlah, Ehrhard, Wie beurteilt Paulus sein Leiden? Ein Beitrag zur Untersuchung seiner Denkstruktur, ZNW 54, 1963, 217-232.
– Art. πνεῦμα Geist, in: ThBNT I, Wuppertal $^{4(7)}$1986, 479-487.
Kanda, Shigeo Harold, The Form and Function of the Petrine and Pauline Miracle Stories in the Acts of the Apostles, Diss. Claremont 1973 [Mikrofilm].
Kaufmann-Bühler, D., Art. Eusebeia, in: RAC 6, Stuttgart 1966, 985-1052.
Kee, Howard Clark, Medicine, Miracle and Magic in New Testament Times (MSSNTS 55), Cambridge (1986) [veränd. Nachdruck] 1988.
Keel, Othmar, Wirkmächtige Siegeszeichen im Alten Testament. Ikonographische Studien zu Jos 8,18-26; Ex 17,8-13; 2Kön 13,14-19 und 1Kön 22,11 (OBO 5), Freiburg / Göttingen 1974.
Keller, Carl A., Das Wort OTH als «Offenbarungszeichen Gottes». Eine philologisch-theologische Begriffsuntersuchung zum Alten Testament, Basel 1946.
Kemmler, Dieter Werner, Faith and Human Reason. A Study of Paul's Method of Peeching as Illustrated by 1-2 Thessalonians and Acts 17,2-4 (NT.S 40), Leiden 1975.
Kertelge, Karl, Das Apostelamt des Paulus, sein Ursprung und seine Bedeutung, BZ 14, 1970, 161-181.
– Die Wunder Jesu im Markusevangelium. Eine redaktionsgeschichtliche Untersuchung (StANT 23), München 1970.
Kilpatrick, G.D., Some Quotations in Acts, in: *Jacob Kremer* (Hg.), Les Actes des Apôtres. Tradition, rédaction, théologie (BEThL 48), Leuven 1979, 81-97.
Kirchschläger, W., Fieberheilung in Apg 28 und Lk 4, in: *Jacob Kremer* (Hg.), Les Actes des Apôtres. Tradition, rédaction, théologie (BEThL 48), Leuven 1979, 509-521.

Klein: Günter, Die zwölf Apostel. Ursprung und Gehalt einer Idee (FRLANT 77), Göttingen 1961.
– Der Synkretismus als theologisches Problem in der ältesten christlichen Apologetik, in: ders., Rekonstruktion und Interpretation. Ges. Aufs. zum Neuen Testament (BEvTh 50), München 1969, 262-301 [zuerst: ZThK 64, 1967, 40-82; zitiert als: Aufs. 262-301].
Knapp, Dietrich, Deuteronomium 4. Literarische Analyse und theologische Interpretation (GTA 35), Göttingen 1987.
Knopf, Rudolf, Die Lehre der zwölf Apostel. Die zwei Clemensbriefe, in: Die Apostolischen Väter (HNT. Ergänzungsband), Tübingen 1920, 1-184.
Koch, Dietrich-Alex, Geistbesitz, Geistverleihung und Wundermacht. Erwägungen zur Tradition und zur lukanischen Redaktion in Act 8,5-25, ZNW 77, 1986, 64-82.
– Die Schrift als Zeuge des Evangeliums. Untersuchungen zur Verwendung und zum Verständnis der Schrift bei Paulus (BHTh 69), Tübingen 1986.
Koch, Klaus, Das Lamm, das Ägypten vernichtet. Ein Fragment aus Jannes und Jambres und sein geschichtlicher Hintergrund, ZNW 57, 1966, 79-93.
Koester, Craig, Hearing, Seeing, and Believing in the Gospel of John, Bib. 70, 1989, 327-348.
Köster, Helmut, Apostel und Gemeinde in den Briefen an die Thessalonicher, in: Kirche (FS Günther Bornkamm), Tübingen 1980, 287-298.
– Synoptische Überlieferung bei den Apostolischen Vätern (TU 65), Berlin 1957.
Kohata, Fujiko, Jahwist und Priesterschrift in Ex 3-14 (BZAW 166), Berlin/New York 1986.
Kränkl, Emmeram, Jesus der Knecht Gottes. Die heilsgeschichtliche Stellung Jesu in den Reden der Apostelgeschichte (BU 8), Regensburg 1972.
Kraft, Heinrich, Die Entstehung von Gemeindeverbänden, in: Studien zum Text und zur Ethik des Neuen Testaments (FS Heinrich Greeven) (BZNW 47), Berlin/New York 1986, 217-241.
Kratz, Reinhard, Rettungswunder. Motiv-, traditions- und formkritische Aufarbeitung einer biblischen Gattung (EHS XIII/123), Frankfurt / Bern / Las Vegas 1979.
Kraus, Hans-Joachim, Psalmen 60-150 (BK XV/2), Neukirchen ^{5}1978.
Kreuzer, Siegfried, Die Frühgeschichte Israels in Bekenntnis und Verkündigung des Alten Testaments (BZAW 178), Berlin/New York 1986.
Kümmel, Werner Georg, Einleitung in das Neue Testament, Heidelberg ^{17}1973.
Kuhn, Heinz-Wolfgang, Art. Exodusmotiv III. Neues Testament, in: TRE X, Berlin/New York 1982, 741-745.

Lake, Kirsopp / Cadbury, Henry J., The Beginnings of Christianity IV.V, London 1933.
Lambrecht, Jan, Die Redaktion der Markus-Apokalypse. Literarische Analyse und Strukturuntersuchung (AnBib 28), Rom 1967.
Lampe, G. W. H., Miracles in the Acts, in: *C. F. D. Moule* (Hg.), Miracles. Cambridge Studies in their Philosophy and History, London 1965, 163-178.
– Miracles and Early Christian Apologetic, in: *C. F. D. Moule* (Hg.), Miracles. Cambridge Studies in their Philosophy and History, London 1965, 203-218.
Lanczkowski, Günter, Die Geschichte des Schiffbrüchigen. Versuch einer religionsgeschichtlichen Interpretation, ZDMG 103, 1953, 360-371.
– Parallelmotive zu einer altägyptischen Erzählung, ZDMG 105, 1955, 239-260.
Lang, Friedrich, Die Briefe an die Korinther (NTD 7), Göttingen $^{(16)}$1986.
Laub, Franz, Bekenntnis und Auslegung. Die paränetische Funktion der Christologie im Hebräerbrief (BU 15), München 1980.

- Eschatologische Verkündigung und Lebensgestaltung nach Paulus. Eine Untersuchung zum Wirken des Apostels beim Aufbau der Gemeinde in Thessalonike (BU 10), Regensburg 1973.

Lietzmann, Hans / Kümmel, Werner Georg, An die Korinther I/II (HNT 9), Tübingen ⁵1969.
- Einführung in die Textgeschichte der Paulusbriefe. An die Römer (HNT 8), Tübingen ⁴1933.

Lincoln, A. T., 'Paul the Visionary': The Setting and Significance of the Rapture to Paradise in II Corinthians XII.1-10, NTS 25, 1979, 204-220.

Lindemann, Andreas, Paulus im ältesten Christentum. Das Bild des Apostels und die Rezeption der paulinischen Theologie in der frühchristlichen Literatur bis Marcion (BHTh 58), Tübingen 1979.

Löning, Karl, Die Saulustradition in der Apostelgeschichte (NTA 9), Münster 1973.

Lohfink, Gerhard, Die Sammlung Israels. Untersuchung zur lukanischen Ekklesiologie (StANT 39), München 1975.

Lohfink, Norbert, Das Hauptgebot. Eine Untersuchung literarischer Einleitungsfragen zu Dt 5-11 (AnBib 20), Rom 1963.

Lohmeyer, Ernst, Art. Antichrist, in: RAC 1, Stuttgart 1950, 450-457.
- Das Evangelium des Markus (KEK I/2), Göttingen 8(17)1967. ErgH., hg. v. Gerhard Saß, ³1967.

Lohse, Eduard, "Das Amt, das die Versöhnung predigt", in: Rechtfertigung (FS Ernst Käsemann), Tübingen 1976, 339-349.
- Ursprung und Prägung des christlichen Apostolates, ThZ 9, 1953, 259-275.
- Art. χείρ, in: ThWNT IX, Stuttgart 1973, 413-424.

Lubsczyk, Hans, Der Auszug Israels aus Ägypten. Seine theologische Bedeutung in prophetischer und priesterlicher Überlieferung (EThSt 11), Leipzig 1963.

Luck, Ulrich, Hand und Hand Gottes. Ein Beitrag zur Grundlage und Geschichte des biblischen Gottesverständnisses, Habil. [masch.], Münster [1959].

Lüdemann, Gerd, Das frühe Christentum nach den Traditionen der Apostelgeschichte. Ein Kommentar, Göttingen 1987.

Lührmann, Dieter, Der Brief an die Galater (ZBK.NT 7), Zürich 1978.
- Das Markus-Evangelium (HNT 3), Tübingen 1987.
- Das Offenbarungsverständnis bei Paulus und in den paulinischen Gemeinden (WMANT 16), Neukirchen 1965.
- Pistis im Judentum, ZNW 64, 1973, 19-38.
- Die Redaktion der Logienquelle (WMANT 33), Neukrichen 1969.

Lütgehetmann, Walter, Die Hochzeit von Kana (Joh 2,1-11). Zu Ursprung und Deutung einer Wundererzählung im Rahmen johanneischer Redaktionsgeschichte (BU 20), Regensburg 1990.

Luz, Ulrich, Charisma und Institution in neutestamentlicher Sicht, EvTh 49, 1989, 76-94.
- Theologia crucis als Mitte der Theologie im Neuen Testament, EvTh 34, 1974, 116-141.

Malten, Ludolf, Motivgeschichtliche Untersuchungen zur Sagenforschung, Hermes 74, 1939, 176-206.
- Motivgeschichtliche Untersuchungen zur Sagengeschichte, Hermes 75, 1940, 168-176.

Marcos, N. Fernandez, Nueva acaepcion de τέρας en las «Vidas de los profetas», Sef. 40, 1980, 27-39.

Marxsen, Willi, Der erste Brief an die Thessalonicher (ZBK.NT 11.1), Zürich 1979.
- Der zweite Brief an die Thessalonicher (ZBK.NT 11.2), Zürich 1982.

McCant, Jerry W., Paul's Thorn of Rejected Apostleship, NTS 34, 1988, 550-572.
McCasland, S. Vernon, Portents in Josephus and in the Gospels, JBL 51, 1932, 323-335.
– Signs and wonders, JBL 76, 1957, 149-152.
Menoud, Philippe H., Wunder und Sakrament im Neuen Testament, ThZ 8, 1952, 161-183.
Meyer, Rudolf, Der Prophet aus Galiläa. Studie zum Jesusbild der drei ersten Evangelien, Leipzig 1940 (Nachdruck Darmstadt 1970).
– Art. προφήτης κτλ. C. Prophetentum und Propheten im Judentum der hellenistisch-römischen Zeit, in: ThWNT VI, Stuttgart 1959, 813-828.
Michel, Otto, Der Brief an die Hebräer (KEK XIII), Göttingen $^{8(14)}$1984.
– Der Brief an die Römer (KEK IV), Göttingen $^{5(14)}$1978.
– Die Rettung Israels und die Rolle Roms nach den Reden im 'Bellum Iudaicum'. Analysen und Perspektiven, in: ANRW II, 21.2, Berlin/New York 1984, 945-976.
– Studien zu Josephus. Apokalyptische Heilsansagen im Bericht des Josephus (BJ 6, 290f., 293-295); ihre Umdeutung bei Josephus, in: Neotestamentica et Semitica (FS Matthew Black), Edinburgh 1969, 240-244.
– Spätjüdisches Prophetentum, in: Neutestamentliche Studien für Rudolf Bultmann (BZNW 21), Berlin ^{2}1957, 60-67.
Mittmann, Siegfried, Deuteronomium 11-63 literarkritisch und traditionsgeschichtlich untersucht (BZAW 139), Berlin/New York 1975.
Montefiore, H. W., Josephus and the New Testament, NT 4, 1960, 139-160. 308-318.
Morgenthaler, Robert, Die lukanische Geschichtsschreibung als Zeugnis. Gestalt und Gehalt der Kunst des Lukas I-II (AThANT 14-15), Zürich 1949 [Band I, 1-95 = ders., Zweiheitsgesetz].
– Das Zweiheitsgesetz im lukanischen Werke. Eine stilkritische Untersuchung, Zürich 1949.
Moule, C.F.D., The Vocabulary of Miracle, in: ders. (Hg.), Miracles. Cambridge Studies in their Philosophy and History, London 1965, 235-238.
Müller, Hans-Peter, Mantische Weisheit und Apokalyptik, in: VT.S 22, Leiden 1977, 268-293.
Müller, Karlheinz, Anstoß und Gericht. Eine Studie zum jüdischen Hintergrund des paulinischen Skandalon-Begriffs (StANT 19), München 1969.
– 1Kor 1,18-25. Die eschatologischkritische Funktion der Verkündigung des Kreuzes, BZ 10, 1962, 246-272.
Müller, Ulrich B., Messias und Menschensohn in jüdischen Apokalypsen und in der Offenbarung des Johannes (StNT 6), Gütersloh 1972.
– Die Offenbarung des Johannes (ÖTBK 19), Gütersloh 1984.
– Prophetie und Predigt im Neuen Testament. Formgeschichtliche Untersuchungen zur urchristlichen Prophetie (StNT 10), Gütersloh 1975.
– Vision und Botschaft. Erwägungen zur prophetischen Struktur der Verkündigung Jesu, ZThK 74, 1977, 416-448.
– (/ *Klaus Seybold*), Krankheit und Heilung (Kolhammer Tb 1008, Biblische Konfrontationen), Stuttgart 1978.
Muhlack, Gudrun, Die Parallelen von Lukas-Evangelium und Apostelgeschichte (TW 8), Frankfurt/Bern/ Las Vegas 1979.
Mußner, Franz, Der Galaterbrief (HThK IX), Freiburg ^{3}1977.

Neirynck, Frans, Jean et les Synoptiques. Examen critique de l'exégèse de M.-E. Boismard (BEThL 49), Leuven 1979.

– The Miracle Stories in the Acts of the Apostles. An Introduction, in: ders., Evangelica. Gospel studies - Etudes d'Evangile [Ges. Aufs.] (BEThL 60), Leuven 1982, 835-880 [um einen Nachtrag ergänzt dass., in: Jacob Kremer (Hg.), Les Actes des Apôtres. Traditions, rédaction, théologie (BEThL 48), Leuven 1979, 169-213].

Nellesen, Ernst, Zeugnis für Jesus und das Wort. Exegetische Untersuchungen zum lukanischem Zeugnisbegriff (BBB 43), Köln 1976.

Niederwimmer, Kurt, Die Didache (KAV. Erg.R. z. KEK 1), Göttingen 1989.

Nielsen, Helge Kjaer, Heilung und Verkündigung. Das Verständnis der Heilung und ihres Verhältnisses zur Verkündigung bei Jesus und in der ältesten Kirche (AThD 22), Leiden 1987.

– Paulus' Verwendung des Begriffs Δύναμις. Eine Replik zur Kreuzestheologie, in: Paulinische Literatur und Theologie. The Pauline Literature and Theology. Anlässlich der 50. jähr. Gründungs-Feier der Universität von Aarhus hg. v. Sigfred Pedersen (Teologiske Studier 7), Aarhus / Göttingen 1980, 137-158.

Nilsson, Martin P., Geschichte der Griechischen Religion I.II (HAW 5/2), München 1941/1950.

Noth, Martin, Das zweite Buch Mose. Exodus (ATD 5), Göttingen 1984.

– Überlieferungsgeschichte des Pentateuch, Stuttgart 1948 (Nachdruck Darmstadt ²1960).

O'Reilly, Leo, Word and Sign in the Acts of the Apostles. A Study in Lucan Theology (AnGr 243), Rom 1987.

Paulsen, Henning, Art. ἐνεργέω, in: EWNT I, Stuttgart 1980, 1106-1109.

– Überlieferung und Auslegung in Römer 8 (WMANT 43), Neukirchen 1974.

– Schisma und Häresie. Untersuchungen zu 1Kor 11,18.19, ZThK 79, 1982, 179-211.

– (Bauer, Walter /), Die Briefe des Ignatius von Antiochia und der Brief des Polykarp von Smyrna (HNT 18.2), Tübingen 1(2)1985.

Pesch, Rudolf, Die Apostelgeschichte I.II (EKK V), Zürich / Neukirchen 1986.

– Naherwartungen. Tradition und Redaktion in Mk 13 (KBANT), Düsseldorf 1968.

Petzke, Gerd, Die Traditionen über Apollonius von Tyana und das Neue Testament (SCHNT 1), Leiden 1970.

Pfister, Friedrich, Art. Ekstase, in: RAC 4, Stuttgart 1959, 944-987.

– Art. Epiphanie, in: PRE. Suppl. IV, Stuttgart 1924, 277-323.

Pietersma, Albert, Greek and Coptic Inedita of the Chester Beatty Library, BIOSCS 7, 1974, 10-18.

Plümacher, Eckhard, Acta-Forschung 1974-1982, ThR 48, 1983, 1-56; ThR 49, 1984, 105-196.

– Art. Apostelgeschichte, in: TRE III, Berlin/New York 1978, 483-528.

– Lukas als hellenistischer Schriftsteller. Studien zur Apostelgeschichte (StUNT 9), Göttingen 1972.

Praeder, Susan Marie, Luke-Acts and the Ancient Novel, SBL.SP 117, 1981, 269-292.

– Miracle Worker and Missionary: Paul in the Acts of the Apostles, SBL.SP 119, 1983, 107-129.

Preuschen, Erwin, Die Apostelgeschichte (HNT IV,1), Tübingen 1912.

Preuß, Horst Dietrich, Deuteronomium (EdF 164), Darmstadt 1982.

– Art. בוא, in: ThWAT III, Stuttgart 1982, 795-822.

Quell, Gottfried, Das Phänomen des Wunders im Alten Testament, in: Verbannung und Heimkehr. Beiträge zur Geschichte und Theologie Israels im 6. und 5. Jahrhundert v. Chr. (FS Wilhelm Rudolph), Tübingen 1961, 253-300.

Rad, Gerhard von, Das 5. Buch Mose. Deuteronomium (ATD 8), Göttingen ⁴1983.
— Das formgeschichtliche Problem des Hexateuch (BWANT 78), Stuttgart 1938 [= in: ders., Gesammelte Studien zum Alten Testament (TB 8), München ³1965, 9-86].
— Theologie des Alten Testaments I.II, München ⁶1969/⁴⁄⁵1968.
Radl, Walter, Art. Βαρναβᾶς, in: EWNT I, Stuttgart 1980, 476-477.
— Paulus und Jesus im lukanischen Doppelwerk. Untersuchungen zu Parallelmotiven im Lukasevangelium und in der Apostelgeschichte (EHS XXIII.49), Frankfurt / Bern / Las Vegas 1975.
— Art. ὑπομένω, in: EWNT III, Stuttgart 1983, 967-968.
— Art. ὑπομονή, in: EWNT III, Stuttgart 1983, 969-971.
Reckinger, Francois, Beglaubigt durch Wunder und Zeichen (vgl. Apg 2,22). Ist die traditionelle Fundamentaltheologie »ins Mark getroffen«?, FKTh 4, 1988, 111-125.
Remus, Harold, Does terminology distinguish early Christian from pagan miracles ?, JBL 101, 1982, 531-551.
Rengstorf, Karl Heinrich, Art. σημεῖον κτλ., in: ThWNT VII, Stuttgart [1964], 199-268.
— Art. τέρας, in: ThWNT VIII, Stuttgart 1969, 113-127.
Rese, Martin, Alttestamentliche Motive in der Christologie des Lukas (StNT 1), Gütersloh 1969.
Richter, Wolfgang, Beobachtungen zur theologischen Systembildung in der alttestamentlichen Literatur anhand des "kleinen geschichtlichen Credo", in: Wahrheit und Verkündigung (FS Michael Schmaus) I, München / Paderborn / Wien 1967, 175-212.
— Die sogenannten vorprophetischen Berufungsberichte. Eine literaturwissenschaftliche Studie zu 1Sam 9,1-10,16, Ex 3f. und Ri 6,11b-17 (FRLANT 101), Göttingen 1970.
Rigaux, Beda, Saint Paul. Les Epitres aux Thessaloniciens (EtB), Paris / Gembloux 1956.
Rhode, Joachim, der Brief des Paulus an die Galater (ThHK IX), Berlin ⁽⁵⁾1989.
Roloff, Jürgen, Apostolat - Verkündigung - Kirche. Ursprung, Inhalt und Funktion des kirchlichen Apostelamtes nach Paulus, Lukas und den Pastoralbriefen, Gütersloh 1965.
— Die Apostelgeschichte (NTD 5), Göttingen ⁽¹⁷⁾1981.
— Das Kerygma und der irdische Jesus. Historische Motive in den Jesus-Erzählungen der Evangelien, Göttingen ²1973.
— Die Offenbarung des Johannes (ZBK.NT 18), Zürich ²1987.
— Die Paulus-Darstellung des Lukas. Ihre geschichtlichen Voraussetzungen und ihr theologisches Ziel, EvTh 39, 1979, 510-531.
Ross, John R., Some Notes on Miracle in the Old Testament, in: C. F. D. Moule (Hg.), Miracles. Cambridge Studies in their Philosophy and History, London 1965, 43-60.
Rost, Leonhard, Das kleine geschichtliche Credo, in: ders., Das kleine Credo und andere Studien zum Alten Testament, Heidelberg 1965, 11-25.
Ruckstuhl, Eugen, Die literarische Einheit des Johannesevangeliums. Der gegenwärtige Stand der einschlägigen Forschung (SF 3), Freiburg 1951.
Rücker, Heribert, Die Begründungen der Weisungen Jahwes im Pentateuch (EThSt 30), Leipzig 1973.

Saake, Helmut, Paulus als Ekstatiker. Pneumatologische Beobachtungen zu 2Kor. XII 1-10, NT 15, 1973, 153-160.
Sabbe, Maurits, The Son of Man Saying in Acts 7,56, in: Jacob Kremer (Hg.), Les Actes des Apôtres. Traditions, rédaction, théologie (BEThL 48), Leuven 1979, 241-279.

Saito, Tadashi, Die Mosevorstellungen im Neuen Testament (EHS XXIII,100), Frankfurt/Bern/Las Vegas 1977.
Sandt, Huub van de, The Fate of the Gentiles in Joel and Acts 2. An Intertextual study, EThL 66, 1990, 56-72.
Saß, Gerhard, Die Apostel in der Didache, in: In memoriam Ernst Lohmeyer, hg. v. Werner Schmauch, Stuttgart 1951, 233-239.
Schalit, Abraham, Die Erhebung Vespasians nach Flavius Josephus, Talmud und Midrasch. Zur Geschichte einer messianischen Prophetie, in: ANRW II/2, Berlin/New York 1979, 209-327.
Schenk, Wolfgang, Glaube im lukanischen Doppelwerk, in: *Ferdinand Hahn / Hans Klein* (Hgg.), Glaube im Neuen Testament [FS Hermann Binder] (BThSt 7), Neukirchen 1982, 69-92.
– Art. Korintherbriefe, in: TRE XIX, Berlin/New York 1990, 620-640.
Schermann, Theodor, Propheten- und Apostellegenden nebst Jüngerkatalogen des Dorotheus und verwandter Texte (TU XXXI,3), Leipzig 1907.
Scherrer, Steven J., Signs and wonders in the Imperial cult: A new look at a Roman religious institution in the light of Rev 13:13-15, JBL 103, 1984, 599-610.
Schille, Gottfried, Die Apostelgeschichte des Lukas (ThHK 5), Berlin ²1984.
Schlatter, A[dolf], Die Theologie des Judentums nach dem Bericht des Josefus (BFChTh II,26), Gütersloh 1932.
Schlier, Heinrich, Der Brief an die Galater (KEK 7), Göttingen 3(12)1962.
– Art. βέβαιος κτλ., in: ThWNT I, Stuttgart 1933, 600-603.
– Art. βραχίων, in: ThWNT I, Stuttgart 1933, 638.
– Art. διαιρέω κτλ., in: ThWNT I, Stuttgart 1933, 184.
– Der Römerbrief (HThK VI), Freiburg 1977.
Schmidt, Daryl D., Syntactical Style in the "We"-Sections of Acts: How Lucan Is It?, SBL.SP 28, 1989, 300-308.
Schmidt, Ludwig, Beobachtungen zu der Plagenerzählung in Exodus VII 14-XI 10 (StB 4), Leiden 1990.
Schmidt, Werner H., Exodus 1-6 (BK II,1), Neukirchen 1988.
Schmithals, Walter, Das kirchliche Apostelamt. Eine historische Untersuchung (FRLANT 79), Göttingen 1961.
– Die Apostelgeschichte des Lukas (ZBK.NT 3,2), Zürich 1982.
– Das Evangelium nach Markus I. II. (ÖTBK 2), Gütersloh 1979.
– Paulus und die Gnostiker. Untersuchungen zu den kleinen Paulusbriefen (ThF 35), Hamburg / Bergstedt 1965.
– Der Römerbrief. Ein Kommentar, Gütersloh 1988.
Schmitz, Otto, Der Begriff ΔΥΝΑΜΙΣ bei Paulus. Ein Beitrag zum Wesen urchristlicher Begriffsbildung, in: Festgabe für Adolf Deißmann, Tübingen 1927, 139-167.
Schnackenburg, Rudolf, Das Johannesevangelium I (HThK IV), Freiburg ²1967.
– Zur Redaktionsgeschichte des Johannesevangeliums, in: *ders.*, Das Johannesevangelium IV. Ergänzende Auslegungen und Exkurse (HThK IV,4), Freiburg 1984, 90-102.
– Zur Traditionsgeschichte von Joh 4,46-54, BZ 8, 1964, 58-88.
Schneider, Gerhard, Die Apostelgeschichte I. II. (HThK V), Freiburg 1980/1982.
– Das Evangelium nach Lukas (ÖTBK 3), Gütersloh 1977.
– Art. ἐξηγέομαι, in: EWNT II, Stuttgart 1981, 14-15.
Schneider, Johannes, Das Evangelium nach Johannes, hg. v. *Erich Fascher* (ThHK.Sonderband), Berlin ³1985.
Schnelle, Udo, Antidoketische Christologie im Johannesevangelium. Eine Untersuchung zur Stellung des vierten Evangeliums in der johanneischen Schule (FRLANT 144), Göttingen 1987.

Schottroff, Luise, Der Glaubende und die feindliche Welt. Beobachtungen zum gnostischen Dualismus und seiner Bedeutung für Paulus und das Johannesevangelium (WMANT 37), Neukirchen 1970.
Schottroff, Willy, 'Gedenken' im Alten Orient und im Alten Testament. Die Wurzel ZAKAR im semitischen Sprachkreis (WMANT 15), Neukirchen 1964.
Schrage, Wolfgang, Die Elia-Apokalypse, in: JSHRZ V/3, Gütersloh 1980, 193-288.
— Heil und Heilung im Neuen Testament, EvTh 46, 1986, 197-214.
— Leid, Kreuz und Eschaton. Die Peristasenkataloge als Merkmale paulinischer theologia crucis und Eschatologie, EvTh 34, 1974, 141-175.
Schreckenberg, Heinz, Flavius Josephus und die lukanischen Schriften, in: Wort in der Zeit. FS Karl Heinrich Rengstorf, Leiden 1980, 179-209.
— Josephus und die christliche Wirkungsgeschichte seines 'Bellum Judaicum', in: ANRW II, 21.2, Berlin/New York 1984, 1106-1165.
Schrenk, Gottlob, Art. ἐκλογή, in: ThWNT IV, Stuttgart [1942], 181-186.
Schürer, E., Geschichte des jüdischen Volkes im Zeitalter Jesu Christi III, Leipzig ⁴1909.
Schüssler Fiorenza, Elisabeth, Miracles, Mission, and Apologetics: An Introduction, in: dies. (Hg.), Aspects of Religious Propaganda in Judaism and Early Christianity (University of Notre Dame. Enter for the Study of Judaism and Christianity 2), Notre Dame / London 1976, 1-25.
Schütz, John H., Art. Charisma IV. Neues Testament, in: TRE VII, Berlin/New York 1981, 688-693.
Schulz, Anselm, Nachfolgen und Nachahmen. Studien über das Verhältnis der neutestamentlichen Jüngerschaft zur urchristlichen Vorbildethik (StANT 6), München 1962.
Schulz, Siegfried, Die Charismenlehre des Paulus. Bilanz der Probleme und Ergebnisse, in: Rechtfertigung (FS Ernst Käsemann), Tübingen 1976, 443-460.
— Q. Die Spruchquelle der Evangelisten, Zürich 1972.
— Die Stunde der Botschaft. Einführung in die Theologie der vier Evangelisten, Hamburg ²1970.
Schwartz, Daniel R., Non-Joining Sympathizers (Acts 5,13-14), Bib. 64, 1983, 550-555.
Schweizer, Eduard, Der Brief an die Kolosser (EKK XII), Neukirchen ²1980.
— Das Evangelium nach Lukas (NTD 3), Göttingen 2(19)1986.
— Das Evangelium nach Markus (NTD 1), Göttingen 5(15)1977.
— Das Evangelium nach Matthäus (NTD 2), Göttingen ³1981.
— Die Heilung des Königlichen: Joh 4,46-54, in: ders., Neotestamentica. Deutsche und englische Aufsätze 1951-1953, Zürich 1963, 407-415 [zuerst in: EvTh 11, 1951/52, 64-71; zitiert als: Aufs. I, 407-415].
— Art. πνεῦμα κτλ. D. E., in: ThWNT VI, Stuttgart [1959], 387-450.
Seitz, Gottfried, Redaktionsgeschichtliche Studien zum Deuteronomium (BWANT 93), Stuttgart 1971.
Sellin, Gerhard, Das 'Geheimnis' der Weisheit und das 'Rätsel' der 'Christuspartei' (zu 1Kor 1-4), ZNW 73, 1982, 69-96.
— Hauptprobleme des Ersten Korintherbriefes, in: ANRW II, 25.4, Berlin/New York 1987, 2940-3044.
Sievi, Josef, Wunder und Zeichen in der Exodus-Tradition (Überlegungen zu neueren Kommentarwerken), ThBer 5, Zürich 1976, 13-35.
Skweres, Dieter Eduard, Die Rückverweise im Buch Deuteronomium (AnBib 79), Rom 1979.
Snoy, Thierry, Les miracles dans l'évangile de Marc. Examen de quelques études récentes, RTL 3, 1972, 449-466.
Sontheimer, Walther, Art. Thot, in: KP 5, München 1975, 776-777.

Spicq, Cestas, Notes de lexicographie néo-testamentaire I.II (OBO 22), Fribourg / Göttingen 1978.
Stählin, Gustav, Die Apostelgeschichte (NTD 5), Göttingen ⁶⁽¹⁵⁾1978.
— Skandalon. Untersuchungen zur Geschichte eines biblischen Begriffs (BFChTh 2,24), Gütersloh 1930.
Steck, Odil Hannes, Israel und das gewaltsame Geschick der Propheten. Untersuchungen zur Überlieferung des deuteronomistischen Geschichtsbildes im Alten Testament, Spätjudentum und Urchristentum (WMANT 23), Neukirchen 1967.
Stein, Paul, ΤΕΡΑΣ, Diss. Marburg 1909.
Steinhauser, Karl, Der Prodigienglaube und das Prodigienwesen der Griechen (Diss. Tübingen), Ravensburg 1911.
Stockinger, Hildebrand, Die Vorzeichen im homerischen Epos. Ihre Typik und ihre Bedeutung, St. Ottilien 1959.
Stolz, Fritz, Art. אות, in: THAT I, München ³1978, 91-95.
— Zeichen und Wunder. Die prophetische Legitimation und ihre Geschichte, ZThK 69, 1972, 125-144.
Strathmann, Hermann, Art. ἐπιμαρτυρέω κτλ., in: ThWNT IV, Stuttgart [1942], 514-517.
Strobel, August, Der erste Brief an die Korinther (ZBK.NT 6.1), Zürich 1989.
Stuhlmacher, Peter, Der Brief an die Römer (NTD 6), Göttingen ⁽¹⁴⁾1989.
Stuiber, Alfred, Die drei ΣΗΜΕΙΑ von Didache XVI, in: JAC 24, Stuttgart 1981, 42-44.

Taeger, Jens-W., Der Mensch und sein Heil. Studien zum Bild des Menschen und zur Sicht der Bekehrung bei Lukas (StNT 14), Gütersloh 1982.
Temple, Sydney, The two signs in the Fourth Gospel, JBL 81, 1962, 169-174.
Theißen, Gerd, Legitimation und Lebensunterhalt: ein Beitrag zur Soziologie urchristlicher Missionare, in: ders., Studien zur Soziologie des Urchristentums (WUNT 19), Tübingen ³1989, 201-230 (zuerst: NTS 21, 1974/5, 192-221).
— Untersuchungen zum Hebräerbrief (StNT 2), Gütersloh 1969.
— Urchristliche Wundergeschichten. Ein Beitrag zur formgeschichtlichen Erforschung der synoptischen Evangelien (StNT 8), Gütersloh 1974.
Thiel, Winfried, Die deuteronomistische Redaktion von Jeremia 1-25 (WMANT 41), Neukirchen 1973.
— Die deuteronomistische Redaktion von Jeremia 26-45. Mit einer Gesamtbeurteilung der deuteronomistischen Redaktion des Buches Jeremia (WMANT 52), Neukirchen 1981.
Thraede, Klaus, Art. Erfinder II (geistesgeschichtlich), in: RAC 5, Stuttgart 1962, 1181-1278.
— Art. Exorzismus, in: RAC 7, Stuttgart 1969, 44-117.
Thyen, Hartwig, Art. Johannesevangelium, in: TRE XVII, Berlin/New York 1988, 200-225.
Trilling, Wolfgang, Der zweite Brief an die Thessalonicher (EKK XIV), Zürich / Neukirchen 1980.
— Untersuchungen zum 2. Thessalonicherbrief (EThS 27), Leipzig 1972.

Übelacker, Walter G., Der Hebräerbrief als Apell I. Untersuchungen zu exordium, narratio und postscriptum (Hebr 1-2 und 13,22-25) (CB.NT 21), Lund 1989.
Unnik, Wilem Cornelis van, "Den Geist löschet nicht aus" (I Thessalonicher v 19), NT 10, 1968, 255-269.
— Luke's Second Book and the Rules of Hellenistic Historiography, in: Jacob Kremer (Hg.), Les Actes des Apôtres. Traditions, rédaction, théologie (BEThL 48), Leuven 1979, 37-60.

Vanhoye, Albert, Art. Hebräerbrief, in: TRE XIV, Berlin/New York 1985, 494-505.
Vielhauer, Philipp, Apokalyptik des Urchristentums. Einleitung, in: NTApo II, Tübingen ⁴1971, 428-454.
— Geschichte der urchristlichen Literatur. Einleitung in das Neue Testament, die Apokryphen und die Apostolischen Väter, Berlin/New York 1978.
— Oikodome. Das Bild vom Bau in der christlichen Literatur vom Neuen Testament bis Clemens Alexandrinus, in: *ders.*, Oikodome. Aufs. zum Neuen Testament II, hg. v. *Günter Klein* (TB 65), München 1979, 1-168.
— Rez.: Otto Michel, Der Brief an die Hebräer, VF 1951/52, 213-219.
— / *Strecker, Georg*, Apokalypsen und Verwandtes. Einleitung, in: NTApo II, Tübingen ⁵1989, 491-515.
— / *Strecker, Georg*, Apokalyptik des Urchristentums. Einleitung, in: NTApo II, Tübingen ⁵1989, 516-547.
Vogt, Ernst, Tragiker Ezechiel, in: JSHRZ IV,3, Gütersloh 1983, 113-133.
Vollenweider, Samuel, »Ich sah den Satan wie ein Blitz vom Himmel fallen« (Lk 10:18), ZNW 79, 1988, 187-203.
Volz, Paul, Die Eschatologie der jüdischen Gemeinde im neutestamentlichen Zeitalter nach den Quellen der rabbinischen, apokalyptischen und apokryphen Literatur, Tübingen ²1934.

Wagner, Siegfried, Art. מוֹפֵת, in: ThWAT IV, Stuttgart 1984, 750-759.
Wallis, Gerhard, Die geschichtliche Erfahrung und das Bekenntnis zu Jahwe im Alten Testament, ThLZ 101, 1976, 801-816.
Walter, Nikolaus, Fragmente jüdisch-hellenistischer Historiker, in: JSHRZ I,2, Gütersloh 1980.
Warnecke, Heinz, Die tatsächliche Romfahrt des Apostels Paulus (SBS 127), Stuttgart 1987.
Weder, Hans, Das Kreuz Jesu bei Paulus. Ein Versuch, über den Geschichtsbezug des christlichen Glaubens nachzudenken (FRANT 125), Göttingen 1981.
— Wunder Jesu und Wundergeschichten, VF 29, 1984, 25-49.
Weeden, Theodore J., Die Häresie, die Markus zur Abfassung seines Evangeliums veranlaßt hat, in: *Rudolf Pesch* (Hg.), Das Markus-Evangelium (WdF 411), Darmstadt 1979, 238-258 [Übers. von *ders.*, The Heresy That Necessitated Mark's Gospel, ZNW 59, 1968, 145-158].
Wehnert, Jürgen, Gestrandet. Zu einer neuen These über den Schiffbruch des Apostels Paulus auf dem Wege nach Rom (Apg 27-28), ZThK 87, 1990, 67-99.
— Die Wir-Passagen der Apostelgeschichte. Ein lukanisches Stilmittel aus jüdischer Tradition (GTA 40), Göttingen 1989.
Weidel, K., Studien über den Einfluß des Weissagungsbeweises auf die evangelische Geschichte, ThStKr 83, 1910, 83-109. 163-195; ThStKr 85, 1912, 167-286.
Weinfeld, Moshe, Deuteronomy and the Deuteronomic School, Oxford 1972.
Weinreich, Otto, Gebet und Wunder. Zwei Abhandlungen zur Religions- und Literaturgeschichte. Zweite Abhandlung: Türöffnung im Wunder-, Prodigien- und Zauberglauben der Antike, des Judentums und Christentums, in: *ders.*, Religionsgeschichtliche Studien, Darmstadt 1968, 38-298 [zitiert nach der Originalzählung, in: Genethliakon, FS Wilhelm Schmid (TBAW 5), Stuttgart 1929, 169-464].
Weippert, Helga, Jahwekrieg und Bundesfluch in Jer 21,1-7, ZAW 82, 1970, 396-409.
Weiser, Alfons, Die Apostelgeschichte I.II (ÖTBK 5), Gütersloh 1981/1985.
Weiß, Johannes, Der erste Korintherbrief (KEK V), Göttingen ⁽⁹⁾1910 (Nachdruck Göttingen 1970).
Weiß, Wolfgang, "Eine neue Lehre in Vollmacht". Die Streit- und Schulgespräche des Markus-Evangeliums (BZNW 52), Berlin/New York 1989.

- Glaube - Liebe - Hoffnung. Zu der Trias bei Paulus, ZNW 84, 1993, 196-217.
- Jakobus 5,13-16, in: GDP. A. IV,4, Gütersloh 1993, 171-174.
- Art. Paulus, Apostel, in: BBKL VII, Herzberg 1994, 45-57.

Wellmann, M., Art. Claudius Aelianus (Αἰλιανός), in: PRE 1/1, Stuttgart 1897, 486-487.

Whittaker, Molly, 'Signs and Wonders': The Pagan Background, in: StudEv V (TU 103), Berlin 1968, 155-158.

Wiefel, Wolfgang, Das Evangelium nach Lukas (ThHK 3), Berlin 1988.

Wijngaards, J., הוציא and העלה, a twofold approach to the Exodus, VT 15, 1965, 91-102.

Wilckens, Ulrich, Der Brief an die Römer I-III (EKK VI), Zürich / Neukirchen 1978-1982.
- Zu 1Kor 2,1-16, in: Theologia crucis - signum crucis (FS Erich Dinkler), Tübingen 1979, 501-537.
- Weisheit und Torheit. Eine exegetisch-religionsgeschichtliche Untersuchung zu 1.Kor 1 und 2 (BHTh 26), Tübingen 1959.
- Die Missionsreden der Apostelgeschichte. Form- und traditionsgeschichtliche Untersuchungen (WMANT 5), Neukirchen ^{3}1974.

Wildberger, Hans, Jesaja I-III (BX X), Neukirchen 1972/1978/1982.

Williams, Sam K., The Hearing of Faith: ΑΚΟΗ ΠΙΣΤΕΩΣ in Galatians 3, NTS 35, 1989, 82-93.

Wilms, Franz-Elmar, Wunder im Alten Testament, Regensburg 1979.

Windisch, Hans, Der Barnabasbrief, in: Die Apostolischen Väter (HNT. Ergänzungsband), Tübingen 1920, 299-413.
- Der Hebräerbrief (HNT 14), Tübingen ^{2}1931.
- Der zweite Korintherbrief (KEK 6), Göttingen $^{(9)}$ (1924; Nachdruck hg. v. Georg Strecker) 1970.
- Paulus und Christus. Ein biblisch-religionsgeschichtlicher Vergleich (UNT 24), Leipzig 1934.

Wischmeyer, Oda, Der höchste Weg. Das 13. Kapitel des 1. Korintherbriefes (StNT 13), Gütersloh 1981.

Wolff, Christian, Der erste Brief des Paulus an die Korinther. Zweiter Teil: Auslegung der Kapitel 8-16 (ThHK 7/2), Berlin ^{2}1982.
- Der zweite Brief des Paulus an die Korinther (ThHK 8), Berlin 1989.

Wolter, Michael, Apollos und die ephesinischen Johannesjünger (Act 18,24-19,7), ZNW 78, 1987, 49-73.
- Der Apostel und seine Gemeinden als Teilhaber am Leidensgeschick Jesu Christi: Beobachtungen zur paulinischen Theologie, NTS 36, 1990, 535-557.
- Art. Leiden III. Neues Testament, in: TRE XX, Berlin/New York 1990, 677-688.
- Die Pastoralbriefe als Paulustradition (FRANT 146), Göttingen 1988.
- Paulus, der bekehrte Gottesfeind. Zum Verständnis von 1.Tim 1:13, NT 31, 1989, 48-66.
- Rechtfertigung und zukünftiges Heil. Untersuchungen zu Röm 5,1-11 (BZNW 43), Berlin/New York 1978.
- Die anonymen Schriften des Neuen Testaments. Annäherungsversuch an ein literarisches Problem, ZNW 79, 1988, 1-16.

Woude, Adam S. van der, Art. זרוע, in: THAT I, München 1971, 522-524.
- Art. יד, in: THAT I, München 1971, 667-674.

Yaure, L., Elymas - Nehelamite - Pethor, JBL 79, 1960, 297-314.

Youtie, Herbert C., ΣΗΜΕΙΟΝ in the Papyri and its Significance for Plato, Epistle 13 (360a-b), ZPE 6, 1970, 105-116.

Zehnle, Richard F., Peter's Pentecost Discourse. Tradition and Lukan Reinterpretation in Peter's Speeches of Acts 2 and 3 (SBL.MS 15), Nashville / New York 1971.
Zeller, Dieter, Der Brief an die Römer (RNT), Regensburg $^{(3)}$1985.
— Juden und Heiden in der Mission des Paulus. Studien zum Römerbrief (FzB), Stuttgart 1973.
— Die Menschwerdung des Sohnes Gottes im Neuen Testament und die antike Religionsgeschichte, in: *ders.* (Hg.), Menschwerdung Gottes - Vergöttlichung von Menschen (NTOA 7), Freiburg / Göttingen 1988, 141-176.
Zenger, Erich, Funktion und Sinn der ältesten Herausführungsformel, in: ZDMG.Suppl. I,1 [XVII. Deutscher Orientalistentag 1968 in Würzburg 1968], Wiesbaden 1968, 334-342.
Ziegler, Konrat, Art. Plutarchos von Chaironeia, in: PRE 21, Stuttgart 1951, 636-962.
Zimmerli, Walther, Ezechiel I.II (BK XIII), Neukirchen ²1979.
Zimmermann, Alfred F., Die urchristlichen Lehrer. Studien zum Tradentenkreis der διδάσκαλοι im frühen Urchristentum (WUNT 2.12), Tübingen 1984.
Zimmermann, Heinrich, Neutestamentliche Methodenlehre. Darstellung der historisch-kritischen Methode, bearb. v. *Klaus Kliesch*, Stuttgart ⁷1982.
— Die Sammelberichte der Apostelgeschichte, BZ 5, 1961, 71-82.
Zmijewski, Josef, Der Stil der paulinischen "Narrenrede". Analyse der Sprachgestaltung in 2Kor 11,1-12,10 als Beitrag zur Methodik von Stiluntersuchungen neutestamentlicher Texte (BBB 52), Köln 1978.

Stellenregister (Auswahl)

Auf Anmerkungen wird mit "A" verwiesen, falls die betreffende Stelle auf der genannten Seite ausschließlich im Anmerkungsteil vermerkt ist.

Altes Testament

Gen
9,2	64A

Ex
3,18-22	10
4,1-17	124
4,21	14
4,30f	8A
5,3	10A
6,1	10
6,6	10.12
7,3ff	12
7,3	11.14A.15.135A
7,9	5.8A.14.15
7,9LXX	17
11,2f	10A
11,9f	5.8a.15.17
11,9	14
11,10	14
11,10LXX	17
13,3	10f
13,9	10f
13,14	10f
13,16	10f
14,10	25A
15,16	64A
23,15	11
29,24	11
32,11	11
33,11	12

Lev
11,45	11
19,36	11
22,33	11
23,29	116A
23,43	11
25,38	11
25,42	11
25,55	11
26,13	11
26,45	11

Num
12,6-8	12
15,41	11
16,32	11

Dtn
2,25	64A
3,24	10
4,34	9.12.14A
4,35	12A
4,45	11
5,15	11
6,21	10f
6,22	11.14A
7,8	10.11
7,9-11	11
7,9	11
7,19	9.12.14A
9,26	10.11
11,3	5.11.12.15.17
11,4	11
13,1-6	8f
13,2f	5.*8*.*9A*.*13A*.14A.15.*134f*.*141*.149f
13,4	9f
13,6LXX	134f
13,7	8
13,14	8
16,	11
16,3	11
16,6	11
18,15-22	29A
18,15	116A.135A
18,18	135A
18,22	9A
23,5	11
24,9	11
25,17	11
26,5-9	10A
26,8	9.12.14A.22
28,46	5.8.15.17.35A
29,2-4	11A
29,2	11.12.14A
29,3	12

29,6	12A	*8,18*	5-*8*.13.14A.149
34,11f	12.14.17.150	19,16	64A
34,11	13A.14A	20	8A
34,12	10	*20,3*	5.6A.*7f*.8A.15.17.149
		28,11f	69
2Kön		37,16-20	89A
19,15-19	89A	37,26	94A
20,1-11	14A.29	38,1-8	14A.29
		38,7	14A
1Chr		38,21f	14A.29
16,12	12	38,22	14A
		40,3	31A
2Chr			
32,31	14A	*Jer*	
32,34	14A.29A	23,13	135A
		23,32	135A
2Esr		28,8f	9A
19,10	14A	32,20f	9.12
		39,20fLXX	14A.15
Neh			
1,10	10f	*Ez*	
9,10	11.12A	4,1-5,4	8A
9,11	11	4,3	8A
		12,1-16	8A
Est		12,6	8
10,3	15A	12,11	8
10,6LXX	5.15-17	13,10	135A
		14,9	135A
Ps		24,24	7f
2,1f	90A	24,27	7f
2,11	64A	33,33	9A
71,7	14		
77,16	12	*Dan*	
78,43	11.13	2,20-23	16
77,43LXX	14A	3,31-6,29	16A
78,44-51	11A	3,31f	16A
78,53	11A	*3,32f*	11A.*15-17*.150
105,5	11.12A.13	4,2Θ	15
105,27	11.13	4,31	16
104,27LXX	14A	4,37.37aLXX	*15-17*
135,5-9	12A	*6,28*	11A.*15-17*.150
135,8f	11	6,28Θ	15
135,9	11	7,13	31A
134,9LXX	14A	9,15	11
135,10f	11A		
		Hos	
Prov		12,10f	30A
10,9	100A	14,10	100A
Jes		*Mi*	
7,1-3	7	3,5	135A
7,3	6		
7,10-12	14A	*Joel*	
7,11	7	3,1-5a	74
7,14	7	3,1f	76A
8,1-4	6.7	3,3f	77A.78
8,16	7	3,3	14.75f

Stellenregister

3,5	78.81A

Sach
3,8	14

Jdt
14,10	4A.147A

Sap
8,8	15
10,16	15.73A.74A

Sir
33,6	15
36,5	5.15.16A
48,12ff	37A
48,12	17
48,14f	15A.17.148

PsSal
15,6-9	35

Bar
2,11	15

Pseudepigraphen

syrBar
25,1-4	37
60,2	36A
64,8f	36A

ApkEl
33,7	132

4Esr
4,52	37
5,1-12	36
5,13	36
6,11f	37
6,18ff	37
6,21-24	37
6,25	37A
6,48	37A
7,26f	37.77A.79A
8,63-9,2	37
9,1-6	37
9,7f	37A
9,29-31	125A
12,34	37A
13,14	37
13,30ff	37
13,32	37
13,44	37A
13,49f	37A
13,50	37A
13,56	37
13,57	37
14,3-6	37A
14,8	15A.37

äthHen
80,2-3.4-6	77A

grHen
8,3	15A.36

ParalJer
5,12	35A
6,23	35A

JosAs
12,8f	109

Jub
11,8	15A.36
48,4f	34

LibAnt
9,7	35
9,10	35
12,2	35
14,4	35A
20,4	35A
26,5	35A
27,7	35A.37A
28,1f	35A.37A
30,5.7	35A
32,12	35A
35,2	35A
42,5	35
51,6	35A
53,8	35

Sib
2,167	35A
3,66	36A
3,224	36
3,303-334	36
3,335	36
3,337	36
3,410	36
3,441	36
3,457.458	36
3,732-766	36
3,767-795	36
3,796	36
3,803	36
5,175	35
5,313	35A
5,412	35

TestAbr
11,9	35A

TestLev

8,2	35A
8,11	35A
18,12	109

Weitere hell.-jüdische Literatur

Arist

44	35A
150	35A
270	35A

Aristobul   35A

Artapanos   34.104

Eupolemos   104A

Ezekiel, der Tragiker
     33f

Jannes und Mambres
     34A

Josephus Flavius
Ant

2,284-287	31A
2,284f	63A
2,284	31A
2,286	27f.31A.63A
2,327	25A.28A
6,86	83A
10,28f	25A.29.138A
12,124	83A
14,146	83A
14,148	83A
14,455	26A
15,127-146	26A
15,138	27A
18,86	28A
20,97	28A.30A.32A
20,98	28A
20,160	30A
20,167f	30A
20,167	28A.30A.32A
20,168	*24f.27*.73A
20,169	30A
20,170	30A.32A
20,171	28A
20,185-188	30A
20,188	28A.32

Ap

1,279	105A

Bell

1,28	*24f.27*
1,331	26
1,377f	26f
2,258	30A
2,259	25.28.30A.32A
2,260	28A
2,261	28A.30A
2,262	28A.32A
2,264	30A
3,288	28
3,310ff	28
3,352	27A
6,31	27A
6,284	28A
6,285ff	25
6,285	28A.30A.31A.32
6,286f	30A.31A
6,286	37A
6,288-315	25
6,288	25f.31A
6,291	26.31A
6,295	26.31A
6,296	26
6,310-314	26A
6,310	26A.27A
6,312f	26A
6,312	31A
6,315	26
7,438	28A
7,439	32A
7,440	28A

Vita

252	83A
339	83A

Philo
Abr

118	23A.83A
268	59A

Aet

2	15A.23

Conf

116	83A

LegGai

296	83A

OpMund

58f	15A

SpecLeg

I,315	30A
II,218	*22.24*
III,100	15A

VitMos

I,71	24A
I,74	23A
I,76f	23A
I,79f	23A
I,82	23A.24A
I,88	24A
I,90f	63A

I,90	22A.23A.24A	14,36	66A.134
I,92f	23A	15,33	77A
I,94f	23.24A	*16,17-20*	*120*.145
I,95	*22-24*.63A	16,18	109
I,118	23A		
I,178	23	*Lk*	
I,188	23A	1,12	82A
I,210	23A	1,46	95A.97A
I,217	23A	1,51	90A
I,269	23A	1,58	97A
II,123	121A	1,65	82
II,154	23A	1,68	80A
II,268	23A	2,9	82A
II,284	36A	2,13	83A
		2,20	83A
VitProph	37f.150A	2,38	80A
		3,13	80A
		3,15	80A
Qumran		4,12	80A
		4,18f	79A
1QS 8,12-14	31A	4,32	83A
1QS 8,13-15	30A	4,38f	110A
1QS 9,19f	31A	5,20	86A
1QGenAp 20,29		5,26	82A
	111A	5,31	80A
11Q 54,8-18	9A	6,26	118A
		7,16	82A
		7,30	90A
Neues Testament		8,37	82A
		9,2	90
Mt		9,43	95A
14,2	65A	10,9	90.109
24	132	10,13	79
24,4	135A	10,17-20	109A
24,11	135A	10,19	109
24,24	1.123.132.*135A*	11,29-33	70
24,26f	136A	17,19	83A
24,26	*31A*	17,21-23	118A
		17,23f	136A
Mk		17,23	31A
1,22	83A	19,37	79.83A
6,4	65A	21,8	118A
6,7.13	147A	21,11	76
8,11-13	70	21,24f	118A
13,5f	135	21,25-28	78A
13,6	118f.133A.135.137	21,25f	76f
13,8	76	21,25	75f
13,20	134A	21,26	76.82A
13,21f	136.138	22,42	111A
13,21	134A	23,6-16	90A
13,22	1.14.118.132.*133-139*.	23,44	77A
	140f.143.149f	23,45	77A
13,24-27	136	24,19	43A.80A
13,24	75f.77A	24,21	80A
13,25	76	24,46-48	89A
13,27	134A	24,53	83A
14,35	134		

Joh

2,4	129A
2,11	129A
2,18	70.129
2,22	128A
2,23-25	129
3,2	129
4,31-33	131A
4,47	128.129A
4,48f	128f.131A
4,48	2.51.*127-131*.143f.147
4,49	128
4,50-53	128A
4,50	128.129.131A
4,51-53	131A
4,53	128.129.131
4,54	129A
6,2.14	129A
6,26	129f
6,30	129
7,31	129
7,36	128A
8,54	87A
9,16	129
10,41	129A
11,47	129
12,18	129
12,34	129A
12,38	128A
12,48	128A
13,32	87A
15,3	128A
15,20	128A
16,14	87A
17,1	87A
17,5	87A
18,9	128A
18,32	128A
20,30f	129A

Apg

1,6f	87A
1,8	89A.94A
1,11	87A
1,14	83.84A
1,31f	89A
2,1-47	74
2,4	92
2,7.12	114A
2,11	95A
2,14-41	80f
2,15f	78A
2,15	86A.87A
2,16-21	87A
2,16-18	77A.80A
2,17-21	74.76A.77A
2,17f	77A.78A
2,17	76A
2,18	76A.90A
2,19-21	77.84f
2,19	1A.73.*74-81*.88.93A.114f.115-119.146
2,20	76f.78A.79A
2,21-23	116A
2,21	75A.78.80.84.116A
2,22-24	78.79A.91A.96A
2,22	2f.50f.74f.*78-81*.84f.88.101A.114A.115-119.122A.139A.146.148A
2,23	90A.96A
2,24	89A
2,31f	80
2,32	89A
2,33	77A.80.85
2,36	79.80
2,37-41	80f.84.113A
2,37	81
2,38-4	81
2,38	65A.79A.81
2,40f	81
2,40	81.89A
2,41	81.83
2,42-47	*82ff*.91.115
2,42	81ff
2,43	74f.78f.*81ff*.85f.93A.95.101.106.113A.*115-119*.145.148A
2,44-47	82A.84.85A
2,46	95A
2,47	81.95.115.116A
3,1-11	82f.85.88.89A.91.103.106.115.119
3,1	83A
3,5f	87A
3,6	85f.89A.111A.119
3,7	89A
3,8f	83A
3,10f	113A.114A
3,10	87A
3,11f	86A.95A
3,11	86A.96.111
3,12-4,22	119
3,12-26	87A.88.106f.119
3,12-14	103
3,12f	87A
3,12	85.86ff.93A.96.98A.106
3,13-16	106
3,13-15	87A
3,13	90A
3,15	86A.88A.89A.91A
3,16	84.*85-88*.114A.119
3,17-26	106
3,17	86A.88

Stellenregister 183

3,19	87	5,14	96A.144A
3,21f	116A.117A	5,15	96.98A.108
3,22	80.116A	5,16	110A.118A.119
3,23	116A	5,17-25	113A
3,26	90A.96	5,17f	118
3,41	84	5,17	117A
4	88f	5,18	96
4,1-22	89	5,21	83A
4,1	117A	5,25	83A
4,2	83A.89A.91	5,26f	96
4,3	106A	5,26	83A
4,5-22	119	5,27	96
4,5-8	91A	5,28	83A
4,7	87A.89A.93A.96	5,30-32	89A
4,8-10	89A	5,32	88A
4,8	92A	5,33	96
4,9	89	5,38f	96
4,10	85.88.89A.91	5,42	83A.91
4,11f	89	6,3	92A
4,12	89A	6,5	92A.93A
4,13	91A	6,6	110A
4,14f	117A	6,7	98
4,16	74A.*88f*.101A.114A.146	*6,8*	75.80.92.93A.100f.115-117
4,17-21	89	6,10	93A
4,17f	91	7,9	94A
4,17	89A.90A	7,16	117A
4,19f	88A.89	7,22	44A.80A
4,21	83A.90A.114A	7,25	80
4,22	74A.84A.*88f*.90A.101A	7,27	80A
		7,35-43	92A
4,23-31	90A.91	7,35	80.135A
4,24	84A	*7,36*	75.78A.*79f*.92.101.115-117.149A
4,27-30	118A		
4,27-29	96A	7,39	80A
4,27	90A.91A.116A.118A	7,57	84A
4,28	90A.96A	7,60	111A
4,29-31	91	8,4-8	110A
4,29f	*89-93*.117f.127A	8,5-25	100
4,30	74.84A.85.97A.101.115.117-119.144f	8,5-13	94.100ff.147f
		8,6-24	97A
4,31	90A.91A.92f.101	8,6-13	114A
4,32-5,42	96	8,6	84A.88A.115
4,32	84A	8,7	118A
4,33	89A.93	8,9-13	110A
4,41	117A	8,9	118A
5,1-11	82.93A.96	8,11-13	119
5,5	82.97A.113A.114A	8,12f	113A.114A
5,11f	82A	8,13	85A.88A.92.115
5,11	82.97A.113A.114A	8,15	65A
5,12-16	84A.*95f*.110.114.144A	8,17	65A
5,12-14	96A.116A	8,19	65A.106A
5,12f	84A.117A	8,25	89A
5,12	74.91.93A.96.101.115-118.144f	8,26-40	101
		8,29	95A
5,13f	83A	8,30-38	113A
5,13	97A	9,2	99A

9,17	92A	13,48	114A
9,21	114A	13,50	93A.105A
9,23	93A.105A	13,52	92A
9,26	95A	14	106f
9,27.28	91A	14,1-6	124A
9,31	81A	14,2-4	118
9,32-45	115	14,2	93.116A.118
9,32-42	111f.113A.114A.*147*	14,3f	93A
9,32-34.35	111f	*14,3*	74.91.*93f.*101.106.115f.
9,34	85.119		117.120.124A.144
9,35	99.114	14,4.14	94A.*105ff.*116A.117f
9,36-41.42	111f	14,5	93A
9,42	99.114	14,6	106A
10f	94A.115A	14,8-20	106A
10,9-16	94A	*14,8-18*	95.*102-107*
10,25f	108	14,8.10	103A
10,28	94A.95A	14,9	86f.89A
10,30-32	94A	14,11-13	119
10,38	79f.89.93A.94A.117	14,11	114A
10,39-42	89A	14,12	94A
10,39f	91A	14,14-17	108
10,44-46	92	14,15-17	106f.119
10,45	114A	14,15	87A.97A.109
10,46	95A.97A	14,18	107
10,47	65A	14,19	93A.106A
11,5-10	94A	14,20f	106A
11,13f	94A	14,23	97A
11,18	114A	14,24	93A.94.144f
11,21	94A	15,2	70A
11,24	93A	15,3f	93A.144
11,31f	117A	15,4	94
12,3-19	113A	15,5	97A
12,3	93A.105A	15,7-9	93A.94
12,11	93A.105A	15,8	93.124A
12,16	114A	15,9	94
12,19	114A	15,11-13	116
12,20	84A	15,11f	116A.138A
12,24	98	15,11	94.118
13f	93A	*15,12*	74.91.*93f.*105A.115.
13	105A		116A.118.124A.144f
13,1-3	70.105A	15,22	94A
13,2f	94A	15,25	84A.94A.105A
13,3	110A	15,27	94A
13,6-12	97A.*99.*103A.114A.115	16,16-18	103A.110A
13,6	118f	16,17	90A
13,7	94A.105A	16,18	85.111A.119
13,9	92A.93A.105A	16,25-34	103A.*112f.*115
13,11f	104A	16,29f	108
13,12	83A.*112.*119	16,31	97A.108
13,17	90A.92A	16,33	97A
13,27	88A	16,34	97A
13,28-30	91A	17,3	89A
13,29-31	89A	17,5.13	93A.105A
13,33	117A	17,18	89A
13,36	90A.96A	17,30f	78
13,45	93A.105A	17,30	88A
13,46	91A	17,31	89A

17,34	95A	27,9-28,6	109
18,5	89A	28,1f	109f
18,12	84A.105A	28,3-10	95
18,25f	99A	*28,3-6*	103A.107-110
18,25	92A	28,3	*107A*
18,26	91A	28,4	109
18,27	97A	28,5f	108
18,28	91A	*28,6*	*107-110*.114A.119
19,1-7	113A	28,7-10	108f
19,2	65A	28,7f	103A
19,6	92	28,8f	109f.119
19,8	91A	28,8	103A.109f.111A
19,9	99A	28,9	110
19,11f	94.*96*.100A.110	28,20f	109f
19,11	103A.116	28,31	91A
19,12-20	119		
19,12	98A.108.110A	*Röm*	
19,13-20	110A.114A.115	1,1-17	42
19,13-17	96.97A.99.103A	1,1	44
19,13-15	98A.100A.119	1,5f	42A
19,15f	98	1,5	42A.43f
19,17-20	*111f*	1,8	43A.57A.144
19,17	82.95A.113A.114A	1,18-20	69A
19,18-20	97A.119	2,15	121A
19,18f	97.98A.114	4,21	59
19,20	97A.114	5,3f	50A
19,23	99A	5,3	50A.61A
19,27	95A	7,6	56A
19,29	84A	7,25	56A
19,37f	79	8,15f	65A
20,3	105A	8,16	121A
20,7-12	103A	8,17	50A
20,21	89A	8,34.38	41A
20,24	89A	8,35	61A
20,27	90A.96A	9,1	121A
20,32	115	10,14-21	57A
20,36	112A	10,16f	72A
21,5	112A	11,1-6	56A
21,8	101	11,5	56A
21,18-20	144	12,4-6	67A
21,19	116A	12,6ff	66.67A
21,20	97A.114A	12,12	61A
21,25	97A	14,5	59
21,38	30A	14,18	56A
22,4	99A	15,13.16	45
22,15	89A	15,14-21	42f.45
22,18	89A	15,18-20	57.68.72
22,20	89A	*15,18f*	*41-46*.49A.50-52.
23,11	89A		55-58.61.70f.124.
23,34	88A		143.145f
24,14	99A	15,19f	57.68.145A
24,19	117A	*15,19*	57A.58.65.66A.71
24,22	99A	15,22f	43A
26,16	89A	15,29	59A
26,22f	89A	16,19	43A.57A
26,22	109	16,26	43A
26,26	91A		

1Kor

1,1-4	65A
1,4-8	65A.145
1,17	63.69
1,18-25	64
1,18	63A
1,21	63A
1,22-24	63A
1,22	41.47.48A.69f
1,23	65A
1,24	63
1,25	63A
2,1-16	62A.63A.64A
2,1-5	48A.62A.64
2,1f	63A
2,2	63A.64.65A
2,3f	64A
2,4	41f.51.56f.58.*62-64*.65.66A.67A.143A
2,12	65A
2,13	63A
3,1ff	65A
3,5	66A
3,13ff	44A
4,15	61
4,16	61
4,19	43A
5,3ff	51.52A.68A
9,1	44A
9,12	53
9,15-18	54A
9,18	53
11,28-34	68A
11,30	68A
11,31f	68A
12-14	56.65A.*66-70*
12	51.66A
12,1	66f
12,2	66A
12,4-10	126
12,4-6	66f
12,7f	67
12,8-10	67
12,9f	42.66ff
12,10	41.50.65A
12,11	70.121
12,12-27	67A
12,28-30	66f.68.70
12,28f	41.50.65A
12,28	42.67
12,29f	67
12,31	67A
13	67A
13,2	53.67
14	67A.*69*
14,1	66
14,6	70
14,12	59A
14,18	70
14,22	42.47.69
15,24	41A
15,58	44A
16,10	44A

2Kor

1,4-8	61A
1,6	50A
1,7	61
1,8f	50A
2,14	57A
3	72
3,1-3	52
3,1	68f
4,7	48A
4,10	50A
4,14	50A
5,11	81A
6,4-6	50
6,4	50.61A
7,5	64A
7,11	81A
7,15	64A.81A
8,7	59A
8,18	146A
9,8	59A
10-13	42.49A.52
10,1-11	54A
10,1f	54A
10,5f	43A
10,7	54A
10,8	54A
10,10f	54A
10,10	44A.49
10,11	44A
10,12-12,10	54A
10,12-18	54f
10,13	54A.55
10,14	55
10,15-17	54A.146A
10,18	54
11,1-15	54
11,1	54
11,3-6	55A
11,4	54A.55.65A
11,5	53f
11,6	44A.49.55A
11,7-11	55A
11,7-10	54
11,12	54A
11,16-12,10	54A
11,16-21	54A
11,19	54A
11,21-33	54A
11,23-12,10	48

11,23-33	50.54A	3,10	41A
11,23-25	50A	6,5	64A
11,27	50A	6,12	41A
11,30	48A.54A		
12,1-10	54	*Phil*	
12,1	54A.70A	1,5f	145
12,5f	48	1,6	44A
12,5	48.54A	1,20	95A
12,6f	70	2,12f	64A
12,6	54A	2,13	66A
12,7-10	68A	2,20	44A
12,9f	48A	3,10	52A
12,9	54A.64		
12,10	50.54A	*Kol*	
12,11-13	*46-48*.52.54f	1,4f	145
12,11	47A.48f.52-55	1,11	139A
12,12	41f.43A.45.*46-56*.58.	1,16	41A
	61f.67A.68.69.70f.80.	1,29	139A
	122A.123.138A.143f.	2,2	59
	146	2,10	41A
12,13	47A.48.52-54	2,15	41A
12,14	52	3,12	57
12,17	52	3,17	43.44A
13	53A.54A	4,12	59A
13,2	54A		
13,3-5	53A.54A.64	*1Thess*	
13,3	44A.69	1,3	50A.56
13,4	48A	1,4f	56f
13,5-7	53A	1,4	56.58.60
13,10	54A	1,5-10	57.146
		1,5-7	71
Gal		1,5f	62.93A
1,7	65A	*1,5*	43f.46A.51A.*56-62*.
1,12	70		64.66A.67A.71.139.
1,16	65A		143
1,23	65A	1,6-8	57.60f
2,2	70	1,6	50A.56A.57A.58f.60f
2,7	57A	1,7f	61
2,8	42A.49A.66A	1,8f	144
3,1-5	*65f*.143A	1,8	43A.57A.145
3,1	63A	1,9f	56.106.109
3,5	41f.50f.56f.*65f*.67A.	2,1-17	56A.64A
	69A.124	2,1-12	57f
3,14	65A	2,2	59f
3,26	65A	2,4	57A
4,6	65A	2,5	58.64
6,3	53	2,7f	61
6,4	53	2,12	56A
6,13	146A	2,13f	60A
6,17	50A	2,13	57A.60f.67A
		2,14	62
Eph		3,2	56A
1,8	59A	3,3-5	60A.61
1,11	66A	3,5-8	56A
1,20	66A	4,4	60A
1,21	41A	5,19-22	58
2,2	65A		

2Thess
1,3-5	145
1,4	146A
2,1-12	132
2,3f	132
2,7	65A
2,8-10	132.140
2,9	14.58A.65A.*139ff*.149
2,10-12	140
2,11	9A.65A.140A
2,13	57
2,17	43.44A

2Tim
3,8-13	32A

Phm
5f	145f

Hebr
1,1-4	120.123
1,3	95A
2,4	50f.*120-126*.143ff
3,1	123.125
3,7-9	121
3,9	125A
3,14	123
4,2	121.125
4,12f	121.126
5,11f	122
6,1f	125
6,1	124A
6,2	123A
6,4f	123.125f
6,11	59
8,1	95A
10,19	60A
10,22	59f
10,29	123A
10,32-35	123
10,35	123A
11,1	125
11,6	123A.124A
11,26	123A
12,3	122
12,25	123A
13,7	122
13,17	122
13,22	122

Jak
5,13f	110A

2Petr
1,16	95A

1Joh
2,18.22	133A
4,3	133A

2Joh
7	133A

Jud
25	95A

Apk
13,2	140A
13,13f	132
16,13	136A
16,14	132A
19,20	132.136A
20,10	136A

Neutestamentliche Apokryphen

ActJoh
82	104A
106	104A

ApkPetr
2	132

Apostolische Väter

Did
16	132

Barn
4,14	148A
5,6.8	148A

1Klem
1,2	146
23,5	121A
43,1	121A
42,3	59A
51,5	148A

Polyk
1,2	145

Kirchenväter

Clemens Alexandrinus
Stromata
I, 153,4	104A

Stellenregister

Euseb
Hist. eccl.
II, 1,11　　102A

Irenäus
Haer
I, 23, 1　　102A

Griechische und lateinische
Autoren und Sammlungen

Anth Graec
II, 172f　　107A

Aelian
v.h. *12, 57*　19A.*20*

Appian
Bell. civ.
2, 36　　20
4, 4　　20

Artemidor
Onirocr
III, 28　　20A

Dio Cassius
Hist. Rom.
65, 8, 1-2　　25

Diodor Sic.
I, 15, 9　　104A
I, 16, 1-2　　104A

Jamblichus
Myst Aeg
1, 1　　104A

Ovid
Metam.
VIII, 616-629　103A.104A

Pausanias
9, 6, 6　　20

Philostratos
VA 6, 10　　21A

Plutarch
(De Sulla 7)
I, 455D-456C　19A
(De Dione 24)
I, 968A　　21A
I, 968B　　19A
(Alex 75,1)
I, *706B*　　19
(Superst)
II, 164E-171E　19A
(Sept Sap Conv 3)
II, 149C　　20
II, 149D　　20

Polybios
3, *112, 8f*　　18A.19

Sueton
Vesp. 4, 5　　26A

Tacitus
Hist. V, 13,1　26A
Hist. V, 13,2　25

Theophrast
Caus. plant.
5, 4, 4　　*18*
Hist. plant.
5, 3, 7　　18
5, 9, 8　　18

Biblische Theologie / Hermeneutik

Peter Stuhlmacher
Wie treibt man Biblische Theologie?
Biblisch-Theologische Studien 24
96 Seiten, Paperback
DM 22,80 / öS 178,- / sFr 23,80
ISBN 3-7887-1518-9

Das Buch beantwortet in fünf Kapiteln die Frage: »Wie treibt man Biblische Theologie?« Es behandelt nacheinander: die Notwendigkeit der Altes und Neues Testament verbindenden biblisch-theologischen Fragestellung; die Anlage einer Biblischen Theologie; die Verkündigung Jesu und die neutestamentliche Christologie; das Zeugnis des Apostels Paulus und der Schule des Johannes; das Werden des zweiteiligen Kanons der christlichen Bibel und das Problem der »Mitte der Schrift« sowie die Frage nach der sachgerechten Auslegung der Heiligen Schrift. Ein Literaturverzeichnis, das interessierte Leser und Leserinnen zur eigenen Beschäftigung mit dem Thema anleitet, beschließt den Band.

Peter Stuhlmacher, Dr. theol., ist Professor für Neues Testament an der Evangelisch-Theologischen Fakultät der Universität Tübingen.